L'OHADA AU SERVICE DE L'ECONOMIE ET DE L'ENTREPRISE
EFFICACITE ET COMPETITIVITE
(1993-2013)

Hommage aux doctrinaires et pionniers de l'OHADA

Paul-Gérard POUGOUE, *Professeur Titulaire hors échelle, de l'Université de Yaoundé II au Cameroun*
Joseph ISSA-SAYEGH, *Professeur Honoraire, de l'Université Cheikh Anta Diop au Sénégal*
Filiga-Michel SAWADOGO, *Professeur Titulaire hors échelle, de l'Université de Ouagadougou au Burkina Faso.*

L'OHADA AU SERVICE DE L'ECONOMIE ET DE L'ENTREPRISE
EFFICACITE ET COMPETITIVITE
(1993-2013)

Hommage aux doctrinaires et pionniers de l'OHADA

Preface:
Pr. Hugues KENFACK
Doyen de la Faculté de Droit
Université de Toulouse
FRANCE

Sous la Direction de:
Pr. Justine DIFFO TCHUNKAM
Maître de Conférences
Université de Yaoundé II
CAMEROUN

Première édition 2014

Collection Journées de recherche du CREDO
http://www.credo-multimedia.com/20.ans-ohada/

First Floor, Sunclare Building, 21 Dreyer Street,
Claremont 7708

ISBN 9781 4851 0735 4

Composition: Helanna Typesetters
Imprimer administration: DJE Flexible Print Solutions

Dédicace

A Mme le Professeur Josette NGUEBOU TOUKAM†
La graine que tu as semée en 1993
Dieu a comblé ton départ précoce
en l'arrosant chaque jour;
elle a germé et a produit
cette moisson que je te dédie
avec un sentiment de
profonde reconnaissance
du chemin balisé

CONSEIL SCIENTIFIQUE

SECRETARIAT SCIENTIFIQUE

SECRETARIAT TECHNIQUE

SOMMAIRE

TROISIEME PARTIE: ANNEXES

PREFACE

Des personnes marquent leur temps, des évènements s'inscrivent dans le temps. C'est une réalité! Difficile de ne pas y souscrire, du moins lorsqu'on pose un regard sur la commémoration du 20e anniversaire de l'OHADA au Cameroun. Autour de la thématique **«l'OHADA au service de l'économie et de l'entreprise:** *efficacité et compétitivité*», d'illustres chercheurs, enseignants, praticiens . . . se sont investis à l'ouvrage et ont surtout bâti une infrastructure. Il s'agit de ce pont indispensable entre la théorie et la pratique, entre l'amphithéâtre et le monde des affaires, entre la normativité et la plasticité de l'environnement des affaires. Résultat: la production d'un ouvrage dont les bénéfices substantiels sont inestimables. C'est donc le lieu pour moi d'exprimer un sentiment de satisfaction pourtant accompagné par une difficulté relative d'appréciation.

Je commencerais par la difficulté. Outre le nécessaire respect devant tout travail scientifique, elle est due à la qualité, la diversité et la richesse des thèmes traités par des intervenants de grande renommée. Il n'est pas aisé d'apprécier une production scientifique, surtout lorsque, d'une part, les travaux se sont déroulés dans un esprit d'évaluation: évaluation des finalités et des sources du droit OHADA à l'aune de l'analyse économique du droit, évaluation de la solidité des acquis et de leur pérennité au regard des exigences d'efficacité et de compétitivité économique. D'autre part, l'articulation entre le «droit» et les «affaires» n'est pas toujours évidente. Qu'il plaise à tous les auteurs et acteurs économiques qui ont contribué à ces rencontres de croire que le modeste universitaire que je suis reste humble en écrivant cette préface, espérant ne pas trahir l'esprit de l'ouvrage.

Je poursuivrais ensuite par les satisfactions, parfois sous forme d'interrogation.

La première concerne ma collègue, Madame le Professeur Justine DIFFO TCHUNKAM, Maître de Conférences des universités, dont le fruit symbolisé par le présent ouvrage, a bien réussi à tenir la promesse des fleurs, au-delà du côté événementiel et institutionnel des commémorations du 20e anniversaire de l'OHADA au Cameroun. Telle une architecte égyptienne, elle a pris l'initiative osée de cette manifestation et l'a construite pas à pas avec compétence et persévérance en bravant les difficultés.

La seconde concerne l'ouvrage qui ne peut que susciter la curiosité intellectuelle des chercheurs en quête d'étoffe sur la matière, celle des acteurs économiques assoiffés d'efficacité et de compétitivité aussi bien dans l'espace OHADA qu'au-delà du marché commun. Il apporte également la connaissance d'un droit des affaires modernisé par le citoyen ainsi imprégné des interactions qu'entretiennent le droit et l'économie sous le prisme des finalités assignées à l'OHADA par ses pères fondateurs. Celles-ci se résument dans l'attractivité économique du droit et la sécurité juridique et judiciaire des investissements nationaux et internationaux.

En rapport avec l'économie et la sécurisation des investissements, il ressort de ce chef d'œuvre scientifique que le développement économique de cette institution continentale ne pourrait être possible en l'absence d'une implication globale de tous les acteurs, publics et privés. Aussi, les rouages de *la sécurisation du crédit, des incitations à l'investissement privé, de la gouvernance douanière, du crédit-bail comme levier de financement des PME, de la responsabilité sociale des entreprises, de la chaîne de confiance électronique dans le développement de l'économie numérique*, etc. sont à l'actif de cet ouvrage. Bien plus, il pose les prolégomènes du nouveau programme d'harmonisation du droit des affaires en réflexion dans l'espace OHADA.

Le présent ouvrage permet de faire le point sur l'abondante production normative de la communauté en 20 ans de pratique. A cet égard, il rend compte de la solidité de l'édifice patiemment construit depuis 1993. Il permet alors d'évaluer le degré d'appropriation et de mise en œuvre de la norme dans les Etats Parties, de valoriser les acquis de l'intégration juridique, mais aussi d'envisager les défis qui s'imposent aux doctrinaires et praticiens au carrefour des sources du droit des affaires, des particularismes culturels, linguistiques et sociologiques de l' *«OHADA, entre son passé et son avenir»*. C'est en effet, et à juste titre que les normes sécrétées devaient être réceptrices de cet objectif étant donné que pour son efficacité, la norme juridique devrait être la réponse à une demande sociale. C'est le destin affiché de ce droit économique en constante dynamique entre *les pressions de la compétitivité économique et l'exigence de renouvellement des sources du droit OHADA.*

Appréhendé à travers le prisme judiciaire, l'interrogation est permise. On oublie souvent en effet, que la garantie de la justice présuppose l'accessibilité et l'intelligibilité de la règle posée. La technicité de règles de droit processuel de l'OHADA suscite une préoccupation légitime. Pourquoi ne pas envisager une réflexion de fond sur la gouvernance judiciaire dans l'espace OHADA ? N'est-il pas temps d'y penser, en même temps d'ailleurs que la mise en place d'un *«Observatoire africain de droit des affaires»* comme mécanisme d'évaluation de l'efficacité et de la compétitivité de l'OHADA? Envisager un tel mécanisme soumettra l'OHADA à un exercice permanent d'évaluation, au service de l'efficacité de la règle de droit et de la compétitivité économique du droit. Les manifestations de Yaoundé n'ont-elles pas posé les jalons à travers le «Business Climate Survey» élaboré par la Direction Générale de l'Economie de la République du Cameroun ?

Je terminerais par un espoir. Comme il a été écrit, Constater, c'est contester pour construire. Ce remarquable ouvrage est un constat, une contestation, mais surtout une construction. Seul l'avenir dira quel est le sort de cette construction mais il est à parier qu'elle consolidera les passerelles entre le monde universitaire et celui des affaires. Elle est porteuse d'espoir. Cet ouvrage s'inscrit dans le temps et peut-être même au-delà.

Excellente lecture!

Pr. Hugues KENFACK
Doyen de la Faculté de Droit
Université de Toulouse
France

AVANT-PROPOS

Le Droit africain! Les Droits africains!

L'Afrique a des Droits. L'Afrique a l'Organisation pour l'Harmonisation en Afrique du Droit des Affaires (OHADA).

Qui a eu l'initiative de l'OHADA? Quel était l'objectif poursuivi? Quelle est la substance du Droit Communautaire vingt (20) ans après?

Les réponses aux deux (02) premières questions sont connues.

La célébration des vingt (20) ans de l'OHADA sous le thème: «***L'OHADA au service de l'Economie et de l'Entreprise***» a permis aux Doctrinaires et Pionniers de l'OHADA ainsi qu'aux universitaires et professionnels de tous bords de dispenser des leçons, de présenter leurs travaux de recherche et de livrer leurs impressions sur la troisième question. C'est la quintessence du présent ouvrage. En somme, vingt (20) ans après, on sait où on va en ce qui concerne le traité de l'OHADA, les actes uniformes et règlements.

A-t-on cherché à savoir d'où on vient? En d'autres termes, quel est le contenu du Droit des Affaires appliqué dans les dix-sept (17) Etats parties?

On sait à ce sujet que les juridictions d'instance et les Cours d'Appel compétentes pour connaître des affaires relatives au Droit des Affaires avant la Cour Commune de Justice et d'arbitrage appliquent un Droit plus ou moins statique, différent d'un pays à l'autre, hérité des puissances coloniales, même dans ceux des pays africains qui n'ont pas connu la colonisation. Faut-il également relever que ce même Droit, qui s'est en quelque sorte développé généralement en marge des pratiques commerciales locales, parce que conçu pour répondre aux aspirations d'un autre peuple, ne répond pas toujours à celles de l'immense majorité des populations africaines.

Les africains ont donc un Droit des affaires OHADA: il s'agit, d'après le juge KEBA MBAYE, d'un «outil juridique imaginé et réalisé par l'Afrique pour servir l'Intégration économique et la Croissance».

La loi doit-elle être la consécration des pratiques morales d'un peuple ou bien le peuple doit-il se conformer à la loi qui est adoptée pour promouvoir l'Economie et la Croissance? Même si ses sources ne sont pas toutes africaines, le Droit africain devrait, autant que faire se peut, être l'émanation des traditions endogènes.

Au-delà de l'utilité du Droit OHADA, l'Afrique et les africains doivent également se préoccuper des aspects culturel et humanitaires de ce droit.

L'OHADA, c'est bien ce nivelage par le haut, avec comme on vient de le voir, une fondation fébrile. Cette dernière pourra-t-elle supporter le poids de l'édifice?

Le Droit communautaire ainsi développé pourra-t-il résister aux éventuelles intempéries?

Vingt (20) ans après, dix sept (17) pays (14 + 03) sur cinquante deux (52) Etats ont déjà ratifié le traité OHADA et l'appliquent effectivement; soit le tiers des Etats africains.

On sait que certains pays émergents africains appartenant à d'autres aires, familles et systèmes juridiques, ont des traditions commerciales particulières relatives à un droit distinct de l'OHADA.

C'est pourquoi l'Organisation pour l'Harmonisation en Afrique du Droit des Affaires (OHADA) doit également s'intéresser à l'harmonisation africaine du Droit des Affaires, pour parvenir à élaborer le Droit africain des Affaires, contribution essentielle au droit des affaires universel.

Nul doute que l'Observatoire africain du droit des affaires en gestation s'intéressera entre autres à ce chantier. C'est notre souhait.

Emmanuel NDJERE
Magistrat, Enseignant-chercheur
à l'Ecole Nationale d'Administration et de la Magistrature
Cameroun

INTRODUCTION GENERALE: l'esprit des commémorations du 20e anniversaire de l'OHADA au Cameroun

Dans le cadre des festivités commémoratives des 20 ans d'application du Traité de l'OHADA, le Centre de Recherche et de Documentation Multimédia — CREDO, a eu l'initiative de la manifestation couplée «Colloque international et Forum économique», tenue au Palais des Congrès de Yaoundé du 22 au 26 octobre 2013, sous le Très haut patronage du Président de la République du Cameroun, en partenariat avec la Faculté des Sciences Juridiques et Politiques de l'Université de Yaoundé II, l'Agence Universitaire de la Francophonie, le Cameroon Business Forum et le Secrétariat Permanent de l'OHADA. Les résultats des travaux font l'objet du présent ouvrage publié sous le titre: *«L'OHADA AU SERVICE DE L'ECONOMIE ET DE L'ENTREPRISE (1993-2013): Efficacité et compétitivité»*, car le droit issu du Traité de l'OHADA est bien un instrument juridique au service de la croissance économique et de la performance des entreprises.

En effet, la circonstance de la mondialisation au début des années 90 a considérablement influencé la création de l'OHADA. Il fallait, pour les pays concernés, s'unir pour réagir ou résister. La volonté politique des pères fondateurs de l'OHADA est sans équivoque: *édicter des règles modernes, uniformes à l'espace OHADA, attractives sur le plan économique et propices aux investissements tant étrangers que nationaux.* L'OHADA est ainsi conçue comme un outil à la fois au service de la performance des entreprises et de l'émergence d'un vaste marché solidement bâti sur le socle de la sécurité juridique. C'est bien ces deux finalités qui se manifestent dans l'attractivité économique et la sécurité juridique du droit OHADA qui sous-tendent l'organisation d'un espace d'échanges entre les acteurs économiques et les experts en charge de la formulation du droit applicable dans l'espace OHADA.

La philosophie de ces activités couplées était donc de mettre en contexte la dynamique du rapport entre le droit et l'économie en questionnant l'efficacité du droit OHADA du point de vue des acteurs économiques et des professionnels du droit réunis dans le cadre du Forum économique de l'OHADA d'une part et, d'autre part, de formuler des pistes de solutions appropriés aux problématiques contemporaines du droit africain des affaires, dans le cadre de la manifestation scientifique. Le but visé était par conséquent de mettre en relief l'importance du droit OHADA dans la création des richesses et la croissance économique au service de l'entreprise. Pour atteindre cet objectif, il fallait mettre en place une dynamique susceptible:

- d'offrir des opportunités de financements et de partenariats économiques et commerciaux aux acteurs économiques
- de consolider et renforcer le pont établi par le droit OHADA entre les entreprises et les acteurs clés de l'environnement des affaires que sont l'Etat (à travers les Ministères techniques et sectoriels), les Partenaires techniques et financiers, les Groupements patronaux, les Chambres consulaires, les Institutions partenaires de promotion et de développement des investissements (Agence de Promotion des Investissements, CARPA, Société Nationale des Investissements, Centre de Formalités de Création des Entreprises, Investment

Climate Facilitation, etc.) pour une meilleure appréciation du niveau de pénétration et d'appropriation du droit OHADA dans les Etats parties
- d'évaluer les résultats atteints en 20 ans et poser le cas échéant les bases nouvelles nécessaires à l'équilibre entre exigences de croissance, compétitivité économique et impératif de sécurité juridique des entreprises dans l'espace OHADA.

Pour atteindre ces fins, trois axes principaux thématiques ont guidé les réflexions autour de:

(i) Sécurité juridique et attractivité économique du droit OHADA
(ii) Droit OHADA et convergence des systèmes juridiques
(iii) Recherche et prospective juridique.

Au bout du compte:
- les acteurs économiques, praticiens et professionnels du droit ont une meilleure connaissance des opportunités que leur offre le droit OHADA et son rôle d'impulsion économique est valorisé;
- des passerelles pérennes sont établies entre le droit OHADA et les acteurs économiques dans l'optique d'un meilleur suivi et accompagnement des performances des entreprises;
- les finalités et les sources d'inspiration du droit OHADA sont mieux appréhendées par la plupart des acteurs impliqués dans la mise en œuvre du droit OHADA et par le grand public;
- les perspectives en termes de réforme sont identifiées et des mécanismes de suivi de leur mise en œuvre recommandés;
- les termes de référence de l'Observatoire africain de droit des affaires sont élaborés et le processus de sa mise en place enclenché;
- le principe de l'organisation biennale des «Journées de Recherche du CREDO» est adopté;
- les acteurs sont unanimes sur la nécessité de renforcer la communication sociale pour une meilleure appropriation du droit OHADA dans les Etats parties.

La publication du présent ouvrage participe de la stratégie globale d'éducation des acteurs pour une meilleure appropriation du droit OHADA, cette étape étant reconnue comme un des leviers d'effectivité de l'objectif d'efficacité recherché, au regard des exigences de compétitivité de la règle de droit dans le contexte de plus en plus exigent de la mondialisation des droits.

Pr. Justine DIFFO TCHUNKAM
Directrice du CREDO
Cameroun

L'HOMMAGE AUX DOCTRINAIRES ET PIONNIERS DE L'OHADA

La doctrine c'est le souffle de vie du droit. La doctrine c'est l'âme et la vie du droit

J'ai la lourde responsabilité et l'agréable devoir d'écrire cet hommage en l'honneur des mémoires vivantes de l'architecture et de l'édifice de l'OHADA. Consciente de ce qu'il est difficile qu'une œuvre humaine fasse l'unanimité, je m'en suis remise à la conscience du sondage d'opinion réalisé en ligne par le CREDO auprès des collègues de la «génération OHADA», c'est-à-dire ceux des années 90, ceux-là même qui ont vu naître les faibles commencements de la fondation du droit africain des affaires. Ils sont africains justement, car faut-il le rappeler, le droit OHADA est bien un droit endogène, inspiré des réalités économiques empiriques, capté aux sources sociologiques, culturelles, anthropologiques et philosophiques du droit en rapport avec l'environnement des affaires, ce qui explique son caractère particulièrement dynamique en 20 ans de pratique.

Voici donc 20 ans que le Traité de l'OHADA, signé le 17 octobre 1993 à Port-Louis en Ile-Maurice, a vu le jour. Il a été complété ultérieurement par l'adoption des Actes uniformes et règlements, et a introduit un nouveau système de droit uniforme des affaires dans l'espace africain, le droit OHADA. L'objectif clairement affirmé était de créer un cadre favorable au développement et à l'intégration économique de ce nouvel espace. Les présentes manifestations sont tout à la fois l'occasion d'une introspection et d'une prospection sur ce nouveau droit. Une évidence tout d'abord. Dans nos différentes cultures en effet, 20 ans est pratiquement l'âge de la maturité; il faut y déceler un signe très encourageant pour l'OHADA, signe de bonne vigueur; le temps fait son œuvre et de jour en jour conforte davantage la construction et l'intégration juridique de l'espace OHADA. Il y a eu une forte production normative en 20 ans, 20 ans de jurisprudence certes, mais surtout 20 ans de doctrine . . .Excellence Mesdames et Messieurs, *la doctrine c'est le souffle de vie du droit. La doctrine c'est l'âme et la vie du droit. Sans la doctrine et les doctrinaires en effet, le droit resterait lettre morte.*

L'histoire des commémorations de l'OHADA retiendra donc qu'après avoir reçu une distinction décernée par le Conseil des Ministres de l'OHADA en reconnaissance à leur «engagement à l'édification d'un espace africain intégré et sécurisé sur le plan juridique et judiciaire» lors de la commémoration du 10e anniversaire de l'OHADA à Libreville (Gabon) les 17 et 18 octobre 2003, le CREDO vient à son tour d'inscrire, en lettres d'or, au panthéon des savoirs juridiques africains, les bâtisseurs de la doctrine de l'OHADA. Sans établir un ordre de préséance parce qu'il n'obéirait à aucun critère objectif, il s'agit de:

- **M. Le Professeur Paul-Gérard POUGOUE,** ***Professeur Titulaire hors échelle, de l'Université de Yaoundé II au Cameroun***
- **M. Le Professeur Joseph ISSA-SAYEGH,** ***Professeur Honoraire, de l'Université Cheikh Anta Diop au Sénégal***
- **M. Le Professeur Filiga-Michel SAWADOGO,** ***Professeur Titulaire hors échelle, de l'Université de Ouagadougou au Burkina Faso.***

Ceux-ci nous ont fait l'honneur d'accepter de poursuivre leur œuvre en apportant leur expertise tant convoitée — et à raison -, à la mise en place de l'Observatoire africain de droit des affaires dont la pertinence auprès des Institutions de l'OHADA n'est plus à démontrer. Chers Maîtres, le CREDO vous en sais gré et c'est le moins que l'on puisse dire. Au nom du Réseau des chercheurs du CREDO, je vous remercie.

Pr. Justine DIFFO TCHUNKAM
Directrice du CREDO
Cameroun

Paul-Gérard POUGOUE

Après son baccalauréat, le Professeur POUGOUE poursuit les études supérieures à Yaoundé, puis à Bordeaux, couronnées successivement par la licence (régime de 04 ans) en droit et sciences économiques, option droit privé, le diplôme d'études supérieures en sciences criminelles et le doctorat d'Etat en droit. Sa thèse est honorée du 2e prix de la meilleure thèse de l'Université de Bordeaux 1 pour l'année 1977. En 1982, il est reçu au Concours d'Agrégation française des Facultés de droit, section Droit privé et Sciences Criminelles.

Il commence en septembre 1977, une carrière universitaire déployée au Cameroun, en Afrique, en Europe et en Amérique, mêlant à la fois l'enseignement, la formation, la recherche, l'encadrement, l'administration universitaire, les consultations, l'expertise, l'évaluation des systèmes d'éducation, des réformes juridiques, d'organisations et d'institutions privées, publiques, internes, régionales et internationales.

Lorsqu'en début des années 1990, l'entreprise d'harmonisation du droit des affaires est lancée, il s'y intéresse. Il a assisté à Port Louis à l'île Maurice à la naissance de l'OHADA. Il a effectué plusieurs missions, consultations et expertises sur et pour l'OHADA, participé à de nombreuses rencontres scientifiques sur l'OHADA, contribué à des ateliers et séminaires de réflexions prospectives sur l'OHADA, notamment les «Forces vives» de l'OHADA.

Sur le plan de la recherche scientifique, il est auteur de nombreux articles de doctrine et d'ouvrages sur le droit OHADA dont l'imposante encyclopédie du droit OHADA; il a dirigé plusieurs thèses sur le droit OHADA et coordonné plusieurs travaux sur l'OHADA singulièrement, avec ses amis ISSA-SAYEGH Joseph et SAWADOGO Michel FILIGA, le code vert et la collection verte sous l'égide du JURISCOPE à

Poitiers. Ces dernières années, ses réflexions sont davantage orientées vers l'étude du modèle d'intégration de l'OHADA et les analyses de théorie juridique, le souci étant d'aider à appréhender les ressorts qui conditionnent l'avenir de l'OHADA.

Le Professeur POUGOUE s'est aussi très vite investi dans l'enseignement du droit OHADA. Il introduit dès 1996 l'enseignement du droit OHADA à la Faculté des Sciences juridiques et Politiques de l'Université de Dschang dont il est alors Doyen. A l'ouverture de l'ERSUMA, il est retenu comme Grand Conférencier et pendant plusieurs années y a animé des sessions de formation. En 2012, à l'Université de Yaoundé II où il est Vice-recteur et chef du Département de Théorie du droit, Epistémologie juridique et Droit comparé, il crée un master professionnel «Droit comparé des affaires (droit OHADA, droit français, Common law) et juristes multi-lingues».

Doyen honoraire, ancien Vice-recteur des universités, actuellement Secrétaire Général du Ministère des Enseignements Secondaires au Cameroun, le Professeur POUGOUE est membre de plusieurs Sociétés Savantes dont la Société Internationale du Droit du Travail et de la Sécurité Sociale, la Fondation Internationale pour l'Enseignement du Droit des Affaires, l'Association Henri Capitant, la Société de la Législation de Droit Comparé; il est détenteur de nombreuses distinctions honorifiques, notamment, Grand Officier de l'Ordre de la Valeur (Cameroun), Médaillés d'Honneur du Travail en vermeil, en argent et en or (Cameroun); Commandeur des Palmes Académiques de l'Organisation Internationale des Palmes académiques (OIPA) du Conseil Africain et Malgache pour l'Enseignement Supérieur (CAMES), Officier de l'Ordre de la République du Bénin, Officier de l'Ordre national du Mérite (France), Diplôme d'honneur de l'OHADA.

Joseph ISSA-SAYEGH

Agrégé des Facultés de droit du concours français en 1971 et Professeur Honoraire, Joseph ISSA-SAYEGH a été avocat au Barreau de Dakar de 1963 à 1971. De 1971 à 2001, il a effectué des prestations académiques successivement à Dakar, Nantes, Nice, Abidjan et de nombreuses missions d'enseignement dans les Universités francophones sub-sahariennes, dans les spécialités de droit social (travail et sécurité sociale) et de droit des affaires. Il assure la direction scientifique du site internet OHADA.com depuis le 1er septembre 2001 (Organisation pour l'harmonisation, en Afrique, du droit des affaires).

Au titre des publications, le Pr. ISSA-SAYEGH est auteur des ouvrages suivants: "Le statut des agents non fonctionnaires du secteur public sénégalais" (200 pages) (1981); Le droit du travail sénégalais" (800 pages) (1987); "Le droit sénégalais de la sécurité sociale" (1992); codirecteur et coauteur du volume 8 de l'Encyclopédie juridique de l'Afrique sur les Relations professionnelles (1982). 357 pages, double colonne; Directeur et coauteur du Répertoire de jurisprudence du droit du travail et de la sécurité sociale de 1960 à 1995 pour le Sénégal et pour la Côte d'Ivoire; codirecteur, auteur et coauteur des ouvrages sur le droit uniforme des affaires de l'OHADA en 8 volumes: 1; le Traité OHADA; Le droit commercial général; Les sociétés commerciales; Les garanties; Les procédures collectives d'apurement du passif; Les procédures et voies d'exécution; L'arbitrage; Le droit des assurances CIMA; auteur d'une soixantaine d'articles sur le droit africain et le droit OHADA.

Son expertise lui vaut la charge, dans le projet d'Harmonisation du droit des affaires des pays africains de la zone franc (OHADA: Organisation pour l'harmonisation, en Afrique, du droit des affaires), de rédiger trois textes (Sûretés; Procédures collectives d'apurement du passif; Recouvrement des créances et voies d'exécution) et de coordonner l'ensemble des travaux des experts (depuis 1992). Par ailleurs, il a conduit la mise en conformité des droits nationaux avec le droit uniforme des affaires de l'OHADA (Côte d'Ivoire; Gabon; Guinée, Sénégal; RDC avec le Cabinet Eversheds . . .), et a exercé comme Arbitre auprès de la CCJA (Cour commune de Justice et d'Arbitrage) de l'OHADA, siégeant à Abidjan (Côte d'Ivoire).

Le Pr. ISSA-SAYEGH a reçu plusieurs distinctions honorifiques dont celle de Lauréat de la Faculté de droit de Dakar (1960); Chevalier de l'Ordre des Palmes Académiques (France, 1987); Chevalier de l'Ordre National du Mérite (France, 1989); Chevalier de l'Ordre du Lion (Sénégal, 1993) et de Chevalier de l'Ordre du Mérite de l'Education Nationale de Côte d'Ivoire (2001).

Filiga Michel SAWADOGO

Agrégé des facultés de droit, Professeur titulaire, ancien Doyen, ancien Recteur, ancien Membre du Conseil constitutionnel, ancien Directeur général des impôts du Burkina Faso. Il a eu la chance d'assister et même de participer à la naissance de l'OHADA et, par la grâce de Dieu, il est encore là pour apprécier son œuvre et suggérer les évolutions souhaitables 20 ans après. Il a notamment participé à ce grand séminaire tenu à Abidjan des 19-20 avril 1993 avec plus de 500 participants de toutes professions et spécialités liées au droit des affaires, et qui a d'ailleurs constitué un jalon important dans le processus de mise en place de l'OHADA, car il a permis de tracer les grandes lignes du contenu du traité et des premiers actes uniformes.

En tant que Vice-président de la première Commission nationale OHADA du Burkina, il a pris part à la première réunion des Commissions nationales sur les projets d'actes uniformes à Ouagadougou en 1995 à l'Hôtel Indépendance.

Individuellement ou en collaboration, il a assuré des formations en droit OHADA sur la plupart des actes uniformes de l'OHADA. A titre d'exemple, on peut noter:

— dans des Etats parties: à Cotonou en août 1999 avec le Pr. AKUETE Pedro Santos sur le Traité et les six actes uniformes adoptés à l'époque et le règlement de procédure de la CCJA; à Yaoundé en 1999; à Lomé, en 2000; à Brazzaville, en 2000 et 2003; à Bamako, en 2005;

— au Burkina: à Tenkodogo, à Ouaga, à Bobo, à la Chambre de commerce, à l'Ecole nationale d'administration et de magistrature, au Premier Ministère . . ., les bénéficiaires étant généralement des magistrats, des avocats, des cadres de l'administration économique, des opérateurs économiques . . .;

— à l'ERSUMA: du début des formations en mai 1999 jusqu'en 2010, si l'on faisait les statistiques, on pourrait constater qu'il était certainement l'un de ceux qui y avaient le plus assuré de formations.

Par ailleurs, il a participé activement à la rencontre des Forces vives de l'OHADA, tenue à Cotonou en octobre 2012 et y a présenté une communication sur le bilan et les perspectives de l'OHADA.

Au titre des productions scientifiques et pédagogiques, on note surtout la coordination scientifique assurée avec les Pr Joseph ISSA-SAYEGH et Paul-Gérard POUGOUE des ouvrages «OHADA, Traité et Actes uniformes commentés et annotés», Juriscope, couramment appelé Code vert, qui est à sa 4e édition, et des huit ouvrages d'enseignement (manuels) couvrant l'ensemble du droit OHADA publiés chez Bruylant. Ces ouvrages ont été réalisés en collaboration avec Juriscope. En relation avec cette coordination, il a également réalisé: l'ouvrage de Droit des entreprises en difficulté, Bruylant en 2002, 444 pages, les Commentaires de l'Acte uniforme sur les procédures collectives dans le Code vert et dans la collection EDICEF/Editions FFA en 2000 et participé l'Encyclopédie du droit OHADA en 2012 sous la direction du Pr. Paul-Gérard POUGOUE, par la rédaction de cinq rubriques portant sur le droit des procédures collectives. Le privilège lui a été accordé d'assurer la supervision de l'évaluation de l'AUPC et de la révision de l'AUPC.

Au titre des manifestations scientifiques, il a participé à de nombreuses manifestations tendant à la promotion du droit OHADA, à l'intérieur comme à l'extérieur du Burkina.

Enfin, le Pr. SAWADOGO a été désigné comme Président de la Commission Thème qui organise le Colloque entrant dans le cadre des manifestations du 20e anniversaire de l'OHADA sur le sur le thème: **«OHADA, 20 ans déjà: Bilan et perspectives»**, qui s'est tenu les 10 et 11 octobre 2013 à Ouagadougou au Burkina Faso.

Pour terminer, nous a-t-il confié, il souhaite plein succès aux manifestations de la semaine OHADA de Yaoundé dont le colloque international **«OHADA: Finalités et sources»** et félicite vivement sa jeune collègue, Madame le Professeur Justine DIFFO TCHUNKAM qui en est la cheville ouvrière, en l'exhortant à persévérer dans la voie de l'excellence.

SESSION INTRODUCTIVE

Sous la présidence du Pr. Dorothé Cossi SOSSA

Exposé de cadrage .... Pr. Justine DIFFO TCHUNKAM, Maître de Conférences, Université de Yaoundé II, Directrice du CREDO, Présidente du Comité d'Organisation, **Cameroun**

Le soutien de l'AUF aux manifestations scientifiques .... Pr. Alain ONDOUA, Directeur Régional de l'Agence Universitaire de la Francophonie, Bureau Afrique Centrale et Grands Lacs, **Cameroun**

Le dispositif de formation et de recherche de l'ERSUMA : outil d'appropriation du droit OHADA .... Dr. Félix ONANA ETOUNDI, Directeur Général de l'Ecole Régionale Supérieure de la Magistrature, **Bénin**

L'OHADA au service de la croissance Economique des Etats parties................ Pr. Dorothé Cossi SOSSA, Secrétaire Permanent de L'OHADA, **Cameroun**

L'OHADA au service de l'économie et de l'entreprise .... Pr. Paul-Gérard POUGOUE, Président du Conseil Scientifique du CREDO, **Cameroun**

L'Enseignement Supérieur et l'économique au service de l'intégration .... Pr. Jacques FAME NDONGO, Ministre de l'Enseignement Supérieur, Chancelier des Ordres Académiques, **Cameroun**

EXPOSÉ DE CADRAGE

Pr. Justine DIFFO TCHUNKAM
Vice-président du Conseil Scientifique
Présidente du Comité d'Organisation
Directrice du CREDO
CAMEROUN

Abstract

On the main theme: "OHADA at the service of the economy and businesses", celebrations marking the 20th anniversary of OHADA took place under the banner of "The OHADA Week" from 22 to 26 October 2013, at the Yaounde Conference Centre, Cameroon, under the distinguished patronage of the President of the Republic of Cameroon, during an International Symposium on the theme "OHADA: *Purposes and sources*", and Economic Forum under the theme: *"OHADA: efficiency and competitiveness"*. The celebration of the 20th anniversary of the OHADA Treaty thus succeeded, within six days, in building a bridge between institutional and business theory, and practice, researchers and economic stakeholders. This achievement marks the evolution and emergence of an African International Business Law, which aims to create a favourable framework for development and economic integration. The Centre for Research and Multimedia Documentation — CREDO — has magnified the 20 years of legislative, judicial and doctrinal production of OHADA by publishing a book entitled *"Sources of OHADA law (1993-2013)"* to set these celebrations as a landmark event in Cameroon. On this occasion, the academic community through the network of researchers from CREDO paid their humble respects to three pioneers of the OHADA, still present among us. They are Pr. Paul-Gerard POUGOUE from Cameroon, Pr. Joseph ISSA-SAYEGH from Senegal, and Pr. Filiga Michel SAWADOGO, from Burkina Faso. We thank the delegates from the 17 States constituting OHADA, representatives of OHADA National Commissions, especially the participants from OHADA non-member countries such as the Republic of South Africa and Nigeria, those from France, Canada, USA and Brazil, etc. A collective work will be published on a large scale to account for communications presented during "The OHADA Week in Cameroon".

Excellence Monsieur le Ministre de l'Enseignement Supérieur, Chancelier des Ordres Académiques, Représentant personnel de M. Le Premier Ministre, Chef du Gouvernement, Président du Cameroon Business Forum

Mesdames et Messieurs les Ministres, représentant des ministères sectoriels concernés

M. Le Ministre Conseiller Technique, Coordonnateur National du Cameroon Business Forum

M. Le Vice-gouverneur de la Banque des Etats de l'Afrique Centrale

Mesdames et Messieurs les membres du Corps Diplomatique et Représentants des Organisations Internationales

Respectables Autorités administratives, politiques, religieuses et traditionnelles

Monsieur le Président du Conseil Scientifique des présentes assises

Mesdames et Messieurs les Représentants des Etats Parties de l'OHADA, Chefs d'Institutions Universitaires et communautaires, Experts et Membres des Commissions Nationales OHADA

Mme le Directeur Général de l'Agence de Promotion des Investissements

Mme le Directeur Général des Douanes

M. Le Directeur Général de l'Economie

M. Le Président du Groupement Inter-patronal du Cameroun

Mesdames et Messieurs les Enseignants chercheurs, Membres de la grande famille de la communauté universitaire nationale et internationale

Mesdames et Messieurs les séminaristes, Membres de la Fédération des Clubs OHADA du Cameroun

Mesdames et Messieurs

Qu'il me soit avant toute chose permis de traduire le double sentiment de l'honneur qui m'échoit, et de la fierté qui m'anime en cette occasion, en prenant ici la parole au nom du Comité d'Organisation du 20e anniversaire de l'OHADA au Cameroun, mais aussi et surtout en ma qualité de Fondatrice du Centre de Recherche et de Documentation MultiMedia (CREDO), Institution créée le 08 novembre 2003 (dix ans déjà) et reconnue d'Utilité académique par le Ministère de l'Enseignement Supérieur en 2008. C'est effectivement le CREDO qui a l'initiative de cette manifestation qu'il organise avec son Réseau d'experts et de chercheurs autour du thème **«L'OHADA AU SERVICE DE L'ECONOMIE DE L'ENTREPRISE»**, grâce au soutien institutionnel de l'OHADA, en partenariat avec le Cameroon Business Forum, Investment Climate Facilitation, et le GICAM pour ce qui est du Forum économique, l'Agence Universitaire de la Francophonie et la Faculté des Sciences Juridiques et Politiques de l'Université de Yaoundé II, pour ce qui est du Colloque international.

Ces deux activités complémentaires l'une de l'autre, sont soumises à la rigueur du Conseil Scientifique sous la présidence du Professeur Paul-Gérard POUGOUE, par ailleurs Président d'honneur du CREDO.

Nous sommes honorés de votre haute et prestigieuse présence qui rehausse l'éclat de ces assises qui se tiennent une semaine tout juste après celles, plus institutionnelle et politique de Ouagadougou au BURKINA FASO, et nous saluons la présence des délégués du Canada, de France, de Belgique, des Etats-Unis, notamment, des délégués en provenance du Bénin, du Sénégal, de C"te d'Ivoire, de RDC, du Congo, du Mali, du Togo, du Gabon, du Burkina Faso, entre autres. Nous saluons plus particulièrement la présence significative et symbolique des délégués d'Afrique du Sud, du Nigeria, de la Somalie, pays non membres de l'OHADA.

Voici donc vingt ans que le Traité de l'OHADA signé le 17 octobre 1993 à Port-Louis en Ile-Maurice a vu le jour. Il a été complété ultérieurement par l'adoption des Actes uniformes et règlements, et a introduit un nouveau système de droit uniforme des affaires dans l'espace africain, le droit OHADA. L'objectif clairement affirmé était de créer un cadre favorable au développement et à l'intégration économique de ce nouvel espace. Les présentes manifestations sont tout à la fois l'occasion d'une introspection et d'une prospection sur ce nouveau droit. Une évidence tout d'abord. Dans nos différentes cultures en effet, 20 ans est l'âge de la maturité ; il faut y déceler un signe très encourageant pour l'OHADA, signe de bonne vigueur ; le temps fait son œuvre et de jour en jour conforte davantage la construction et l'intégration juridique de l'espace OHADA. OUI : 20 ans de production législative, 20 ans de jurisprudence, MAIS SURTOUT 20 ANS DE DOCTRINE . . . EXCELLENCE MMES ET MM. LA DOCTRINE C'EST LE SOUFFLE DE VIE DU DROIT. LA DOCTRINE C'EST L'AME ET LA VIE DU DROIT. SANS LA DOCTRINE ET LES DOCTRINAIRES EN EFFET, LE DROIT RESTERAIT LETTRE MORTE.

Aussi le CREDO et son Réseau de chercheurs ont-ils été inspirés de saisir cet instant pour RENDRE UN HOMMAGE SOLENNEL ET SYMBOLIQUE AUX DOCTRINAIRES PIONNIERS DE L'OHADA ENCORE PRESENTS AU MILIEU DE NOUS. Excellences Mesdames et Messieurs, je vous prie de vous lever et de leur accorder quelques instants d'ovation à la lecture de leur nom. Il s'agit de :

- **M. Le Professeur Paul-Gérard POUGOUE,** ***Professeur Titulaire hors échelle, de l'Université de Yaoundé II — Cameroun***
- **M. Le Professeur Joseph ISSA SAYEGH,** ***Professeur Honoraire, de l'Université Cheikh Anta Diop — Sénégal***
- **M. Le Professeur Filiga Michel SAWADOGO,** ***Professeur Titulaire hors échelle, de l'Université de Ouagadougou — Burkina Faso. Merci.***

Dans la même veine, Excellence Mesdames et Messieurs, nous avons voulu marquer cet instant en écrivant en lettres d'or la dynamique doctrinale du droit OHADA. Pour ce faire, nous avons, à l'occasion de la commémoration du 20e de l'OHADA, collecté tous les textes législatifs et réglementaires, tous les ouvrages écrits sur l'OHADA, tous les articles, chroniques de doctrine et notes de jurisprudence publiés du 17 octobre 1993 au 31 août 2013 sur l'OHADA en tant que objet de recherche.

Cet ouvrage qui paraît aux Editions Belles Lettres le 20 octobre 2013 (il y a 2 jours) est intitulé **«SOURCES DU DROIT OHADA»** et a bénéficié d'un appui exceptionnel à la recherche, du Ministère de l'Enseignement supérieur, Chancelier des Ordres académiques. Merci infiniment M. Le Ministre.

Et pourtant, quel défi en 1993! Défi de la construction d'un système d'application directe dans 14 États parties, aujourd'hui 17, mais aussi et surtout défi de l'émergence en Afrique d'un nouveau p''le de développement économique. La construction d'un système juridique est une tâche redoutable, particulièrement lorsque celui-ci doit s'articuler avec les droits nationaux des différents États parties et les droits des sous régions africaines. Mais que serait ce droit inscrit dans le marbre s'il restait lettre morte faute d'être diffusé auprès des différentes communautés, scientifiques, praticiennes, économiques, sans oublier la communauté des justiciables. . . . De la vulgarisation du droit dépend son effectivité et ainsi son succès. Défi sans cesse renouvelé au gré des révisions des Actes uniformes ainsi que de l'intégration de nouveaux États parties, comme récemment la République Démocratique du Congo. Eu égard aux défis et aux enjeux de l'intégration, la philosophie de ces activités couplées est de mettre en contexte la dynamique du rapport entre le droit et l'économie en questionnant l'efficacité du droit OHADA du point de vue des acteurs économiques et des professionnels du droit réunis dans le cadre du Forum économique de l'OHADA d'une part et, d'autre part, de formuler des pistes de solutions appropriés dans le cadre de la manifestation scientifique.

Le but visé par cette manifestation est de mettre en relief l'importance du droit OHADA dans la création des richesses et la croissance économique au service de l'entreprise. Pour ce faire, les organisateurs de cet évènement et leurs partenaires institutionnels ont fait le choix, le meilleur qui choix susceptible d'accompagner l'émergence des économies africaines disais-je, en mettant ensemble, dans le même lieu, les acteurs économiques, les praticiens, les professionnels du droit, les universitaires, pour discuter pendant 5 jours des enjeux de l'OHADA comme instrument juridique au service de la croissance et de la performance des entreprises.

La première édition du Forum économique que le CREDO organise au profit de l'OHADA est donc un espace ouvert d'échanges et de convergence des opportunités d'affaires dans l'espace OHADA. C'est également le lieu d'expression croisée des acteurs de mise en œuvre du droit OHADA sur leur perception de l'impact du droit OHADA après 20 ans d'application. Vous l'aurez compris, nous marquons un temps d'arrêt pour évaluer le droit OHADA sous le prisme de son impact sur la performance des entreprises. L'opportunité d'un Observatoire de la pratique du Droit OHADA sera donc examinée pendant ces assises.

S'agissant du Colloque international qui est une manifestation scientifique, les intervenants mettront l'accent sur l'évaluation des finalités assignées à l'OHADA dans l'optique de leur adaptation à l'environnement mondial des affaires, sous le prisme de la sécurité juridique et de l'attractivité économique du droit OHADA.

Un ouvrage collectif comprenant toutes les communications aussi bien du Colloque international que du Forum économique, sous la supervision scientifique du Pr. Paul-Gérard POUGOUE et des membres de son Conseil, sera publié dans les meilleurs délais et largement diffusé.

Excellence Mesdames et Messieurs,

Permettez moi, avant de clore mon propos, d'exprimer mes profonds et déférents remerciements à M. Le Président de la République du Cameroun, Son Excellence M. Paul BIYA qui a bien voulu nous adouber en marquant son Très Haut accord pour la tenue de ces assises sous son Très Haut patronage, en désignant le M. Le Ministre de l'Enseignement Supérieur, Chancelier des Ordres académiques comme Chef de file des Départements ministériels chargés de la préparation des présentes, en relation avec le Ministre d'Etat, Ministre de la Justice Garde des Sceaux et le Ministre des Finances.

Nous en sommes honorées et nous tenons à dire toute notre reconnaissance à Son Excellence M. Le Premier Ministre Chef du Gouvernement, pour les conseils, les accords, les facilités et les appuis du Gouvernement à la préparation de cette manifestation.

M. le Secrétaire Permanent de l'OHADA, c'est grâce à votre appui institutionnel que nous sommes dans cette salle. Soyez-en honoré, et que Dieu vous accorde la grâce de poursuivre l'œuvre que vous avez à peine pensée, conçue et amorcée.

Notre profonde gratitude à M. Le Ministre de la Communication, Porte-Parole du Gouvernement qui, ayant cru à cette manifestation, nous a accordé un point de presse spécial informant la communauté nationale et internationale de la tenue des présentes assises.

Nous remercions solennellement le Doyen de la Faculté des Sciences Juridiques et Politiques de l'Université de Yaoundé II, l'Agence Universitaire de la Francophonie, le Ministère français des Affaires étrangères et l'Ambassade de France qui ont rendu possible la présence de nos collègues étrangers en ces lieux.

Notre vive reconnaissance aux partenaires techniques et financiers au rang desquels le Cameroon Business Forum, Investment Climate Facilitation, le Groupement Inter-patronal du Cameroun, la Direction Générale de l'Economie, la Direction Générale des Douanes, l'Agence de Promotion des Investissements, ainsi qu'aux entreprises citoyennes qui, avant d'avoir vu, ont cru en nous. J'ai cité CAMTEL, Sponsor officiel, ECOBANK, Afriland First Bank, le Port Autonome de Douala et SOCSUBA, qui nous ont fait confiance dans cette aventure périlleuse, celle de la première édition du Forum économique de l'OHADA.

Chers partenaires, la deuxième édition dont la préparation est déjà amorcée par notre équipe technique, sera organisée en novembre 2015, et nous savons pouvoir compter sur votre accompagnement pour intensifier la connaissance, l'appropriation et la mise en œuvre du droit OHADA dans les Etats parties.

Le Secrétariat technique paritaire du CREDO voudra bien accepter l'expression de ma reconnaissance solennelle pour le travail parfois lassant, qu'il a abattu depuis deux ans, dans le cadre de la préparation et de l'organisation de cette rencontre dont le caractère international, décidé à mi-parcours, a rendu complexe la mise en place du dispositif opérationnel. Soyez-en félicités.

Que ces manifestations soient donc l'occasion de porter haut et fort la flamme de cette Organisation africaine dont le nouveau programme d'harmonisation ambitionne de codifier environ sept (7) autres domaines, en réponse aux besoins exprimés par les acteurs économiques.

Le CREDO ne ménagera aucun effort dans le sens de l'accompagnement de cette noble initiative, notamment dans la phase de la vulgarisation, de l'appropriation et du suivi-évaluation, afin que :

- Vive l'Organisation africaine pour l'harmonisation du droit des affaires
- Vive l'Afrique émergente
- Vive le Cameroun

Je vous remercie.

LE SOUTIEN DE L'AGENCE UNIVERSITAIRE DE LA FRANCOPHONIE AUX MANIFESTATIONS SCIENTIFIQUES

Pr. Alain ONDOUA, Directeur régional de l'AUF
Bureau Afrique centrale et des Grands Lacs, représenté par
M. Pierre François DJOCGOUE
CAMEROUN

Abstract

The cooperation between AUF and the University of Yaounde II, SOA helped highlight the importance of the OHADA law in the creation of wealth and economic growth to the company, through a four-year programme (2014-2017). The expected result from these meetings is to strengthen financial, economic and business partnerships, or even mark the beginning of expert networking and best business practices.

Excellence Monsieur le premier Ministre, Chef du Gouvernement

Mesdames et Messieurs les Ministres

Mesdames et Messieurs les membres du corps diplomatique

Mesdames et Messieurs en vos qualités, rangs et grades respectifs

Mesdames et Messieurs,

L'Agence universitaire de la Francophonie (AUF), représentée ici par ma modeste personne, est heureuse de s'associer à l'Afrique des affaires pour cette célébration des 20 ans de, l'OHADA sous le thème «L'OHADA AU SERVICE DE L'ECONOMIE ET DE L'ENTREPRISE».

C'est avec un réel plaisir que nous avons accueilli la sollicitation du comité d'organisation de la manifestation scientifique dénommée «La Semaine de l'OHADA au Cameroun».

Cette manifestation scientifique est en pleine cohérence avec la politique scientifique de l'Agence. En effet, il s'agit pour nous d'un appui structurant car cette manifestation est co-organisée avec un de nos établissements membres à savoir l'Université de Yaoundé II.

Les thématiques qui seront développées pendant ces 5 jours et qui permettront de contribuer à la mise en relief de l'importance du droit OHADA dans la création des richesses et la croissance économique au service de l'entreprise, ces thématiques dis-ai-je, sont prioritaires pour l'Agence. En effet, la nouvelle programmation quadriennale 2014-2017 de l'Agence a pour finalité Université : moteur du développement des sociétés et, l'OHADA, en est l'illustration, puisque ce droit uniforme vise principalement l'attractivité économique des pays concernés, et au final leur développement économique.

Un des résultats escompté à l'issue du forum économique est le renforcement des partenariats financiers, économiques et commerciaux, le renforcement voir la création des réseaux d'échanges d'expertises et de bonnes pratiques entrepreneuriales. Cette stratégie de mise en réseau des enseignants-chercheurs et entrepreneurs cadre parfaitement avec les objectifs de l'axe recherche de la nouvelle programmation quadriennale de l'Agence. Ce qui justifie le soutien accordé par l'agence à cette manifestation scientifique.

Mesdames et Messieurs,

Permettez-moi une fois de plus de réitérer la satisfaction de l'AUF pour la tenue de cette manifestation scientifique de haut niveau, dans cette illustre salle des 1 500 du Palais des Congrès de Yaoundé. Notre vœu est que la Semaine de l'OHADA au Cameroun soit couronnée de succès et serve réellement à l'amélioration du climat des affaires au Cameroun et en Afrique. En même temps, nous formulons, à l'endroit du CREDO, le souhait de voir se renouveler de pareilles initiatives à l'avenir.

Je vous remercie.

LE DISPOSITIF DE FORMATION ET DE RECHERCHE DE L'ERSUMA: outil d'appropriation du droit OHADA

Dr. Félix ONANA ETOUNDI
Magistrat, Directeur Général de l'Ecole Régionale Supérieure de la Magistrature (ERSUMA)
BENIN

Abstract

The celebration of the 20th anniversary of OHADA is an opportunity for the founding fathers of the Treaty of Port Louis, legal and judicial professionals as well as economic operators, to present a report of the vast project of the harmonisation of business law working for economic integration and growth in Africa. From the ever universally acceptable idea that "laws are simply bound to be separated by practice. . .", and that "any legal standard is a challenge to time, an attempt to stabilize social relations in perpetual becoming", it is deduced that there is a continuing need to review and correct the established legal framework, to make it suitable to satisfy today's requirements. This is how great reforms are thought. To better support the entrenchment of law as well as successive reforms, the Regional Training Center for Legal Officers (ERSUMA) is the institution for the training and capacity building of legal professionals and representatives of the law on the Treaty and Uniform Acts. In response to the needs of publicity and of the promotion of law and business practice in the OHADA, ERSUMA has a dense library of hundreds of specialised books, videoconferencing rooms, scholarships to the professionalization of university research in Business and Community Law.

Excellence Monsieur le Premier Ministre, Chef du Gouvernement de la République du Cameroun,

Excellences Mesdames et Messieurs les Ministres,

Excellences Messieurs les Chefs de Mission Diplomatique et Représentants des Organisations Internationales,

Monsieur le Secrétaire Permanent de l'OHADA,

Monsieur le Délégué du Gouvernement auprès de la Communauté Urbaine de Yaoundé,

Monsieur le Directeur Régional de l'Agence Universitaire de la Francophonie,

Madame la Directrice du Centre de Recherche et de Documentation Multimédia (CREDO),

Mesdames et messieurs les invités, tous protocoles respectés,

L'Ecole Régionale Supérieure de la Magistrature des Etats membres de l'OHADA (ERSUMA) est heureuse de s'associer au Centre de Recherche et de Documentation Multimédia (CREDO) pour une manifestation d'une telle ampleur, commémorant le 20ième anniversaire de l'OHADA et réunissant un parterre de hautes personnalités politiques et sommités du droit des affaires de l'OHADA en provenance de tous les continents (l'Amérique du Nord et l'Asie étant elles aussi représentées ici).

L'initiative est heureuse surtout qu'elle s'inscrit dans une dynamique de décryptage des finalités et sources du droit OHADA en vingt ans d'existence de l'Organisation.

C'est le lieu de féliciter chaleureusement et sincèrement les organisateurs et partenaires à divers niveaux des cérémonies prévues dont un Colloque international, qui sans aucun doute marquera les annales de l'OHADA.

La commémoration du 20e anniversaire de l'OHADA donne l'occasion aux Pères fondateurs du Traité de Port Louis, aux acteurs juridiques et judiciaires, ainsi qu'aux opérateurs économiques de dresser un bilan du vaste chantier d'harmonisation du droit des affaires au service de l'intégration économique et de la croissance en Afrique.

Excellence Monsieur le Premier Ministre,

De l'idée toujours affirmée et admise comme une vérité universelle que «le destin ordinaire des lois est d'être distancées par les pratiques..», et que «toute norme juridique est un défi au temps, une tentative de stabilisation des rapports sociaux en perpétuel devenir», on déduit qu'il y a une nécessité permanente de revoir et corriger le cadre juridique établi, pour le rendre apte à satisfaire les exigences du moment. C'est ainsi que naissent en général les idées des grandes réformes.

La naissance de l'OHADA répond justement à ce souci d'amélioration du climat des affaires marqué dans les années 1990 par l'insécurité juridique et judiciaire de l'activité économique des entreprises.

Qualifiée hier par certains comme simple mimétisme juridique du droit de la métropole pour un rêve difficilement réalisable, l'harmonisation du droit des affaires constitue aujourd'hui une réalité vivante de notre temps, et s'identifie à un véritable catalyseur de la croissance avec pour ambition de constituer un vaste marché commun en Afrique, seul capable de donner confiance aux investisseurs et donc de favoriser l'essor du développement économique.

Au-delà des noces de porcelaine à commémorer, 20 ans de l'OHADA, c'est 20 ans d'activités normatives du Conseil des Ministres sous l'égide du Secrétariat Permanent installé à Yaoundé, avec notamment 9 Actes uniformes adoptés couvrant le domaine traditionnel du droit des affaires défini par le Traité, et d'autres chantiers d'harmonisation en cours.

20 ans de l'OHADA c'est aussi 20 ans d'activités juridictionnelles, consultatives et arbitrales à travers une Cour Commune de Justice et d'Arbitrage installée à Abidjan, et qui constitue l'organe de contrôle et de sanction de l'interprétation et de l'application des Actes uniformes, et un instrument d'élaboration de la jurisprudence uniforme.

20 ans de l'OHADA c'est enfin 20 ans d'activités de formation, de documentation et de recherche à travers l'Ecole Régionale Supérieure de la Magistrature dont le siège est à Porto novo au Bénin.

L'ERSUMA qui a accepté avec plaisir le partenariat proposé par le CREDO pour l'organisation de ces assises dans le cadre de sa politique de coopération internationale, été instituée pour concourir à la formation continue et au perfectionnement des Magistrats et Auxiliaires de justice, et autres acteurs juridiques et judiciaires en

Droit des Affaires et Autres Droits communautaires. Mais l'ERSUMA est aussi un Centre d'excellence en matière de formation et de recherche en Droit des Affaires et Droit Communautaire en Afrique.

En matière de formation, l'ERSUMA a accompli une œuvre considérable tant en ce qui concerne le renforcement des connaissances et pratique du droit OHADA, que pour ce qui est de la diffusion du savoir dans des disciplines nouvelles.

S'agissant du renforcement des capacités des acteurs juridiques et judiciaires au droit OHADA, les statistiques de l'ERSUMA présentent **146** sessions de formation continue à destination de **6980** stagiaires provenant des différents Etats membres de l'OHADA et de diverses professions juridiques , et **19** sessions de formation des formateurs au profit de 879 Enseignants Vacataires Magistrats, Auxiliaires de Justice, Universitaires, Experts Comptables et Juristes d'entreprise.

S'agissant de la recherche, l'ERSUMA dispose :

- ➢ d'un Centre de Documentation et de Recherche constitué d'un stock de **8000** mille ouvrages de base et ouvrages spécialisés en Droit des Affaires et Autres Droits Communautaires continuellement mis à jour ;
- ➢ d'une Bibliothèque Numérique en ligne mise en place depuis 2 ans accessible à l'adresse http://ersuma.ohada.org
- ➢ des installations techniques de visioconférences aptes à dispenser la formation à la fois sur 12 sites différents ;
- ➢ d'une Revue Semestrielle en Droit des Affaires- Pratique professionnelle, qui est à sa quatrième parution.
- ➢ L'ERSUMA offre depuis 2012 des bourses d'étude et de recherche aux Etudiants inscrits en Doctorat ou Master 2 en Droit des affaires, sur appel à candidature sur la base des critères définis par le Conseil des Ministres. De 2012 à 2013, 75 bourses ont été attribuées aux Etudiants des diverses nationalités des Etats membres de l'OHADA.
- ➢ L'Ecole prime depuis 2012 l'excellence en matière de recherche par l'attribution du prix de la meilleure thèse en Droit des Affaires ou Droit Communautaire.
- ➢ Enfin, l'ERSUMA contribue efficacement à la vulgarisation du droit OHADA par la distribution gratuite **d'un kit documentaire** à chaque participant aux sessions de formation. De 2011 à 2013, 6000 mille kits documentaires ont été distribués aux Juristes des Etats Membres de l'OHADA.

Eléments clés du dispositif OHADA, la formation et la recherche seront intensifiées au cours des prochaines années avec un accent particulier sur la diffusion du savoir dans des matières connexes telle que la criminalité d'affaires notamment la cybercriminalité ou la criminalité transfrontalière qui contribuent à réprimer le blanchissement des capitaux, et à lutter contre le crime organisé.

D'autres actions viseront à étendre la formation et la recherche aux matières nouvelles telles que le Droit public des affaires, avec notamment les grands contrats de la commande publique tels les PPP ou les BOT, dont les Etudes sur la faisabilité d'une harmonisation sont actuellement en cours au Secrétariat Permanent.

L'ERSUMA élargira le public cible bénéficiaire de ses formations, avec en 2014, un programme de formation des Journalistes des médias publics et privés sur la problématique de savoir Quelle communication pour la vulgarisation du droit OHADA, de même qu'un colloque sur la responsabilité du dirigeant social en droit OHADA est prévu à destination des Chefs d'entreprises.

Une autre problématique fort préoccupante pour le Cameroun, la Guinée Equatoriale et la Guinée Bissau, la pratique effective des quatre langues de travail de l'OHADA en est en passe de trouver une solution grâce au Laboratoire de Langues qui démarrera probablement ses activités à l'ERSUMA en 2014, au terme du recrutement en cours des Juristes Traducteurs interprètes ; ce qui permettra de dispenser des enseignements à l'ERSUMA simultanément en français, en anglais, en portugais et en espagnol.

Dans sa quête pour l'excellence, l'ERSUMA entend dépasser des solutions traditionnelles pour une nouvelle vision de la formation, d'où un partenariat panafricain novateur avec le Centre Africain d'Etudes Supérieures en Gestion (CESAG) de Dakar et le Centre de Recherche Panafricain en Management pour le Développement (CERPAMAD) de Ouagadougou, pour un Programme de Certification Professionnelle des Magistrats et Auxiliaires de Justice en matière économique et financière, effectif à partir de 2014.

Excellence Monsieur le Premier Ministre, Mesdames et Messieurs les invités,

20 ans de l'OHADA! 20 années au cours desquels, les institutions de l'OHADA (le Secrétariat permanent, la CCJA et l'ERSUMA) ont chacune joué de fort belle manière leur partition à la symbiose de l'intégration juridique et judiciaire pour une économie africaine plus soutenue à travers une sécurité juridique et une attractivité économique du droit OHADA, les réalisations de 20 ans de l'OHADA donnent à penser que notre Organisation se situe entre l'adolescence et l'âge adulte. Les très hautes orientations de la Conférence des Chefs d'Etat et de Gouvernement qui s'est tenue à Ouagadougou le 17 octobre dernier permettront de consolider les acquis de l'OHADA et d'œuvrer pour que l'Afrique demeure une terre d'accueil par excellence pour les investissements.

Puisqu'il s'agit de commémorer le 20 e anniversaire de l'OHADA, comment terminer mon propos sans nous inviter à nous remémorer ces paroles du précurseur de cette vaste révolution juridique, le juge Kéba MBAYE.

Approché par un Journaliste qui voulait recueillir ses impressions au sortir d'une communication au cours de la commémoration du bicentenaire du code de commerce à Paris en 2007, le Juge Kéba MBAYE répondait, je cite «j'aimerai qu'un jour les Africains commémorent devant la face du monde le bicentenaire du Traité OHADA ; et si tel sera le cas, ce jour là, du fond de ma tombe, j'aurai la satisfaction d'avoir légué à l'Afrique et aux générations futures l'héritage d'un outil juridique au service de l'intégration économique, de la croissance, et du bien être des populations», fin de citation.

Eh bien, nous avons foi en l'avenir, et restons convaincus qu'un jour, l'Afrique et les générations futures célébreront un jour le bicentenaire du Traité OHADA.

Je vous remercie pour votre aimable attention.

L'OHADA AU SERVICE DE LA CROISSANCE ECONOMIQUE DES ETATS

Pr. Dorothé Cossi SOSSA, Secrétaire Permanent de l'Organisation pour l'Harmonisation en Afrique du Droit des Affaires (OHADA) CAMEROUN

Abstract

First of all, I would like to express the infinite gratitude of the organs and institutions of the Organisation for the Harmonisation of Business Law in Africa (OHADA), to the President of the Republic of Cameroon, His Excellency Paul Biya, the Government of Cameroon, strongly represented here and the people of Cameroon. In fact, it will never be forgotten that the Republic of Cameroon has always been generous, consistent and decisive in its support for the construction and development of our joint Organisation. When numerous challenges, sometimes dramatically urgent, are hurriedly coming our way with destruction and devastation, the political stability and economic prosperity of Cameroon will always be a safe haven and a reliable bulwark for OHADA. This reality can never be stressed enough and welcomed. OHADA is very pleased about the holding of these events in Cameroon, the home country of OHADA, exactly a week after those events, which were more institutional, in Ouagadougou, during the Conference of Heads of State of OHADA. 20 is the maturity age and during these years, progress made by OHADA has fostered to the professionalization of Business Law and the protection of investments to accelerate the economic growth of its member States. New projects are underway and totally meet the current needs of the business world.

Excellence Monsieur le Ministre de l'Enseignement Supérieur, représentant personnel de Son Excellence Monsieur le Premier Ministre, Chef du Gouvernement

Excellences, Mesdames et Messieurs les membres du Gouvernement

Excellences, Mesdames et Messieurs les Ambassadeurs et Chefs de Mission diplomatique et consulaire

Excellence Monsieur le Vice-Gouverneur de la BEAC

Monsieur le Directeur Général de l'Ecole Régionale Supérieure de la Magistrature

Monsieur le Président du Groupement inter-patronal du Cameroun

Monsieur le Délégué du Gouvernement auprès de la Communauté Urbaine de Yaoundé

Respectables Autorités traditionnelles et religieuses

Madame la Directrice du Centre de Recherche et de Documentation Multimédia (CREDO)

Mesdames et Messieurs les conférenciers

Mesdames et Messieurs les forains

Distingués invités, Mesdames et Messieurs

Je voudrais, du premier mot, dire la reconnaissance infinie des organes et des institutions de l'Organisation pour l'Harmonisation en Afrique du Droit des Affaires

(OHADA) à Monsieur le Président de la République, Chef de l'Etat, Son Excellence Paul BIYA, au Gouvernement, si fortement représenté à nos côtés, et au Peuple camerounais. Il ne sera jamais assez rappelé, en effet, que la République du Cameroun a toujours apporté un appui généreux, constant et décisif à la construction et au développement de notre commune Organisation.

A l'heure où des défis multiples, parfois dramatiquement pressants, se précipitent sur certaines de nos portes et sous nos yeux, portant avec eux destructions et dévastations, la stabilité politique et la prospérité économique du Cameroun constitueront toujours un abri sûr et un solide rempart pour l'OHADA. Cette réalité ne pourra jamais être assez souligné et salué.

Je voudrais, ensuite, remercier Son Excellence M le MES rep. Son Excellence Monsieur le Premier Ministre, Chef du Gouvernement, Président du *Cameroon Business Forum* d'avoir daigné honorer de sa haute présence et accepté de présider la cérémonie de lancement de la commémoration du vingtième anniversaire de l'OHADA, ici à Yaoundé, ville siège de l'Organisation. Cette présence légitime, de la meilleure façon, la célébration que nous nous apprêtons à démarrer.

Je voudrais, enfin et à mon tour, remercier les organisateurs de cette manifestation, en particulier le Centre de Recherche et de Documentation Multimédia (CREDO) et, spécialement, sa Directrice, ma collègue Mme le Pr. Justine DIFFO TCHUNKAM, pour leur engagement, et leurs efforts extraordinaires ayant abouti à notre rassemblement de ce jour. Leur dévouement traduit le fait que l'OHADA a produit une œuvre qui s'adresse à tous et n'est donc captive d'aucune sombre officine ni d'aucun cénacle d'échassiers de l'esprit. L'OHADA a produit un droit pour les sachants comme pour les praticiens et pratiquants de tous ordres. Elle est à la portée et au service de la communauté. En mettant e place le système OHADA nos Chefs d'Etat ont clairement visé l'accessibilité du nouveau droit ainsi que celle de son application. Tel était donc son point de départ. Telle doit être la fin. Telle est la fin.

Au moment de la création de l'Organisation, il y a vingt ans désormais, l'Afrique subsaharienne était confrontée, dans son ensemble, à un ralentissement des investissements consécutif à la récession économique et à l'insécurité juridique et judiciaire. Le dessein de nos Chefs d'Etat africains qui ont mis en place cet outil était, dans ces conditions, de redonner confiance aux investisseurs, tant domestiques qu'étrangers, pour relancer les activités économiques.

Ainsi la mission assignée à l'OHADA est de garantir la sécurité juridique et judiciaire pour favoriser l'environnement des affaires grâce à:

- la mise en place d'un droit des affaires harmonisé simple, moderne et adapté afin de faciliter l'activité des entreprises privées;
- la mise en œuvre de procédures judiciaires appropriées et la formation des professionnels du droit;
- l'encouragement du recours à l'arbitrage comme mode de règlement des litiges.

A ce jour, les Etats membres de l'OHADA sont au nombre de dix sept de l'Afrique de l'Ouest, du Centre et de l'Océan Indien africain, à savoir: le Bénin, le Burkina-Faso, le

Cameroun, la Centrafrique, les Comores, le Congo, la Côte d'Ivoire, le Gabon, la Guinée, la Guinée Bissau, la Guinée Equatoriale, le Mali, le Niger, la République Démocratique du Congo, le Sénégal, le Tchad et le Togo. Ce nombre, rappelons-le, était, au départ, de quatorze.

L'organisation a fait preuve d'un dynamisme sans égal dans l'histoire des regroupements régionaux depuis les indépendances africaines: en quelques années, le Traité a été ratifié par un nombre suffisant d'Etats et est entré en vigueur, le droit des affaires est largement uniformisé et en application dans neuf domaines différents:

- droit commercial général (statut du commerçant, registre du commerce et du crédit mobilier, bail commercial et fonds de commerce, intermédiaires du commerce, vente commerciale, etc.);
- droit des sociétés commerciales et du groupement d'intérêt économique;
- droit des sûretés ou du crédit;
- droit des procédures simplifiées de recouvrement et des voies d'exécution;
- droit comptable;
- droit entreprises en difficultés ou des procédures collectives d'apurement du passif;
- droit de l'arbitrage;
- droit des contrats de transport de marchandises par route;
- droit des sociétés coopératives.

Pour faire fonctionner l'Organisation, trois institutions communes ont été mises en place et sont fonctionnelles. Ces institutions sont:

- le Secrétariat Permanent, dont le siège est à Yaoundé (Cameroun)
- la Cour Commune de Justice et d'Arbitrage, dont le siège est àAbidjan (Côte d'Ivoire), et
- l'Ecole Régionale Supérieure de la Magistrature, dont le siège est à Porto-Novo (Bénin).

Le Secrétariat Permanent assure la représentation de l'Organisation et la coordination des trois Institutions.

L'OHADA a donc prouvé sa capacité à honorer les promesses des pères fondateurs.

A partir de 2005, des réformes institutionnelles ont été engagées pour lui conférer une plus capacité opérationnelle. Ces réforment tiennent dans:

- l'ajustement du dispositif institutionnel par une révision du traité;
- l'adaptation du mode de financement, par l'adoption d'un mécanisme de financement autonome;
- l'engagement de la révision de certains des Actes uniforme pour améliorer le droit matériel;
- l'amélioration de la gouvernance par l'adoption d'une décision d'orientation stratégique et d'un programme pluriannuel conséquent, privilégiant l'objectif de consolidation des acquis jusqu'en 2015.

La confiance et le soutien de la communauté internationale se consolident et s'amplifient au fil des ans. Pour ne citer que quelques exemples, pris au plan multilatéral, Le G8, puis le G20, l'Organisation Internationale de la Francophonie, le Programme des Nations Unies pour le Développement, la Banque Africaine de Développement, la Banque Mondiale et l'Union européenne fondent sur l'OHADA le même espoir que celui partagé par les Etats membres: faire du droit un réel levier de la croissance économique en garantissant la sécurité juridique dans le climat des affaires.

Le dispositif mis en place, à travers l'OHADA, qui permet la sauvegarde des moyens de production, offre, en effet, des instruments juridiques plus certains aux acteurs industriels et commerciaux. L'encadrement adéquat des contrats industriels et commerciaux ainsi que la gestion améliorée des litiges relatifs aux affaires, dans un espace géographique élargi, sont réels.

Mieux encore, nous pouvons relever, avec certitude, que ce dispositif a produit, pour une part certaine, les effets attendus. Aujourd'hui, notre situation économique est bien différente de celle que nous connaissions en octobre 1993 au moment de la création de l'OHADA.

Les avancées réalisées par nos pays, depuis le Traité de Port-Louis, sont considérables. A cet égard, les conclusions du colloque international qui s'est tenu, en ouverture aux présentes manifestations, à Ouagadougou (Burkina Faso) la semaine sur-dernière, les 10 et 11 octobre 2013, sous le thème «OHADA, 20 ans déjà: bilan et perspectives», sont sans ambigüité: des professionnels du droit, des universitaires et des acteurs économiques ont tous souligné les progrès exceptionnels enregistrés grâce à la contribution de l'OHADA. C'est donc sur la base d'un bilan très largement encourageant que les communicateurs ont émis des propositions tendant à consolider l'édifice.

Plus concrètement encore, les résultats de la toute première étude sur l'impact économique de l'OHADA, qui vient d'être réalisée, sont particulièrement éloquents. Ils révèlent, par exemple, que:

- les inducteurs de création d'entreprise ont été améliorés dans la zone OHADA;
- entre 2002 et 2011, le niveau des investissements directs étrangers a connu dans nos pays une progression plus importante, se situant, par exemple, entre 5,19 et 6,38% du Produit Intérieur Brut pour l'espace OHADA, contre des valeurs se situant entre 3,90 et 4,27% pour l'Afrique au Sud du Sahara;
- l'évolution des crédits à l'économie s'est aussi significativement améliorée, bien que le niveau des crédits en proportion du Produit Intérieur Brut (PIB) reste peu élevé;
- enfin, la croissance dans l'espace OHADA, bien que moins forte que celle de l'ensemble de l'Afrique subsaharienne, a été deux fois plus élevée après l'entrée en vigueur des Actes uniformes, le taux de croissance moyen annuel passant de 2,74% entre 1985 et 1997, à 4,2% entre 1998 et 2011.

Il convient, sans doute, d'un autre côté et plus spécifiquement, de préciser que l'OHADA ne s'intéresse pas qu'aux grandes, moyennes ou petites entreprises du secteur formel. Elle a clairement adressé la problématique du secteur informel si répandu dans nos pays. L'OHADA ne pouvait pas, en effet, être indifférent à la question de savoir comment réduire la pauvreté alors que la plupart des acteurs économiques se nichent dans la précarité, dans une proportion de plus de 90% des emplois urbains et ruraux dans nos pays..

Face à cette préoccupation majeure le Conseil des Ministres de l'OHADA s'est impliquée en prenant de nombreuses mesures pour faire évoluer favorablement la situation. Il y a eu ainsi de:

1. la transformation du bail commercial en bail professionnel depuis 1998;
2. l'encadrement spécifique, depuis 2000, de la comptabilité des très petites entreprises;
3. la réforme, en 2010, du droit des sûretés pour favoriser l'accès au crédit;
4. la création, en 2010, du statut juridique de l'entreprenant pour favoriser l'enregistrement simplifié des acteurs du secteur informel et permettre leur accès au crédit et à la sécurité sociale;
5. la prise, en 2010, de l'Acte uniforme relatif au droit des sociétés coopératives pour aider au développement et au renforcement du secteur coopératif;
6. la révision, en cours, de l'Acte Uniforme relatif au droit des sociétés commerciales et du GIE pour faciliter davantage la constitution des sociétés, améliorer leur financement et leur gestion;
7. l'ouverture, sous certaines conditions, de l'arbitrage, réglementé depuis 1999, comme mode de règlement des litiges concernant le secteur informel.

Mais il échet aussi de souligner que tous les textes, pris par le Conseil des Ministres, attendent pour beaucoup de leurs dispositions des mesures d'accompagnement au plan national pour ouvrir un nouveau et très vaste champ à une croissance plus vigoureuse de nos économies. Une bonne collaboration entre l'OHADA et les Ministères en charge des Finances, du commerce, des petites et moyennes entreprises et de l'action coopérative de nos pays pourra accélérer le mouvement dans ce domaine.

Nous avons donc encore, au service de nos Gouvernements, beaucoup de progrès à faire dans la lutte contre la pauvreté.

Comme vient de le rappeler Madame la Directrice du CREDO, j'ai noté, et tous et celles qui veulent jeter leur regard attentif sur les faits, peuvent faire la même remarque que moi, que depuis bientôt 20 ans que nos Chefs d'Etat ont décidé de doter nos pays d'un droit des affaires harmonisé, les universitaires, les chercheurs et les professionnels du droit du Cameroun ont, plus que tous les autres, produit une réflexion d'une ampleur considérable et, souvent, de qualité exceptionnelle sur les textes nouveaux et le fonctionnement des institutions.

Ils ont ainsi éclairé nos juges et nos avocats dans la recherche de la meilleure solution possible aux contentieux qui surviennent. Dans sa «*libre recherche scientifique*», pour emprunter l'expression de l'éminent juriste et Doyen François GENY, le juge, dont on sait combien de fois il a besoin de l'éclairage de l'avocat, trouve ses repères dans les propositions de la doctrine. Dans l'espace OHADA, qui dit doctrine, dit, en toute objectivité et jusqu'à nouvel ordre, pensée majoritairement camerounaise.

Les penseurs camerounais, n'ont pas fait que contribuer à l'application du droit posé, du droit en vigueur. S'ils ont procédé de *lege lata* ils ont aussi, jetant au loin avec sagacité de leur regard, procédé de *lege ferenda.*

Ils ont, de cette manière, incité le législateur à entreprendre de parfaire son œuvre. Les révisions de l'AUDCG et de l'AUS en 2010 doivent ainsi beaucoup à la doctrine camerounaise.

Je voudrais, en conséquence, souhaiter, que les activités et réflexions qui débutent ce jour à Yaoundé, dans le berceau de l'intelligentsia camerounaise, nous aident à toujours, forts des instructions reçues de la Conférence des Chefs d'Etat et de Gouvernement de l'OHADA, à la suite de sa première réunion statutaire tenue le jeudi dernier, 17 octobre 2013, à Ouagadougou, pour mieux progresser dans l'affermissement de la sécurité juridique et judiciaire dans l'espace OHADA.

Je vous remercie.

L'OHADA AU SERVICE DE L'ECONOMIE ET DE L'ENTREPRISE

Conférence de lancement par le Professeur Paul-Gérard POUGOUE
Président du Conseil scientifique
CAMEROUN

Abstract

OHADA aims to make its zone a large secure legal marketplace. From a microeconomic viewpoint, secreted law is specifically designed to be a tool for decision-making and a bulwark in the life hazards of businesses. The legal system thus aims at helping to easily start and promote competitiveness. From a macroeconomic viewpoint, this modern law is the same for members of OHADA. The objective is the emergence of a new centre of development, with a great capacity to respond collectively to globalisation.

A l'orée de l'ouverture officielle de la présente manifestation de commémoration du 20e anniversaire de l'Organisation pour l'Harmonisation en Afrique du Droit des affaires (OHADA), je voudrais simplement, en ma qualité de Président du Conseil Scientifique, circonscrire notre partage en soulignant combien le droit OHADA est au service de l'économie et de l'entreprise dans l'espace africain et justifie l'organisation d'un forum économique.

Avant l'avènement de l'OHADA en 1993, le jugement sur l'état de l'économie et du droit en Afrique était sévère. C'était pratiquement l'impasse économique avec les marchés étroits correspondant aux territoires balkanisés, hérités de la colonisation. Le marasme économique a conduit à des plans d'ajustement structurel avec des résultats mitigés. Le droit, de son côté, dans l'ensemble hérité aussi de la période coloniale, est obsolète, inadapté; Il est source d'une grave insécurité juridique et judiciaire qui ne favorise pas l'investissement et partant n'est pas propice au développement économique.

C'est dans ce contexte que l'OHADA apparaît avec le défi de créer un cadre juridique uniforme favorable au développement économique de son espace couvrant aujourd'hui les territoires de 17 Etats d'Afrique.

Les Pères Fondateurs de l'OHADA, Chefs d'Etat rompus aux questions de développement économique, avaient une parfaite connaissance des orientations économiques de notre temps: une économie libérale qui accorde une place importante au secteur privé et qui a en toile de fond, dans le sillage de Adam Smith et David Ricardo, les préceptes de libre entreprise et de concurrence; mais aussi une économie caractérisée par la coexistence et l'interconnexion de marchés à trois paliers; un cercle national, un cercle régional, un cercle mondial.

Le génie des Pères Fondateurs a consisté à recourir au droit pour jouer un rôle essentiel dans ce contexte économique. Ayant parfaitement assimilé Adam Smith et David Ricardo, les Pères Fondateurs ont aussi compris, à la suite de nombreux célèbres juristes notamment Ripert, que l'action du droit sur l'économie est considérable. En effet, la véritable réforme de l'économie est la réforme de son cadre juridique. Pour paraphraser Ripert, les économistes déterminent la voie et les juristes fournissent les moyens.

Les Pères Fondateurs ont bien assimilé la leçon: il faut élaborer un droit apportant une sécurité juridique et judiciaire sans laquelle les investissements ne sont pas attirés.

L'OHADA n'est pas une communauté économique. C'est un outil technique imaginé pour accompagner la transformation de son espace en un nouveau pôle de développement. L'on perçoit aisément le lien entre l'OHADA et le présent forum économique. En organisant ce forum économique, l'on voulait justement montrer à tous les acteurs de la vie économique, les progrès apportés par l'OHADA. L'arsenal juridique OHADA sert la performance des entreprises et favorise l'émergence d'un vaste marché dans la logique de la mondialisation. Ce sont les deux enjeux de notre forum

Tout d'abord, droit OHADA et performance des entreprises

Après 20 ans d'existence, l'on peut apprécier sans difficulté la corrélation entre les normes de l'OHADA et la performance des entreprises.

Le droit OHADA s'impose progressivement comme un véritable outil d'aide à la décision et un rempart face des aléas de la vie des entreprises.

De façon générale, entreprendre est plus aisé depuis l'avènement du droit OHADA. Le nouveau régime de commerçant et de l'entreprenant, la réglementation du bail à usage professionnel, l'assouplissement des exigences en vue de la constitution des sociétés commerciales, sont conçus vers cette fin. Les effets sont nettement perceptibles. Les statistiques récentes montrent que, depuis l'avènement de l'OHADA, les créations de sociétés sont plus nombreuses.

Par ailleurs, le droit OHADA assure fortement la compétitivité des sociétés commerciales, ces merveilleux instruments du capitalisme moderne, pour reprendre Ripert. Le droit OHADA met ainsi un accent particulier sur la protection du capital, l'information des associés, les moyens de contrôle, la mise en commun des moyens, singulièrement le groupement d'intérêt économique. L'on peut aussi relever la réglementation des restructurations d'entreprise, l'édification d'un nouveau droit des groupes de sociétés.

Les acteurs économiques saluent également le régime attractif des valeurs mobilières, de l'appel public à l'épargne, des sûretés particulièrement le cautionnement, les nantissements, les garanties autonomes, la cession des créances à titre de garantie, le transfert fiduciaire de somme d'argent, la propriété retenue ou cédée à titre de garantie, l'hypothèque.

Est enfin bien apprécié l'arsenal juridique imaginé par l'OHADA pour assurer la sécurité judiciaire. Trois faisceaux de normes répondent à ce souci: les nouvelles procédures de recouvrement des créances et des voies d'exécution, la modernisation des procédures de traitement des difficultés des entreprises, la promotion de l'arbitrage comme mode de règlement des différents commerciaux.

En somme, l'OHADA propose des règles modernes propices à la création et à la compétitivité des entreprises. Encore faut-il que ces entreprises trouvent des marchés dans lesquels elles peuvent se déployer. A cet égard, la singularité de l'OHADA est d'intégrer juridiquement son espace dans le dessein à terme de l'émergence d'un vaste marché.

Ensuite donc, droit OHADA et émergence d'un vaste marché.

Le droit OHADA est identique dans les pays membres de l'OHADA. Ce qui emporte deux conséquences majeures d'un point de vue économique. Le droit OHADA a pour vocation première de favoriser le développement des échanges commerciaux entre ces pays ainsi que le commerce international. Il vise aussi, au second degré, à structurer l'espace OHADA et permettre à ce dernier de mieux réagir à la mondialisation. Ce vaste marché est matérialisé par trois mécanismes d'action spécifiques:

- L'existence d'une Cour Commune de Justice à Abidjan, juge de cassation unique en matière du droit OHADA pour les Etats parties à l'OHADA. Il est indispensable que l'uniformisation de l'interprétation prolonge l'uniformisation des normes. De la sorte, l'ordre juridique OHADA canalise résolument l'avènement d'un nouveau pôle de développement dans l'espace OHADA.
- L'instauration d'un registre de commerce et de crédit mobilier, prodigieux catalogue d'informations. Organisé à un triple niveau-local, national, régional auprès de la CCJA, il permet d'obtenir des renseignements complets et exacts sur les opérateurs et les opérations économiques de l'espace OHADA;
- L'arbitrage spécifique CCJA. Circonscrit sur l'espace OHADA, il préfigure nettement aussi le vaste marché de l'espace OHADA.

On le voit, le droit OHADA est globalement conçu pour soutenir la performance des entreprises et propulser un vaste marché dans son espace. Les derniers rapports de Doing Business sont plutôt très encourageants à cet égard.

Peut-être, ces avancés sont encore très peu connus des acteurs de la vie économique. L'OHADA souffre d'une perception trop normative qu'on a du droit. Le présent forum vise précisément à sensibiliser les structures de l'Etat en charge de l'économie, de l'industrie et du commerce ainsi que les opérateurs économiques à la nette amélioration de l'environnement juridique des affaires dans l'espace OHADA.

Puisse le forum économique aider à mieux conjuguer l'aspect normatif et l'attractivité économique. C'est une interpellation aux structures étatiques en charge des questions économiques ainsi que les acteurs économiques à s'impliquer résolument dans la vie de l'OHADA. Ne pourrait-on pas aller loin ? L'OHADA est un outil économique de tout premier plan. Puisse le présent forum contribuer à faire prendre conscience de ce rôle de l'OHADA et, partant, à réfléchir sur le degré de visibilité politique et économique qu'on devra lui accorder. En disant cela je n'ignore pas l'effort collectif à déployer pour résoudre certaines délicates questions institutionnelles et juridiques. C'est l'objet du colloque qui prendra le relai du forum à partir de jeudi.

L'on le pressent, notre semaine sera riche en virtualités. En tout cas, c'est le plus grand souhait de ses organisateurs.

L'ENSEIGNEMENT SUPERIEUR ET L'ECONOMIQUE AU SERVICE DE L'INTEGRATION

Pr. Jacques FAME NDONGO
Ministre de l'Enseignement Supérieur, Chancelier des Ordres Académiques
Président du Cameroon Business Forum
CAMEROUN

Abstract

Higher Education positions the Cameroonian University and Research in Africa at the heart of development strategies for the continent, in close collaboration with the private sector. In this regard, it intends to be a showcase for excellence in the production of a high quality intellectual capital, and to enhance intra-African cooperation as regards higher education and the development of human capital in Africa. Concerning the economic advantage, I am convinced that a fruitful networking, championed by participants during the OHADA Economic Forum, second sequence of these Meetings, will mobilise economic, institutional and university stakeholders on the present-day economic stakes and challenges of the OHADA Law at a time of globalization of laws, in terms of the effectiveness and competitiveness of the levers of OHADA norms.

Monsieur le Ministre de la Communication, Porte-parole du Gouvernement,

Monsieur le Ministre des Finances

Monsieur le Ministre des Petites et Moyennes Entreprises, de l'Economie Sociale et de l'Artisanat

Monsieur le Ministre Conseiller Spécial du Premier Ministre, Coordonnateur National du Cameroon Business Forum

Monsieur le Secrétaire d'Etat auprès du Ministre de l'Education de base

Monsieur le Vice-gouverneur de la Banque des Etats de l'Afrique Centrale

Monsieur le Directeur Régional de l'Agence Universitaire de la Francophonie

Monsieur le Secrétaire Permanent de l'OHADA

Monsieur le Directeur Général de l'ERSUMA

Monsieur le Doyen de la Faculté des Sciences Juridiques et Politiques de l'Université de Yaoundé II

Madame le Directeur Général de l'Agence de Promotion des Investissements

Madame le Directeur Général des Douanes

Monsieur le Directeur Général de l'Economie

Leurs Majestés, représentants des autorités traditionnelles

Mesdames et Messieurs les représentants des Institutions et Organisations internationales

Mesdames et Messieurs les Chefs d'entreprises

Mesdames et Messieurs les Délégués-es

Distingués invités, Chers collègues, en vos grades, titres et fonctions

Chers étudiantes, chers étudiants

Mesdames et Messieurs

Permettez-moi d'exprimer les souhaits de bienvenue de Son Excellence Monsieur le Premier Ministre, Chef du Gouvernement qui, du fait d'un empêchement de dernière minute, n'a pu se joindre à nous ce matin. Je me fais donc l'heureux devoir de le représenter à cette session d'ouverture qu'il aurait souhaité présider personnellement avec le Très accord du Président de la République du Cameroun, Son Excellence M. Paul BIYA, à la faveur de la commémoration du 20e anniversaire de l'OHADA au Cameroun, à l'initiative du Centre de Recherche et de Documentation Multimedia (CREDO), à la suite de la Conférence des Chefs d'Etats et de Gouvernement des Etats parties de l'OHADA tenue à Ouagadougou au Burkina Faso, il y a quelques jours.

Je tiens à féliciter les organisateurs des présentes manifestations pour leur audace, leur témérité patriotique que nous vivons tous à travers la tenue des présentes assises que je tiens à mettre au crédit de la promotion de l'image du Cameroun sur la place diplomatique de l'OHADA d'une part, et sur la scène internationale d'autre part. J'associe à cet hommage l'engagement citoyen des dirigeants du Centre de Recherche et de Documentation MultiMedia (CREDO) qui ont œuvré à l'obtention des autorisations requises afin que le Cameroun abrite ces Assises internationales à l'occasion de la commémoration du 20e anniversaire de l'OHADA au Cameroun. Nul doute que chacun des 17 Etats parties auraient souhaité avoir ce privilège! L'audace contagieuse et la détermination pétulante de Mme Le Professeur Justine DIFFO TCHUNKAM, ont certainement eu gain de cause des prétentions légitimes de ses collègues des autres pays. Vous aurez pu confisquer, enfermer le droit OHADA dans le cercle restreint des privilégiés de la science contemplative. Que non. Vous avez fait le choix d'associer le Cameroon Business Forum et l'Etat du Cameroun à ce festin économique et intellectuel au sortir duquel l'OHADA aura des ingrédients issus du monde des affaires pour parfaire la prévisibilité, la sécurité juridique et l'attractivité économique de son droit.

L'Enseignement Supérieur positionne ainsi l'Université camerounaise et la Recherche en Afrique au centre des stratégies de développement du continent, en coopération étroite avec le secteur privé. Elle se propose, à cet effet, d'être une vitrine de l'excellence dans la production d'un capital intellectuel de haut niveau et de renforcer la collaboration intra-africaine en ce qui concerne l'enseignement supérieur, et le développement du capital humain en Afrique: «*il faut transformer radicalement l'image de l'Enseignement Supérieur au Cameroun*». Cet engagement du Chef de l'État, dans son discours à la jeunesse le 10 février 2008, renforcé par cet autre aphorisme: «*L'Enseignement Supérieur pour sa part poursuit méthodiquement sa grande mutation (. . .) Je veux croire que chacun d'entre vous se fera un devoir de participer à la réussite de ce grand dessein national*», marque une nouvelle ère dans la vie de l'institution universitaire.

C'est fort de ces enjeux que le Gouvernement du Cameroun s'est saisi de cette opportunité pour faciliter la tenue de cet évènement, la première que connaît l'Institution universitaire dans ces hauts lieux du Savoir. Voilà, Mesdames et Messieurs, le rôle de l'enseignement supérieur dans le chantier de l'intégration.

En ce qui concerne l'adjuvant économique, je reste convaincu qu'un maillage fécond et soutenu pendant le Forum économique de l'OHADA, deuxième axe de ces Assises, mobilisera les acteurs économiques, institutionnels et universitaires autour des enjeux et défis économiques contemporains du droit OHADA face à la mondialisation des droits, à l'aune de l'efficacité et de la compétitivité des leviers des normes OHADA. Je ne doute pas de ce qu'à l'issue des rencontres d'affaires envisagés par les organisateurs, des partenariats économiques consolideront les négociations des plateformes et réseaux d'affaires intercontinentaux au bénéfice des économies des 17 Etats parties de l'OHADA. Autant vous rassurer de ce que l'Etat du Cameroun est un acteur incontournable de l'activité économique. Et, à ce titre, il doit se préoccuper du climat des affaires et créer les conditions d'un marché concurrentiel et compétitif par le biais de sa législation et de sa réglementation.

Depuis l'avènement du Cameroon Business Forum en effet, le Gouvernement est à même de mieux contrôler le rythme des réformes notamment en ce qui concerne la réforme du cadre juridique et réglementaire, le renforcement de la gouvernance économique et des entreprises, la promotion de la responsabilité budgétaire, la transparence et l'obligation de rendre compte, l'atténuation des risques pour les investisseurs nationaux et étrangers, l'appui à la réforme des lois commerciales et l'amélioration de la sécurité des biens et des transactions. Cependant, ces efforts ne sont pas toujours connus de l'opinion publique nationale et internationale. C'est pourquoi il est important de rendre visible l'action des pouvoirs publics dans certains domaines majeurs afin d'améliorer la perception qu'ont les opérateurs économiques de la facilité d'entreprendre au Cameroun. C'est tout l'intérêt de ce Forum économique au cours duquel les acteurs institutionnels (Agence de Promotion des Investissements, Direction Générale de l'Economie, Direction Générale des Douanes, entre autres) feront état des avancées enregistrées dans leur sphère de compétences, en faveur d'une meilleure attractivité économique de la destination Cameroun.

Pour autant, le Gouvernement n'envisage pas de dormir sur ses lauriers et reste déterminé sous la très haute impulsion du Chef de l'Etat, Son Excellence Paul BIYA, à intensifier le dialogue institué avec le secteur privé, en vue de rechercher la plus grande efficacité dans l'élaboration, l'adoption et la mise en œuvre de réformes susceptibles de lever les obstacles à l'investissement et la mise en œuvre effective du droit OHADA au Cameroun.

Mesdames et Messieurs, permettez-moi de convoquer la feuille de route du Gouvernement dans le sens de la maîtrise des faiblesses et des contraintes du cadre des affaires; il s'agit, en priorité, des actions ci-après:

- la simplification des procédures de création d'entreprises, en réduisant les délais à moins de trois jours et en abaissant considérablement les coûts associés;
- la simplification du régime des licences pour éliminer les trop nombreuses autorisations administratives préalables à l'exercice d'une activité économique;

- la réduction des coûts et délais de passage au port de Douala;
- la simplification du système fiscal et douanier pour faciliter encore plus les opérations à l'import et à l'export, pour ne citer que celles-là.

Il convient de relever ici la modernité du cadre légal actuel et dynamique qui soutient les efforts du Gouvernement camerounais dans le sens de l'amélioration de l'environnement des affaires. Il s'agit de la Loi N°2013/004 du 18 Avril 2013 fixant les incitations à l'investissement, et dont les dispositions complètent celles de la Loi N°2002 du 19 Avril 2002 portant Charte des Investissements, du Décret portant organisation et fonctionnement de l'Agence de Promotion des PME entre autres.

Autant vous dire que des raisons pour investir au Cameroun ne manquent pas. , Le Cameroun est une terre d'hospitalité et d'opportunité d'affaires.

1. Pays d'accueil des investissements productifs étrangers, re?ets de la stabilité institutionnelle, d'une économie en constant progrès (croissance de 5%) et d'une société ouverte et démocratique.
2. Situation géographique stratégique au cœur de l'Afrique caractérisée par une grande variété de paysages et une richesse culturelle conférant un véritable art de vivre.
3. Carrefour des peuples offrant une position commerciale unique, ouvert sur l'Océan Atlantique, partageant une frontière avec cinq autres pays de l'Afrique Centrale et donnant accès aux 120 millions de consommateurs nigérians.
4. Energie électrique abondante,?able et peu chère, et un important réseau d'approvisionnement en eau.
5. Main d'œuvre abondante quali?ée, bon marché et douée d'une grande capacité d'adaptation et d'initiative indispensable au développement des entreprises.
6. Tissu industriel diversi?é en expansion, présentant un réseau permanent de sous-traitance.
7. Cadre législatif et règlementaire consacrant la liberté d'investir et le libre transfert des béné?ces industriels et commerciaux ainsi que des salaires.
8. Disponibilité de nombreuses ressources naturelles (pétrole, gaz, bauxite, bois, fer, nickel etc.) et de produits agricoles (cacao, café, coton, bananes, hévéa, huiles de palme, ananas, etc.).
9. Vaste programme de réalisation des grands projets structurants (Ports, Barrages Hydroélectrique, Ponts) notamment le projet construction du Port en Eau profonde de Kribi, le barrage de MEKIN, MEMVE'ELE, LOMPANGAR, Projet de construction de l'autoroute Douala-Yaoundé, etc.
10. Infrastructures modernes de communication et de télécommunication avec un réseau routier et ferroviaire développé reliant les différentes régions du pays, une liaison aérienne et maritime? able et un système de télécommunication performant.
11. Nouvelle loi attractive fixant les incitations à l'investissement privé
12. Simpli?cation des procédures administratives avec la loi sur le commerce électronique et paiements électroniques
13. Création d'un Guichet Unique de facilitation de création et obtention

d'agréments au sein de l'Agence de Promotion des Investissements et des bureaux d'accueils dans tous les aéroports pour obtention des visas d'entrée au profit des investisseurs étrangers.

y Dans cette dynamique, le Forum économique de l'OHADA offre aux entreprises, à l'aune de l'entrée en vigueur des textes de l'Accord de Partenariat Economique, l'opportunité idoine d'établir des partenariats économiques et commerciaux avec les grands ensembles économiques et hémisphériques comme l'OMC, l'ALENA, l'Union Européenne, le BRICS, le G20, les Chambres Consulaires, les professionnels du droit et acteurs institutionnels intervenant dans la chaîne d'amélioration du climat et de l'environnement des affaires, de promotion et de protection des investissements au Cameroun.

C'est par ces mots que je vous souhaite à toutes et à tous des échanges nourris et partenariats d'affaires fructueux et capables d'accompagner l'émergence en Afrique d'un nouveau pôle de développement économique.

Vive la coopération universitaire régionale et internationale

Vive la Coopération économique régionale et internationale

Vive le Cameroun, havre de paix, terre d'hospitalité, d'opportunités d'affaires et de prospérité

Vive le Cameroun et son illustre Chef, Son Excellence M. Paul BIYA, Président de la République, Chef de l'Etat, Apôtre de la nouvelle gouvernance universitaire.

PREMIERE PARTIE — MANIFESTATION SCIENTIFIQUE «OHADA: FINALITES ET SOURCES»

Sous la présidence du Pr. Paul-Gérard POUGOUE

I CONFERENCES ET ECHANGES

PANEL 1 — L'OHADA ENTRE SON PASSE ET SON AVENIR
Leçon inaugurale du Pr. Paul-Gérard POUGOUE, Cameroun

Modérateur: Dr. Félix ONANA ETOUNDI, Bénin

PANEL 2 — DROIT OHADA ET CONVERGENCE DES SYSTEMES JURIDIQUES
Modérateur: Etienne NSIE, Gabon

PANEL 3 — DROIT OHADA ET DROIT DU DEVELOPPEMENT
Modérateur: Pr. Gérard BLANC, France

II ATELIER RECHERCHE ET PROSPECTIVE JURIDIQUE

Sous la présidence du Pr. Vincent HEUZE — France

Pr. Victor-Emmanuel BOKALLI, Cameroun

Pr. Moussa SAMB, Sénégal

Pr. Karounga DIAWARA, Canada

Pr. Sophie LAVALLEE, Canada

Pr. Walid Ben HAMIDA, France

Dr. Victor TOWO KAMGA, France

LEÇON INAUGURALE: L'OHADA ENTRE SON PASSÉ ET SON AVENIR

Professeur Paul-Gérard POUGOUE
CAMEROUN

Abstract

In the wake of their independence, African countries have suffered heavily, especially in the 80s, structural adjustment programmes have strengthened the legal and judicial insecurity of economic investments in Africa, hence the need for the founding fathers to think of the emergence of a new centre of economic development in Africa. 20 years later, between its past and future, OHADA is really at the crossroads. Between the economic attractiveness and legal efficiency of norms, between the convergence and competition of systems and sources, there is need to evaluate and consolidate the achievement of OHADA, but also to rethink the future of the institutions for growth and economic performance of Africa.

Posons-le nettement dès le départ: le passé comme l'avenir de l'OHADA est irrigué par deux impératifs inséparables: un impératif de sécurité juridique et un impératif d'attractivité économique.

Une petite explication s'impose tout de même pour continuer. La corrélation entre les deux impératifs traduit d'un point de vue de la théorie générale du droit un lien entre le droit et l'économie.

Le droit est un ensemble de règles de conduite régissant les rapports entre les hommes et la société. Il n'y a pas de société sans droit. Il n'y a pas de société sans économie. Par transitivité, l'on perçoit le lien nécessaire entre le droit et l'économie. Même si le droit est dominé par l'idéal de justice, il doit être attentif à son efficacité économique. Le droit efficace et attractif est celui qui recherche, pour son milieu, l'équilibre entre «le juste» et «l'utile» au sens de la philosophie des utilitaristes dont le chef de file est Jérémie Benthram.

L'analyse économique du droit s'inscrit dans le prolongement moderne de cette philosophie. Elle s'impose de plus en plus. Les Ecoles prestigieuses tentent d'évaluer l'attractivité économique du droit: l'Ecole de Chicago, l'Ecole de Vienne, etc. Les rapports Doing Business de la Banque Mondiale proposent chaque année un classement des ordres juridiques en fonction de leur efficacité économique.

Seulement, une telle analyse se vérifia peu en Afrique avant l'avènement de l'OHADA. Dans l'ensemble, le droit des affaires d'alors, hérité de la période coloniale, est obsolète, inadapté au contexte socioculturel et aux réalités des économies africaines. De plus, après les indépendances, l'on a assisté à une prolifération des réformes nationales. Cette diversité des textes renforce la balkanisation politique et complexifie la création d'un vaste marché dépassant les frontières nationales.

L'ère de la mondialisation actuelle s'accommode mal d'une telle situation. Elle plaide plutôt pour un renforcement du lien entre le droit et l'économie et la construction du vaste marché juridiquement sécurisé.

C'est véritablement l'enjeu de l'OHADA. A la lecture du préambule du Traité la créant, celle-ci apparaît comme une mobilisation africaine pour la mondialisation et le développement économique. L'OHADA n'est pas une communauté économique. C'est un outil qui doit secréter un choix pouvant contribuer considérablement à transformer l'espace OHADA en un nouveau pôle de développement. Hier, aujourd'hui et demain, l'arsenal juridique OHADA doit pouvoir offrir la sécurité juridique et l'attractivité économique indispensables pour la performance des entreprises et l'émergence d'un vaste marché.

Le bilan des 20 premières années de l'OHADA est plutôt florissant. Le nouveau droit offre une sécurité juridique certaine. Il est codifié, avec tout ce que la codification apporte en prévisibilité et en cohérence. Il est moderne, puisant son inspiration majeure du droit comparé et du droit international en ce que ceux-ci ont de plus à jour dans plusieurs domaines des affaires: droit commercial général, sociétés commerciales, sociétés coopératives, droit et systèmes comptables, sûretés, procédures collectives d'apurement de passif, recouvrement des créances et voies d'exécution, arbitrage. Il est adapté aux réalités économiques des pays de l'espace OHADA et offre aux opérateurs économiques plusieurs possibilités.

Les premières analyses économiques faites par Doing Business sont plutôt positives en ce qui concerne la capacité de ce nouveau droit à favoriser la libre entreprise et la performance des entreprises, à faciliter la création des sociétés et la compétitivité. Le droit OHADA est ainsi un véritable outil d'aide à la décision et un rempart face aux aléas dans la vie des entreprises. La révision en cours de l'acte uniforme sur les sociétés commerciales apporte de nombreuses réponses nouvelles: introduction de nouvelles formes de sociétés (la SAS à côté de la SASU), et des conditions plus favorables à la création de sociétés; renforcement et précision des règles favorisent la compétitivité (actions gratuites, régime de l'appel public à l'épargne), renforcement des règles de la transparence et du gouvernement d'entreprise.

Par ailleurs, ce droit juridiquement sécurisant et économiquement attractif présente la singularité d'être identique dans tout l'espace OHADA et d'intégrer juridiquement ce même espace. Trois mécanismes d'actions spécifiques matérialisent cette intégration dans le dessein d'un vaste marché: le CCJA, le RCCM, l'arbitrage CCJA.

Le présent colloque offre dès lors l'occasion d'une utile appréciation de ses acquis et d'une nécessaire anticipation de l'avenir, à savoir relever le défi pour l'OHADA d'œuvrer profondément pour l'émergence en Afrique d'un pôle de développement. Cela revient concrètement à rechercher comment demain renforcer la sécurité juridique et accroître la finalité économique du droit OHADA.

I – VERS UN RENFORCEMENT DE LA SECURITE JURIDIQUE DU DROIT OHADA

L'OHADA poursuit une œuvre d'intégration juridique entre les pays membres. Le nouveau droit des affaires est uniforme à l'espace OHADA et constitue un «jus» spécifique et efficace. C'est à la fois un ordre nominatif et un ordre judiciaire coiffé par le CCJA. C'est tout court un ordre juridique, risquerait-on de soutenir. Ce dernier présente cependant la particularité de coexister avec les ordres juridiques internes des différents Etats membres de l'OHADA et les ordres juridiques des communautés économiques et monétaires dans l'espace OHADA.

L'on a déjà dit et le bilan des activités de l'OHADA notamment le colloque de Ouagadougou des 10 et 11 octobre 2013 l'a mis en exergue: le droit uniforme, par sa modernité et sa codification, apporte une incontestable sécurité juridique. Mais, les questions les plus délicates de cette sécurité juridique sont perçues au niveau de la coexistence de plusieurs ordres juridiques dans l'espace OHADA. Les solutions à trouver aux conflits de coexistence des différents ordres juridiques seront demain au centre de la sécurité juridique dans l'espace OHADA.

1 Ordre juridique OHADA et ordres juridiques internes des Etats arties

Les rapports entre l'ordre juridique OHADA et ordres juridiques internes des Etats membres portent en germe deux difficultés majeures, source d'une grande insécurité juridique pour les investisseurs et les justiciables en général: une question de complémentarité et une question de primauté.

(a) Question de complémentarité

La question de complémentarité est capitale et apparaît sur le plan normatif et sur le plan judiciaire.

Sur le plan normatif, c'est la question de la nécessaire conformité du droit interne des Etats parties avec le droit uniforme OHADA.

Plusieurs hypothèses se présentent. Parfois le législateur renvoie au législateur le soin de compléter son œuvre. L'analyse du bilan des 20 premières années de l'OHADA montre que ces textes complémentaires ne sont généralement pas pris ou seulement pris partiellement. L'on peut citer le juge de l'exécution, le juge d'appui en matière d'arbitrage, les biens insaisissables, les sanctions en matière de droit pénal OHADA . . . Plus inquiétant pour la sécurité juridique, les textes pris ne respectent pas toujours l'esprit du droit OHADA, un droit appelé à faciliter les affaires. Le tableau est très contrasté. L'appel est pressant aux législateurs nationaux de l'espace OHADA de prendre des textes internes indispensables à l'application cohérente des normes de l'OHADA.

L'autre hypothèse est engendrée par la portée abrogatoire des actes uniformes conformément à l'article 10 du traité de l'OHADA. La CCJA, par l'avis N°01/201 du 30 avril 2001, a précisé le sens et la portée de cet article. On peut résumer cet avis en deux propositions. La première est l'annulation des règles internes sur les points ayant fait l'objet d'actes uniformes même si ces règles internes sont estimées techniquement plus avancées. La seconde est la nullité des normes internes postérieures contraires. Malgré la clarté de l'article 10 du Traité de l'OHADA et de l'avis de la CCJA, l'analyse des 20 premières années de l'OHADA montre qu'il semble se poser de manière générale un problème de concurrence du droit uniforme avec le droit interne non harmonisé. Sur ce point, pour renforcer la sécurité juridique, la volonté politique doit être prolongée par une discipline législative rigoureuse, sinon c'est toute l'entreprise OHADA qui sera menacée.

Sur le plan judiciaire, la délicate question est celle de la délimitation de compétence matérielle entre le CCJA et les cours suprêmes nationales, singulièrement lorsque le contentieux est connexe, mettant en jeu à la fois le droit OHADA et le droit interne non harmonisé. L'on connaît bien l'arrêt N°01-158/C du 16/08/2001 de la Cour Suprême du Niger qui va dans le sens de la préférence nationale. On sait aussi combien cette position est rejetée. En réalité, la lecture combinée des articles 10, 15, 16, 17 et 18 du Traité OHADA suggère une piste de solution. Mais, il faut le dire, la question est plus subtile et invite à un minimum de courtoisie à l'égard de la CCJA à cause du caractère supranational du droit OHADA et de la nature quasi-fédérale de la CCJA. L'enjeu supérieur est la sécurité des justiciables.

En évoquant la supranationalité du droit OHADA, on aborde déjà la question de primauté.

(b) Question de primauté

Dans la logique de la doctrine internationale moniste, les normes de l'OHADA font bien partie intégrante de l'ordre juridique applicable sur le territoire national; mais tout en déployant cet effet, elles conservent leur nature propre et leur autonomie comme normes de l'ordre juridique de l'OHADA. L'idée est donc celle de la primauté de l'ordre juridique OHADA posée par l'article 10 du Traité de l'OHADA et judiciairement confortée par l'avis de la CCJA N°001/201 EP du 30 avril 2001. On peut tirer trois conséquences majeures de la lecture de l'article 10 du Traité et de l'avis la CCJA. Le droit OHADA, parce qu'il ne peut être contesté une fois adopté et entré en vigueur, a un caractère supranational; parce qu'il a vocation a être immédiatement et directement applicable dans l'ordre juridique interne de chaque Etat partie, sans procédure quelconque de réception, revêt un caractère transnational; parce qu'il fixe lui-même sa propre place par rapport aux seuls droits internes, il atteste l'existence et la primauté de l'ordre juridique OHADA. La sécurité juridique voudrait que désormais ces conséquences soient sans nuance appropriées au niveau des Etats.

Mais jusqu'où aller dans la reconnaissance de l'ordre juridique OHADA ? Primant sur l'ordre juridique interne, prime-t-il aussi sur la constitution ? La réponse est primordiale pour la sécurité juridique recherchée par l'OHADA. Le Conseil constitutionnel sénégalais, très tôt saisi de la question, a adopté le 16 décembre 1993 une position allant dans le sens d'une conception moderne et souple la souveraineté et faisant de l'aspiration à l'unité africaine un principe général du droit constitutionnel. Il s'ensuit que l'OHADA, engagement international en vue de l'intégration juridique, serait conforme à la constitution. Dans le cas contraire, il y aurait lieu de procéder à des révisions constitutionnelles pour rendre la constitution compatible au Traité OHADA et au droit uniforme dérivé. D'un point de vue théorique, cette analyse trouve une explication dans le monisme juridique dans le cadre duquel s'inscrivent les constitutions des pays de l'OHADA. Mais elle suppose au préalable la ratification du Traité OHADA. Or la constitution reste seule juge de l'opportunité et des conditions de la ratification. En cas de contrariété, la révision de la constitution s'impose pour lui conserver son «degré supérieur du droit positif» pour reprendre Kelsen. La primauté matérielle de l'ordre juridique OHADA laisse ainsi la suprématie formelle de la constitution comme norme fondamentale de la République.

En somme, l'ordre juridique OHADA prime sur l'entièreté de l'ordre juridique interne. Ne pas en tirer toutes les conséquences serait une source grave d'insécurité juridique.

Des difficultés similaires de coexistence se rencontrent aussi entre l'ordre juridique OHADA et les ordres juridiques des communautés économiques et monétaires dans l'espace OHADA. Elles seront du reste plus délicates à résoudre, l'ordre juridique OHADA ne primant pas en principe.

2 Ordre juridique OHADA et ordres juridiques des communautés économiques et monétaires dans l'espace OHADA

Nombre d'organisations régionales africaines à vocation économique pourraient aussi rechercher une unification dans des branches du droit des affaires. L'exemple le plus significatif est l'UEMOA qui a adopté un règlement portant système comptable ouest africain (SYSCOA) tandis que l'OHADA a pris un acte uniforme ayant exactement le même objet. De même, l'acte uniforme sur le transport des marchandises par route est adopté un moment où il existait déjà au sein de la CEMAC la convention inter-Etats de transport routier de marchandises diverses (CIETRMD).

L'on le voit, si ces ordres juridiques se font concurrence, il en résultera une insécurité juridique très préjudiciable à l'intégration et aux investissements.

Sur le plan pragmatique, les autorités de l'OHADA et des diverses organisations régionales sont conscientes du danger et se concertent désormais régulièrement pour éviter les situations conflictuelles. Mais, il faut aller au-delà et rechercher des réponses théoriques fortes pouvant asseoir profondément la sécurité juridique.

Une approche formaliste est souvent proposée. L'OHADA et les différentes autres organisations constituent des ordres juridiques supranationaux. Dès lors les rapports entre l'ordre juridique OHADA et les ordres juridiques des communautés régionales sont appréhendés essentiellement sous l'angle des conflits de normes. Alors, la convention de Vienne du 23 mai 1969 sur le droit des traités est invoqué. On recourt alors soit à la maxime «lex posterior derogat priori», soit à la maxime «specialia generalibus derogart».

L'on peut cependant se demander s'il s'agit des communautés concurrentes. L'OHADA n'étant pas une communauté mais un outil technique de sécrétion d'un droit des affaires, les rapports en cause ne sont-ils pas plus nuancés de manière à rechercher une solution tout aussi nuancée procédant d'une approche finaliste ou téléologique reposant sur l'idée de finalité, sur la recherche des fins ?

L'approche finaliste est largement soutenue en droit international. On a ainsi proposé de tenir compte du caractère universel ou non de la convention ou du Traité, du nombre effectif de signataires et surtout des membres ayant ratifié le Traité. Ce qui aboutit à une hiérarchisation des conventions: supériorité du droit universel sur le droit international régional ou communautaire, supériorité de ce dernier sur le droit d'origine bilatérale et, enfin, supériorité de la charte constitutive des organisations internationales ou régionales sur leurs droits dérivés.

Suivant cette analyse, la supériorité sera reconnue au droit OHADA sur les autres droits régionaux en question: le champ matériel de l'OHADA est plus vaste, le nombre des membres ayant ratifié le Traité OHADA est plus grand.

Ala vérité, la différence d'objectif entre l'ordre juridique de l'OHADA et les ordres juridiques communautaires visés ne permet-elle pas d'aller plus loin encore dans l'analyse finaliste ? L'OHADA est fondamentalement un outil technique qui unifie le droit des affaires dans un sens large pour les besoins des Etats et d'un espace intégré regroupent aussi les communautés régionales de son espace. L'OHADA entend justement assurer la sécurité juridique et judiciaire de cet espace en vue de l'émergence d'un vaste marché. Ce souci d'une intégration juridique maximale pourrait bien, en ce qui concerne aussi bien les Etats que les communautés régionales qui regroupent certains de ces Etats, tous membres en même temps de l'OHADA, justifier que le droit OHADA abroge leurs dispositions contraires antérieures ou postérieures. Cette analyse est confortée par l'avis N°002/2003 du 09 avril 2003 de la Chambre judiciaire de la Cour de Justice de la CEMAC portant sur le projet de règlement relatif aux systèmes, moyens et incidents de paiement. Dans cet avis, la cour, s'exprimant à propos de l'article 10 du Traité de l'OHADA, indique que «cette disposition contraignante pour les Etats concernés s'applique aux normes primaires et dérivés issues de la CEMAC». Le raisonnement a alors été avancé pour résoudre le conflit entre l'Acte Uniforme OHADA relatif aux contrats de transport de marchandises par route et la convention inter-Etats de la CEMAC de transport routier de marchandises diverses.

En ce moment de projection sur la sécurité juridique demain dans l'espace OHADA, ce raisonnement de la Cour de Justice de la CEMAC mérite d'être profondément médité et approprié. Ce renforcement de la sécurité juridique est nécessaire pour l'accroissement de l'efficacité économique du droit OHADA.

II – VERS UN ACCROISSEMENT DE L'EFFICACITÉ ÉCONOMIQUE DU DROIT OHADA

Le défi de l'OHADA est l'émergence d'un nouveau pôle de développement. La sécurité juridique est fort utile parce qu'elle est inhérente au droit. Mais l'attractivité du droit OHADA est indispensable pour relever le défi: le bilan des 20 premières années de l'OHADA montre bien que le droit dérivé est plus que le droit d'hier adapté aux réalités économiques et susceptibles de faciliter les investissements et les échanges. Mais, en même temps, il montre que si le droit est abondamment connu et étudié par les juristes, sa visibilité par les acteurs de la vie économique et sa capacité à propulser l'économie devront être accrues. C'est sur ces deux points que demain l'action devrait être orientée.

1 Accroissement de la visibilité économique de l'OHADA

L'enjeu est d'amener les acteurs de la vie économique, tant au niveau de l'Etat qu'à celui des opérations économiques, de s'approprier définitivement l'OHADA comme outil technique au service de l'économie. Il s'agit de quitter une approche trop normative de l'OHADA pour une compréhension économique largement partagée. Cela suppose demain d'accroître la visibilité de l'OHADA en impliquant systématiquement les acteurs économiques à la vie de l'OHADA et en soutenant des formations et des recherches sur l'analyse économique du droit OHADA.

(a) Meilleure implication des acteurs économiques

La tutelle sur l'OHADA est exercée par le Ministère en charge de la Justice et le Ministère des Finances. En pratique, c'est surtout le Ministère de la Justice, même si l'on assiste ces derniers temps, à un frémissement du côté du Ministère des Finances.

Pour atténuer cette absence des acteurs économiques dans la vie de l'OHADA, des Commissions Nationales OHADA ont été conçues. Là encore, le résultat reste mitigé et des solutions énergiques devront être trouvées demain pour introduire profondément l'OHADA dans le monde des affaires, aussi bien les structures de l'Etat en charge de l'économie que les opérateurs économiques.

L'OHADA étant un outil au service de l'économie, l'on comprend aisément la nécessité et l'urgence d'y associer plus étroitement que par le passé les structures de l'Etat en charge de l'économie. Celles-ci ne doivent pas être seulement être informées des activités de l'OHADA, elles doivent être des acteurs de la vie de l'OHADA au même titre que les Ministères chargés de la Justice et des Finances. Bien plus, pour accroître cette visibilité économique au niveau de l'Etat, l'orientation pourrait aller vers une tutelle sur l'OHADA à un niveau élevé de l'Etat. D'ailleurs, l'institution de la Conférence des Chefs d'Etat et de Gouvernement de l'OHADA n'incite-t-elle pas à aller à ce sens! Cette question de la visibilité économique est primordiale et devra retenir toute l'attention demain. A tous les niveaux de l'OHADA, les experts du monde des affaires non juristes devront trouver une place conséquente à côté des experts juristes. Cela pourra entraîner une révision du Traité de l'OHADA non seulement en ce qui concerne la tutelle mais aussi en ce qui concerne la compréhension du comité d'Experts et des commissions nationales OHADA. Le but est de mieux partager les besoins des entreprises et de l'économie afin de mieux définir comment faire évoluer les normes et les mécanismes d'action de l'OHADA. Cette métamorphose est urgente et indispensable pour assurer un avenir fructueux et radieux à l'OHADA au service de l'économie. Cette orientation devra être soutenue par des activités de formation et de recherche conséquente.

(b) Développement des activités de formation et de recherche en analyse économique du Droit OHADA

Les Pères Fondateurs avaient bien perçu l'enjeu de la formation en imaginant l'ERSUMA. Très vite, l'ERSUMA a compris l'importance de cette activité. Le bilan des 20 premières années de l'OHADA montre une intense activité au niveau de l'ERSUMA. Cette dernière a considérablement intensifié sa mission de formation en étendant même l'initiation à divers acteurs de la vie économique. Elle a par ailleurs développé une intense activité de recherche à tel point qu'elle s'impose de plus en plus comme un centre d'excellence en droit africain uniforme des affaires.

Il faudra absolument demain poursuivre la formation et la recherche en droit OHADA. Mais cela ne sera pas suffisant pour asseoir le crédit de l'OHADA, comme illustration de la rencontre entre droit et économie. Les préoccupations de l'analyse économique devront être aussi prises en considération. Il s'agira de montrer dans quelles mesures l'OHADA met à la portée des opérateurs économiques des mécanismes appropriés pour optimiser la compétitivité et la performance dans la logique des Ecoles de l'analyse économique du droit. Il s'agira aussi d'initier plus intensément à l'économie de l'entreprise les juristes d'affaires et les magistrats. Une telle formation a pour ambition de mieux faire percevoir l'esprit de l'OHADA, les préparant ainsi à une interprétation plus «économique» des dispositions des actes conformes.

2 Accroissement de l'objectif économique du droit substantiel OHADA

On l'a dit dès le départ, le bilan des règles uniformes ces 20 dernières années révèle très largement l'objectif économique recherché. En même temps, ce bilan montre que des pans importants du droit des affaires restent à explorer. Mais cette exploration se heurte à deux difficultés qui devront demain retenir spécialement aussi l'attention.

Il y'a d'abord la question des sources d'inspiration. Un certain consensus se fait autour de l'idée que le droit africain en construction s'est inspiré aussi bien des principales règles du droit des affaires puisées du droit international et plusieurs systèmes juridiques. Il faut intensifier cette voie surtout en ce moment où des pays de cultures juridiques de tradition common law s'intéressent de plus en plus à l'OHADA. L'enjeu est que le droit OHADA soit un droit de convergence, sorte de synthèse de plusieurs systèmes juridiques. L'ambition est réaliste et va tout à fait dans le sens de l'élaboration du droit dans les espaces économiques intégrés comme l'UE.

Il y a ensuite la question d'exploration de domaines nouveaux du droit des affaires. L'activité normative de l'OHADA ne saurait être ralentie. C'est en ce sens qu'il faudra apprécier la réflexion sur l'opportunité de nouveaux actes uniformes notamment sur certains contrats d'affaires, le règlement des conflits et la circulation des décisions de justice, des sentences arbitrales et des actes d'autorité.

La multiplication d'actes uniformes sur les contrats d'affaire relance le débat sur la théorie de droit commun des contrats et plus globalement sur la théorie générale des obligations. Seulement, la prise d'un acte uniforme sur ce point est très délicate car cette théorie générale concerne aussi bien les obligations civiles que commerciales, contractuelles et extra contractuelles. Plusieurs études insistent sur le risque d'engloutissement du droit interne et suggèrent de l'orienter vers la prise d'une loi-type à proposer aux Etats. Restera alors à ces derniers d'y recourir ou non pour moderniser leur droit interne des obligations. Mais il faudrait modifier le Traité de l'OHADA pour proposer, à côté des actes uniformes, des procédés d'harmonisation plus souples tels que les directives ou les lois-type. L'on ne pourrait pas demain occulter l'approfondissement de la réflexion sur cette ouverture de l'OHADA à d'autres procédés.

Ala fin de cette brève étude, il faut conclure. Ces premières années, l'OHADA a posé un socle normatif analysé par une doctrine féconde, enrichi par une jurisprudence constructive et largement expliqué dans des programmes variés de formation. Demain devra permettre de mieux mettre en exergue l'OHADA comme outil économique en renforçant l'intégration et la sécurité juridiques, en amélioration l'efficacité économique de l'arsenal, en permettant aux acteurs économiques de s'approprier l'OHADA. Ainsi l'OHADA juridique florissante d'aujourd'hui pourra réussir demain sa mue en OHADA économique reluisante. Alors, dans 20 ans, nous célébrerons non seulement les 40 ans de l'OHADA mais aussi et surtout l'avènement du nouveau pôle de développement de l'espace OHADA.

SECURITE JURIDIQUE ET ATTRACTIVITE DU DROIT OHADA

Pr. Joseph ISSA — SAYEGH
Agrégé des Facultés de Droit
SENEGAL

Abstract

After twenty years of OHADA, marked by numerous colloquiums, conferences, theses, dissertations, articles, consultations, lectures, personal experiences and open interviews, this question was bound to arise, to speak brutally and be imposed as the centre of reflection to lead to this "communication". By dint of meditating on the answer of this question, I finally concluded that the attractive force of OHADA — or precisely, of its law is like to operate on three levels and in different ways on each of them, namely: non-signatory States; surrounding legal systems; the non-standardised materials.

Dans le programme du colloque qui s'ouvre aujourd'hui sur la célébration des 20 ans de l'OHADA, il est indiqué que je suis chargé de développer l'Axe 1 de la Leçon 1 dont le professeur Paul Gérard Pougoué a pour mission de tracer le cadrage. Cet Axe 1 a pour intitulé *«Sécurité juridique et attractivité de l'OHADA»*.

Qu'il me soit permis, en abordant mon sujet, de faire une objection quant à la nature de ma communication et de me poser une question sur son intitulé.

Mon objection est une protestation contre le mot «leçon» qui, dans le langage commun, signifie un enseignement donné par un professeur ou un maître, en une séance, à un auditoire supposé ignorant ou incomplètement informé du sujet traité. Je me garderai bien de dire que ma communication est une leçon aussi bien par son contenu que par l'auditoire auquel elle s'adresse: elle n'est, ni plus ni moins, qu'une réflexion personnelle nourrie de questionnement et de prudence et non une leçon d'académie, d'agrégation ou d'amphithéâtre.

Ma seconde réserve concerne le contenu de ma communication que cache son intitulé, à savoir: *«Sécurité juridique et attractivité de l'OHADA»*. Je m'interroge sur cette formulation: présuppose-t-elle que la sécurité juridique dépendrait de la force d'attraction du droit OHADA et/ou que sans cette attractivité, il n'y aurait pas de sécurité juridique.

A supposer établie et acceptée en postulat une telle corrélation entre la sécurité et le droit OHADA, la question demeure: de quelle force d'attraction s'agirait-il et sur qui ou sur quoi s'exercerait- elle? L'interrogation est d'autant plus embarrassante que le mot attractivité est polyvalent. Il exprime aussi bien la force d'attraction qui s'impose comme la pesanteur, la séduction qui attire en charmant pour soumettre ou la force d'un élément principal qui cherche à attirer son complément sans lequel il n'existe pas.

Au terme de vingt années d'existence de l'OHADA, émaillée de nombreux colloques, conférences, thèses, mémoires, articles, consultations, lectures, expériences personnelles et entretiens libres, cette question ne pouvait manquer de surgir, de s'exprimer brutalement et s'imposer comme le cœur même de la réflexion à conduire dans cette «communication». A force de méditer sur la réponse qu'appelle cette interrogation, j'ai fini par conclure que la force attractive de l'OHADA — ou, plus exactement, de son droit- est susceptible de s'exercer sur trois plans et de manière différente sur chacun d'eux, à savoir: les Etats non signataires; les systèmes juridiques environnants; les matières non encore uniformisées.

I – ATTRACTION DU DROIT OHADA SUR LES ETATS NON SIGNATAIRES

Les Etats non signataires sont hors de l'espace OHADA; toutefois, s'ils sont attirés par le droit uniforme de cette organisation, ils peuvent parfaitement, soit se rallier à elle par l'instrument de l'adhésion (intégration), soit l'imiter en créant des organisations semblables (mimétisme).

A – Attraction de l'OHADA par l'adhésion de nouveaux Etats au Traité.

1 Principe: l'adhésion

Si les Etats extérieurs à l'OHADA sont attirés par son droit uniforme, il leur est possible de recourir à l'article 53 du Traité qui exprime le principe de l'extension territoriale en ces termes: *«Le présent Traité est, dès son entrée en vigueur, ouvert à l'adhésion de tout Etat membre de l'OUA* (aujourd'hui Union Africaine) *et non signataire du Traité. Il est également ouvert à l'adhésion de tout autre Etat non membre de l'OUA (aujourd'hui Union africaine) invité à y adhérer du commun accord de tous les Etats parties».*

L'adhésion a pour effet de transformer l'Etat adhérent en un Etat membre de l'OHADA à part entière dans l'exercice de ses droits comme dans l'exécution de ses obligations envers cette organisation. Notamment, il doit appliquer les Actes uniformes déjà adoptés par le conseil des ministres dès le soixantième jour suivant la date du dépôt de l'instrument de ratification de l'adhésion. Même si l'effet de l'adhésion n'est pas immédiat, la démarche de l'adhésion doit être précédée et accompagnée d'un grand nombre de mesures de l'Etat adhérent pour faciliter au mieux et le plus rapidement possible l'intégration des Actes uniformes en droit interne

Aujourd'hui, l'OAHDA compte 17 Etats[1] dont la RDC qui y a adhéré, il y a peu, dans des difficultés assez remarquées[2].

---

[1] Bénin; Burkina Faso; Cameroun; Centrafrique; Comores; Congo; Côte d'Ivoire; Gabon; Guinée Bissau; Guinée-Conakry; Guinée Equatoriale; Mali; Niger; RDC; Sénégal; Tchad; Togo.

[2] — **Adhésion de la République démocratique du Congo à l'OHADA**. Revue congolaise de droit et des affaires, Octobre — Décembre 2012, p. 95 (TRAITE OHADA — ADHESION — REPUBLIQUE DEMOCRATIQUE DU CONGO).

— **BAKANDEJA WA MPUNGU**, Les enjeux de l'adhésion de la République démocratique du Congo à l'Organisation pour l'harmonisation en Afrique du droit des affaires, in Journée d'étude sur l'OHADA, De sa création à l'adhésion de la République démocratique du Congo, Université Catholique de Louvain, 11 mars 2010 (REPUBLIQUE DEMOCRATIQUE DU CONGO — ADHESION A L'OHADA — ENJEUX — DROIT DES AFFAIRES — REPUBLIQUE DEMOCRATIQUE DU CONGO). Ohadata D-11-22

— **BAMUANGAYI KALUKUIMBI Ghislain**, Pourquoi la République Démocratique du Congo (RDC) devait adhérer à l'OHADA ? " Critique prospective de la démarche d'adhésion de la RDC à l'OHADA " (ADHESION A L'OHADA — REPUBLIQUE DEMOCRATIQUE DU CONGO — RDC) Ohadata D-10-36

S'il n'est pas totalement déraisonnable de penser que l'extension territoriale du droit OHADA peut gagner une grande partie de l'Afrique il est extravagant d'envisager une extension à toute l'Afrique et à d'autres continents car une telle extension ne manquera pas de faire surgir des effets quantitatifs et qualitatifs qu'il faudra prévenir ou régler.

— **CHIFFLOT-BOURGEOIS Frédérique,** Le traité, les institutions et les actes uniques OHADA: présentation générale in Journée d'étude sur l'OHADA, De sa création à l'adhésion de la République démocratique du Congo, Université Catholique de Louvain, 11 mars 2010, p. 1 (TRAITE — ACTES UNIFORMES — INSTITUTIONS — OHADA)

— **Compte rendu du Colloque de Louvain — la — Neuve du 11 mars 2010** "OHADA, de sa création à l'adhésion de la République Démocratique du Congo", Revue congolaise de droit et des affaires, n° 3, p.79.

— **DAL Georges-Albert et TCHEKEMIAN Fabian,** L'Acte uniforme relatif au droit de l'arbitrage. Journée d'étude sur L'Organisation pour l'Harmonisation en Afrique du Droit des Affaires (OHADA). De sa création à l'adhésion de la République Démocratique du Congo. Université Catholique de LOUVAIN — Be1gique — et INEADEC (Institut euro-africain de droit économique. Acte n° 4 du 11 mars 2010 (OHADA — ARBITRAGE — ACTE UNIFORME — PRESENTATION) Ohadata D-11-20

— **DE WOLF Patrick,** Le droit des affaires de la République démocratique du Congo à la croisée des chemins, in Journée d'étude sur l'OHADA, De sa création à l'adhésion de la République démocratique du Congo, Université Catholique de Louvain, 11 mars 2010 (REPUBLIQUE DEMOCRATIQUE DU CONGO — ADHESION A L'OHADA — DROIT DES AFFAIRES — REPUBLIQUE DU CONGO). Ohadata D-11-21

— **FONTAINE Marcel,** OHADA: les avant-projets en cours (présentation en powerpoint), in Journée d'étude sur l'OHADA, De sa création à l'adhésion de la République démocratique du Congo, Université Catholique de Louvain, 11 mars 2010 (ACTES UNIFORMES EN PREPARATION — REPUBLIQUE DEMOCRATIQUE DU CONGO)

— **MANCUSO Salvatore, OHADA and Common Law: enemies or friends?** in Journée d'étude sur l'OHADA, De sa création à l'adhésion de la République démocratique du Congo, Université Catholique de Louvain, 11 mars 2010 (OHADA — COMMON LAW — REPUBLIQUE DEMOCRATIQUE DU CONGO)

— **MARTOR Boris et THOUVENOT Sébastien,** Les perspectives et modalités d'adhésion de nouveaux Etats à l'OHADA. Member States joining OBHLA. Prospects and terms of their joining: the example of the RDC, Revue de droit des affaires internationals, 2005, pp. 535-539. (TRAITE OHADA — ADHESION — PERSPECTIVES — MODALITES)

— **Mise en place de la Commission nationale OHADA de la république démocratique du Congo le 23 mars 2010,** Revue congolaise de droit et des affaires, n° 3, p. 77 (COMMISSION NATIONALE OHADA — REPUBLIQUE DEMOCRATIQUE DU CONGO — RDC)

— **Muka Tshibende Louis-Daniel,** Le processus d'adhésion de la République Démocratique du Congo à l'OHADA. Une adhésion «sans atermoiements funestes, mais sans précipitation inconsidérée» (ADHESION A L'OHADA — REPUBLIQUE DEMOCRATIQUE DU CONGO — ATERMOIEMENTS — PRECIPITATION) Ohadata D-10-37

— **SCHMIEGLOW Michèle,** Impact of «Legal origins» on economic performance ? in Journée d'étude sur l'OHADA, De sa création à l'adhésion de la République démocratique du Congo, Université Catholique de Louvain, 11 mars 2010 (ECONOMIC PERFORMANCE — SYSTEMES JURIDIQUES — PRESENTATION POWERPOINT — REPUBLIQUE DEMOCRATIQUE DU CONGO)

— **TSHIYOMBO KALONJI Louis,** Réflexions sur la capitalisation de l'adhésion prochaine de la république démocratique du Congo à l'OHADA. (REPUBLIQUE DEMOCRATIQUE DU CONGO — ADHESION-EFFETS) Ohadata D-05-03.

— **VANDESTRAETE Laurence,** Impact de l'adhésion de la RDC à l'OHADA. Mémoire. Université de Gand sous la direction de Paul L.C. TORREMANS. (OHADA — REPUBLIQUE DEMOCRATIQUE DU CONGO — ADHESION).

— **WOLF De Patrick et Ivan VEROUGSTRAETE** (directeur scientifique). Le droit OHADA: son intégration en République démocratique du Congo. Ed. Bruylant. 2012. (REPUBLIQUE DEMOCRATIQUE DU CONGO — ADHESION AU TRAITE OHADA — INTEGRATION DU DROIT OHADA)

2 Effets quantitatifs.

Ces effets se ressentiront essentiellement sur les organes de l'OHADA et sur son financement.

(a) Effets sur les organes.

* La réunion de la **Conférence des Chefs d'Etat et de Gouvernement** sera de plus en plus lourde.

* Le **Conseil des ministres** se trouvera augmenté des Ministres de la justice et des finances représentant les nouveaux Etats parties (et de leurs conseillers). L'exigence de l'unanimité pour l'adoption des Actes uniformes sera de plus en plus difficile à réunir.

* Le **Secrétariat permanent** verra s'élargir et s'alourdir sa mission de coordination et de transmission entre, d'une part, les organes de l'OHADA et, d'autre part, entre l'OHADA et les Etats parties.

* L'**ERSUMA** devra assumer une tâche de formation plus lourde qu'actuellement.

* Devant l'accroissement de ses tâches judiciaires, la **CCJA** devra probablement recruter de nouveaux magistrats dont le nombre est de neuf à présent, voire plus de personnel administratif.

(b) Effets sur le financement.

Outre le fait que cette augmentation des tâches risque d'en ralentir l'exécution, elle va entraîner des conséquences financières qu'il est difficile d'évaluer à l'avance. En outre, l'OHADA n'est pas encore parvenu à instituer un système de financement peu coûteux pour les Etats parties et viable[3] qu'elle sera obligée de le reconsidérer ou d'en imaginer un autre. Cela n'ira pas sans difficultés majeures, politiques et techniques.

3 Effets qualitatifs.

Les méthodes de travail de l'OHADA ou de ceux qui travaillent sur le droit OHADA seront certainement affectées par cette extension sans retenue de son espace. L'illustration de tels effets sera donnée à travers la langue de travail (multilinguisme) et l'étude de la jurisprudence.

(a) Affectation de la langue de travail

Avant la révision du Traité à Québec en 2008, il était déjà inévitable d'utiliser l'anglais, l'espagnol et le portugais à cause des pays membres où le français n'est pas la langue officielle. Il en est ainsi du Cameroun (pour la partie occidentale), de la Guinée Bissau et de la Guinée équatoriale pour lesquels il est nécessaire de traduire les textes officiels de l'OHADA (Traité, Règlements d'application, Actes uniformes . . .) en anglais, portugais et espagnol faute de quoi, ces textes risquaient de demeurer lettres mortes. Selon l'article 42 du Traité, le français n'est plus la seule **langue de travail:**[4] au français, se sont ajoutés l'anglais, l'espagnol et le portugais,

[3]— **AHOYO André Franck**, La problématique du financement de l'OHADA, Penant, n° 865, p. 428 (OHADA — FINANCEMENT)

[4]— **DIALLO Bakary**, Libre propos sur l'usage du français comme langue juridique en Afrique noire,

ce qui signifie une traduction de tous les textes officiels en ces langues et il en sera de même pour les pièces des dossiers de recours en cassation portés devant la CCJA dont les magistrats sont de nationalités différentes.

L'avancée territoriale déjà accomplie par l'OHADA n'a pas, pour autant, fait progresser le travail de traduction des textes officiels jusqu'à son terme; cette traduction n'est pas effective pour tous les textes ni dans toutes les langues si bien que le droit OHADA, en sa version française, reste ignoré ou mal connu dans les pays non francophones. Sil n'est pas remédié rapidement et énergiquement à cette situation de fait, quelle sera l'effectivité du droit uniforme dans ces pays lorsque leur nombre se sera accru davantage? Quelle sera la crédibilité du droit uniforme s'il n'est pas effectif dans tous les pays?

Le nouvel article 42 du Traité s'est vu ajouter un nouvel alinéa selon lequel *«Avant traduction dans les autres langues, les documents déjà publiés en français produisent tous leurs effets. En cas de divergence entre les différentes traductions, la version française fait foi»*. Cette domination de la langue française en cas de différences de traduction ne peut s'appliquer que si tous les textes sont traduits dans les quatre langues retenues par le nouvel article 42 du Traité.

A cette question de la traduction des textes en quatre langues officielles résolue par l'article 42 nouveau du Traité en cas de divergence, s'ajoute celle des ouvrages, articles et autres documents de propagation du droit uniforme .

(b). Il en est de même du **langage juridique**, c'est-à-dire des concepts utilisés pour définir ou régir. Il est évident que l'OHADA est appelée (et de plus en plus), à brasser deux systèmes fondamentaux du droit: le droit romano-germanique (partagé par les pays francophones, lusophones et hispanophones) et la common law (pays anglophones). Si on s'est peu préoccupé de la conciliation entre ces deux systèmes jusque là[5], il est urgent et important de le faire à la veille de l'accueil de nouveaux membres anglophones tels que le Ghana et le Nigeria[6] pour autant que ces deux Etats passent de la velléité à l'acte d'adhésion.

Revue Jurifis, édition spéciale, n° 12, octobre 2012, p.5 (LANGUE FRANCAISE — APPLICATION EN DROIT AFRICAIN).

— **ENONCHONG Nelson**, The harmonization of business laws in Africa: is article 42 of the OHADA treaty a problem ? Journal of African law, Volume 51, 2007, pp. 95-116 (OHADA — TRAITE — ARTICLE 42 — LANGUE DE TRAVAIL)

— **ISSA-SAYEGH Joseph**, Réflexions sur l'article 42 du Traité de l'OHADA. (TRAITE OHADA — LANGUE). Ohadata D-02-19.

— **LAURIOL Thierry**, La langue de l'OHADA, Revue camerounaise de l'arbitrage, n° spécial, octobre 2001, p. 36. (OHADA — DROIT UNIFORME — LANGUE). Ohadata D- 08-39

[5] Il serait très intéressant de mesurer l'impact ou l'accueil du droit OHADA dans le Cameroun occidental.

[6] **ADEJUMOKE Ademiluyi**, Diffusion of OHADA law under a bijuridicial point of view. OHADA with common law systems using Nigeria as a case study in perspective. Actes du séminaire sur Le bi-juridisme au service de l'intégration et de la sécurité juridique en Afrique sous l'égide de l'OHADA, Actes du séminaire régional, Yaoundé, 13-17 décembre 2004, Agence internationale de la francophonie, p. 62 (OHADA — GENERALITES — BIJURIDISME — COMMON LAW — NIGERIA) Ohadata D-07-36

— **AHO Ferdinand**, Quelques éléments de réflexion sur la diffusion du droit uniforme de l'OHADA dans un contexte de multilinguisme et une perspective de bi-juridisme, Actes du séminaire sur Le bi-juridisme au service de l'intégration et de la sécurité juridique en Afrique sous l'égide de l'OHADA, Actes du séminaire régional, Yaoundé, 13-17 décembre 2004, Agence internationale de la francopho-

(c). Etude de la jurisprudence

Il est prévisible que le nombre croissant des Etats parties de l'OHADA entraînera la production de plus en plus ample de la jurisprudence de leurs juridictions nationales du fond. Or, il est d'ores et déjà visible que malgré la bonne volonté des chercheurs

nie, p. 49 (OHADA — GENERALITES — INTEGRATION JURIDIQUE — BIJURIDISME — COMMON LAW) Ohadata D-07-34-

— **BAGNA Kossi et KENFACK Douajni Gaston**, Compte rendu du séminaire d'information juridique sur l'application du droit OHADA dans une perspective bi-juridique. Actes du séminaire sur Le bi-juridisme au service de l'intégration et de la sécurité juridique en Afrique sous l'égide de l'OHADA, Actes du séminaire régional, Yaoundé, 13-17 décembre 2004, Agence internationale de la francophonie, p. 95 — (OHADA — GENERALITES — BIJURIDISME — COMMON LAW) Ohadata D-07-39

— **BOUBOU Pierre et ONANA ETOUNDI Félix**, La problématique de l'unification de la jurisprudence par la Cour commune de justice et d'arbitrage, Presses Edjehou Danhi Imprim, 2008 (COUR COMMUNE DE JUSTICE ET D'ARBITRAGE — CCJA — UNIFICATION — JURISPRUDENCE)

— **FENEON Alain**, Présentation de l'ouvrage de ONANA ETOUNDI Félix, OHADA «Jurisprudence thématique, commentée et annotée de la Cour commune de justice et d'arbitrage (1997-2008), Penant n° 873, p. 518 (JURISPRUDENCE CCJA COMMENTEE ET ANNOTEE) Ohadata D-11-78

— **GATSI Jean**, La jurisprudence, source du droit OHADA, Agrégé des facultés de droit, Université de Douala (Cameroun) Revue Congolaise de Droit et des Affaires, n° 9, . . . pp. 13-36 (JURISPRUDENCE — SOURCE)

— **ISSA-SAYEGH Joseph**, Le bilan jurisprudentiel du droit uniforme Ohada (Incertitudes législatives et turbulences jurisprudentielles). Communication au XXXI ème Congrès de l'IDEF, Lomé, 17-20 novembre 2008. Intervention au Colloque sur «Les tendances jurisprudentielles d'interprétation et d'application du Traité OHADA et des Actes uniformes», Revue de droit uniforme africain, p. 98 (BILAN — JURISPRUDENCE — CCJA — JURIDICTIONS DU FOND) Ohadata D-08-65

— **JOHNSON Kwawo Lucien**, Communication au séminaire sur le bi-juridisme, Yaoundé 13-17 décembre 2004, Actes du séminaire sur Le bi-juridisme au service de l'intégration et de la sécurité juridique en Afrique sous l'égide de l'OHADA, Actes du séminaire régional, Yaoundé, 13-17 décembre 2004, Agence internationale de la francophonie, p. 24. (OHADA — BIJURIDISME — COMMON LAW) Ohadata D-07-31;

— **KENFACK DOUAJNI Gaston**, L'influence de l'internationalité dans l'élaboration du droit OHADA, Actes du séminaire sur Le bi-juridisme au service de l'intégration et de la sécurité juridique en Afrique sous l'égide de l'OHADA, Actes du séminaire régional, Yaoundé, 13-17 décembre 2004, Agence internationale de la francophonie, p. 31 — (OHADA — BIJURIDISME — COMMON LAW) Ohadata D-07-32

— **KENFACK Douajni Gaston et BAGNA Kossi**, Compte rendu du séminaire d'information juridique sur l'application du droit OHADA dans une perspective bi-juridique. Actes du séminaire sur Le bi-juridisme au service de l'intégration et de la sécurité juridique en Afrique sous l'égide de l'OHADA, Actes du séminaire régional, Yaoundé, 13-17 décembre 2004, Agence internationale de la francophonie, p. 95 — (OHADA — BIJURIDISME — COMMON LAW) Ohadata D-07-39

— **KENFACK DOUAJNI Gaston**, L'influence de l'internationalité dans l'élaboration du droit OHADA, Revue Camerounaise de l'Arbitrage n° 27 — Octobre — Novembre — Décembre 2004, p. 3. (DROIT OHADA — ELABORATION — INTERNATIONALITE) Ohadata D-08-56

— **KERE Idrissa**, L'OHADA et les perspectives de rapprochement avec les pays de tradition common law, Actes du séminaire sur Le bi-juridisme au service de l'intégration et de la sécurité juridique en Afrique sous l'égide de l'OHADA, Actes du séminaire régional, Yaoundé, 13-17 décembre 2004, Agence internationale de la francophonie, p. 43 (OHADA — BIJURIDISME — COMMON LAW) Ohadata D-07-33

— **KWASI PREMPEH-ECK et JOYCE DARKO**, The challenges faced by common law juridictions to realise the OHADA objectives, Actes du séminaire sur Le bi-juridisme au service de l'intégration et de la sécurité juridique en Afrique sous l'égide de l'OHADA, Actes du séminaire régional, Yaoundé, 13-17 décembre 2004, Agence internationale de la francophonie, p. 88. (OHADA — BIJURIDISME — COMMON LAW) Ohadata D-07-38

— **LECKEY Robert**, Harmoniser le droit dans un espace multilingue et plurijuridique: un point de vue canadien. Revue de droit uniforme, UNIDROIT, 2008 n° 1-2, p. 39. (HARMONISATION — MULTILINGUISME — PLURI-JURIDISME) Ohadata D-09-04 BIB OCT 08.

et des éditeurs et faute de moyens financiers, la collecte et l'analyse des décisions des juges du fond sont inversement proportionnelles à cette production, d'où un manque important de connaissance de cette jurisprudence, défaillance qui s'accroîtra dans l'avenir et obérera considérablement son étude, son contrôle et son utilisation pour la recherche, les colloques, les conférences et l'édition de manuels.[7]

Comme on le pressent, il paraît illusoire de faire passer l'OHADA d'une dimension régionale homogène à une dimension continentale, voire extra continentale.

B – Imitation de l'OHADA par d'autres organisations régionales

Comme cela est compréhensible, le ralliement à l'OHADA ne peut être universel. Pour les raisons précitées, probablement, de nombreux Etats restent à l'écart, soit par impossibilité d'y accéder, soit par volonté délibérée de ne pas en faire partie. Si le ralliement général ou continental des pays africains à l'OHADA est difficile à concevoir, voire à organiser, rien n'empêche des Etats voisins géographiquement et de culture juridique identique ou semblable de se réunir dans des organisations régionales construites sur le même modèle ou un modèle proche de celui de l'OHADA. Deux exemples contemporains peuvent vérifier la mesure de la faisabilité d'un tel modèle: l'OHADAC en Amérique centrale et la SADC en Afrique australe

1 OHADAC

Le projet OHADAC (Organisation pour l'harmonisation du droit des affaires dans la Caraïbe) est géré par l'Association ACP (Afrique, Caraïbe, Pacifique) Legal, associa-

[7] Voir les actes du colloque du . . . de Lomé

— **KODO Mahutodji Jimmy Vital**, L'application des Actes uniformes de l'OHADA. Enqête critique. 2011. Académie Bruylant (ACTES UNIFORMES — APPLICATION — JURISPRUDENCE — ENQUETE)

— KODO Jimmy, La promotion du droit OHADA a travers le code IDEF annoté: impact, enjeux et perspectives, intervention au Colloque sur les Tendances jurisprudentielles de la CCJ en matière d'interprétation et d'application du Traité OHADA et des Actes uniformes, Revue de droit uniforme africain, n° 3, p. 93. Ohadata D-11-74 (OHADA — PROMOTION — CODE IDEF ANNOTE — IMPACT — ENJEUX — PERSPECTIVES)

— MBOSSO Jacques, La jurisprudence et la diffusion du droit, facteurs de réussite de l'OHADA au service des justices nationales, Revue Camerounaise de l'Arbitrage, n° 31 — Octobre — Novembre — Décembre 2005, p. 3. Ohadata D-08-60

— **ONANA ETOUNDI Félix et BOUBOU Pierre**, La problématique de l'unification de la jurisprudence par la Cour commune de justice et d'arbitrage, Presses Edjehou Danhi Imprim, 2008 (COUR COMMUNE DE JUSTICE ET D'ARBITRAGE — CCJA — UNIFICATION — JURISPRUDENCE)

— **ONANA ETOUNDI Félix**, L'état de la jurisprudence de la CCJA de l'OHADA, Penant, n° 865, p. 492 (CCJA — JURISPRUDENCE)

— **ONANA ETOUNDI Félix**, Jurisprudence OHADA: décisions et avis commentés et annotés de la CCJA de l'OHADA, 1997-2008, CERMAPAD cermapad@fasonet.bf (CCJA — ARRETS — AVIS — JURISPRUDENCE).

— **ONANA ETOUNDI Félix**, A propos de la jurisprudence communautaire, Revue de droit uniforme africain, n° 00, p. 17 (JURISPRUDENCE COMMUNAUTAIRE) Ohadata D-11-03

— **ONANA ETOUNDI Félix**, Tendances jurisprudentielles de la CCJA par thème juridique abordé, intervention au Colloque sur «Les tendances jurisprudentielles d'interprétation et d'application du Traité OHADA et des Actes uniformes», Revue de droit uniforme africain, n° 3 p. 38 (CCJA — TENDANCES JURISPRUDENTIELLES PAR MATIERE) Ohadata D-11-66

— **ONANA ETOUNDI Félix**, Rapport général des travaux du Colloque sur «Les tendances jurisprudentielles d'interprétation et d'application du Traité OHADA et des Actes uniformes», Revue de droit uniforme africain, p. 108 (TENDANCES JURISPRUDENTIELLES — COLLOQUE — RAPPORT GENERAL). Ohadata D-11-75

tion créée en 2007[8]. Depuis l'an 2010, ACP Légal a bénéficié d'un accord de financement dans le cadre du programme INTERREG 2007-2013 afin de mettre en œuvre le projet d'Harmonisation du Droit des Affaires dans la Grande Caraïbe. Cet accord vise à mettre en œuvre les activités suivantes:

1 Installation de clubs nationaux dans les pays partenaires: ces clubs ont pour mission de procéder au diagnostic des pratiques juridiques et des priorités des pays partenaires.
2 Propositions d'harmonisation dans certains domaines du droit des affaires qui devront être dégagées de ces bilans et présentées aux Etats souverains.
3 Propositions devant se traduire, dans le temps, par l'adoption, la ratification et la promulgation d'actes uniformes applicables aux différents Etats de la zone et/ou par l'adoption d'un code de bonne conduite par les Chambre consulaires.
4 Créer la première institution OHADAC: «la Cour OHADAC d'Arbitrage et Médiation».

Après le deuxième rapport d'exécution, le projet ACP Légal a poursuivi la réalisation de ces actions. Les objectifs de certaines actions ont été atteints, d'autres sont en phase de finalisation et quelques unes en cours de réalisation. En résumé, l'état d'avancement descriptif du projet est le suivant:

Le projet en est aujourd'hui à 75% de sa réalisation.

La phase de promotion et de diffusion du projet à travers l'organisation de forums, colloques, séminaires à atteint son objectif. Elle a permis la coordination des réunions d'information, la sensibilisation des juristes, ainsi que la création des Chapitres OHADAC dans les Etats de la Caraïbe.

L'inscription du projet l'OHADAC comme projet cadre de l'APE Union EUROPEENNE-CARIFORUM est en sa phase de finalisation. L'objectif étant de pérenniser le fonctionnement des premières institutions de l'OHADAC et la poursuite du projet.

La réalisation de l'inventaire des règles juridiques dans la Grande Caraïbe et les Plateaux des Guyanes est en cours. Une étude concernant le recensement des obstacles à l'intégration des systèmes juridiques des territoires candidats à l'harmonisation: étude de droit comparé, propositions d'harmonisation et glossaire des obstacles est en cours. Une base de données OHADAC est d'ores et déjà disponible dans les bibliothèques Universitaires Vénézuéliennes.

Pour ce dernier point, il faut noter d'une part, que tous les textes fondateurs de lancement et de fonctionnement de la future Cour OHADAC sont prêts, et d'autre part, nous bénéficions de deux accords de principe pour finaliser cette action. Le

[8] Elle réunit les 36 Etats suivants: Anguilla; Antigua and Barbuuda; Antilles néerlandaises (Bonaire; Saint Eustatius, Saba); Aruba; Bahamas; Barbados; Bélize; Colombie; Costa Rica; Cuba; Curaçao; FDA (French departments of America: French Guiana; Guadeloupe; Martinique); Dominique; Grenade; Guyana; Haïti; Honduras; Cayman Islands; Virgin Islands of the United States; British Virgin Islands; Jamaica; Mexico; Montserrat; Nicaragua; Panama Porto Rico; Dominican Republic; Saint Bathhélemy; Saint Kitts and Nevis; Saint Vincent and the Grenadines; Saint Lucia; Sint Maarten; Suriname; Trinidad and Tobago; Turks and Caicos Islands; Venezuela.

premier est le siège de la Cour: Un Etat de la Caraïbe, sous réserve de l'accord des autres États, a déjà les dispositions pour doter cette institution d'un siège.

Cette année constitue la phase de finalisation des activités de ces actions, à atteindre d'ici décembre 2013.

Pour être plus précis, l'OHADAC n'a pas encore d'institution, ni produit d'acte uniforme. Le projet est piloté par ACP Légal suivant le shéma que je t'ai transmis. Les textes fondateurs de la cour d'arbitrage sont prêts; nous attendons le politique pour le lancement de la cour régionale d'arbitrage intra-Caribéenne. Le recensement des règles de droit est en cours et c'est le Professeur Rodolfo DAVALOS qui suit ces travaux avec les équipes reparties dans plusieurs Etats de la Caraibe.

2 La SADC

La South african development community dont le siège est à Gaborone (Botswana) regroupe 15 pays[9] dont certains font partie de l'Océan indien tels que Madagascar, l'Ile Maurice et les Seychelles et d'autres, tel que la RDC, de l'OHADA.

La mission de la SADC est de fournir son expertise pour coordonner l'harmonisation des politiques et stratégies et les accélérer pour une intégration générale et un développement durable. A vrai dire, cette intégration concerne plus la circulation des armes, la lutte contre la corruption, la santé, l'éducation, l'alimentation pour lesquels plusieurs Protocoles ont été adoptés. La SADC se veut surtout une Zone de libre échange économique. En aucune façon, l'intégration juridique comme l'entend l'OHADA ne fait partie des objectifs de la SADC.

Ses organes sont:

- le Sommet comprenant les chefs d'Etats et de Gouvernements;
- l'Organe politique, de Défense et de Sécurité;
- le Tribunal;
- les Commissions nationales de la SADC
- Le Secrétariat, organe exécutif.

Le 22 octobre 2008, la SADC a rejoint le Marché commun de l'Afrique orientale et australe ainsi que la Communauté d'Afrique orientale pour former la Zone africaine de commerce libre.

Rien n'interdit aux Etats membres de faire partie d'autres organisations économiques et politiques. Certains sont réticents à rejoindre l'OHADA ou toute autre organisation comparable. Cette réticence a été exprimée sans nuances lors d'un colloque sur l'OHADA organisé en 2009 à l'Université de Saint Denis (Ile de la Réunion)[10].On peut se demander si la RDC, qui a longtemps hésité entre la SADC et

---

[9] Angola; Botswana; République démocratique du Congo; Lesotho; Madagascar; Malawi; Maurice; Mozambique; Namibie; Seychelles; Afrique du sud; Swaziland; République unie de Tanzanie; Zambie; Zimbabwe.

[10] — **MELONG Justin**, Implementation of OHADA laws in bilingual and bijural context: Cameroon as a case in point. Revue ERSUMA n° 2, mars 2013, p. 259 (APPLICATION DU DROIT OHADA — BILINGUISME — BIJURIDISME)

— **TUMNDE Martha Simo**, née Nijkam, The perception of OHADA by an Anglophone university in Cameroon, Actes du séminaire sur Le bi-juridisme au service de l'intégration et de la sécurité juridique en Afrique sous l'égide de l'OHADA, Actes du séminaire régional, Yaoundé, 13-17 décembre 2004,

l'OHADA et qui vient à peine d'adhérer à cette dernière ne soit tentée d'imiter le comportement des Etats de l'Océan indien.

Ace propos, on peut évoquer la position de l'Ile Maurice dont les représentants (madame LEBRASSE-RIVET, banquière, et monsieur GUNPUTH, Avocat), ont soutenu vigoureusement, lors de ce colloque, avoir réussi une synthèse harmonieuse et complémentaire des systèmes juridiques français et anglo-saxon et ne souhaitent pas rejoindre le cercle des Etats parties de l'OHADA dont ils craignent (à tort peut-être, nous semble-t-il) que ses Actes uniformes freineraient ou empêcheraient leurs performances économiques. Selon eux, seul un inventaire exhaustif et minutieux des textes OHADA, un par un, disposition par disposition, permettrait de décider si le droit uniforme des affaires de cette organisation mérite qu'on s'y intéresse ou non.

L'adoption et l'adaptation du droit uniforme OHADA ne sont pas impossibles pour les pays séduits par le contenu des textes OHADA, soit séparément soit au sein d'une union organisée. Maître RANDRANTO nous a indiqué que Madagascar a déjà procédé de la sorte pour ce qui est du droit des sociétés et des sûretés. Il en est ainsi, semble-t-il des pays qui ne veulent pas se lier à une organisation internationale et profiter d'une législation «clés en mains» immédiatement applicable et adaptée ou adaptable à leurs besoins. On peut songer qu'il pourrait en être ainsi de la Mauritanie, proche de la zone OHADA. Mais en serait-il de même des Etats du Maghreb ?

3. Le droit Ohada dans la zone de l'Océan Indien

En décembre 2009, s'est tenu un colloque révélateur sur l'influence du droit Ohada dans l'Océan Indien[11] au cours duquel se sont exprimées des prises de position d'experts d'origine diverses dont aucune ne laissait percer une inclination franche vers le droit Ohada, bien au contraire.

Ainsi, le représentant des Comores (Etat membre de l'OHADA) fit la démonstration selon laquelle l'application d'un droit des affaires moderne comme celui de l'OHADA était préférable à la législation antérieure des affaires mais elle rencontrait des obstacles tenant à l'absence de modernisation des institutions administratives et judiciaires, le défaut de connaissance et de formation au droit Ohada aussi bien des acteurs économiques que des juges et des administrateurs . . .[12].

Quant au représentant de l'Ile Maurice, il estimait que son pays pouvait parfaitement vivre sans l'Ohada, sous la double influence du civil law et du common law,

---

Agence internationale de la francophonie, p. 55 (OHADA — BIJURIDISME — COMMON LAW) Ohadata D-07-35

— **CISTAC Gilles**, Le regard du Mozambique et de la SADC: entre indifférence et espérance, Revue juridique de l'Océan indien, n° 11-2010, p. 63 (OHADA — SADC — OHADA)

[11] Revue juridique de l'Océan Indien, n° 11:2010.

[12] L'application du droit Ohada dans un pays musulman: l'exemple des Comores. Revue juridique de l'Océan Indien, n° 11/2010

c'est-à-dire sous un système juridique mixte.[13] Il était rejoint, en cela par un banquier qui défendait la même position[14].

Seul le représentant de l'Université de Maputo hésitait entre l'indifférence et l'espérance.[15]

II – ATTRACTION DU DROIT OHADA SUR LES SYSTEMES JURIDIQUES ENVIRONNANTS

Le droit OHADA est entouré de systèmes juridiques nationaux ou internationaux sur lesquels il exerce une domination plus ou moins forte selon qu'ils sont de droit interne ou de droit international.

A – Domination du droit OHADA sur le droit interne des Etats parties

1. L'imposition du droit substantiel des Actes uniformes

Les Etats signataires du traité OHADA ou les adhérents ultérieurs doivent intégrer les Actes uniformes dans leur système juridique interne en neutralisant ou faisant disparaître les dispositions de droit interne contraires à celles des Actes uniformes ayant le même objet (article 10 du Traité).

Cette suprématie du droit uniforme sur les textes contraires de droit interne s'impose que les textes de droit interne contraires soient expressément abrogés ou non.

2. Les limites de la substitution des Actes uniformes au droit interne.

Les limites de la substitution des Actes uniformes au droit interne sont de deux ordres: de fond et de forme.

a. Les limites de fond

Les Actes uniformes ne doivent pas aller au-delà des limites que lui impose, ratione materiae, le législateur OHADA (article 2 du Traité); ils doivent respecter tous les domaines ratione materiae qui ne sont pas visés par l'article 2 du Traité et qui ne sont pas traités par les Actes uniformes, à savoir:

- le droit commun des personnes, des obligations, des biens. . .
- ne pas modifier l'organisation judiciaire et la distribution des compétences des juridictions:
- ne pas toucher aux droits spéciaux (contrats spéciaux; droit pénal et ses sanctions; effets de commerce . . .)

---

[13] **GUNPUTH, Rajendra-Parsad Senior** Lecturer à l'Université de Maurice, Directeur du département droit . . . Le droit des affaires "sans" l'OHADA: l'emprise du Civil Law/Common Law dans un système de droit mixte (le regard de Maurice). Revue juridique de l'Océan Indien, n° 11:2010, p. . . .43. _ Adde — **M. E. Chesami**, Représentant du Commonwealth secrétariat à Maurice. L'application du droit OHADA dans un pays de droit mixte (20 min.):

[14] **Roselyne LEBRASSE-RIVET**, In House Lawyer, Directrice du service juridique de la Mauritius CommercialBank, Le regard du banquier, Revue juridique de l'Océan Indien, n° 11:2010, p.71

[15] **Gilles CISTAC**, Vice-Doyen de la Faculté de Droit de l'Université Eduardo Mondlane (Mozambique) Le regard du Mozambique et de la SADC: entre indifférence et espérance. Revue juridique de l'Océan Indien, n° 11:2010, p.63

b. Les limites de forme

b-1. La réécriture de certaines dispositions des Actes uniformes par l'utilisation des termes du droit interne

Dans le souci de préserver la spécificité des droits nationaux dans la terminologie utilisée pour la désignation des juridictions compétentes (Tribunal économique, Tribunal de commerce, Section commerciale du tribunal de première instance, Tribunal régional; Juge des référés; Juge des urgences. . .), des décisions judiciaires (jugements, arrêts, ordonnances), des administrations, des auxiliaires de justice (notaires, huissiers, greffiers, agents chargés de poursuites. . .), le législateur OHADA a eu recours à des termes juridiques génériques ou à des périphrases (juridiction compétente, juge statuant en matière d'urgence, officier ministériel. . .) pour les désigner.

Il appartient aux Etats parties de les décrypter et de les remplacer par les termes spécifiques appropriés de leurs droits nationaux. Tribunal de commerce, juge des référés. . . . C'est là un travail tout désigné pour les Commissions nationales qui leur sera facilité par la liste-type, dressée pour chaque AU, des dispositions concernées[16].

b-2. La subordination de l'application des AU à des dispositions de droit interne

L'application de certaines dispositions des AU est subordonnée au recours ou au renvoi au droit interne. La liste de ces dispositions est déjà établie et à la disposition des Etats parties[17]

Un tel procédé est imposé par le traité lui-même; **en matière pénale**, l'OHADA est compétente pour définir les éléments constitutifs des infractions mais pas les sanctions pénales encourues dont la définition incombe aux Etats parties (article 5, alinéa 2 du Traité). L'application des dispositions pénales dépend donc de l'existence de telles sanctions en droit interne. Celles-ci peuvent déjà exister en droit interne si le droit uniforme a pris le soin de définir tel délit selon une qualification connue en droit pénal interne (abus de confiance, escroquerie, détournement de biens saisis . . .). Dans le cas contraire, le législateur national devra légiférer spécialement pour les délits «innommés»[18].

Une autre contrainte impose le même procédé **dans les matières non pénales.** En effet, pour respecter les spécificités sociales et économiques des Etats parties, le législateur OHADA a, purement et simplement renvoyé au droit national: montant de l'exécution provisoire; montant de la quotité disponible; montant déterminant la nécessité de l'écrit pour la constatation des engagements; acte authentique ou sous seing privé pour la forme des statuts des sociétés commerciales, des actes constitutifs d'hypothèques. . .De la même façon que pour les infractions pénales, le

[16] Cette liste a été dressée, lors des travaux de mise en conformité du droit ivoirien des affaires avec celui de l'OHADA et renouvelée à chaque mise en conformité pour chaque Etat. Elle doit être remise à jour pour tenir compte de chaque Acte uniforme nouveau.

[17] Cette liste a été dressée, lors des travaux de mise en conformité du droit ivoirien des affaires avec celui de l'OHADA et renouvelée à chaque mise en conformité pour chaque Etat. Elle doit être remise à jour pour tenir de chaque Acte uniforme nouveau.

[18] C'est le cas pour de nombreuses infractions relatives au droit des sociétés commerciales.

législateur devra prendre des dispositions pour créer les règles manquantes rendues nécessaires par les AU ou utiliser celles qui existent déjà et qu'il devra identifier.

Al'expérience, il n'est pas certain que cette attitude vertueuse de renvoyer aux droits nationaux soit heureuse dans la mesure où l'on peut être confronté à une difficulté sérieuse: le vide juridique si le droit national ne comporte pas de disposition idoine. Ce point est à vérifier pour chaque Acte uniforme.

2. L'imposition de la CCJA

La suprématie du droit OHADA sur l'ordre juridique interne des Etats se manifeste aussi en droit judiciaire. Précisons, toutefois, que les juridictions nationales du fond sont compétentes en première instance et en appel mais pas pour examiner les recours en cassation qui sont de la compétence de la Cour commune de justice et d'arbitrage (CCJA) qui à elle deux compétences normalement attribuées à l'ordre judiciaire interne.

En effet, en cas de recours en cassation, la Cour commune de justice et d'arbitrage attrait à elle la compétence de la Cour suprême nationale ainsi que celle de la Cour d'appel de renvoi nationale puisque, après cassation, elle statue sur le fond en qualité de juridiction de renvoi.

Cette attraction du recours en cassation vers elle en cas de violation du droit uniforme des affaires s'impose aux Cours suprêmes nationales même si elles sont saisies à tort d'un tel recours: elles doivent se dessaisir du pourvoi en cassation et renvoyer l'affaire à la CCJA.

Il est prévu que la CCJA et les Hautes juridictions nationales de cassation n'entravent pas leurs compétences réciproques. Ainsi, si la CCJA est saisie, à tort, d'une question de droit qui ne concerne que la Cour de cassation nationale, elle doit se déclarer incompétente, soit d'office (article 32-2 R), soit à la demande des parties (article 17 du Traité). La conséquence de cette déclaration d'incompétence doit être le renvoi à la juridiction nationale[19].

Inversement, la CCJA peut et doit être saisie par une juridiction nationale de cassation si celle-ci est saisie d'un recours pour violation des règles de droit uniforme Ohada (article 15 du Traité)[20]la Côte d'Ivoire. Exemple: Cour suprême de Côte d'Ivoire, Chambre judiciaire, arrêt n° 784/02 du 12 décembre 2002, PDCI c/ J et A International, Actualités juridiques, n° 40, p. 26, observations François Komoin. Ohadata J-04-66. Dans cette affaire d'arbitrage, la Cour suprême s'est dessaisie au profit de la CCJA.

Toutefois, on enregistre quelques cas de résistance à la compétence de la CCJA, soit lorsque les parties ont délibérément ou involontairement laissé juger leur affaire par la juridiction nationale de cassation[21],soit parce que cette juridiction a estimé

[19] Ce fut le cas 2 fois en faveur du Mali, 13 fois en faveur de la Côte d'Ivoire et 2 fois en faveur du Bénin.

[20] Au 30 juin 2008, elle a été saisie 228 fois de cette façon, dont une fois à tort par la Cour suprême de

[21] Cour suprême de Côte d'Ivoire, arrêt n° 209 du 6 avril 2000. Ohadata J-02-86 *Aux termes de l'article 101 AUDCG qui est d'ordre public, la résiliation judiciaire d'un bail commercial doit résulter d'un jugement. Il s'ensuit que le juge des référés, qui se prononce par ordonnance, n'est pas compétent pour résilier un tel bail.*

que, dans une affaire posant des questions de droit national et de droit uniforme, la

— Cour suprême de Côte d'Ivoire chambre judiciaire, arrêt n° 136 du 15 mars 2001. Article 101 AUDCG; Ohadata J-02-86. *Les conventions légalement formées tiennent lieu de loi à ceux qui les ont faites; il s'ensuit qu'en présence d'une clause de résiliation de plein droit pour non paiement des loyers attribuant compétence au juge des référés pour prononcer la résiliation et l'expulsion, il y lieu d'appliquer cette clause.*
— Cour Suprême de Côte d'Ivoire, Chambre Judiciaire, arrêt n° 546 du 11 octobre 2001, Actualités juridiques, n° 28, juin 2002, p. 13, observations anonymes. Ohadata J-02-186 *La preuve du droit de propriété d'un véhicule automobile ne peut résulter que de la carte grise, c'est à dire du titre délivré par l'administration autorisant la mise en circulation du véhicule. Si ce document porte le nom d'une autre personne que celui du demandeur en distraction d'objet saisi, il ne peut être donné suite à cette demande.*
— Cour Suprême de Côte d'ivoire, Chambre Judiciaire, Arrêt N° 75 du 17 janvier 2002. ACCI (Me F.D.K.A.) c/Veuve SIDIBE TRAORE Mariam (Me KHAUDJIS OFFOUMOU Françoise), Actualités Juridiques N° 35 — 2003, p.41]. Ohadata J-03-82 Le courtier qui représente une compagnie d'assurance à la signature d'un contrat, n'endosse pas les obligations contractuelles de celle-ci vis-à-vis de l'assuré dit l'arrêt alors que le droit du courtage relève aussi de l'acte uniforme sur le droit commercial général.
— Cour Suprême de Côte d'Ivoire, Chambre Judiciaire, Arrêt N° 228/02 du 14 mars 2002, la société des conserves de Côte d'ivoire dite SCODI c/ SOGEF, Actualités juridiques N° 37/2003, p. 17. ARTICLE 1134 CODE CIVIL — ARTICLE 1144 CODE CIVIL Ohadata J-04-63. *Le Directeur Général d'une société anonyme, même non muni d'un mandat spécial, peut valablement compromettre, dès lors que le contrat signé n'a pas été dénoncé pour représentation irrégulière.*
— Cour Suprême de Côte d'ivoire, Chambre Judiciaire, Arrêt N° 243/02 du 14 mars 2002 Actualités juridiques N° 37/2003, p.12). Ohadata J-04-62. *La caution personnelle ne peut invoquer le dol, dès lors qu'elle s'est engagée sans contrainte physique ni morale et qu'elle a délibérément signé les différents actes sous seing privé et notariés.*
— Cour Suprême de Côte d'Ivoire, Chambre Judiciaire, Arrêt N° 570/02 du 04 juillet 2002. WAN KUL Lee (Me Emile DERVAIN) c/ Jeon KUK HYUN (Me SONTE), Actualités juridiques n° 39/2003, p. 12. ARTICLE 864 AUSCGIE. Ohadata J-04-64. *N'a pas la qualité d'associé d'une société de fait celui qui n'a pas, dans l'exploitation en commun d'un laboratoire, fait d'apport.*
— Cour suprême de Côte d'Ivoire, Chambre judiciaire, arrêt n°57 du 06 février 2003, El Achkar Hadife Jean-Claude c/ Abdallah Nawfla) Ohadata J-03-233. Article 206–7 du Code ivoirien de procédure civile, commerciale et administrative. — Article 227 AUPRSVE — Article 205 ADCG. L*a vente commerciale, outre les dispositions de l'acte uniforme, demeure soumise aux règles de droit commun. Ainsi la saisie revendication par le vendeur d'un bien meuble vendu dont le prix n'a pas été payé par l'acheteur doit intervenir selon l'article 2102, 4eme alinéa 2 du code civil dans la huitaine de la livraison et si la chose se trouve dans le même état qu'au moment où la livraison a été faite. La saisie revendication pratiquée bien plus de 8 jours après la livraison ne peut prospérer et mainlevée doit en être donnée.*
— Cour suprême de Côte d'Ivoire, Chambre judiciaire, arrêt n°116 du 06 mars 2003, époux Diaby Niteh Mohamed c/ CFAO-CI Ohadata J-03-232 — Article 46 AUPSRVE — Article 223 AUPSRVE — Article 300 AUPSRVE — Article 313 AUPSRVE — Article 162 du code ivoirien de procédure civile, commerciale et administrative. *Les décisions judiciaires rendues en matière de saisie immobilière ne peuvent être frappées d'appel que lorsqu'elles statuent sur le principe même de la créance ou sur les moyens de fond tirés de l'incapacité des parties, de la propriété, de l'insaisissabilité ou de l'inaliénabilité des biens saisis. Le jugement qui se borne a procéder a l'adjudication d'un immeuble saisi n'est, des lors, pas susceptible d'appel.*
— Cour suprême de Côte d'Ivoire, Chambre judiciaire, arrêt n°152/04 du 11 Mars 2004, Adama KOITA; ODIE Mathieu c/ ASSANE THIAM; SODEFOR) Ohadata J-05-125: *L'affectio societatis propre à caractériser la société de fait existe lorsqu'il ressort des actes accomplis par les parties leur volonté de participer ensemble aux activités d'une entreprise. Cet arrêt a été publié avec une note dans le n° 47/2005 de «Actualités juridiques». Il est proposé sur le site Ohada.com, parce que le litige qu'il tranche, relevait de la compétence de la Cour Commune de Justice et d'Arbitrage de l'OHADA.*
— Cour Suprême de Côte d'Ivoire, Chambre Judiciaire, Arrêt n° 147/05 du 10 mars 2005, BROU Pauline KOUASSI (Me BLESSY Jean CHRYSOSTOME) c/ ASSAMOI Jean-Baptiste (Me WACOUBOUE OZOUA Marie-Thérèse) Actualités juridiques n° 53/2007, p. 24 Ohadata J-08-51. *Le preneur d'un bail professionnel peut valablement sous-louer le bien loué si une clause du contrat de bail ne lui interdit pas cette faculté.*

part de ce dernier n'était pas prépondérante[22].

Les exemples jurisprudentiels ne manquent pas dans lesquels on relève de nombreux arrêts de Cours suprêmes nationales rendus en droit des affaires uniformisé, soit dans des affaires mixtes (droit des affaires et droit interne) soit dans des affaires relevant exclusivement de la CCJA sans qu'aucun conflit de juridictions soit élevé[23].A supposer que de tels conflits soient élevés un jour, aucune règle de solution n'est encore prévue ou imaginée

Il est à craindre que de telles réticences ou résistances opposées à la compétence de la CCJA s'amplifient, notamment par l'extension du droit des affaires uniformisé à des matières purement civiles[24],ce qui aurait pour effet de dépouiller sévèrement les Hautes juridictions nationales de cassation de leur compétence.

B – Domination du droit OHADA sur les autres droits uniformes communautaires

L'OHADA n'est pas la seule organisation internationale à réaliser une œuvre d'intégration juridique. De ce fait, elle se trouve confrontée à d'autres organisations internationales opérant dans des domaines identiques ou comparables et sur un champ territorial identique ou plus ou moins étendu que le sien. Une telle situation l'expose à des risques de concurrence — donc de conflits — de compétences ou de normes[25].

A – Les conflits de compétence

La concurrence entre l'OHADA et les autres ordres juridiques internationaux est inévitable qu'il s'agisse d'organisations internationales à compétence matérielle sectorielle ou générale, qu'elles soient régionales ou sous-régionales[26] dès lors qu'elles recouvrent totalement ou partiellement son espace et son domaine de compétence (CEA; CEDEAO; OAPI; CIMA; OHADA; CIPRES[27] . . .).[28]

---

[22] Cour suprême du Niger, Chambre judiciaire, arrêt n° 1-158/C du 16 août 2001, SNAR-LEYMA c/ Groupe Hima Souley). Ohadata-J-02-28. Voir Ohadata J-02-36. Voir Annexe III

[23] Voir **ISSA-SAYEGH Joseph**, Le bilan jurisprudentiel du droit uniforme OHADA (incertitudes législatives et turbulences jurisprudentielles).Communication au XXXIème Congrès de l'IDEF, Lomé, 17-20 novembre 2008.

[24] Il en sera ainsi si l'Acte uniforme sur les contrats et obligations est doté d'une portée générale couvrant les obligations civiles et commerciales et si l'Acte uniforme sur le droit du travail ne dissocie pas l'emploi du personnel domestique de sa compétence ratione materiae.

[25] V. sous la direction de **Mathieu FAU-NOUGARET**, La concurrence des organisations régionales en Afrique, Ouvrage issu des actes du colloque de Bordeaux 28-29 septembre 2009. 447 p. Ed. L'Harmattan. 2012.

[26] Rappelons que la résolution CM/Rés.464 (XXVI) du Conseil des ministres de l'OUA a réparti l'Afrique en cinq régions: Afrique du Nord; Afrique de l'ouest; Afrique centrale; Afrique de l'est et Afrique australe.

[27] Communauté économique africaine; Communauté économique des Etats de l'Afrique de l'ouest; Organisation africaine de la propriété intellectuelle; Conférence interafricaine des assurances; Organisation pour l'harmonisation en Afrique du droit des affaires; Conférence interafricaine de prévoyance sociale. . .

[28] Sur ces conflits de compétence entre les organisations internationales africaines chargées de l'intégration juridique, voir **Joseph ISSA-SAYEGH**, Quelques aspects techniques de l'intégration juridique: l'exemple des actes uniformes de l'OHADA, revue uniforme de droit, UNIDROIT, Rome 1999-1, p. 5.; Colloque sur «La problématique de la délimitation des compétences entre la Cour de

1. Les risques.

a. Les risques virtuels

De tels risquent peuvent surgir de deux organisations à spectre large, telles que la Communauté des Etats d'Afrique (CEA) et la CEDEAO Communauté des Etats d'Afrique de l'Ouest).

Ainsi, la CEA, **à vocation continentale**, a, parmi ses objectifs, celui de promouvoir le développement économique, social et culturel ainsi que l'intégration des économies africaines (article 4, a); l'établissement d'un marché commun africain (article 6-2-e); d'accorder les politiques économiques et sociales dans de très nombreux domaines[29] **que l'on peut résumer par une compétence générale en matière économique**. Certes, nulle part dans le Traité, il n'est question d'uniformiser les législations internes, mais de coopération entre les Etats membres dans tous ces domaines; néanmoins, cette coopération ne manquera pas de prendre des formes normatives et le pouvoir conféré au Conseil des ministres de prendre des règlements ayant force obligatoire à l'égard des Etats membres et des organisations est porteur, en puissance, d'un conflit de normes entre la CEA et l'OHADA.

De même, la CEDEAO[30] a pour objet essentiel, sinon exclusif, d'accélérer le processus d'intégration économique de la région de l'Afrique occidentale. Le Préambule et l'article 3 du Traité reprennent quasiment les mêmes rubriques de coopération entre les Etats membres et les mêmes formules juridiques en matière normative que la CEA (article 12-3). Le danger d'un conflit de normes entre la CEDEAO et l'OHADA est donc un risque sérieux à envisager pour les mêmes raisons que celles précédemment invoquées.

b. Les risques réels

De virtuel, le danger de normes concurrentes est très vraisemblable, voire avéré entre l'UEMOA ou la CEMAC et l'OHADA dans la mesure où celle-ci forge **le droit commun des affaires** (droit commercial général; droit des sociétés; entreprises en difficulté; sûretés; droit comptable; arbitrage; voies de recouvrement des créances . . .), **le droit spécial des affaires** (transports, par exemple), **voire le droit social** (droit du travail et sécurité sociale. . .) sans aucune limite. On a vu un tel conflit de normes surgir à propos du droit comptable élaboré par l'OHADA et du système comptable ouest africain (SYSCOA); ce problème a été résolu, a posteriori, par la concertation[31]. Mais il peut surgir dans d'autres domaines[32] sans que l'on ait l'assurance qu'il sera réglé de la même façon.

---

justice de l'UEMOA, la Cour de justice et d'arbitrage de l'OHADA et les juridictions nationales des Etats Parties», Centre de formation judiciaire de Dakar, 9-13 octobre 2000.

[29] Enumérés par les articles 28 à 81.

[30] La CEDEAO regroupe, outre les Etats de l'UEMOA: le Cap Vert; la Gambie; le Ghana; la Guinée; le Libéria; la Mauritanie; le Nigeria et la Sierra Leone.

[31] L'UEMOA et l'OHADA se sont rapprochées pour élaborer un droit et un plan comptables quasiment identiques.

[32] On songe au droit du commerce électronique qui est traité dans un Règlement de l'UEMOA sur les instruments de paiement et qui va probablement l'être dans le prochain Acte uniforme sur le droit des contrats. Voir infra les conflits de normes.

Le danger de conflits de normes n'est pas moindre entre l'OHADA et les organisations internationales d'intégration juridique à compétence sectorielle. En effet, celles-ci, en principe, ne doivent pas sortir des limites des compétences que leur ont assignées leurs Traités constitutifs. Il en est ainsi de l'OAPI, de la CIPRES, de la CIMA . . . Encore faut-il préciser que ces organisations d'intégration juridique ne sont pas à l'abri de conflits de normes avec l'OHADA, si celle-ci décidait, un jour, d'inscrire leurs champs de compétences parmi ses objectifs d'intégration ou inversement.

Une telle hypothèse s'est trouvée avérée récemment entre l'OHADA, d'une part et l'UEMOA, la CEMAC et la CIMA, d'autre part, lors des travaux de révision de l'Acte uniforme relatif aux procédures collectives d'apurement du passif (AUPCAP) touchant les règles d'administration du patrimoine de l'entreprise en difficulté, des solutions de sauvetage ou de liquidation (Société commerciale de droit commun; Banque; Assureur . . .). La solution a été de réunir des experts de ces trois organisations internationales pour créer un texte réunissant le droit commun de l'AUPCAP et les règles spéciales des deux autres organisations.

Face à une situation qui peut devenir inextricable si on n'y prend pas garde et ne lui porte pas suffisamment d'attention, quels sont les remèdes?

2. Les solutions[33]

Il est parfaitement possible que des conflits de compétence surgissent entre l'une des organisations précitées et un de ses Etats membres. Dans ce cas, la CCJA (OHADA) ainsi que Cour de justice (UEMOA ou CEMAC) peuvent émettre un avis qui n'a qu'une valeur consultative.

Si, se fiant à un avis favorable ou sans en solliciter, un organe de l'UEMOA ou de la CEMAC prenait un acte (un règlement, par exemple) qu'un Etat membre estimerait contraire au Traité ou à un de ses actes d'application, celui-ci pourrait exercer un recours en illégalité auprès de la cour de justice de ces organisations. Mais un tel recours en illégalité n'existe pas dans l'OHADA.

En dehors de cette procédure, il est possible de recourir, à titre préventif, aux dispositions des Traités UEMOA (article 13) et CEMAC qui permettent à ces organisations d'établir toute coopération utile avec les organisations régionales ou sous-régionales existantes, de faire appel à l'aide technique de tout Etat ou d'organisations internationales et, surtout, de conclure des accords de coopération avec elles. Un accord de coopération comportant un calendrier et des objectifs communs à atteindre par coordination des actions d'intégration juridique et des consultations préalables, est donc souhaitable[34].

Apart ces deux formules et la concertation formelle ou non, toujours possible, entre organisations internationales, aucun mécanisme préventif ou de solution des

[33] Il sera fait abstraction, ici, de la Convention de Vienne.

[34] Il nous paraît possible de concevoir une distinction des compétences entre les Unions économiques et l'OHADA en attribuant aux unes une compétence législative aux fins de déterminer **une politique monétaire ou économique** (sous réserve des quelques articles de leurs traités respectifs qui leur donnent expressément compétence pour légiférer en droit économique tels que ceux relatifs aux ententes illicites, abus de position dominante et aides publiques aux entreprises) et à l'OHADA pour légiférer en **droit économique**.

conflits de compétences n'a été institué dans la zone concernée par l'OHADA. Il serait opportun d'y songer.

B – Les conflits de normes

Asupposer que la solution des conflits de compétences soit impossible ou inutilisée, comment résoudre les conflits de normes portées par des législations internationales différentes? Précisons qu'il n'y a conflit de normes que si deux dispositions ayant le même objet sont contraires[35] entre elles.

S'il s'agit d'une norme de droit interne et d'une autre de source supranationale, c'est cette dernière qui l'emporte[36].

S'il s'agit de normes issues de deux organisations internationales, il convient de distinguer si le conflit oppose le droit commun à un droit spécial ou deux législations de droit commun.

1. Conflit entre un régime de droit commun et un régime de droit spécial

Il peut advenir que l'une des organisations en présence ait forgé un droit commun et l'autre un droit spécial (par exemple, le droit des sociétés commerciales élaboré par l'OHADA est considéré comme le droit commun des sociétés commerciales et celui des banques et des assurances créé respectivement par l'UEMOA et la CEMAC , d'une part, et la CIMA, d'autre part, les droits spéciaux de sociétés commerciales à objet de banque ou d'assurance[37]; les règles comptables édictées par le code CIMA pour les entreprises d'assurance constituent un régime dérogatoire au droit commun comptable SYSCOA ou OHADA).

En pareils cas, les régimes spéciaux dérogent au droit commun mais uniquement dans les limites étroites de ces régimes spéciaux et pour l'objet précis des dispositions dérogatoires considérées. Il convient donc, dans le cas des régimes spéciaux, de tracer les limites de ces règles avec précision (point de départ et point final de leur application). En pareil cas, la CCJA de l'OHADA comme la Cour de justice de l'UEMOA ou de la CEMAC seront probablement appelées à donner, chacune de son côté, leur interprétation de la portée dérogatoire de la règle ou du régime spécial[38]; mais si leurs décisions ou avis sont contraires, il n'est prévu aucune juridiction tierce ou procédure spéciale pour les départager.

2. Conflit entre régimes de droit commun

Si les normes contraires sont issues de deux organisations internationales instituant chacune un régime juridique de droit commun (par exemple, le droit comptable du

---

[35] Voir supra note 5 avis de la CCJA

[36] Article 10 du Traité OHADA; article 43 du Traité UEMOA.

[37] Voir **J. ISSA-SAYEGH** , Droit des sociétés commerciales: droit commun et régimes particuliers, Communication faite aux 5èmes Journées de la Faculté de droit de Bissau, 5-8 mai 2003, Ohada.com/Doctrine/Ohadata D-03-09.

[38] Ainsi, la CCJA, dans un avis n° 2/2000/EP du 26 avril 2000, a estimé que l'article 449 AUSCGIE relatif à la réglementation des cautions, avals, garanties et garanties à première demande s'applique aux banques et aux établissements financiers (Ohada.com/Jurisprudence/Ohadata J-02-03, Recueil de jurisprudence de la CCJA, n° spécial, janvier 2003, p. 73.- B. Bâ, "La garantie des engagements des tiers par les banques", Ohada.com/Doctrine/Ohadata D-03-10).

SYSCOA pour l'UEMOA et le droit comptable de l'OHADA), on risque d'être face à un conflit de règles insoluble lorsqu'elles seront appliquées dans l'espace de l'UEMOA car, selon qu'elles y auront intérêt, les entreprises réclameront l'application de celles-ci ou de celles-là et, en cas de procès, certaines affaires finiront devant la CCJA de l'OHADA[39] et d'autres devant la Cour de cassation ou la Cour suprême nationale d'un Etat membre selon que les juges du fond auront appliqué l'un ou l'autre droit comptable; d'où une source de contrariété de décisions dont le règlement n'est absolument pas prévu.

Comme on le voit à travers ces quelques exemples, les situations conflictuelles de compétences et de règles ne sont pas des hypothèses d'école. Elles risquent de se multiplier avec l'inflation des législations élaborées par les organisations internationales[40].

III – ATTRACTION DU DROIT UNIFORME OHADA A D'AUTRES MATIERES

La compétence de l'OHADA repose sur l'article 2 du Traité qui cite les matières qui peuvent être uniformisées au titre du droit des affaires. La liste qui en est donnée est indicative puisque ce texte ajoute à cette liste «*. . . et toute autre matière que le Conseil des ministres déciderait, à l'unanimité, d'y inclure conformément à l'objet du Traité.*». Cette liste n'est pas exhaustive mais il appartient au seul Conseil des ministres de l'allonger à l'unanimité de ses membres.

Le pouvoir ainsi confié au Conseil de ministres a abouti à la décision de légiférer en droits des contrats, du travail, des coopératives avec des fortunes diverses selon la matière choisie. Récemment, le Secrétariat permanent a lancé un appel d'offres pour que soit étudiée la faisabilité d'une étude sur l'élaboration d'Actes uniformes dans des domaines autres que ceux actuellement régis.

Il va sans dire que la définition des matières juridiques nouvelles à uniformiser ne doit pas être le résultat d'une décision improvisée. L'expérience et la méthodologie nous conduisent à dire que l'uniformisation du droit des affaires doit concerner, soit des matières spéciales, connexes ou complémentaires à celles déjà uniformisées (A), soit des matières générales susceptibles de supporter et encadrer les matières spéciales

A – Extension de l'uniformisation à des matières spéciales, connexes ou complémentaires à celles de l'OHADA

Le droit des affaires ne peut se concevoir sans l'accomplissement d'actes juridiques spéciaux à telle ou telle opération économique ou à telle ou telle activité

---

[39] Seule juridiction compétente pour connaître, en cassation, des difficultés d'interprétation ou d'application des actes uniformes de l'OHADA.

[40] On peut même ajouter les conflits possibles avec les organisations ou les conventions internationales à portée ou vocation universelle. Ainsi, qui a prêté attention au fait qu'en élaborant un règlement relatif au chèque, à la lettre de change et au billet à ordre, l'UEMOA a marché sur les brisées de la Convention de Genève de 1930 ayant le même objet, applicable dans l'espace OHADA par le fait de la France qui l'avait ratifiée et léguée aux pays de cet espace, à leur indépendance en vertu de la théorie de la succession d'Etats ? Quid si des dispositions contradictoires sont enregistrées des deux côtés, travail de recensement que personne, semble-t-il, n'a encore effectué?

économique: leasing; franchising; dépôt; contrat de concession exclusive . . . et bien d'autres à venir probablement.

De ce fait, il est difficile pour l'OHADA de les ignorer d'autant plus que le groupe de contrats est de plus en plus pratiqué, sur une longue période et entre plusieurs personnes ou entreprises. Comment, dans un conflit relatif au groupe de contrats, appliquer le droit OHADA de la vente commerciale pour cette dernière et le droit interne commun pour les autres ?

Il faut donc étudier avec soin et circonspection les contrats commerciaux spéciaux pour décider s'ils doivent recevoir une législation uniforme de l'OHADA.

L'expérience fâcheuse de l'Acte uniforme relatif au droit du travail illustre une manière de procéder qui s'est voulue surdimensionnée et, surtout, trop marquée par de nombreux aspects de politique sociale et économique qui ont alourdi le projet, fait traîner sa réalisation sur de trop nombreuses années pour enfin aboutir à une impasse. Le contrat de travail n'a pas suffi à faire tenir le projet debout. Cela est d'autant plus regrettable que le droit du Travail est cité expressément dans l'article 2 du Traité (ce qui peut être considéré comme une maladresse).

B – Extension de l'uniformisation par l'OHADA à des matières générales

Il ne faut pas perdre de vue que les Actes uniformes sont, pour la plupart, voire pour tous, des législations spéciales qui reposent sur les principes généraux de la théorie générale des personnes, des biens, des actes, des faits. . .dont les juges ne peuvent se passer et auxquels ils font appel pour rendre leurs décisions. C'est pourquoi, il faut faire une place à ces textes porteurs de règles principes généraux, ce qui a été tenté dans deux domaines: le droit des obligations et des contrats, d'une part, et le droit des conflits de lois, de l'autre.

1) A l'inverse de l'Acte sur le droit du Travail, il faut regretter l'échec du projet d'Acte uniforme sur le droit général des contrats et des obligations dit projet Marcel FONTAINE qui n'a pas vu le jour. Ce projet était né de la constatation inéluctable que tout le droit des affaires et des contrats reposait sur la théorie générale des obligations et des contrats: consentement; formalisme; preuve; paiement; solidarité; obligation de moyens; obligation de résultat; vices du consentement; compensation, novation, délégation. . . .

Le projet d'Acte uniforme sur le droit des contrats et des obligations n'est pas enterré: il a été repris par le précédent Secrétaire permanent et réécrit entièrement par une équipe de trois experts.

2) Le droit des conflits de lois et de leurs solutions: un tel projet n'a pas été commandé. Il est l' œuvre des auteurs du précédent projet d'Acte uniforme sur les obligations et les contrats et peut servir dès lors que les organes compétents de l'OHADA l'auront décidé.

Son intérêt est incontestable car, bien que les Actes uniformes s'appliquent à tous les Etats parties, les lois des domaines généraux du droit (des biens, des personnes, de la capacité, du formalisme. . .) peuvent différer d'un pays à un autre.

Toutefois, un inconvénient est inhérent à ces deux projets car l'uniformisation des matières précitées couvrirait aussi bien le droit commercial que le droit civil et aboutirait à cette conséquence majeure: tous les litiges relatifs au droit des contrats et des obligations relèveraient de la compétence de l'OHADA, qu'ils soient civils ou commerciaux, ce qui encombrerait très vite et pour longtemps la CCJA tout en vidant d'autant la compétence des Cours suprêmes nationales.

La parade à cet inconvénient serait peut-être d'en faire **des lois modèles** échappant à l'uniformisation totale et rigoureuse de ces matières si elles étaient assimilables aux Actes uniformes de l'OHADA. Cette formule présente ne nombreux avantages:

- les Etats parties de l'OHADA disposeraient de deux textes législatifs modernes et actualisés;
- ils ne seraient pas obligés de les adopter tous ni, en cas d'adoption, de les adopter dans les mêmes termes; ces textes s'appliqueraient en droit interne tels qu'ils auront été adoptés par les pouvoirs législatifs des Etats parties; leur application sera contrôlée par la CCJA si ces textes s'appliquent entre commerçants et par la Cour suprême dans le cas contraire;
- leur adoption rénoverait considérablement ces deux domaines juridiques qu'à notre connaissance, seuls trois Etats ont modernisé: le Sénégal (1963-1966); le Mali (1987); la Guinée (1992);
- leur modification pourra s'adapter aux besoins de chaque Etat partie.

INDICATIONS BIBLIOGRAPHIQUES

ADEJUMOKE (A.), «Diffusion of OHADA law under a bijuridicial point of view. OHADA with common law systems using Nigeria as a case study in perspective». Actes du séminaire sur Le bi-juridisme au service de l'intégration et de la sécurité juridique en Afrique sous l'égide de l'OHADA, Actes du séminaire régional, Yaoundé, 13-17 décembre 2004, Agence internationale de la francophonie, p. 62, Ohadata D-07-36.

AHOYO (A.-F.), «La problématique du financement de l'OHADA», Penant, n° 865, p. 428.

AHO (F.), «Quelques éléments de réflexion sur la diffusion du droit uniforme de l'OHADA dans un contexte de multilinguisme et une perspective de bi-juridisme», Actes du séminaire sur Le bi-juridisme au service de l'intégration et de la sécurité juridique en Afrique sous l'égide de l'OHADA, Actes du séminaire régional, Yaoundé, 13-17 décembre 2004, Agence internationale de la francophonie, p. 49, Ohadata D-07-34.

BAGNA (K.) et KENFACK DOUAJNI (G.), «Compte rendu du séminaire d'information juridique sur l'application du droit OHADA dans une perspective bi-juridique». Actes du séminaire sur Le bi-juridisme au service de l'intégration et de la sécurité juridique en Afrique sous l'égide de l'OHADA, Actes du séminaire régional, Yaoundé, 13-17 décembre 2004, Agence internationale de la francophonie, p. 95, Ohadata D-07-39.

BAMUANGAYI KALUKUIMBI (G.), «Pourquoi la République Démocratique du Congo (RDC) devait adhérer à l'OHADA? "Critique prospective de la démarche d'adhésion de la RDC à l'OHADA", Ohadata D-10-36.

BOUBOU (P.) et ONANA ETOUNDI (F.), *La problématique de l'unification de la* *jurisprudence par la Cour commune de justice et d'arbitrage*, Presses Edjehou Danhi Imprim, 2008.

CHIFFLOT-BOURGEOIS (F.), « Le traité, les institutions et les actes uniques OHADA: présentation générale», in Journée d'étude sur l'OHADA, De sa création à l'adhésion de la République démocratique du Congo, Université Catholique de Louvain, 11 mars 2010, p. 1.

CISTAC (G.), «Le regard du Mozambique et de la SADC: entre indifférence et espérance», Revue juridique de l'Océan indien, n° 11-2010, p. 63.

DAL (G.-A.) et TCHEKEMIAN (F.), «L'Acte uniforme relatif au droit de l'arbitrage. Journée d'étude sur L'Organisation pour l'Harmonisation en Afrique du Droit des Affaires (OHADA). De sa création à l'adhésion de la République Démocratique du Congo». Université Catholique de LOUVAIN — Be1gique — et INEADEC (Institut euro-africain de droit économique. Acte n° 4 du 11 mars 2010 Ohadata D-11-20.

DE WOLF (P.), «Le droit des affaires de la République démocratique du Congo à la croisée des chemins», in Journée d'étude sur l'OHADA, De sa création à l'adhésion de la République démocratique du Congo, Université Catholique de Louvain, 11 mars 2010, Ohadata D-11-21.

DE WOLF (P.) et VEROUGSTRAETE (I.) (dir.), *Le droit OHADA: son intégration en République démocratique du Congo*. Ed. Bruylant, Bruxelles, 2012.

DIALLO (B.), «Libre propos sur l'usage du français comme langue juridique en Afrique noire», Revue Jurifis, édition spéciale, n° 12, octobre 2012, p. 5.

ENONCHONG (N.), "The harmonization of business laws in Africa: is article 42 of the OHADA treaty a problem?" Journal of African law, Volume 51, 2007, pp. 95-116.

FENEON (A.), «Présentation de l'ouvrage de ONANA ETOUNDI Félix, OHADA «Jurisprudence thématique, commentée et annotée de la Cour commune de justice et d'arbitrage (1997-2008)», Penant n° 873, p. 518.

GATSI (J.), «La jurisprudence, source du droit OHADA», Revue Congolaise de Droit et des Affaires, n° 9, pp. 13 -36.

ISSA-SAYEGH (J.), «Réflexions sur l'article 42 du Traité de l'OHADA», Ohadata D-02-19.

ISSA-SAYEGH (J.), «Quelques aspects techniques de l'intégration juridique: l'exemple des actes uniformes de l'OHADA», Revue uniforme de droit, UNIDROIT, Rome 1999-1, p. 5.

ISSA-SAYEGH (J.), «Le bilan jurisprudentiel du droit uniforme Ohada (Incertitudes législatives et turbulences jurisprudentielles)», Communication au XXXI ème Congrès de l'IDEF, Lomé, 17-20 novembre 2008. Intervention au Colloque sur «Les tendances jurisprudentielles d'interprétation et d'application du Traité OHADA et des Actes uniformes», Revue de droit uniforme africain, p. 98.

LAURIOL (Th.), «La langue de l'OHADA», Revue camerounaise de l'arbitrage, n° spécial, octobre 2001, p. 36. Ohadata D- 08-39.

KENFACK DOUAJNI (G.), «L'influence de l'internationalité dans l'élaboration du droit OHADA, Actes du séminaire sur Le bi-juridisme au service de l'intégration et de la sécurité juridique en Afrique sous l'égide de l'OHADA», Actes du séminaire régional, Yaoundé, 13-17 décembre 2004, Agence internationale de la francophonie, p. 31.

KENFACK DOUAJNI (G.), «L'influence de l'internationalité dans l'élaboration du droit OHADA», Revue Camerounaise de l'Arbitrage n° 27 — Octobre — Novembre — Décembre 2004, p. 3.

KERE (I.), «L'OHADA et les perspectives de rapprochement avec les pays de tradition common law», Actes du séminaire sur Le bi-juridisme au service de l'intégration et de la sécurité juridique en Afrique sous l'égide de l'OHADA, Actes du séminaire régional, Yaoundé, 13-17 décembre 2004, Agence internationale de la francophonie, p. 43

KODO (J.), «La promotion du droit OHADA a travers le code IDEF annoté: impact, enjeux et perspectives, intervention au Colloque sur les Tendances jurisprudentielles de la CCJ en matière d'interprétation et d'application du Traité OHADA et des Actes uniformes», Revue de droit uniforme africain, n° 3, p. 93.

KWASI (P.-E.) et JOYCE (D.), «The challenges faced by common law juridictions to realise the OHADA objectives», Actes du séminaire sur Le bi-juridisme au service de l'intégration et de la sécurité juridique en Afrique sous l'égide de l'OHADA, Actes du séminaire régional, Yaoundé, 13-17 décembre 2004, Agence internationale de la francophonie, p. 88

LECKEY (R.), «Harmoniser le droit dans un espace multilingue et plurijuridique: un point de vue canadien». Revue de droit uniforme, UNIDROIT, 2008 n° 1-2, p. 39.

MANCUSO (S.), «OHADA and Common Law: enemies or friends?» in Journée d'étude sur l'OHADA, De sa création à l'adhésion de la République démocratique du Congo, Université Catholique de Louvain, 11 mars 2010

MARTOR (B.) et THOUVENOT (S.), «Les perspectives et modalités d'adhésion de nouveaux Etats à l'OHADA. Member States joining OBHLA. Prospects and terms of their joining: the example of the RDC", Revue de droit des affaires internationales, 2005, pp. 535-539.

MBOSSO (J.), «La jurisprudence et la diffusion du droit, facteurs de réussite de l'OHADA au service des justices nationales», Revue Camerounaise de l'Arbitrage, n° 31 — Octobre — Novembre — Décembre 2005, p. 3.

MELONG (J.), "Implementation of OHADA laws in bilingual and bijural context: Cameroon as a case in point", Revue ERSUMA n° 2, mars 2013, p. 259.

Muka Tshibende (L.-D.), «Le processus d'adhésion de la République Démocratique du Congo à l'OHADA. Une adhésion «sans atermoiements funestes, mais sans précipitation inconsidérée», Ohadata D-10-37.

ONANA ETOUNDI (F.), «L'état de la jurisprudence de la CCJA de l'OHADA», Penant, n° 865, p. 492.

ONANA ETOUNDI (F.), «Jurisprudence OHADA: décisions et avis commentés et annotés de la CCJA de l'OHADA, 1997-2008», CERMAPAD *cermapad@fasonet.bf.*

ONANA ETOUNDI (F.), «A propos de la jurisprudence communautaire», Revue de droit uniforme africain, n° 00, p. 17.

ONANA ETOUNDI (F.), «Tendances jurisprudentielles de la CCJA par thème juridique abordé», Intervention au Colloque sur *Les tendances jurisprudentielles* *d'interprétation et d'application du Traité OHADA et des Actes uniformes*, Revue de droit uniforme africain, n° 3 p. 38.

SCHMIEGLOW (M.), « Impact of «Legal origins» on economic performance?», in Journée d'étude sur l'OHADA, De sa création à l'adhésion de la République démocratique du Congo, Université Catholique de Louvain, 11 mars 2010.

TSHIYOMBO KALONJI (L.), «Réflexions sur la capitalisation de l'adhésion prochaine de la république démocratique du Congo à l'OHADA», Ohadata D-05-03.

TUMNDE (M.), «The perception of OHADA by an Anglophone university in Cameroon, Actes du séminaire sur Le bi-juridisme au service de l'intégration et de la sécurité juridique en Afrique sous l'égide de l'OHADA», Actes du séminaire régional, Yaoundé, 13-17 décembre 2004, Agence internationale de la francophonie, p. 55

ATTRACTIVITE ET EFFICACITE DU DROIT OHADA

Pr. André AKAM AKAM
Agrégé des facultés de droit
Université de Yaoundé II
CAMEROUN

Abstract

It is not obvious to handle the attractiveness and effectiveness of a legal standard, a law or a legal system. That is, the legal standard has to be first of all assessed by the yardstick of concepts which are not products of law but, of other social sciences and precisely, economics, and whose appropriation and manipulation can prove to be complex for the lawyer who has no tools or techniques required and can estimate their extent outside its jurisdiction. All in all, economic considerations today help to thrive, both in political and lawyers' discourse, the idea that the rule of law (or law in general), should be attractive and especially, effective in economic terms. There is then no surprise since it is also the belief of the promoters of OHADA.

Il n'est pas évident de traiter de l'attractivité et de l'efficacité d'une norme juridique, d'un droit, voire d'un système juridique. C'est que, en premier lieu, il s'agit d'apprécier la norme juridique à l'aune de concepts qui procèdent non de la science juridique mais plutôt d'autres sciences sociales et notamment de la science économique,[1] et dont l'appropriation et la manipulation peuvent s'avérer complexes pour le juriste qui ne dispose pas des outils ou instruments techniques nécessaires et qui peut donc estimer que leur mesure échappe à sa compétence.[2] En second lieu, il s'agit d'évaluer la norme juridique à partir de deux critères qui relèvent incontestablement de l'exigence de qualité de la norme[3] en général. En effet, il apparaît de plus en plus que l'attractivité et l'efficacité constituent des propriétés qui sont désormais attendues d'une règle de droit à côté de bien d'autres comme l'accessibilité et l'intelligibilité,[4] la simplicité,[5] la prévisibilité, l'effectivité[6] et

[1] V° par ex. M. Fatin-Rouge Stéfanini, L. Gay, A. Vidal-Naquet, Préface in *L'efficacité de la norme juridique*, Bruylant, Bruxelles, 2012, p. 14 qui rappellent que l'évaluation de l'efficacité de la norme juridique mobilise des instruments d'analyse qui relèvent d'autres sciences sociales que le droit, à savoir la sociologie traditionnellement et l'économie.

[2] J. Caillosse, «Esquisse d'une réflexion sur une fausse évidence: l'efficacité du droit», in M. Fatin-Rouge Stéfanini, L. Gay, A. Vidal-Naquet, *L'efficacité de la norme juridique*, op.cit., p. 153. L'auteur rappelle que «l'appréhension ou la mesure des résultats produits par le droit dans ses expressions les plus courantes ne sont pas en tant que telles des opérations juridiques. Il y a là tout un travail qui relève, pour l'essentiel, de la sociologie du droit».

[3] M. Fatin-Rouge Stéfanini, L. Gay, J. Pini, *Autour de la qualité des normes*, Bruylant, Bruxelles, 2010; P. Deumier, *Les qualités de la loi*, RTD civ. 2005. 93; B. Mathieu, «Le Conseil constitutionnel renforce les exigences relatives à la qualité du travail législatif et à la sécurité juridique», JCP G 2007, n° 1-2, act. 1.

[4] Sur l'accessibilité et l'intelligibilité, v° A. Akam Akam, «Libres propos sur l'adage Nul n'est censé ignorer la loi», RRJ, 2007/3, p. 30 et s; M-A Frison-Roche, W. Baranès, «Le principe constitutionnel de l'accessibilité et de l'intelligibilité de la loi», D. 2000. 361; N. Molfessis, «La sécurité juridique et l'accès aux règles de droit», RTD civ. 2000. 662. J.O 13 avril 2000, p. 5646; V. Lasserre-Kiesow, «La compréhensibilité des lois à l'aube du XXIe siècle», D. 2002. 1157. ibid, p. 1159.

[5] D. Gutmann, «L'objectif de simplification du langage législatif», in *Les mots de la loi* (sous la dir. de N. Molfessis), coll. Etudes juridiques, Economica, 1999, p. 73; N. Molfessis, «Simplification du droit et déclin de la loi», RTD civ. 2004. 155.

qui posent, pour l'attractivité, la question du rayonnement de la norme considérée, et pour l'efficacité, celle de la capacité de la règle à produire les effets visés par l'auteur. La science juridique s'intéresse ainsi à ces nouveaux critères (qui ne sauraient être rejetés ou maintenus hors du champ juridique), se demandant même s'ils ne sont pas devenus les *nouveaux vecteurs de légitimité des normes juridiques.* Aussi, avant d'aborder directement la problématique de l'attractivité et de l'efficacité du droit OHADA, convient-il de procéder à la clarification de ces deux concepts qui bien qu'entretenant un lien nécessaire, n'en sont pas moins distincts.

L'attractivité, dit le petit Larousse, est le caractère de ce qui est attractif. Elle signifie, d'une manière générale, la capacité d'une personne ou d'une chose à susciter de l'intérêt, à attirer ou à plaire. S'agissant d'une norme (ou d'un système) juridique, on dira qu'elle est attractive lorsqu'elle s'avère apte à attraire sous son empire les comportements des acteurs sociaux ou des personnes auxquelles elle s'applique. Ainsi comprise, l'attractivité est un facteur d'évaluation du degré de rayonnement d'une règle de droit, soit à travers son expansion territoriale, c'est-à-dire par la conquête de nouveaux espaces ou territoires, soit au regard de son extension matérielle qui se traduit par la conquête de nouveaux domaines ou l'application à un plus grand nombre de situations juridiques, par exemple. La question de l'attractivité de la norme se pose ainsi dans la phase d'application de la norme et permet, in fine, de s'interroger sur la pertinence de la norme considérée. En tout état de cause, elle se rattache certainement à la problématique de l'impact de la règle sur le champ social. Et c'est en cela qu'elle est liée à celle de l'efficacité.

La notion d'efficacité, quant à elle, s'appréhende comme la qualité ou la propriété d'une personne qui atteint le but poursuivi ou le résultat attendu ou d'une chose qui produit les effets attendus. S'agissant de la norme juridique, on dira qu'elle est efficace quand les effets concrets produits par celle-ci dans la réalité sociale sont conformes aux objectifs visés par l'auteur. Aussi, l'évaluation de l'efficacité d'une norme consiste à mesurer le degré de correspondance entre les effets produits et les objectifs poursuivis, ou, comme on l'a relevé[7], «l'écart entre l'objectif poursuivi par une règle de droit et le résultat obtenu». L'efficacité se distingue ainsi, d'une part, de l'effectivité qui mesure le degré de correspondance entre la prescription énoncée par la norme et les comportements sociaux, et, d'autre part, de l'efficience qui est la propriété d'une norme à atteindre le but poursuivi par l'auteur au moindre coût.

Au regard de ce qui précède, il apparaît que l'évaluation de l'attractivité et de l'efficacité de la norme juridique amène à envisager ou à s'intéresser aux effets produits en aval par celle-ci. Elle postule que le discours juridique doit aller au-delà de l'appréciation de la légitimité du pouvoir de produire les normes fondée sur l'élaboration démocratique de la règle de droit, pour s'intéresser à la prégnance sociale de la norme. Cette option, qui met au cœur de la réflexion de la science juridique des préoccupations d'ordre téléologique, invite à une nécessaire étude de

[6] J. Carbonnier, «Effectivité et ineffectivité de la règle de droit», Année sociologique, 1958, p. 14; Ch. Mincke, «Effets, effectivité, efficience et efficacité du droit: le pôle réaliste de la validité», RIEJ, 1998, p. 130.

[7] Encinas de Munagorri(R), L'Huilier (G), *Introduction au droit*, Flammarion, 2002, p. 212.

la finalité ou du but des règles de droit. On est alors loin de la démarche de Hans Kelsen et de bien d'autres positivistes qui considèrent que «la science se doit de décrire le droit positif tel qu'il est; elle n'a pas à l'évaluer à l'aune d'un but externe, d'ordre politique».[8] Dans cette perspective, «tout ce qui se situe en amont de la norme (les origines sociales du droit) et en aval (l'application dans la réalité sociale) ne doit pas préoccuper la science juridique qui est une science des normes. En revanche, les écoles sociologiques ou encore le courant dit de l'analyse économique du droit (AED) soutiennent qu' «il revient à la science juridique d'identifier les effets sociaux réels des institutions juridiques et de réfléchir aux moyens de rendre le droit à la fois plus effectif et efficace». Force est de dire que ce sont des considérations d'ordre économique qui font prospérer aujourd'hui, tant dans le discours politique que dans celui des juristes, l'idée selon laquelle la règle de droit (ou le droit d'une manière générale), doit être attractive et surtout efficace sur le plan économique. A l'heure où les rapports *Doing bussines* de la Banque Mondiale classent les pays en fonction du degré de facilité que le système juridique permet de faire des affaires, la tentation est alors grande d'apprécier prioritairement les règles de droit à travers les prismes économiques de l'attractivité et de l'efficacité.[9] Le mandat du producteur de normes, dans un tel contexte, est clair: rendre le droit dans son ensemble attractif, performant et efficace. En posant d'emblée la question de l'attractivité et de l'efficacité du droit OHADA dès l'ouverture du présent colloque commémorant les vingt ans de l'organisation, les organisateurs souscrivent en quelque sorte au discours économique dominant qui considère que le droit est ou doit être au service de l'économie. Il n'y a là rien d'étonnant dès lors que c'est aussi la conviction des promoteurs de l'OHADA.

En effet, l'idée que le droit doit favoriser le développement économique se découvre d'abord dans le préambule du Traité de Port Louis instituant l'OHADA. Les Hautes parties contractantes après avoir proclamé leur détermination «*à accomplir de nouveaux progrès sur la voie de l'unité africaine et à établir un courant de confiance en faveur des économies de leurs pays en vue de créer un nouveau pôle de développement en Afrique*», ont reconnu que «*la réalisation de ces objectifs suppose la mise en place dans leurs Etats d'un droit des affaires harmonisé, simple, moderne et adapté, afin de faciliter l'activité des entreprises*». Ensuite, l'article 1er du Traité précise notamment que celui-ci «*a pour objet l'harmonisation du droit des affaires dans les Etats parties par l'élaboration et l'adoption de règles simples, modernes et adaptées à la situation de leurs économies . . .*». Tout le droit OHADA, qu'il soit issu du Traité, des règlements ou des actes uniformes, est donc orienté vers cette fin, de sorte que l'intégration juridique qu'il réalise apparaît manifestement comme «un levier

[8] L. Heuschling, «Effectivité, Efficacité, Efficience et Qualité d'une norme/du droit. Analyse des mots et des concepts», in M. Fatin-Rouge Stéfanini, L. Gay, A. Vidal-Naquet, op.cit., p. 57. J. Caillosse ne relève-t-il pas que «pour le juriste, la prise en charge de l'efficacité suppose une sorte de changement de terrain, un déplacement . . .», op.cit, p. 159.

[9] B. Coeuré, «Systèmes juridiques et performance économique: droit efficace ou droit compétitif ?», www. Le cercle des économistes.asso.fr; A. Raynouard, «Faut-il avoir recours à l'analyse économique du droit (AED) pour assurer l'efficacité économique du droit ?», v° www.crdp. umontreal.ca.

indispensable de l'intégration économique».[10] On est donc en présence d'une production normative justifiée par des considérations économiques et qui, comme telle, ne saurait ou ne pourrait demeurer indifférente aux exigences d'attractivité et d'efficacité des normes élaborées.[11] La question, au demeurant, est alors de se demander si, dans les faits, le droit OHADA s'avère attractif et efficace au plan économique?

Comment répondre à une telle question sans les outils ou les instruments qui permettent une évaluation sérieuse, à savoir enquêtes, observations ou études de terrains, éléments statistiques, etc! De même, comment juger de l'attractivité ou de l'efficacité sans l'aide de critères précis et reconnus! Une chose est sûre: le droit OHADA s'applique tant bien que mal dans les pays membres de cette organisation, de sorte que la question de son effectivité ne devrait plus se poser.[12] Il en va autrement pour ce qui est de son attractivité et surtout de son efficacité. Si l'on prend en considération les rapports *Doing Business* qui classent nos Etats parmi les moins compétitifs au plan juridique, on est en droit de douter de l'impact réel du droit OHADA sur l'environnement économique et le climat des affaires dans l'ensemble de l'espace couvert par l'OHADA. Il faut néanmoins relever que certains actes uniformes et certaines règles s'avèrent attractifs ou efficaces pris individuellement, eu égard à leur impact sur les activités économiques.[13] Dans un contexte aussi contrasté, toute appréciation de l'attractivité et de l'efficacité du droit OHADA dans son ensemble s'apparente à un jugement de valeur. L'on peut alors se risquer à un postulat sceptique en deux propositions:

— *le droit OHADA est d'une attractivité relative (I);*

— *le droit OHADA est d'une efficacité mitigée (II).*

I – UNE ATTRACTIVITE RELATIVE

L'idée selon laquelle une norme juridique (ou le droit) doit être attractive, n'est pas mauvaise en soi. Dans un environnement économique concurrentiel et dans lequel les systèmes juridiques sont évalués et comparés selon leur capacité à faciliter les affaires et à attirer les investisseurs, le droit ne saurait méconnaître l'exigence

---

[10] P–G. Pougoué, Y.R. Kalieu, *Introduction critique à l'OHADA*, Presses universitaires d'Afrique, Yaoundé, 2008, p. 26; K.L. Johnson, «Philosophie économique et stratégie de l'OHADA», ohadata DE-04-09, p. 5; R. Foche, V. Ouafo Bepyassi, «Le droit de l'OHADA: un capital vital pour le redressement de l'économie africaine», in J. Gatsi (sous la dir.), *L'effectivité du droit de l'OHADA*, PUA, 2006, p. 49.

[11] P–G. Pougoué, Y.R. Kalieu, op.cit., p. 172 s.

[12] J. Gatsi (sous la dir.), *L'effectivité du droit de l'OHADA*, PUA, 2006.

[13] V) par ex. P-G. Pougoué, «L'impact de l'acte uniforme de l'OHADA relatif au droit des sociétés commerciales et du GIE sur le contrôle et le développement des entreprises locales», Juridis périodique, n° 66, avr-mai-juin, 2006, p. 107 et s; H. Ibrahima, «Impact du système comptable OHADA sur la gouvernance des entreprises camerounaises, Mémoire DEA, Université de Ngaoundéré, 2003, 153 p.

d'attractivité. Comme l'a si bien relevé un auteur.[14] «le droit s'instrumentalise dans la course à la capture des capitaux mobiles». Aucun droit n'échappe à cette réalité.[15] Le droit OHADA est bel et bien dans cette perspective, en se voulant dès l'origine un droit territorialement expansif (A) et un droit matériellement extensif (B).

A – Un droit territorialement expansif

Il est évident que la question de l'attractivité du droit OHADA se pose d'abord au niveau de chaque Etat membre et dans l'ensemble de l'espace OHADA. On peut ici parler de *l'attractivité interne* du droit OHADA. A ce sujet, l'on peut mesurer le degré d'attractivité dudit droit en observant le comportement des opérateurs économiques, qu'il s'agisse des commerçants personnes physiques ou personnes morales d'une part, et de tous ceux qui exercent des activités informelles d'autre part. Si les premiers sont astreints à se soumettre aux exigences du droit OHADA qui a institué des règles directement applicables et obligatoires,[16] il en va autrement des acteurs du secteur informel qui, malgré l'avènement du statut de l'entreprenant,[17] peine à arborer les «nouveaux habits» imposés par ce statut. Sur ce point précisément, il faudra juger de l'attractivité du droit OHADA en évaluant sa capacité à amener les agents économiques opérant dans l'informel à en sortir pour adopter finalement soit le statut de commerçant, soit celui d'entreprenant.

Mais la question de l'attractivité du droit OHADA se pose peut-être surtout par rapport à ceux qui se trouvent en dehors de sa sphère d'application. Il s'agit de *l'attractivité externe.* Il s'agit alors d'envisager l'attractivité du droit OHADA par rapport à son potentiel d'expansion territoriale d'une part (*1*), et d'autre part, par rapport à sa capacité à attirer les investisseurs étrangers (*2*).

1. La mesure de l'attractivité par l'adhésion de nouveaux pays à l'OHADA ou l'inspiration du modèle OHADA

C'est le Traité instituant l'OHADA qui prévoit expressément l'expansion territoriale de ce droit en énonçant à l'article 53 alinéa 1 qu'il est «*ouvert à l'adhésion de tout Etat membre de l'OUA et non signataire du traité. Il est également à l'adhésion de tout autre Etat non membre de l'OUA invité à y adhérer du commun accord de tous les Etats parties*». Ce texte envisage deux situations bien spécifiques. En premier lieu, il prévoit la possibilité d'adhésion d'autres Etats africains membres de l'Organisation de l'Unité Africaine qui est devenue l'Union Africaine, qu'ils soient arabophones, francophones, anglophones, lusophones ou hispanophones. Force est de constater

[14] H. Muir Watt, «Le droit comparé et l'internationalisation du droit», in J. du Bois de Gaudusson (dir. de), *Le devenir du droit comparé en France*, PUAM, 2005, p. 99.

[15] V° par ex. X. Lagarde, «Brèves réflexions sur l'attractivité économique du droit français des contrats», D. 2005, n° 39, p. 2745; B. du Marais, «Attractivité économique du droit: le droit français peut-il survivre dans la compétition internationale ?» Droit et Patrimoine, n° 170, mai 2008, p. 38.

[16] Il convient de rappeler que l'article 10 du Traité prévoit que «*les Actes uniformes sont directement applicables et obligatoires dans les Etats Parties nonobstant toute disposition contraire de droit interne, antérieure ou postérieure*».

[17] C'est le titre II du Livre I de l'Acte uniforme du 15 décembre 2010 portant sur le droit commercial général qui organise le statut juridique de l'entreprenant.

que cette disposition n'est pas restée lettre morte puisque si à l'origine, le Traité a été signé par quatorze (14) Etats parties le 17 octobre 1993 à Port-Louis, aujourd'hui, l'OHADA compte désormais 17 membres à la suite de l'adhésion de la Guinée Equatoriale (pays hispanophone), la Guinée Bissau (pays lusophone) et de la République Démocratique du Congo. On doit néanmoins observer que l'OHADA n'a pas encore pu jusqu'à présent attirer dans son giron aucun pays anglophone. En second lieu, le Traité envisage l'hypothèse d'une adhésion des Etats non membres de l'Union Africaine. Dans l'état actuel du continent, un seul pays correspond à cette catégorie et peut, éventuellement prétendre à son adhésion: c'est le Maroc qui ne fait pas partie de l'Union Africaine. Sinon, l'ouverture est envisageable envers des pays extérieurs au continent africain qui souhaiteraient rejoindre l'organisation. Pour ce faire, l'Etat candidat devrait obtenir le commun accord de tous les pays membres de l'OHADA.

L'attractivité d'un droit peut aussi s'apprécier au travers de sa capacité de circulation en dehors de son espace naturel. Il s'agit alors de considérer son attractivité internationale, c'est-à-dire sa capacité à inspirer ou à servir de modèles à d'autres expériences de création des normes. Autrement dit, une règle attractive est certainement une règle qui a vocation à circuler ou à se propager au-delà de sa sphère originelle. En est-il ainsi du droit OHADA ? On peut affirmer que pour l'instant, l'exportation du modèle OHADA tant en Afrique qu'en dehors n'est pas encore effective. Peut-être que d'autres régions pourraient s'en inspirer, à l'instar de certains pays de la zone Caraïbes qui envisageraient la mise en place d'une organisation du même type.[18]

2. *La mesure de l'attractivité par le développement des investissements étrangers et des échanges*

La problématique de l'attractivité du droit OHADA doit également être envisagée au plan des investissements étrangers dans les Etats membres de l'organisation. Il est évident que l'objectif des promoteurs de l'OHADA était de mettre en place un système juridique suffisamment attractif pour les investisseurs. On peut même dire, sans excès, que le droit OHADA se présente en quelque sorte comme le droit des investisseurs étrangers.[19] Il convient de rappeler que dès le préambule du Traité, les Hautes parties contractantes ont émis le souhait que le droit OHADA «soit appliqué avec diligence, dans les conditions à garantir la sécurité juridique des activités économiques afin de favoriser l'essor de celles-ci et d'encourager l'investissement». L'objectif est clairement d'encourager les investissements nationaux mais aussi et surtout les investissements étrangers. S'il est incontestable que le climat des affaires s'est considérablement amélioré dans l'espace OHADA, de sorte que l'on fait état d'une hausse sensible des flux de capitaux étrangers dans les différents Etats membres, l'on doit cependant relever que ce phénomène ne signifie pas pour

[18] P–G. Pougoué, Y.R. Kalieu, p. 176.

[19] L. D. Muka. Tshibende, «Les voies comparées africaine et européenne du régime juridique de la société anonyme», Penant, n° 856, juill-sept., 2007, p. 294 s qui relève qu' «à travers ses règles, le droit OHADA vise en premier lieu les investissements étrangers, c'est-à-dire les non ressrtissants des Etats membres de son espace».

autant que le droit OHADA soit attractif. En effet, il y a lieu de relativiser l'attractivité du droit OHADA dès lors que dans la plupart des contrats internationaux, les investisseurs ou les partenaires étrangers «imposent» presque toujours comme loi applicable la loi de leur pays d'origine ou les textes internationaux, et ce au détriment du droit OHADA. La «défiance» des investisseurs ou des partenaires extérieurs envers le droit OHADA va jusqu'au choix préférentiel des institutions d'arbitrage situées en dehors du continent (CIRDI, CCI) au détriment de l'arbitrage de la Cour commune de justice et d'arbitrage de l'OHADA pour régler les différends éventuels. D'une manière générale, il y a lieu de se demander si l'afflux important des investissements étrangers en Afrique ne procède pas davantage des efforts accomplis par les différents pays pour améliorer le climat des affaires et la gouvernance que de l'institution et de l'application d'un droit des affaires uniforme.

B – Un droit matériellement extensif

La force attractive de l'OHADA se traduit par le choix fait en faveur d'une conception extensive du droit des affaires uniforme (*1*) qui s'accompagne d'une réelle modernisation des règles régissant les activités économiques (*2*).

1. L'extension du domaine du droit des affaires

C'est l'article 2 qui délimite le domaine du droit des affaires tel que le conçoit l'OHADA en précisant qu' «*entrent dans le domaine du droit des affaires l'ensemble des règles relatives au droit des sociétés et au statut juridique des commerçants, au recouvrement des créances, aux sûretés et aux voies d'exécution, au régime du redressement des entreprises et de la liquidation judiciaire, au droit de l'arbitrage, au droit du travail, au droit comptable, au droit de la vente et des transports, et de toute autre matière que le conseil des ministres déciderait, à l'unanimité, d'y inclure, conformément à l'objet du présent Traité*». Le droit des affaires OHADA s'inscrit ainsi dans un vaste domaine dont la croissance est annoncée par le texte précité. En effet, outre les matières spécialement visées ci-dessus, il est expressément reconnu au conseil des ministres le pouvoir d'étendre davantage le champ d'application du droit des affaires OHADA. D'ores et déjà, le droit des affaires OHADA couvre un domaine considérable, soit neuf (9) matières faisant l'objet d'actes uniformes, à savoir le droit de l'arbitrage, le droit commercial général, le droit des sociétés commerciales et du groupement d'intérêt économique, le droit des sûretés, le droit comptable, les procédures simplifiées de recouvrement et les voies d'exécution, les procédures collectives d'apurement du passif, le transport de marchandises par route, le droit des sociétés coopératives. Ce domaine est appelé encore à s'élargir à de nouvelles matières. Il convient, à ce sujet, de rappeler en premier lieu que des projets d'actes uniformes ont été élaborés, l'un relatif au droit des contrats et l'autre au droit du travail mais n'ont jusqu'à ce jour connu de suite «législative»; en second lieu que le Secrétariat permanent de l'OHADA a, à la demande du Conseil des ministres, engagé une vaste consultation auprès des experts, en vue d'examiner les possibilités d'élaboration de nouveaux actes uniformes sur les matières suivantes: *le crédit-bail, l'affacturage, la sous-traitance, la franchise, la médiation commerciale, le règlement des conflits de lois et de la circulation des actes publics, les contrats de partenariat public-privé* (*BOT: built, operate and transfer*). Cette expansion du droit OHADA témoigne incontestablement de sa force d'attraction. Ce faisant, elle emporte des conséquences au plan de la théorie du droit. Comme on l'a déjà relevé dans une précédente étude,[20] l'expansion du droit OHADA se traduit par «le dépassement progressif de *la distinction droit privé/droit public* à travers notamment la soumission des personnes morales de droit public à des règles de droit privé[21] ou encore de celle entre *droit civil/droit commercial* avec l'extension considérable du champ d'application du droit des affaires qui intègre des matières relevant traditionnellement du droit civil,[22] ou encore l'émergence d'une nouvelle *distinction entre droit des professionnels et droit des non-professionnels*». Tout se passe comme si le droit OHADA avait la prétention de devenir progressivement un véritable droit commun.

L'expansion matérielle ne va pas sans difficultés ou résistances, comme en témoigne le non aboutissement des avant-projets d'actes uniformes relatifs au droit des contrats ou au droit du travail. Cela tient peut-être au fait qu'il s'agit là de matières qui ne relèvent pas traditionnellement du droit des affaires. Faut-il y voir un frein au risque de «démesure» de l'OHADA que des auteurs[23] ont si bien décrite ? Par ailleurs, l'attractivité du droit OHADA est entravée par la compétence revendiquée par d'autres organisations à édicter les règles applicables à certaines matières qui rentrent relèvent bien du droit des affaires. I l en est par exemple ainsi de la Conférence Interafricaine des Marchés d'Assurance (CIMA) qui a produit les règles régissant les contrats d'assurances ou encore de la Commission bancaire de l'Afrique centrale (COBAC) et de celle de l'UEMOA qui légifèrent en exclusivité en matière bancaire. Le conflit de compétence serait donc inévitable si l'OHADA s'engage à légiférer également dans ces matières et dans bien d'autres qui font l'objet de règlementations spécifiques.[24]

Malgré ces quelques réserves, on ne saurait passer sous silence le fait que l'attractivité du droit OHADA tient aussi à la modernisation des règles régissant les activités économiques.

2. La modernisation du droit des affaires

Le droit OHADA avait vocation à se substituer aux législations nationales jugées inadaptées par rapport aux enjeux et exigences du développement économique de nos Etats. Ce faisant, les règles contenues dans les actes uniformes se veulent attractives pour les opérateurs économiques nationaux ou étrangers parce qu'elles

[20] A. Akam Akam, «L'OHADA et l'intégration juridique en Afrique» in Les mutations juridiques dans le système OHADA, (sous la dir. de A. Akam Akam), L'Harmattan, 2008, p. 21 s et précisément pp. 35-36.

[21] P–G. Pougoué, «Les sociétés d'Etat à l'épreuve du droit OHADA», Juridis périodique, n° 65, 2006, p. 99.

[22] Pour une vue générale, v° P-G. Pougoué, Y.R. Kalieu Elongo, Introduction critique à l'OHADA, op. cit., p. 130 s.

[23] P–G. Pougoué, Y.R. Kalieu Elongo, Introduction critique à l'OHADA, op. cit., p. 67 s.

[24] V° par ex. F. M. Sawadogo, «La problématique de la cohabitation des ordres juridiques OHADA, UEMOA, CEDEO», in Actes du colloque sur la mise en cohérence des processus d'intégration économique et juridique, Ouagadougou, 8, 9 et 10 janvier 2007, inédit.

visent principalement à assurer la sécurité juridique et judiciaire. Au-delà de cet objectif général, chaque acte uniforme doit mettre en place des règles simples, modernes et adaptées afin de faciliter les activités économiques d'une manière générale, et celle des commerçants personnes physiques et morales en particulier. A ce titre, et pour ne prendre que quelques exemples, il faut citer le cas de l'Acte uniforme relatif aux sociétés commerciales et du groupement d'intérêt économique qui instaure des règles modernes en ce qui concerne la création, la gouvernance, la transparence et la performance des sociétés commerciales (simplification des formes sociales, distinction des pouvoirs de délibération, de gestion et de contrôle, droit à l'information des associés, qualité des informations, responsabilité des dirigeants, procédures de contrôle par les associés ou par les commissaires aux comptes, etc). De même, faut-il souligner que cet acte uniforme a enrichi le paysage juridique en ce qui concerne les formes sociales en instituant la société unipersonnelle et le groupement d'intérêt économique, devançant ainsi le droit français qui l'a pourtant largement inspiré. De manière générale, d'importants travaux ont mis en exergue les «points d'attractivité» du droit OHADA qui témoignent, à n'en pas douter, de «la modernité» dudit droit, tant en ce qui concerne les règles de fond que les règles de procédure.[25]

Au terme de ce bref survol, et en l'absence d'instruments de mesure reconnus ou de données empiriques suffisantes, l'attractivité économique proclamée du droit OHADA semble bien relative. Qu'en est-il de son efficacité ?

II – UNE EFFICACITE MITIGEE

L'efficacité n'est pas considérée comme une valeur juridique en soi. Il n'en demeure pas moins qu'elle est désormais considérée comme une exigence nécessaire des règles de droit.[26] En tout cas, comme on l'a si bien relevé, «la production normative quelle qu'elle soit, Constitution, loi, règlement voire jurisprudence, peut être perçue comme un moyen au service d'une fin et, à ce titre, ne peut être indifférente à la notion d'efficacité».[27] C'est incontestablement le mouvement de l'analyse économique du droit[28] (AED) qui a favorisé la prise en compte de l'exigence d'efficacité au sein des systèmes juridiques. Cette tendance est accentuée de nos jours par les rapports *Doing Business* qui mettent en concurrence les différents systèmes juridiques en procédant à leur classement en fonction de leur

[25] P.G pougoué, Y. R Kalieu, op.cit, p. 178 et s; A. Akam Akam (sous la dir.), *Les mutations juridiques dans le système OHADA*, op. cit.

[26] Certains auteurs mettent cependant en doute cette orientation du droit moderne. V° par ex. J. Caillosse, «Esquisse d'une réflexion sur une fausse évidence: l'efficacité du droit», in M. Fatin-Rouge Stéfanini, L. Gay, A. Vidal-Naquet, Préface in *L'efficacité de la norme juridique*, Bruylant, Bruxelles, 2012, p. 153 s.

[27] M. Fatin-Rouge Stéfanini, L. Gay, A. Vidal-Naquet, Préface in *L'efficacité de la norme juridique*, Bruylant, Bruxelles, 2012, p. 19.

[28] Sur ce mouvement en général, v° E. Mackay, S. Rousseau, *Analyse économique du droit*, Dalloz, coll. Méthodes du droit, 2e ed., 2008, 728 p; J.-F. Calmette, «Réflexions sur la valeur de l'AED: le cas du droit public», RRJ-Droit prospectif, 2004-2 (2), p. 905 s.

efficacité économique.[29] Dans un tel contexte, l'on est en droit de s'interroger sur la place de l'exigence d'efficacité dans l'ordre juridique OHADA quand on considère le classement médiocre de la plupart des Etats parties dans ces rapports. Le droit OHADA aurait-il hérité des «tares» de son modèle français qui, comme les autres droits de tradition romano-germanique en général, est jugé trop rigide et inefficace économiquement comparé au droit de *Common law*?[30] Rien n'est moins sûr. En tout état de cause, dès lors que les promoteurs du droit OHADA l'ont perçu comme un droit au service de l'économie, il y a lieu de conclure que l'efficacité économique est le vrai objectif de ce droit. Dès lors, l'efficacité du droit OHADA est susceptible d'être mesurée en fonction du degré de facilité à faire des affaires qu'il permet (A) et du degré de sécurité qu'il procure aux entrepreneurs ou aux investisseurs (B).

A.L'évaluation de l'efficacité du droit OHADA par rapport à la facilitation des affaires

Parmi les objectifs généraux poursuivis par l'OHADA, figure en bonne place celui de la facilitation des affaires dans les différents pays membres de l'organisation. Le préambule du Traité précise que le dessein de créer un nouveau pôle de développement en Afrique suppose «*la mise en place dans les Etats d'un droit des affaires harmonisé, simple, moderne et adapté, afin de* **faciliter l'activité des entreprises**». Faisant écho à cette proclamation, un auteur[31] affirme de manière péremptoire que «le droit doit faciliter l'activité économique au lieu de la contrarier». S'il en est ainsi, l'évaluation de l'efficacité du droit OHADA impose que l'on confronte l'objectif de facilitation des activités économiques fixé par les hautes parties contractantes avec son degré de réalisation par l'adoption et la mise en œuvre des normes contenues dans les actes uniformes ou les règlements pris en application du Traité. En effet, ce sont surtout les actes uniformes qui doivent édicter des règles de droit susceptibles de permettre aux commerçants, aux professionnels, aux entreprenants ou aux agents économiques en général, d'exercer leurs activités sans trop de difficultés, de contraintes ou d'entraves. De ce point de vue, le droit issu des actes uniformes se doit de répondre aux exigences de simplicité, de modernité et d'adaptabilité. De ces trois exigences, celle qui semble évidente, c'est la modernité de nombre de règles de droit prévues par les actes uniformes, ne serait-ce qu'en comparaison des textes antérieurs en vigueur dans les Etats avant l'institution de l'OHADA. Quant à la simplicité du droit OHADA, on peut la relativiser eu égard à la densité de certains actes uniformes (citons par exemple l'Acte uniforme relatif au droit des sociétés commerciales du 17 avril 1998 qui compte plus de 900 articles ou l'Acte uniforme portant organisation des procédures simplifiées de recouvrement et des voies d'exécution qui en comporte 338). Les acteurs économiques doivent ainsi

[29] Pour une vue critique, v° Association H. Capitant, *Les droits de tradition civiliste en question. A propos des rapports Doing Business de la Banque Mondiale*, Société de législation comparée, 2006.

[30] Pour une vue d'ensemble du débat sur le modèle français, v° F. Rouvillois (dir), *Le modèle juridique français: un obstacle du développement économique ?*, Dalloz, coll. Thèmes et commentaires, 2005, 144 p.

[31] J. Paillusseau, «Une révolution juridique en Afrique: l'OHADA», in Dialogues avec M. Jeantin, Dalloz 1999, p. 93 s.

«compter» avec une masse de règles qui ne rendent pas le recours au droit OHADA aussi aisé qu'on peut le souhaiter. Si l'apport de l'OHADA est indéniable quant à l'amélioration de l'environnement juridique des affaires, il reste que son articulation au droit national de chaque Etat doit se faire dans une logique de cohérence qui doit tendre à l'instauration d'un droit des affaires moins formaliste et «bureaucratique». En tout cas, dans la plupart des Etats parties de l'OHADA, le souci d'améliorer le climat des affaires est devenu une préoccupation majeure. Des initiatives sont prises pour faciliter les affaires. C'est dans ce sens que s'inscrit le *Cameroon Business Forum* qui se veut un cadre de concertation entre les pouvoirs publics et le secteur privé dont l'objectif est d'identifier et d'éliminer les principaux obstacles qui empêchent ou entravent l'accomplissement des activités économiques. Il s'agit entre autres de simplifier les formalités administratives et de réduire les exigences d'ordre juridiques qui compromettent la bonne marche des affaires. Autrement dit, il s'agit de «réduire le coût de la réglementation pour les acteurs économiques».[32]

Le classement médiocre de l'ensemble des pays membres de l'OHADA dans les rapports annuels *Doing business* de la Banque mondiale amènent à s'interroger sur l'apport réel du droit OHADA à l'amélioration du climat des affaires. Sans qu'il soit nécessaire de discuter ici des méthodes utilisées ou des critères retenus pour assurer la comparaison des droits applicables dans les Etats, il faut simplement rappeler que la Banque mondiale s'appuie sur un certain nombre d'indicateurs qui visent à mesurer, pour chaque pays membre, le degré de complexité de la réglementation à laquelle sont confrontés les entrepreneurs. Force est de constater que cette mise en concurrence des divers systèmes juridiques aboutit à la conclusion que le système de common law parce que plus que flexible, est jugé plus efficace que le système romano-germanique dont s'inspire largement l'OHADA. En somme, les rapports *Doing business* montrent que dans les différents pays membres de l'OHADA, l'environnement juridique ne favorise pas l'exercice et le développement des activités économiques.

Dans un monde où les investisseurs se tournent volontiers vers les pays dont le droit offre un bon degré de facilité des affaires, l'OHADA doit entreprendre l'évaluation du droit qu'elle a produit depuis vingt ans pour en recenser les avantages et les inconvénients en vue de procéder aux modifications nécessaires. Au fait, l'étude d'impact du droit OHADA doit se faire autant *a priori* qu'*a posteriori*. A priori, parce qu'il s'agit d'évaluer l'opportunité et la pertinence des projets d'actes uniformes envisagés afin d'anticiper sur l'utilité et l'efficacité des règles proposées; a posteriori parce qu'il faut bien vérifier si les actes uniformes ont permis d'atteindre les objectifs poursuivis ou les résultats escomptés lors de leur élaboration. Plus précisément, «il s'agira d'identifier et analyser les effets économiques directs ou indirects de l'OHADA en déterminant dans quelle mesure l'intervention de ce nouveau droit a eu pour effet, par rapport à la situation antérieure, de rendre certaines opérations économiques possibles ou de les faciliter; de diminuer les coûts de transaction des opérations économiques entre les pays membres et entre les pays membres et les pays tiers, d'améliorer la sécurité juridique de ces opérations

[32] J. Caillosse, «Esquisse d'une réflexion sur une fausse évidence: l'efficacité du droit», op.cit., p. 162.

économiques; d'améliorer l'insertion des pays membres dans le commerce international; d'assurer l'évolution de l'économie informelle vers le secteur formel».[33]

B – La mesure de l'efficacité du droit OHADA par rapport à la sécurité des affaires

En se référant au préambule du Traité de Port Louis, on perçoit clairement cet autre objectif majeur de l'OHADA. Au-delà de l'adoption de règles communes adaptées à la situation des économies des Etats parties, les hautes parties contractantes ont admis la nécessité de veiller à ce que «ce droit soit appliqué avec diligence, dans les conditions propres à garantir la sécurité juridique des activités économiques, afin de favoriser l'essor de celles-ci et d'encourager l'investissement». Il faut se souvenir du contexte de la naissance de l'OHADA pour saisir la pertinence de cet objectif de sécurité juridique et judiciaire.[34] Ereintés par la crise économique, les pays africains se débattaient dans un paysage juridique fait de règles disparates, obsolètes ou inadaptées. D'un pays à l'autre, les investisseurs étaient confrontés à des régimes juridiques différents et à des systèmes judiciaires n'offrant véritablement pas des garanties d'une bonne administration de la justice ou l'exécution des décisions judiciaires. Dans un tel contexte, le climat des affaires était globalement négatif et s'avérait peu attractif, notamment pour les investisseurs étrangers. L'avènement de l'OHADA a ainsi correspondu à la volonté des Etats concernés d'établir un environnement juridique assurant la sécurité juridique et judiciaire aux opérateurs économiques.[35] L'adoption de règles uniformes directement applicables et obligatoires dans les Etats parties est un gage de prévisibilité et de sécurité juridique.[36] En effet, le droit OHADA offre un cadre juridique précis et concret pour l'exercice des activités économiques dans l'ensemble des pays membres de l'organisation. Les sujets de droit d'une manière générale et les investisseurs en particulier peuvent y accéder aisément dès lors que les actes uniformes font l'objet de publication au journal officiel de l'OHADA et au journal officiel de chaque Etat partie, voire par tout autre moyen approprié.

Il reste que le choix fait par l'OHADA en matière pénale peut s'avérer préjudiciable à l'objectif d'intégration et de sécurité juridiques poursuivi par l'édiction d'un droit uniforme. En effet, le Traité a procédé à une répartition des compétences: à l'OHADA la charge de prévoir des incriminations pénales dans les actes uniformes, aux Etats la responsabilité de déterminer les sanctions pénales encourues par les auteurs. Cette situation conduit nécessairement à la multiplication des législations nationales divergentes et porte en germe le risque d'une inégalité juridique entre les acteurs économiques dans la mesure où certains pays peuvent devenir de véritables

---

[33] P–G. Pougoué, Y.R Kalieu, op.cit., p. 178.

[34] J. Youmsi, «L'OHADA: un instrument pour le développement des investissements dans un climat de sécurité juridique et judiciaire», Juridis périodique, n° 30, avril-mai-juin, 1997, p. 98 s.

[35] J. Youmsi, ibid.

[36] Le caractère d'ordre public des dispositions de certains actes uniformes renforce certainement la sécurité juridique. V° dans ce sens, P. Nguhe Kante, «Le caractère d'ordre public du droit uniforme des sociétés commerciales en Afrique», in A. Akam Akam (sous la dir.), *Les mutations juridiques dans le système OHADA*, op. cit., p. 181 s.

«paradis pénaux». En tout cas, cet état de choses pourrait être source d'insécurité juridique. C'est avec raison que le professeur Yawaga considère qu'il aurait fallu, en matière, promouvoir un droit unifié en vue d'assurer la sécurité juridique. Il écrit notamment: «En effet, l'unité du droit particulièrement en matière pénale présente plusieurs avantages au regard de la sécurité juridique. D'une part, elle permet un accès plus facile à la règle de droit qui se trouverait, du fait de l'unification, dans un corps unique de règles. Ce qui n'est pas le cas de l'approche retenue par le droit communautaire et qui procède d'un renvoi aux législations nationales éparpillées que l'on a de plus en plus de mal à connaître. . .D'autre part, et c'est la conséquence du recours à une source unifiée du droit, celle-ci impose un corps de règles unique pour tous les Etats de l'espace OHADA dont la modification se fera par voie de conséquence de façon très lente, ce qui donne le temps aux opérateurs économiques et aux consommateurs de réagir en commun préventivement aux velléités inconsidérées de changement».[37]

Cela étant, la sécurité juridique et la sécurité judiciaire sont aussi garanties par l'institution d'une Cour commune de justice et d'arbitrage qui «*assure l'interprétation et l'application communes du Traité ainsi que des règlements pris pour son application, des actes uniformes et des décisions*» (art. 14 al. 1 du Traité).[38] En effet, la CCJA assume à la fois des fonctions consultative et jurisprudentielle qui lui permettent d'assurer une interprétation et une application conforme et identique du droit OHADA. Par le pouvoir d'évocation qui lui est reconnu, la CCJA dispose d'un moyen particulièrement efficace pour garantir une certaine «unité de jurisprudence» dans l'espace OHADA. Par ailleurs, la sécurité judiciaire est renforcée par le fait que les arrêts rendus par la CCJA ont l'autorité de chose jugée et la force exécutoire dans tous les Etats parties. Ils sont donc susceptibles d'exécution forcée sur le territoire de chaque Etat contractant sans qu'il soit besoin de requérir l'exequatur.

La sécurité judiciaire est cependant menacée par la concurrence qui peut survenir entre les la CCJA et les juridictions suprêmes nationales. En principe, la CCJA est normalement compétente pour connaître en dernier des pourvois formés contre les décisions rendues par les cours d'appel des différents pays membres. Mais il faut bien relever quelques velléités émanant des cours suprêmes nationales de se déclarer compétentes dans certains cas, notamment lorsque le litige ne met pas exclusivement en cause le droit OHADA, autrement dit lorsqu'il implique l'application à la fois de ce dernier et des règles de droit national.[39] On se retrouve

[37] S. Yawaga, «Regard sur l'émergence d'un droit pénal des affaires en Afrique: le cas du droit pénal OHADA», in in A. Akam Akam (sous la dir.), *Les mutations juridiques dans le système OHADA*, op. cit., p. 71 s; v° aussi, A. Foko, «Analyse critique de quelques aspects du droit pénal OHADA», Penant, n° 859, p 193 et s; J.J. Fomchigbou Mbanchout, «De quelques réflexions sur la «codification» pénale communautaire du législateur de l'OHADA», in J. Gatsi, op.cit., p. 63 et s.

[38] P. Moudoudou, «Réflexions sur les fonctions de la Cour commune de justice et d'arbitrage de l'OHADA», Revue EDJA, n° 64 (janv-févr-mars 2005), p. 7 et s.

[39] Sur cette question délicate en général, v° J. Fometeu, «Le clair-obscur de la répartition des compétences entre la Cour commune de justice et d'arbitrage et lez juridictions nationales de cassation», in A. Akam Akam (sous la dir.), *Les mutations juridiques dans le système OHADA*, op. cit., p. 37 s; sur un point particulier, v° Fr. Anoukaha, «La délimitation de la compétence entre la Cour commune de

ainsi dans une situation d'incertitude non seulement juridique mais également juridictionnelle.

Il est évident que l'instauration d'un droit des affaires uniforme a considérablement contribué à la sécurité des investissements dans l'espace couvert par l'OHADA. Cependant, on ne peut ne pas relever que l'ineffectivité de certaines règles ou de certains instruments juridiques affecte quelque peu l'apport de l'OHADA à la sécurisation de l'environnement des affaires. Il en est par exemple ainsi du Registre du commerce et du crédit mobilier (RCCM) qui constitue l'une des innovations majeures apportées au paysage juridique par l'OHADA.[40] Il s'agit d'un instrument dont la mise en œuvre renforcerait incontestablement la sécurité juridique eu égard notamment à ses fonctions d'immatriculation, d'inscription et de publicité. Sur ce dernier point particulièrement, le souci de l'OHADA de renforcer l'information du public à tous les niveaux. Ainsi, le RCCM comprend un registre local tenu au greffe du tribunal compétent, un fichier national centralisant les informations contenues dans les registres locaux, un fichier régional tenu au siège de la CCJA qui centralise les informations contenues dans les fichiers nationaux. Si le RCCM devenait effectif, nul doute qu'il renforcerait davantage la sécurité des affaires en permettant aux investisseurs de connaître la situation réelle de leurs partenaires éventuels.

Conclusion

La production normative de l'OHADA est dense et importante. Il est dès lors difficile de se prononcer sur l'attractivité et l'efficacité de chacune des règles qui constituent aujourd'hui le droit uniforme des affaires. On ne peut que se limiter à un jugement d'ensemble en considérant l'objectif général poursuivi par le droit OHADA: instituer des règles nouvelles et communes ayant pour ambition d'apporter la sécurité juridique et judiciaire aux agents économiques. En vingt ans, l'avènement et l'application progressive du droit OHADA a considérablement transformé l'environnement des affaires. Toutefois, l'impact du droit OHADA reste limité du fait de l'inadaptation de nombre de règles aux réalités socio-économiques africaines.

Le débat sur l'attractivité et l'efficacité du droit OHADA reste donc ouvert. Il revient aux organes compétents de l'OHADA (notamment le Conseil des ministres et le Secrétariat permanent) de prendre en compte cette double exigence et d'avoir désormais à l'esprit que la production des normes va de pair avec l'évaluation de l'impact que celles-ci ont effectivement sur les destinataires et l'espace économique régional. Dans un contexte de mondialisation caractérisé par la concurrence entre les systèmes juridiques, le droit OHADA ne saurait rester indifférent à l'exigence d'attractivité et d'efficacité des normes dès lors qu'il est généralement admis aujourd'hui que la qualité de la législation ou de la règlementation détermine les

justice et d'arbitrage et les Cours suprêmes nationales en matière de recouvrement des créances (à propos de l'affaire Pamol»), Juridis périodique, n° 59 (juil-août-sept), 2004, p. 118.

[40] Y–R. Kalieu Elongo, «Le rôle du registre du commerce et du crédit mobilier OHADA dans l'amélioration de l'accès au crédit», in A. Akam Akam (sous la dir.), *Les mutations juridiques dans le système OHADA*, op. cit., p. 133 s.

résultats économiques. Aussi, il s'agit de produire un droit qui soit en même temps attractif tant pour les acteurs internes que pour les acteurs externes en ce qu'il répond effectivement à leurs attentes ou besoins et efficace en ce qu'il leur permet de réaliser les buts ou objectifs concrets qu'ils se sont fixés. En définitive, cette recherche d'attractivité et d'efficacité pose d'une manière nouvelle la question de la qualité de la législation en général et de l'art de légiférer en particulier. Le législateur OHADA, comme tout créateur de normes, doit s'employer à «mieux légiférer» et se convaincre que l'exigence d'attractivité et d'efficacité conduit à repenser et à remodeler les modes de production normative.

INDICATIONS BIBLIOGRAPHIQUES

ENCINAS DE MUNAGORRI (R.), L'HUILIER (G.), *Introduction au droit*, Flammarion, 2002.

FATIN-ROUGE STEFANINI (M.), GAY (L.), J. PINI (J.), *Autour de la qualité des normes*, Bruylant, Bruxelles, 2010.

GATSI (J.) (dir.), *L'effectivité du droit de l'OHADA*, PUA, 2006.

ROUSSEAU (S.), *Analyse économique du droit*, Dalloz, coll. Méthodes du droit, 2e ed., 2008, 728 p.

ROUVILLOIS (F.) (dir), *Le modèle juridique français: un obstacle du développement économique?*, Dalloz, coll. Thèmes et commentaires, 2005, 144 p.

AKAM AKAM (A), «Libres propos sur l'adage Nul n'est censé ignorer la loi», RRJ, 2007/3, p. 30.

ANOUKAHA (F.), «La délimitation de la compétence entre la Cour commune de justice et d'arbitrage et les Cours suprêmes nationales en matière de recouvrement des créances (à propos de l'affaire Pamol»), Juridis périodique, n° 59 (juil-août-sept), 2004, p. 118.

CALMETTE (J.-F.), «Réflexions sur la valeur de l'AED: le cas du droit public», RRJ-Droit prospectif, 2004-2 (2), p. 905.

CARBONNIER (J.), «Effectivité et ineffectivité de la règle de droit», Année sociologique, 1958, p. 14.

DEUMIER (P.), «*Les qualités de la loi*», RTD civ. 2005. 93.

DU MARAIS (B.), «Attractivité économique du droit: le droit français peut-il survivre dans la compétition internationale?», Droit et Patrimoine, n° 170, mai 2008, p. 38.

FRISON-ROCHE (M.A.), BARANES (W), «Le principe constitutionnel de l'accessibilité et de l'intelligibilité de la loi», D. 2000. 361.

GUTMANN (D.), «L'objectif de simplification du langage législatif», in *Les mots de la loi* (sous la dir. de N. Molfessis), coll. Etudes juridiques, Economica, 1999, p. 73.

JOHNSON (K.L.), «Philosophie économique et stratégie de l'OHADA», ohadata DE-04-09.

LAGARDE (X.), «Brèves réflexions sur l'attractivité économique du droit français des contrats», D. 2005, n° 39, p. 2745.

LASSERRE-KIESOW (V.), «La compréhensibilité des lois à l'aube du XXIe siècle», D. 2002. 1157.

MATHIEU (B.), «Le Conseil constitutionnel renforce les exigences relatives à la qualité du travail législatif et à la sécurité juridique», JCP G 2007, n° 1-2, act. 1.

MINCKE (Ch.), «Effets, effectivité, efficience et efficacité du droit: le p''le réaliste de la validité», RIEJ, 1998, p. 130.

MOLFESSIS (N.), «La sécurité juridique et l'accès aux règles de droit», RTD civ. 2000. 662.

MOLFESSIS (N.), «Simplification du droit et déclin de la loi», RTD civ. 2004. 155.

MUIR WATT (H.), «Le droit comparé et l'internationalisation du droit», in J. DU BOIS DE GAUDUSSON (dir.), *Le devenir du droit comparé en France*, PUAM, 2005, p. 99.

MUKA. TSHIBENDE (L. D.), «Les voies comparées africaine et européenne du régime juridique de la société anonyme», Penant, n° 856, juill-sept., 2007, p. 294.

POUGOUE (P.-G.), «Les sociétés d'Etat à l'épreuve du droit OHADA», Juridis périodique, n° 65, 2006, p. 99.

YOUMSI (J.), «L'OHADA: un instrument pour le développement des investissements dans un climat de sécurité juridique et judiciaire», Juridis périodique, n° 30, avril-mai-juin, 1997, p. 98.

LE DROIT ECONOMIQUE DE L'OHADA: entre pressions de la compétitivité économique et renouvellement des sources du droit

*Pr. Justine DIFFO TCHUNKAM**
Maître de Conférences — Université de Yaoundé II
CAMEROUN

Abstract

The OHADA law is thus seen as a tool for competitiveness, growth, performance, emergence and development. Each of these terms refer to motivations that justifies according to their time and each period, legal reforms that, for most, would be most appropriate to accelerate improvements of growth points in terms of evaluating the economic efficiency of this law. As a legal instrument with an economic purpose, for example, it must meet the expectations and aspirations of stakeholders and businessmen to improve their ranking in the various international indices on economic competitiveness, such as the "*Doing Business*". It would then be time to consider an endogenous assessment, closer to the realities, the sociology of the business and the culture of the context subject to observance of experts. This would be effectively conducted with the appropriate framework of an Observatory of OHADA Law and business practice.

Cette réflexion analytique et pré-évaluative du droit OHADA après vingt ans de normativité et de pratique, prescrit une perspective d'évaluation de la qualité de la règle de droit sous le prisme de sa compétitivité.[1] En effet, le droit est une activité au service de l'ordre, qu'il soit social, économique ou politique, en fonction des objectifs poursuivis par le législateur. *L'OHADA comme instrument juridique au service de l'économie et de l'entreprise* ne déroge pas à cette vision philosophique et utilitariste du droit que postule Gérard FARJAT en 1992[2] dans l'essai qu'il consacre à l'étude des relations entre le droit et l'économie à l'aube du 21e siècle. Le droit OHADA serait ainsi perçu comme un outil au service de la compétitivité, de la croissance, de la performance, de l'émergence, du développement . . . chacune de ces expressions dont l'usage renvoie aux motivations qui justifient selon leur temps et à chaque époque, les réformes juridiques qui, pour la plupart, seraient les plus indiquées pour accélérer l'amélioration des points de croissance à l'aune des indicateurs d'évaluation de l'efficacité économique de ce droit. En tant qu'un instrument juridique à finalité économique. Il doit par exemple répondre aux attentes et aspirations des acteurs et opérateurs économiques pour améliorer son classement dans les différents index internationaux en matière de compétitivité économique, y compris le «*Doing Business*». Et, en tant que tel, c'est un droit de l'organisation de l'économie dont le cœur est aujourd'hui la compétitivité économique des Etats et la performance des entreprises. C'est fort de cette réalité constante que le Conseil

* Propos liminaires sur les fondamentaux juridiques du cadre d'évaluation de la compétitivité et de l'impact économique du droit OHADA dans une approche endogène et empirique.

1 — B. NEZEYS, *Les politiques de compétitivité*, Economica, Paris, 1994, PP. 5-40.

2 — Droit et économie, Archives de philosophie du droit, Tome 37, Éditions Sirey, CNRS, Paris, 1992, 426 pages.

scientifique des présentes assises scientifiques[3] leur a assigné cette thématique assez révélatrice de la dynamique empirique du droit et de l'économie: «*l'OHADA au service de l'économie et de l'entreprise*».

L'on ne doute pas de la force des faits et des phénomènes sociaux que la règle de droit est appelée à encadrer même après coup, mais il est davantage important de révéler l'imbrication des deux disciplines qui, en transcendant leurs frontières communes, réussissent finalement à structurer un véritable droit économique dans l'espace OHADA. Car en effet, au-delà de ce que le droit OHADA, en vingt ans de normativité et de pratique a développé une transversalité avérée entre les problématiques juridiques en rapport avec la vie économique, il a entamé ces dernières années une relative interaction avec les professionnels, les corporations, les acteurs économiques, les institutions communautaires, démontrant ainsi sa capacité à sortir de la sphère purement juridique et théorique[4], pour se mettre résolument au service de l'économie. Ainsi perçu, le droit s'appuie de plus en plus sur les faits économiques aussi bien structurels que factuels pour formuler des réponses adéquates en fonction des exigences de l'environnement des affaires et, à l'inverse, l'économie puise dans le droit des solutions de plus en plus temporelles et contextuelles imposées par la nature même des faits et activités économiques. C'est ce reflet que l'on a de la trajectoire dynamique et réformiste du droit OHADA en vingt ans de normativité et de pratique, qui inspire la réflexion autour de ce droit dont les ressources inépuisables se trouvent aussi bien dans les disciplines du droit privé que dans celles du droit public, mais dont l'efficacité s'analyse à l'aune des indicateurs de performance, sous l'angle de l'impact du Traité et des Actes uniformes OHADA sur la compétitivité et la croissance économique des Etats parties. Autrement dit, le droit OHADA se définit d'abord par rapport à sa dimension économique qui fonde sa raison d'être principale, car il a été imaginé et mis en place pour rassurer les investisseurs et les attirer sur le continent africain. Bien qu'on ne le dise pas assez, le droit OHADA est bien un droit économique. Comment procède-t-il ? Qu'est-ce qui fonde une telle acception ? A priori, et c'est le moins que l'on puisse dire, il revisite des notions connues du droit parfois pour creuser des nouveaux sillons, mais très souvent pour renforcer des notions existantes afin qu'elles soient aptes à contenir les pressions de l'économie.

Aussi allons-nous tenter un tableau de ces interactions du droit et de l'économie et de leurs conséquences. On s'y essaiera selon le double mouvement que paraissent révéler leurs relations: d'abord en observant la prise en considération théorique par le droit du facteur économique (I), puis, inversement, en examinant l'enracinement du droit des affaires dans le vivier des sources par un phénomène de ressourcement, voire de renouvellement des sources (II). Dans chacune de ces

[3] — Colloque international commémoratif du 20e anniversaire de l'OHADA au Cameroun, organisé par le Centre de Recherche et de Documentation (CREDO) et la Faculté des Sciences Juridiques et Politiques de l'Université de Yaoundé II, sous la coordination scientifique du Pr. Paul-Gérard POUGOUE et le parrainage du Ministère camerounais de l'Enseignement Supérieur.

[4] — C'est bien ainsi que l'imaginaire collectif, le commun des citoyens, perçoit l'OHADA dans sa période de forte inflation normative: méconnue pour certains, mal connue pour d'autres, en tout cas, insuffisamment appropriée par le corps social et principalement par les acteurs économiques.

approches, on constatera que l'évolution des faits et des règles s'est accompagnée d'un effort de conceptualisation et de théorisation.

I – LA PRISE EN CONSIDÉRATION PAR LE DROIT DU FACTEUR ÉCONOMIQUE

La prise en considération par le droit du facteur économique est apparue avec l'intervention de l'Etat et la mise au premier plan des valeurs de solidarité, de gouvernance, et d'éthique dans la vie économique; ce qui pourrait d'ailleurs expliquer la place de choix que les Etats accordent aujourd'hui à la gouvernance économique et à l'entrepreneuriat, aux stratégies d'accélération de la promotion des investissements comme levier de la croissance, au climat et à l'environnement des affaires (Investment Climate Facilitation, Cameroon Business Forum . . .), à la primauté de la loi du marché, à l'impact économique du droit, entre autres. Si bien qu'aujourd'hui plus qu'hier, le droit et l'économie entretiennent de plus en plus des relations faites d'intérêt réciproque, que les notions de droit économique et d'analyse économique du droit s'enracinent l'une dans l'autre aujourd'hui avec plus de vigueur qu'au XVIIIe siècle, contrairement à une tendance relativement récente de la doctrine[5] qui en pensait le contraire. Mais cette relative stabilité de l'enrichissement mutuel des concepts chers aux deux disciplines n'a pas toujours été un long fleuve tranquille. Au contraire, les relations entre le droit et l'économie sont passées au cours des trois derniers siècles par des phases successives d'imbrication, puis d'antagonisme et enfin d'intérêt mutuel. Selon Bruno OPPETIT, les auteurs du XVIIIe siècle, tant les juristes que les économistes et les philosophes, ont intégré dans le champ de leur réflexion, sans les séparer, les questions posées par les relations entre morale, économie et droit: une telle démarche, déjà perceptible chez les Scolastiques, s'est imposée aussi bien chez les représentants de l'Ecole du droit de la nature et des gens que chez les physiocrates et les premiers théoriciens de l'économie politique contemporaine. En effet, au cœur de la pensée de ces différents courants, le thème de l'individu apparaît comme le point de rencontre essentiel et la référence commune des juristes et des économistes. L'individu (*l'homo oeconomicus*) est perçu par les jusnaturalistes, tel Grotius, comme la source et le but du droit. Le contrat constitue alors l'acte juridique par excellence permettant à chacun d'obtenir la satisfaction de ses besoins individuels et collectifs. Dans le même sens, physiocrates et économistes libéraux reprendront la réflexion en concevant l'individu comme un être de désir et de besoins dont les activités, exprimées à travers l'instrument juridique du contrat, n'en constituent pas moins des fonctions économiques[6]. C'est dans ce sens que l'existence d'un lien a été affirmée avec éclat par Marx, pour lequel les nouveaux rapports de production engendrés par le passage de la féodalité au capitalisme déterminent nécessairement les «formes» juridiques (superstructures) et les idéologies qui leur sont fonction-

5 — Notamment Bruno OPPETIT, «Droit et économie», Conférence prononcée au séminaire du Centre de philosophie du Droit de l'Université de Paris II, le 20 novembre 1990.

6 — J.-J. BIENVENU, «Économie politique et droit naturel dans la doctrine libérale au XIXe siècle», Rev. Hist. Fac. Dr. Et sc. Jurid., n° 4 (1987), p. 37 et ss.

nellement adéquates. Du reste, Max Weber lui-même avait mis l'accent sur une certaine dialectique entre les besoins économiques et les institutions du droit, d'abord en admettant que la rationalisation du droit génère certes un droit *formel*, obéissant uniquement à la logique juridique, mais aussi un droit *matériel*, se référant à des éléments extrajuridiques et notamment à des impératifs de nature économique ou utilitaire, ensuite en reconnaissant que cette distinction droit formel/droit matériel n'a pas une portée absolue, car la rationalité formelle ne peut totalement s'abstraire des situations concrètes, pas plus qu'un droit matériel ne saurait, sans conduire à la négation même de l'idée de droit, dépendre exclusivement de faits variables et contingents.

Ces balises théoriques et historiques étant fixées, il convient de dire que l'appréciation de l'incidence économique des règles de droit a pris à l'époque contemporaine une importance croissante non seulement dans les préoccupations des juristes[7], mais aussi dans celles des économistes[8]. L'évaluation quantitative ou qualitative des institutions juridiques en termes d'effectivité ou d'efficacité est une démarche devenue familière aux juristes, car elle correspond à l'une des fonctions de la sociologie juridique[9]. Or cette entreprise ne se borne pas à des enquêtes de comportement individuel ou de réception d'une norme par un milieu donné; elle peut aussi se prolonger sur un plan macro ou micro-économique, car indiscutablement, «il existe une dimension économique des phénomènes juridiques»[10] et, dans nombre de circonstances, les sujets de droit ou les agents économiques intègrent dans leurs décisions une appréciation de l'incidence économique des règles de droit. S'agissant des calculs individuels, les frais de l'engagement d'un contentieux et d'un procès, le coût fiscal, le coût de l'assurance (pour ne citer que ceux-là), peuvent susciter chez le justiciable ou chez l'assujetti le choix de la voie la moins imposée (par exemple, à propos de la structure juridique de l'entreprise ou de la composition du patrimoine). Les agents économiques quant à eux, prennent souvent en compte dans leurs décisions l'état actuel du droit positif et les éventuels changements législatifs qui sont estimés en fonction du degré d'interventionnisme de l'Etat dans l'économie, et au degré de complémentarité ou de convergence des législations communautaires. Il en va ainsi du marché de l'immobilier, des marchés financiers qui réagissent très vite aux réformes notamment lorsqu'ils s'autorégulent en fonction du libre jeu de la concurrence, de la variabilité du taux de change susceptible d'influencer le coût des matières premières et par conséquent de la production, etc. Ce sont ces facteurs qui, pendant longtemps, ont alimenté le procédé empirique de l'évaluation de l'impact de la réglementation sur le comportement du marché qui a donné lieu depuis ces dernières décennies à une systémati-

[7] — B. OPETTIT, *Loc. Cit.*; S. BOLLEE, Y. — M. LAITHIER, C. PERES, *L'efficacité économique en droit*, Etudes Juridiques, Economica, Paris, 2010, PP. 23, 41.
M. F.-R STEFANI, L. GAY, A. V.-NAQUET (Sous la Dir.), *L'efficacité de la norme juridique: nouveau vecteur de légitimité, Bruylant, Bruxelles, 2012.*

[8] — B. OPETTIT, *Loc. Cit.*

[9] — J. CARBONNIER, *Sociologie juridique*, PUF, Thémis, 1978, P. 34.

[10] — J. CARBONNIER, Idem

sation théorique sous la forme de *l'analyse économique du droit*[11]. C'est tout le rapport entre le droit et l'économie et leur degré d'imbrication et d'interaction[12] qui est questionné. Il s'exprime aussi bien par des voies dogmatiques et théoriques, mais il serait plus efficace s'il empruntait une méthodologie empirique basée sur des outils et indicateurs endogènes[13] au sens sociologique souhaité par Carbonnier.

En soi, ce souci de décloisonnement de la science économique et des autres disciplines touchant à la vie en société, n'a rien de révolutionnaire. Il était élémentaire, pour les économistes classiques et même pour les juristes-historiens ou sociologues, depuis Montesquieu, préoccupés de l'effet des règles de droit sur la vie en société. Mais, peut-être, sous l'effet des excès du positivisme juridique et du formalisme étroit, avait-on perdu de vue cette réalité, ce qui explique le prodigieux succès auprès des juristes de sa «redécouverte», favorisée par l'école du réalisme américain. De ce point de vue, le mouvement de l'analyse économique du droit a représenté au cours de ces dernières décennies le courant intellectuel dominant dans la doctrine américaine et a donné lieu à une littérature considérable par son volume[14], mais d'accès parfois difficile en raison du vocabulaire employé et des controverses qui en obscurcissent la portée, sans que le contact du droit aux faits sociaux et économiques n'en soit influencé. Force est donc de constater que pratiquement toutes les réformes du droit OHADA vont bien au-delà de la reconsidération de la qualité des acteurs économiques (personnes physiques et personnes morales), pour affecter l'environnement des affaires en général qui, comme relevé plus haut, est lui-même fortement influencé par les pressions de modernisation de la vie économique comme principal levier de l'émergence des économies africaines.

Pourrait-on sur ces interactions entrevoir une «menace»[15] à la stabilité du droit ? Au contraire, ne faudrait-il pas plutôt considérer cette dynamique des mutations de l'ordre économique comme un adjuvant nécessaire au renouvellement des sources du droit «des affaires» ? La vie des affaires et l'activité économie s'exercent et évoluent dans le même environnement, si bien que le droit comme socle de l'économie et régulateur du jeu économique, devrait naturellement adapter ses règles aux enjeux économiques contemporains. C'est cette aptitude et cette vocation du droit des affaires à interagir efficacement avec la pratique des affaires, qui fonde la réalité perceptible du droit économique de l'OHADA. Autrement dit, loin de constituer une «menace» à la stabilité du droit, l'interaction du droit et de

---

11 — Plus récemment, E. MACKAAYet S. ROUSSEAU, *Analyse économique du droit*, Méthodes du Droit, Dalloz, Paris, PP. 591 et ss.

12 — Sur la question, voir les développements récents du Pr. Paul-Gérard POUGOUE dans l'Encyclopédie du droit OHADA publié aux éditions LAMY en décembre 2011.

13 — dont entre autres le degré d'appropriation sociale de la loi et la perception de la mise en œuvre effective, semble être les référents primaires mais holistiques les mieux partagés dans la plupart des Etats parties.

14 — Parmi eux, E. MACKAAY, «La règle juridique observée sous le prisme de l'économie. Une histoire stylisée du mouvement de l'analyse économique du droit», Rev. Internat. Dr. Econ., 1986, P. 43 et ss.

15 — X. MARTIN, «Le droit privé révolutionnaire: essai de synthèse», RTDCiv. 2006, Chr. P. 239; voir *contra*, G. RIPERT, *Les forces créatrices du droit*, LGDJ. Paris, 1955, P. 76.

l'économie dans la législation des affaires de l'OHADA s'opère en faveur du renouvellement des sources[16] qui sous-tendent la conceptualisation des règles applicables.

II – LE RENOUVELLEMENT DES SOURCES DU DROIT ÉCONOMIQUE DE L'OHADA

Tel que nous le postulons, il ne semble pas opportun de considérer le droit économique comme une discipline nouvelle et autonome à l'égard des autres branches du droit, en l'occurrence le droit des affaires. Loin s'en faut. Il convient de voir dans le droit économique tel qu'il se dessine dans le droit positif de l'OHADA, une approche nouvelle des questions qui continuent à appartenir aux disciplines juridiques traditionnelles[17] et, mieux encore, à y puiser leurs sources. A la suite de V. KIRALY[18] qui questionne l'autonomie du droit économique en tant que branche du droit, Claude CHAMPAUD y voit «un esprit juridique particulier à un corps de règles diverses»[19], contrairement à d'autres auteurs, plus sceptiques, qui y voient une «simple commodité de langage»[20].

Sur le plan méthodologique stricto sensu, le droit OHADA, sous l'angle économique, se caractériserait par *la spécificité de ses règles*. Celles-ci adressent de manière rigoureuse les problématiques de la vie économique en puisant des solutions tout au aussi spécifiques dans différentes disciplines du droit, nonobstant leur appartenance aux familles de droit privé ou de droit public. L'essentiel est en effet d'élaborer des règles de droit aussi compétitives qu'efficaces et «*smart*», selon la terminologie anglo-saxonne qui semble d'ailleurs mieux rendre la pensée du législateur OHADA. L'on pourrait à cet égard revisiter l'élan législatif amorcé par l'OHADA depuis quelques années. La finalisation des Actes uniformes[21] en préparation sur le droit du travail,[22] le droit de la consommation[23], la théorie des contrats, le financement de la croissance (crédit-bail, l'affacturage, etc.), l'assouplissement des procédures de constitution, de création et de fonctionnement des sociétés com-

16 — J.-L. BERGEL, «Le processus des concepts émergents», in *Les concepts émergents en droit des affaires* (Sous la direction de E. Le DOLLEY), LGDJ. Paris, 2010, p. 439-459.

17 — Cl. CHAMPAUD, «Contribution à la définition du droit économique», D. 1967, Chr. P. 215 et ss.

18 — «Le droit économique, branche indépendante de la science du droit?», in *Recueil d'études sur les sources du droit en l'honneur du Doyen Geny,* Paris, 1935, Tome III, P. 111 et ss.

19 — Cl. CHAMPAUD, Loc. cit. P. 217.

20 — P. WEIL, «Le droit international économique: mythe ou réalité ?», in *Aspects du droit international économique,* Rapport du Ve Colloque de la Société française pour le droit international, Pedone, 1978.

21 — dont certains, qualifiés d' «actes uniformes transversaux», englobent le droit des sûretés, les procédures simplifiées de recouvrement de créances, le droit de l'arbitrage; ils sont suffisamment révélateurs de la volonté d'extension aussi bien matérielle que spatiale du champ législatif de l'OHADA, et sa tendance exprimée au desserrement des frontières du droit civil et du droit commercial dans l'élaboration des normes applicables *sui generis* : D. SOSSA, «Le champ d'application de l'avant-projet d'acte uniforme OHADA sur le droit des contrats: contrats en général, contrats commerciaux, contrats de consommation», in Rev. Dr. Unif. 2008, Op. cit, P. 339 et ss, accès recommandé: http://www.unidroit.org/english/publications/review/articles/2008-1&2/001-008.pdf

22 — J. ISSA SAYEGH, «Questions impertinentes sur la création d'un droit social régional dans les Etats africains de la zone franc», Bull. de Droit Comparé de Travail et de la Sécurité sociale, COMPTRASEC, 2003, P. 170.

23 — H. TEMPLE, «Quel droit de la consommation pour l'Afrique ? Une analyse critique du projet OHADA d'Acte uniforme sur le droit de la consommation», Revue Burkinabé de Droit, Sept. 2003, P. 57 et ss.

merciales et des groupements d'intérêt économique, l'accélération des règles de formalisation des entreprises, etc., augurent en effet de la tendance au renouvellement affiné des sources, lorsque les enjeux économiques ne provoquent pas tout simplement une modification des sources afin de répondre aux défis de l'ordre économique et social.

Cette dynamique de ressourcement appelle un renouvellement constant des sources du droit OHADA. Celui-ci aurait pour vocation de régir, sur la base des principes de droit civil repensés à la lumière des nécessités économiques, et notamment la production et la circulation des richesses; à cet égard, le droit commercial, le droit des sociétés, le droit du crédit, le droit comptable, le droit des transports, seraient le fruit d'un renouvellement des notions civilistes sur le contrat, la propriété privée, le délai raisonnable, en étant la substance et l'entreprise, l'épicentre. Dans le domaine des procédures collectives par exemple, la sanction principale est devenue plus économique que juridique, sans pour autant que la dépénalisation soit synonyme de déjudiciarisation. La nuance ici tient au fait que le législateur se fonde sur l'environnement factuel et empirique de l'institution à encadrer pour élaborer et renouveler, s'il le faut, les sources du droit pour qu'elles soient consubstantielles des réalités concrètes et des buts économiques qui l'inspirent. C'est ainsi que le langage du droit et ses concepts de base peuvent à la fois nourrir l'économie et la restructurer, la soumettre à des exigences qu'il peut désormais prendre en charge pour accroître son pouvoir normatif: la montée du rôle du juge, l'imperium de l'arbitre, le rôle du contrat comme source du droit, le rôle de l'équivalence, le développement considérable des Commissions (Corporations dans l'Ancien droit) et avec elles les coutumes, usages et us, les principes généraux, etc. L'on y voit l'adaptation d'une source de normes à la mobilité et à l'incertitude des activités économiques et technologiques. La conséquence la plus radicale de ce processus serait la substitution d'une régulation économique par une régulation juridique. Aussi, entrevoyons-nous au contraire, un retour aux sources avec un aspect moins offensif que celui de la conquête du territoire d'autres branches du droit comme l'envisageraient certains adeptes d'un décloisonnement plus radical des branches du droit.

En guise de conclusion, une conclusion assez singulière car elle introduit la mise en place d'un Observatoire de la pratique du droit des affaires dans l'espace OHADA, il faut dire que rendue à la croisée des trajectoires méthodologiques, l'OHADA emprunte à la théorie du droit les ressources des disciplines juridiques, voisines et connexes, pour faire face aux pressions de l'économie qui exigent une meilleure qualité de la règle de droit. La préoccupation contemporaine reste alors celle du bon usage de tous les concepts émergents qu'importe la mondialisation économique dans la sphère juridique, et les pressions des institutions chargées de l'évaluation de l'impact économique du droit OHADA à l'aune des seuls indicateurs économiques et des critères parfois exogènes[24] à l'espace OHADA. Le droit économique de l'OHADA impliquerait donc une savante communication entre trois systèmes: *le politique, l'économique et le juridique. Le politique* dont la boussole

[24] — B. DU MARAIS (Sous la Dir.), *Des indicateurs pour mesurer le droit ? Les limites méthodologiques des rapports Doing Business*, La Documentation française, Paris, 2006, PP. 17-65.

oriente les interventions ciblées du *juridique*, celui-ci empruntant à l'*économique* les données et faits concrets susceptibles d'édifier les sources les plus compétitives du droit ayant pour vocation de soutenir la performance économique affirmée par les Etats partie de l'OHADA en 1993. C'est sur ces propos que nous bâtissons le pont entre le droit OHADA tel qu'enseigné dans les amphithéâtres et autres hauts lieux des savoirs et le monde des affaires réuni dans le cadre du Forum économique qui se tient en marge de ce colloque scientifique. Nous espérons ainsi avoir réussi à rapprocher les acteurs économiques de leur droit (droit économique de l'OHADA) pour justement renforcer les interactions entre le droit et l'économie dans le cadre idoine de l'Observatoire de la pratique du droit OHADA.

INDICATIONS BIBLIOGRAPHIQUES

BERGEL (J.-L.), «Le processus des concepts émergents», in *Les concepts émergents en droit des affaires* (Sous la direction de E. Le DOLLEY), LGDJ. Paris, 2010, pp. 439-459.

BIENVENU (J.-J.), «Économie politique et droit naturel dans la doctrine libérale au XIXe siècle», Rev. Hist. Fac. Dr. Et sc. Jurid., n° 4 (1987), p. 37.

CARBONNIER (J.), *Sociologie juridique*, PUF, Thémis, 1978.

DU MARAIS (B.) (Sous la Dir.), *Des indicateurs pour mesurer le droit? Les limites méthodologiques des rapports Doing Business,* La Documentation française, Paris, 2006.

MACKAAY (E.), «La règle juridique observée sous le prisme de l'économie. Une histoire stylisée du mouvement de l'analyse économique du droit», Rev. Internat. Dr. Econ., 1986, p. 43 et ss.

MARTIN (X.), «Le droit privé révolutionnaire: essai de synthèse», RTDCiv. 2006, Chr., p. 239.

NEZEYS (B.), *Les politiques de compétitivité*, Economica, Paris, 1994.

OPETTIT (B.), BOLLEE (S.), LAITHIER (Y.-M.), C. PERES, (C.) *L'efficacité économique en droit*, Etudes Juridiques, Economica, Paris, 2010.

RIPERT (G.), *Les forces créatrices du droit*, LGDJ. Paris, 1955.

STEFANI (M. F.-R.), L. GAY (L.), NAQUET (A.V.) (Sous la Dir.), *L'efficacité de la norme juridique: nouveau vecteur de légitimité*, Bruylant, Bruxelles, 2012.

TEMPLE (H.), «Quel droit de la consommation pour l'Afrique? Une analyse critique du projet OHADA d'Acte uniforme sur le droit de la consommation», Revue Burkinabé de Droit, Sept. 2003, pp. 57 et ss.

LE REGIME JURIDIQUE DES SOCIETES COMMERCIALES: cadre incitatif ou dissuasif pour l'investissement dans l'espace OHADA?

Dr. Didier LOUKAKOU

Commission de Surveillance du Marché Financier de l'Afrique Centrale (COSUMAF), GABON

Abstract

Methods related to the economic analysis of the law are often questioned. OHADA itself has been challenged as an attractive legal framework for investments. Even if the tools of economic analysis of the law would be ineffective, OHADA is nonetheless supported in its mission aimed at fostering a legal incentive framework for investments. Therefore, it is necessary to identify reliable instruments to measure the economic attractiveness of the OHADA Law. Given their flexibility and the precise nature of their outline, could the economic attractiveness of the OHADA Law to commercial companies not be based on a thorough analysis of the conditions for the creation, functioning and financing of these business groups against the criteria of flexibility and freedom?

L'Organisation pour l'Harmonisation en Afrique du Droit des Affaires (OHADA),[1] qui regroupe dix-sept (17) pays,[2] est engagée, depuis 2008, dans un vaste mouvement de réforme qui vise à réviser ses principaux instruments normatifs. C'est ainsi qu'ont été successivement révisés le Traité fondateur de l'OHADA et deux importants Actes uniformes: l'Acte uniforme portant Droit commercial général et celui portant organisation des sûretés. Deux autres actes uniformes sont en cours de révision: l'acte uniforme portant procédures collectives d'apurement du passif et celui relatif au droit des sociétés commerciales et du groupement d'intérêt économique.[3]

En effet, quinze ans après leur adoption et telles des façades lézardées par l'effet du temps et du vent qui passent, ces textes ont révélé, à l'usage, aussi bien des lacunes et imperfections, que, tout simplement, un évident besoin de diagnostic et de renouveau, toutes choses qui invitaient le législateur de l'OHADA à remettre sur le métier son ouvrage.

---

[1] Sur l'OHADA, v. M. Kirsch, Historique de l'Organisation pour l'harmonisation du droit des affaires en Afrique, Rec. Penant, 1998, n° 827, spécial OHADA, p. 129 et s.; J. Issa-Sayegh, L'intégration juridique des Etats africains de la zone franc, Rec. Penant, 1997, n° 823, p. 5 et s.; P.-G. Pougoué et J. Issa-Sayegh, L'OHADA: défis, problèmes et tentatives de solutions, Actes du colloque sur l'harmonisation du droit OHADA des contrats-Ouagadougou 2007, Revue de droit uniforme, UNIDROIT, 2008, p. 455; P. K. Agboyibor, *Récents développements du projet d'harmonisation du droit des affaires en Afrique*, Revue de droit des affaires internationales, 1996, n° 3, p. 301; J. Lohoues-Oble, *L'apparition d'un droit international des affaires en Afrique*, Rev. int. Dr. comp., 1999, p. 543 et s.

[2] A l'origine au nombre de seize (16), les pays membres de l'OHADA sont désormais au nombre de dix-sept(17), depuis l'adhésion, en 2012, de la République Démocratique du Congo (RDC). L'adhésion de la RDC est devenue effective avec le dépôt d'instruments de ratification en date du 13 juillet 2012 et l'entrée en vigueur des textes de l'OHADA le 12 septembre 2012, soit 60 jours après ce dépôt. Ce processus a été rendu possible par la loi n° 10/002 du 11 février 2010 autorisant l'adhésion de la RDC au traité de l'OHADA du 17 octobre 1993 tel que modifié le 17 octobre 2008 à Québec.

[3] L'avant-projet d'Acte uniforme révisé relatif au droit des sociétés commerciales devrait être adopté pour décembre 2013.

A ce propos, il n'est pas superflu de rappeler que l'OHADA est née du choix opéré par ses membres de réaliser l'intégration juridique non pas au moyen de l'harmonisation des législations mais par la voie de l'uniformisation,[4] ce qui ne s'imposait pas avec évidence, compte tenu des différences notables de culture, de tradition et de systèmes juridiques entre les pays membres. Compte tenu de cette polyphonie, l'achèvement de l'édifice, qui relevait presque du miracle, mérite d'être célébré aujourd'hui encore.

S'interroger sur le caractère incitatif ou dissuasif d'un système juridique ou d'un ensemble de règles et apprécier l'incidence de ce système sur les investissements et la croissance économique semble induire l'évaluation de l'attractivité économique dudit système, ou encore de son efficacité économique, ce qui semble relever de l'analyse économique du droit.[5] Compte tenu notamment du rôle économique notable reconnu traditionnellement aux sociétés par actions,[6] véritables vecteurs de concentration de capitaux,[7] une telle évaluation pourrait se révéler d'un grand intérêt.

Le droit des sociétés commerciales encadrant, par essence, l'organisation et le fonctionnement d'entreprises petites, moyennes et grandes, vise des structures qui, généralement, du fait de leur nombre ou de leur taille, se prévalent d'un poids économique certain. Dès lors, les tendances de fond de la matière pourraient permettre d'orienter, dans un sens ou dans un autre, l'activité des groupements concernés et, partant, l'incidence économique des règles édictées.

L'analyse économique du droit fait l'objet, aux Etats-Unis, d'un puissant courant intellectuel nommé «Economic Analysis of law» ou encore «Law and Economics». Elle propose de «recourir aux concepts économiques pour mieux comprendre le droit».[8]

Le principe d'une analyse économique du droit n'emporte pas l'adhésion collective des juristes. Il est vrai que la pertinence d'une évaluation de l'environnement réglementaire à l'aide d'outils empruntés à la science économique ne s'impose pas avec évidence, compte tenu de l'inexistence d'un critère scientifiquement fiable pour établir l'efficacité d'un système juridique, son incidence sur l'activité des entreprises et, partant, son attractivité économique.

C'est ainsi que des voix se sont élevées pour contester les méthodes, instruments, concepts et même la raison d'être de cette discipline.[9] A ce propos, les critiques se

---

[4] V. P.-G. Pougoué, *Missions et organisation de l'OHADA*, OHADAta D-13-01, p. 5; J. Issa Sayegh, Quelques aspects techniques de l'intégration juridique: l'exemple des actes uniformes de l'OHADA, Revue de droit uniforme, Unidroit, Rome, 1999-1.

[5] E. Mackaay et S. Rousseau, *Analyse économique du droit*, 2ème éd., Dalloz 2008.

[6] P. Merle, *Droit commercial — Sociétés commerciales*, Précis Dalloz, 16ème éd., n°249, p.287.

[7] C. Champaud, *Le pouvoir de concentration de la société par actions*, Préf. Y. Loussouarn, éd. Sirey, 1962.

[8] E. Mackaay et S. Rousseau, ibid., n°23, p. 7.

[9] A. Bernard, Law and Economics, une science idiote?, D. 2008. 2806., et Revue de droit Henri Capitant, n°1, 30 décembre 2010. Pour cet auteur, «une connaissance n'est valable scientifiquement que si on peut la contrôler, la vérifier. Elle exige une preuve ou une démonstration. Pour l'instant, et faute de rechercher méthodiquement la confrontation au réel, elle (l'analyse économique du droit) use de concepts encore hautement approximatifs; V. également Arnaud Raynouard, Faut-il avoir recours à l'analyse économique du droit (AED) pour assurer l'efficacité économique du droit, RRJ 2008/22 NS, p. 1509 et s.

sont souvent portées sur un avatar de l'analyse économique du droit que sont les rapports annuels *Doing business* de la Banque Mondiale. Ces rapports présentent le classement de plus de180 pays au regard de la facilité qu'ils offrent à faire des affaires.[10] Aussi célèbres que controversées, ces études ont été vivement contestées pour leurs «insuffisances méthodologiques», leur «dogmatisme» et leur «simplisme».[11]

C'est un truisme, mais l'OHADA elle-même, en dépit des progrès incontestables qu'elle a réalisés,[12] parvenant notamment à débarrasser les pays membres des scories qui, autrefois, assombrissaient leur paysage institutionnel et juridique et quand bien même elle a permis des avancées significatives en matière de sécurité juridique et de modernité, n'est pas à l'abri de critiques, dans la mesure ou le bilan de l'attractivité économique du droit uniforme peut être jugé pour le moins mitigé.

L'objectif premier de l'OHADA, qui a été réitéré dans le cadre de la révision en 2008 de son Traité fondateur, est de faire émerger un pôle de développement et un espace garantissant la sécurité juridique et judiciaire des investissements et l'attractivité économique des pays membres, confirmant le rôle central des considérations d'ordre téléologique dans le processus d'intégration juridique au sein de l'OHADA.[13]

Dès lors, il y a lieu de redéfinir les moyens juridiques permettant de promouvoir les investissements et l'attractivité économique du droit OHADA.

Si l'on peut concéder que les préoccupations de mesure de l'efficacité économique ou de l'attractivité économique du droit ne ressortissent pas fondamentalement des canons de l'analyse juridique traditionnelle, dont la posture est essentiellement positiviste, il semble que le juriste ferait fausse route en méconnais-

---

[10] Laurence Usunier, *Les 10 ans du Rapport Doing Business: l'heure d'un nouveau bilan?*, Revue de jurisprudence commerciale, mars-avril 2013, p. 129.

[11] V. dans ce sens Y.-M. Laithier, *Le droit comparé et l'efficacité économique*, Revue de droit Henri Capitant, n°1, 30 décembre 2010.; A. Raynouard, Faut-il avoir recours à l'analyse économique du droit pour assurer l'efficacité économique du droit?, RRJ 2008/22 NS, p. 1509 et s. lequel accuse les auteurs du *Doing Business* de «mauvaise foi», jugeant les rapports contestables, la comparabilité des résultats douteuse, la méthode incohérente, non systématique selon les pays et dépourvue de rigueur; Anna de Vita, *La Reductio ad unum du droit: neodogmatisme et impérialisme culturel — Les rapports Doing Business*, Revue de droit Henri Capitant, n°1, 30 décembre 2010, pour qui la démarche suivie au fond dans les rapports *Doing Business* «est un raccourci. . .une tactique politique dérisoire, qui prétend donner des recettes infaillibles pour résoudre les maux . . .». B. du Marais, Mesurer le droit? Ou plutôt l'évaluer? Quelques réflexions sur les limites méthodologiques des rapports Doing Business, RDAI, N°5, 2006, p.675. — Toutefois, il convient de signaler l'accueil plus favorable réservé à la discipline par certains auteurs: M.-A. Frison-Roche, *L'intérêt pour le système juridique de l'analyse économique du droit*, Les Petites Affiches n°99, 19 mai 2005, p.15; G. Canivet, *La pertinence de l'analyse économique du droit: le point de vue du juge*, Les Petites Affiches, n°99, 19 mai 2005, p.23; Laurence Usunier, *Les 10 ans du Rapport Doing Business: l'heure d'un nouveau bilan?*, Revue de jurisprudence commerciale, mars-avril 2013, p. 129.

[12] Pour une analyse détaillé et pertinente de l'évolution du droit des sociétés avant l'adoption du Traité OHADA et pour une présentation des innovations apportées depuis l'avènement du droit uniforme, voir l'excellent ouvrage de P.-G. Pougoué, A. Cissé et autres, *OHADA — Sociétés commerciales et G.I.E.*, éd. Bruylant, Bruxelles, 2002, p. 1 et s.

[13] J. Diffo Tchunkam, *Regards croisés sur la distinction «droit civil — droit commercial» à l'épreuve de l'OHADA*, Revue de droit uniforme Unidroit ns/Vol. XIV/2009, p. 57, OHADAta D-09-37 (site OHADA. com), n° 60, p. 17.

sant le regard porté par les agents ou opérateurs de la vie économique sur le droit encadrant leurs activités.

A cet égard, empiriquement, il semble que les entreprises évoluant dans l'espace OHADA aient des attentes et aspirations auxquelles le droit, tel qu'il résulte de l'Acte uniforme relatif au droit des sociétés commerciales et du groupement d'intérêt économique adopté le 17 avril 1997, répond de manière encore peu satisfaisante.

Quand bien même l'analyse économique du droit, tant dans ses méthodes, ses instruments, ses concepts et même sa raison d'être, n'emporte pas l'adhésion collective des juristes, il est constant qu'elle se préoccupe, entre autres, de l'efficacité, de la finalité et des effets économiques des règles de droit, préoccupations revendiquées dans le Traité de l'OHADA et qui semblent pouvoir se traduire à travers les exigences de flexibilité et d'effectivité du droit.

La flexibilité du droit des sociétés[14] induit une certaine souplesse dans le fonctionnement de la société, de larges espaces de liberté reconnus aux associés pour organiser leurs relations internes et celles d'avec les tiers. La flexibilité induit également des mécanismes sociétaires assurant l'adaptabilité de la société aux besoins de ses actionnaires et des investisseurs. L'effectivité, quant à elle, traduit une réception du droit dans la sphère sociale et la réunion des conditions permettant une véritable mise en oeuvre de la norme. L'effectivité résultera alors de l'adéquation des effets à la finalité des normes juridiques.[15]

Compte tenu des tendances du droit contemporain des sociétés commerciales,[16] il semble toutefois que l'introduction d'une plus grande flexibilité devra, pour produire tous ses fruits, respecter un équilibre[17] entre, d'une part, une plus grande liberté contractuelle et, d'autre part, une efficace protection des intérêts des actionnaires, des créanciers, des salariés, etc.

Dès lors, compte tenu de la nécessité de porter un jugement sur le caractère incitatif ou dissuasif du droit OHADA des sociétés commerciales, l'attractivité économique de ce droit ne pourrait-elle pas résulter de l'appréciation des conditions d'organisation et de fonctionnement des sociétés à l'aune des exigences de flexibilité et d'effectivité du droit?

A ces interrogations, la présente étude tentera de répondre, en abordant le régime juridique des sociétés commerciales, d'abord sous l'angle de sa flexibilité (I), puis sous celle de son effectivité (II).

---

[14] B. Saintourens, *La flexibilité du droit des sociétés,* RTD com.1987. 457.

[15] Y. Leroy, *La notion d'effectivité du droit,* Droit et Société, 2011/3 (n°79), p. 715.

[16] J. Paillusseau, *Les fondements du droit moderne des sociétés,* J.C.P. 1984, éd. E., 14193.

[17] Le législateur africain a, avant l'avènement de l'OHADA, pris conscience de la nécessité d'un tel équilibre. Tel est notamment le cas au Sénégal où une loi n°85-40 du 29 juillet 1985, complétée par une autre du 10 février 1993, a refondu le droit des sociétés de ce pays en prenant en compte la nécessité d'un équilibre entre la sécurité des associés et celle des tiers. — Le débat sur la nature des intérêts qui guident le fonctionnement des groupements sociétaires rejoint celui de la nature juridique de la société, à propos duquel, à l'ère contemporaine, la doctrine considère qu'«au sein de la société jouent à la fois des règles de nature contractuelle et des dispositions de type institutionnel»: P. Merle, Droit commercial — Sociétés commerciales, Précis Dalloz, 16ème éd., n°21, p.42 et s. -

I – LA FLEXIBILITÉ DU RÉGIME JURIDIQUE DES SOCIÉTÉS COMMERCIALES

La flexibilité du régime des sociétés commerciales s'entend de sa souplesse et de son aptitude à répondre aux attentes des principaux acteurs de la vie sociétaire, à savoir les investisseurs, qu'ils soient associés présents ou futurs, les dirigeants de sociétés, etc.

Le contexte de l'OHADA est caractérisé par un ordre public sociétaire très prononcé, qui limite considérablement la liberté contractuelle et donc le libre choix par les associés des modalités d'organisation de leurs rapports internes et des rapports avec les tiers.

Toutefois, l'ordre public sociétaire consacré à l'article 2 de l'Acte uniforme tolère quelques espaces de liberté accordés aux associés.

Sans aucune volonté d'exhaustivité, l'analyse de la flexibilité implique l'identification de ces espaces de liberté.

La flexibilité du régime juridique des sociétés commerciales sera envisagée aussi bien à la naissance des sociétés (A) que dans le cadre de leur fonctionnement (B).

A – La flexibilité envisagée à la naissance des sociétés commerciales

La constitution des sociétés commerciales obéit à des règles et à un formalisme qui, bien que justifiés notamment par un impératif bien compris d'ordre public, portent également, à mains égards, la marque d'une certaine rigidité. Fort heureusement, ce constat peut être tempéré par l'existence d'une marge de liberté accordée aux associés.

1° Le nombre d'associés et le choix d'une forme sociale

Le choix du nombre d'associés et celui d'une forme sociale particulière figurent souvent parmi les premières décisions prises par les associés dans le processus conduisant à la création de leur société. L'Acte uniforme offre une certaine souplesse dans ces choix.

Concernant le nombre d'associés, l'Acte uniforme offre une certaine souplesse. En effet, l'article 4 de ce texte prévoit que «la société commerciale est créée par deux ou plusieurs personnes. . .». L'article 5 quant à lui, prévoit que la société commerciale peut être également créée, dans certains cas, par une seule personne, dénommée «associé unique».

En règle générale, le nombre d'associés variera en fonction du type de société. Selon les cas, l'acte uniforme exige tantôt un minimum d'associés, tantôt un maximum, tantôt un nombre déterminé librement pas les associés. Ainsi, le nombre d'associés pourra varier de un (1) à plusieurs millions en fonction de la nature du groupement ou des circonstances.[18]

On peut classer les différents types de sociétés en plusieurs catégories à l'intérieur desquelles les associés pourront librement choisir:

---

[18] Ainsi de la société France Telecom, qui, au lendemain de sa privatisation réalisée en 1997, a connu une augmentation majeure du nombre de ses actionnaires, porté à cette occasion à 3,8 millions d'actionnaires: v. P. Merle, Droit commercial — Sociétés commerciales, Précis Dalloz, 16ème éd., n°26, p. 48.

- d'une part les sociétés dont le nombre d'associés est au moins égal à deux (2): il s'agit de la société en nom collectif, de la société en commandite simple, de la société créée de fait et de la société en participation;
- d'autre part, celles qui peuvent être constituées avec un seul associé: la société à responsabilité limitée (SARL) et la société anonyme (S.A.).

D'autres classifications des sociétés existent:

- Sociétés autorisées à désigner des dirigeants personnes morales (SNC, SCS) et celles étant tenus de désigner des personnes physiques dirigeantes (SARL et S.A.).
- Les S.A. admettent des administrateurs non actionnaires dans la limite du quart des membres du conseil d'administration.
- Dans toutes les sociétés, les dirigeants peuvent être associés ou non.

Parmi les sociétés unipersonnelles, l'avènement des sociétés anonymes unipersonnelles a constitué un véritable bouleversement dans les modes d'organisation juridique de l'entreprise en Afrique francophone. La formule n'était cependant pas nouvelle, puisque consacrée avant même la naissance de l'OHADA, à l'article 213 du Code des activités économiques de la République de Guinée.[19] L'article 385, alinéa 2 de l'Acte uniforme dispose: «La société anonyme peut ne comprendre qu'un seul actionnaire».

Alors que dans les pays membres de l'OHADA, la société anonyme devait auparavant comprendre un nombre minimum de sept actionnaires, la formule de l'actionnaire unique introduit davantage de souplesse, car permettant notamment d'échapper à la lourdeur du fonctionnement du conseil d'administration et des assemblées à plusieurs actionnaires.

En effet, compte tenu de l'absence de conseil d'administration, l'organisation du pouvoir est différente. L'Administrateur Général est le représentant légal de la société et est investi de pouvoirs d'administration et de direction de la société. Il assume donc sous sa responsabilité les pouvoirs du conseil d'administration.

On le voit, la formule de la société anonyme unipersonnelle traduit une certaine flexibilité dans la mesure où elle permet d'adapter l'organisation du pouvoir et le fonctionnement de la société aux besoins de ses associés.

Même si la liberté est également reconnue pour l'établissement des statuts, il semble qu'elle soit cependant moindre.

2° Le contrat de société: les statuts

Les futurs associés marquent leur volonté de s'associer par la signature des statuts, qui forment le contrat de société.

Alors que les statuts sont traditionnellement un instrument privilégié d'expression de la volonté contractuelle des associés, ces derniers voient leur liberté substantiellement limitée par le législateur de l'OHADA, qui a posé, à l'article 2 de l'Acte uniforme, un principe suivant lequel les dispositions de l'Acte uniforme «sont d'ordre public, sauf dans les cas où il autorise expressément l'associé unique ou les

[19] Art. 213, cité par J. Paillusseau, *L'Acte uniforme sur le droit des sociétés*, OHADAta D-04-17.

associés, soit à substituer les dispositions dont ils sont convenus à celles de l'Acte uniforme, soit à compléter par leurs dispositions celles de l'Acte uniforme».

Le décor ayant été ainsi planté, il appartient aux associés d'organiser leurs rapports en veillant au respect de ces limites.

Les statuts comportent plusieurs mentions obligatoires. Ils doivent énoncer: la forme de la société; sa dénomination; son objet social, c'est-à-dire la nature de son activité; son siège social; la nature des apports; son capital social; le nombre et la valeur des titres sociaux; les modalités de son fonctionnement, etc.

L'une des questions épineuses concerne la forme des statuts.

L'article 10 de l'Acte uniforme prévoit un recours obligatoire au notaire pour la validation des statuts.

Cet article dispose: «Les statuts sont établis par acte notarié ou par tout acte offrant des garanties d'authenticité dans l'état du siège de la société déposé avec reconnaissance d'écritures et de signatures par toutes les parties au rang des minutes d'un notaire. Ils ne peuvent être mofidiés qu'en la même forme».

Ce recours obligatoire au notaire constitue une véritable entrave à la nécessaire fluidité du processus d'investissement. En outre, elle s'inscrit au rebours des programmes visant, dans la plupart des pays membres de l'OHADA, à promouvoir un climat des affaires propice aux investissements et assurant une facilité à entreprendre et développer des activités économiques. Il y a là une pesanteur de nature à compromettre la nécessaire réduction du coût de l'investissement et l'allègement des procédures imposées aux entreprises.

A tort objecterait-on que le recours au notaire répond à la nécessité d'assurer l'intervention d'un technicien compétent et justifiant d'un certain professionnalisme pour garantir la validité juridique des statuts.

En réalité, la véritable explication du recours au notaire n'est pas liée à la compétence ou au professionnalisme des membres de cette profession, qualités supposées acquises chez tout professionnel du droit ayant pour profession habituelle le conseil, l'assistance juridique, la rédaction d'actes, etc. L'unique explication de cette règle repose sur la garantie d'authentification apportée par les notaires, qui est attachée, par définition, aux actes authentiques et qui conduit à conférer aux documents de cette nature une valeur de preuve incontestable, une date certaine, une validité juridique et une force exécutoire.

Cependant, en règle générale, la validité juridique des actes n'est pas nécessairement tributaire d'une authentification par le notaire. Cette validité sera souvent attestée par le respect des conditions de forme et de fond liées à la nature de l'acte. Ainsi, par exemple, s'il est vrai que de nombreuses donations commandent le passage par devant notaire, il n'en est pas ainsi de la donation manuelle, quelle qu'en soit la valeur, qu'elle porte sur un bien mobilier ou une somme d'argent. En outre, s'agissant des statuts, leur valeur juridique est également attestée par l'intervention d'autres professionnels, leur enregistrement auprès de l'administration et la publicité à laquelle ils sont soumis.

L'obligation du recours au notaire a été jugée, à juste raison, «mal venue»,[20] dans la mesure où elle constitue un frein à la constitution des sociétés et occasionne des coûts supplémentaires pour les entreprises. La mesure apparaît donc inefficace, *a fortiori* dans un contexte caractérisé par la nécessité de simplifier la vie des entreprises, d'améliorer leur environnement juridique,[21]de renforcer les investissements et la croissance économique.

3° Apports, titres sociaux et formation du capital social

La constitution d'une société donne obligatoirement lieu à la réalisation d'apports.[22] L'apport peut être défini comme le contrat par lequel l'associé affecte un droit ou un bien à la société en contrepartie de la remise de titres sociaux (actions, obligations, etc.).

En faisant un apport, l'associé manifeste son *affectio societatis*, autrement dit son intention de s'associer, sans laquelle la société sera considérée comme n'ayant jamais eu d'existence.[23]

L'Acte uniforme prévoit trois (3) types d'apports pouvant être effectués en société: apports en numéraire (argent); apports en nature (qui consistent dans des droits portant sur des biens en nature, mobiliers ou immobiliers, corporels ou incorporels); apports en industrie (main dœvre).

Bien que les apports en industrie ne forment pas le capital social, l'apporteur en industrie est néanmoins un associé à part entière.

Alors que les apports en numéraire et en nature sont entendus de façon large, la catégorie des apports en industrie est entendue de manière restrictive. Ils ne sont admis dans l'Acte uniforme que sous l'angle d'apports de main d'œuvre.

La main-d'œuvre est définie dans le Larousse comme le «travail de l'ouvrier dans la confection d'un ouvrage». Cela fait donc davantage penser à une force de travail, à un travail physique.

On peut regretter cette frilosité du législateur de l'OHADA. En effet, dans la mesure où, par définition, ces apports ne sont pas pris en compte dans la formation du capital social, on ne comprend pas la logique de leur limitation à la fourniture de main d'œuvre.

Pourtant, les apports en industrie peuvent être appréhendés de façon extensive et inclure le travail au sens large, qui intègre le travail intellectuel, la fourniture de services, la mise à disposition de connaissances techniques ou d'un savoir-faire.[24]

Elargir la catégorie des apports en industrie participe de l'objectif d'une plus grande flexibilité du régime des sociétés commerciales. Il conviendrait en effet de reconnaître aux associés la liberté d'inclure différents types d'apporteurs en industrie, en fonction de leurs besoins particuliers. Cela permettrait par exemple à des investisseurs prenant le contrôle d'une société d'intégrer des partenaires apportant

---

[20] J. Paillusseau, *L'Acte uniforme sur le droit des sociétés*, OHADAta D-04-17.

[21] M. Kirsch, *Historique de l'Organisation pour l'harmonisation du droit des affaires en Afrique (OHADA)*, Numéro spécial OHADA, Recueil Penant 1998, n°827, p. 130 et s.

[22] Art. 37 AUDSC.

[23] Ph. Merle, *Droit commercial — Sociétés commerciales*, Précis Dalloz, 16ème éd., n°43, p. 73.

[24] Ph. Merle, op. cit., n°34, p. 57.

leurs connaissances techniques ou leur savoir-faire acquis sur le secteur ou la branche d'activité concernée.

En contrepartie des apports effectués par les associés, la société émet des titres sociaux, dont la nature varie en fonction de la forme sociale: actions dans les sociétés anonymes et parts sociales dans les autres types de sociétés.

La somme des apports en numéraire et en nature effectués par les associés constitue le capital social. En outre, les actions et les parts sociales émises par les sociétés ont une valeur nominale.[25] Ces deux questions de la valeur nominale des titres et du capital social appellent quelques commentaires. Nous raisonnons principalement sur les cas de la SARL et de la SA.

S'agissant de la valeur nominale de ces titres, elle est obligatoirement de 5 000 F. CFA dans les sociétés à responsabilité limitée (SARL) et de 10 000 F. CFA dans les sociétés anonymes.

La fixation par le législateur de l'OHADA de tels planchers apparaît une contrainte dont on ne perçoit d'ailleurs pas la raison d'être ni même la pertinence. Il y a là un obstacle à la nécessaire liberté pour les actionnaires de fixer le montant nominal des titres à un niveau correspondant à la physionomie de leur entreprise et à ses objectifs stratégiques. Cela doit conduire à écarter la fixation de seuils uniques et obligatoires, là ou le souci d'introduire davantage de souplesse et de flexibilité doit au contraire conduire à écarter la contrainte et accorder la liberté aux associés de fixer librement dans leurs statuts le montant nominal, lequel pourrait même, ainsi, être fixé à mille (1 000) F.CFA dans toutes les sociétés. Telle serait l'avancée véritable en la matière, de surcroit conforme aux meilleures pratiques internationales dictées par la mondialisation de l'économie et ses exigences en termes d'adaptabilité et de réactivité des agents économiques.

Qui plus est, la fixation d'un seuil plancher de 10 000 F.CFA pour les actions est de nature à entraver le bon fonctionnement du marché financier. En effet, une telle limitation constitue un obstacle au **fractionnement des titres cotés**. Cette technique du fractionnement se traduit par la division des actions ordinaires («Split») d'une société en un plus grand nombre d'actions. Le mécanisme permet de renforcer la liquidité des titres, de fluidifier les transactions et de développer les bourses. La technique du fractionnement des titres est ainsi très répandue sur les marchés financiers et participe de leur développement.

Il conviendrait, dès lors, de consacrer, à l'article 750 de l'Acte uniforme, un principe de liberté de fixation du montant nominal des actions et donc de supprimer l'exigence d'un montant nominal minimum.

S'agissant du montant du capital social,[26] des seuils planchers sont également prévus dans l'Acte uniforme. Ainsi, l'article 311 fixe le capital social minimum des SARL à 1 000 000 de F.CFA et l'article 387 fixe celui des sociétés anonymes à 10 000 000 F.CFA. En revanche, aux termes de l'article 824 de l'Acte uniforme, le

---

[25] Sur cette notion, v. J.-Cl. May, *La valeur nominale des actions de sociétés*, thèse Paris II, 1980 (dir. J. Hémard).

[26] Pour une étude complète de la notion de capital social, v. S. Dana-Demaret, *Le capital social*, préf. Y. Reinhard, Litec 1989.

capital social des sociétés anonymes faisant appel public à l'épargne ne peut être inférieur à 100 000 000 F.CFA.

Le niveau minimum de un million de F.CFA prévu pour les SARL peut être jugé relativement bas et a constitué, à l'époque de son adoption, un niveau acceptable pour la plupart des petites et moyennes entreprises.

Toutefois, là encore, les exigences de flexibilité dictées à des fins de performance économique doivent conduire à écarter ce seuil plancher et à opter pour la libre fixation du capital social des SARL dans les statuts, sans seuil plancher.

Quant aux sociétés anonymes, leur vocation de structures de concentration de capitaux et d'instruments de financement semble militer pour le maintien du principe d'un capital social minimum. Toutefois, le contexte socio-économique des pays de l'espace OHADA, d'une part, et l'exigence de flexibilité, d'autre part, conduisent à modifier à la baisse le seuil plancher actuel de 10 000 000 F.CFA et à le porter à 5 000 000 F.CFA, niveau adapté aux investisseurs de toutes catégories et permettant de dynamiser la création de S.A.

4° Le siège social

Les sociétés commerciales sont tenues, conformément aux dispositions de l'article 23 de l'Acte uniforme, d'avoir un siège social mentionné dans leurs statuts, qui être établi soit au lieu du principal établissement de la société, soit à son centre de direction administrative et financière.

Une des questions les plus sensibles concerne la modification du siège social.

L'Acte uniforme, dans son article 27, autorise la modification du siège social, sous réserve qu'elle intervienne sur décision de l'assemblée générale extraordinaire des associés.

Toutefois, le transfert du siège social à un autre endroit de la même ville est possible par simple décision des organes de gérance ou d'administration de la société.

Une question semble appeler des commentaires particuliers. Il s'agit du transfert du siège social du territoire d'un Etat membre à celui d'un autre. Cette question semble entrer dans les prévisions de l'article 27 précité de l'Acte uniforme, qui autorise ce transfert, sur décision de l'assemblée générale extraordinaire des associés.

La question peut être soulevée dans le contexte d'une reprise d'entreprise par des investisseurs. En effet, ces derniers peuvent, à l'occasion ou à la suite de la conclusion d'un protocole d'accord de cession de contrôle, souhaiter transférer le siège initial du territoire d'un Etat membre vers celui d'un autre pays membre de l'OHADA.

La sensibilité de la question tient au risque d'insécurité juridique, eu égard au mutisme du législateur OHADA sur les conséquences juridiques d'un tel transfert. Des questions se posent: la personnalité juridique de la société survit-t-elle à un tel transfert? Qu'advient-il de l'immatriculation opérée dans le pays d'origine? Y a-t-il lieu d'engager une procédure de liquidation de la société dans le pays d'origine et de créer une personne morale nouvelle dans le pays d'accueil? Qu'advient-il de la situation des associés et des tiers?

Le Traité OHADA est un texte d'intégration juridique devant concourir à la réalisation de l'intégration économique entre les Etats membres. En outre, l'intérêt des actionnaires et des investisseurs, plaide pour la simplification des règles et la suppression des contraintes liées à la création et à la reprise d'entreprise.

Le régime de ce transfert d'un Etat vers un autre devrait, en tout état de cause, assurer une efficace protection des intérêts tant des associés que des tiers.

Le transfert du siège pourrait donner lieu à l'immatriculation et l'acquisition de la personnalité juridique dans l'Etat membre d'accueil. Cependant, cela se traduirait par la suppression de l'immatriculation dans l'Etat membre d'origine et la perte de la personnalité juridique dans cet Etat.

Bien entendu, une adaptation des structures et du patrimoine pourrait s'avérer nécessaire pour satisfaire aux conditions de fond et de forme requises pour l'immatriculation dans l'Etat membre d'accueil. En tout état de cause, il convient d'exclure toute obligation de mise en liquidation dans l'Etat membre d'origine, de même que toute obligation de créer une nouvelle société dans l'Etat membre d'accueil. Dans un souci de souplesse et de flexibilité et dans l'intérêt des associés et des tiers, il conviendrait de veiller à ne pas faire disparaître la personne morale à l'occasion d'un tel transfert.

Ainsi, on a pu le voir, si les règles encadrant la naissance des sociétés sont, à divers égards, empreintes de flexibilité, elles sont par ailleurs assorties de lourdes contraintes.

B – La flexibilité envisagée dans le cadre du fonctionnement des sociétés

L'analyse de la flexibilité du régime dans le cadre du fonctionnement des sociétés commande l'examen des modalités d'administration et de direction (1°), des modalités des décisions collectives (2°), des rapports entre associés (3°), des conditions d'opposabilité des cessions de titres (4°), du contrôle des sociétés (5°) et de leur financement (6°).

1° L'administration et la direction des sociétés

Les dirigeants sont des personnes nommées par les associés pour assurer la gestion courante de la société. Il s'agit du Directeur Général dans les sociétés anonymes et du Gérant dans les autres formes de sociétés.

L'accent est mis ici sur les sociétés anonymes, catégorie pour laquelle l'Acte uniforme offre une grande souplesse pour organiser la l'administration et la direction de la société.

En effet, l'Acte uniforme permet aux actionnaires de choisir entre plusieurs schémas d'organisation de leur société anonyme:[27] ils peuvent soit retenir la formule de société anonyme avec conseil d'administration, soit retenir la société anonyme avec administrateur général.

Toutefois, le conseil d'administration ne peut être mis en place que si la société compte au moins trois (3) actionnaires. Quant à la formule avec administrateur

[27] Art. 414 A.U.

général, elle ne peut être choisie que si la société dispose d'un nombre d'actionnaires égal ou inférieur à trois (3).

Al'intérieur de la catégorie des sociétés anonymes avec conseil d'administration, les modalités d'exercice de la direction sont variables, au choix des actionnaires. En effet, la société peut être dirigée soit par un président-directeur général, soit par un président du conseil d'administration et un directeur général. Cette option assure plus de flexibilité dans l'organisation des pouvoirs car, traditionnellement, il est reproché au système du président-directeur général d'entretenir une confusion entre le pouvoir de direction et le pouvoir de contrôle, et ainsi de concentrer sur ce dirigeant l'ensemble des pouvoirs.[28]

Ajoutant à la flexibilité offerte aux actionnaires, l'Acte uniforme prévoit la possibilité pour le conseil d'administration de désigner une ou plusieurs personnes physiques aux fins d'assister le président-directeur général en qualité de directeur général adjoint (DGA).

Une question délicate concerne les pouvoirs de ce DGA. Peut-il convoquer l'assemblée générale ou le conseil d'administration en cas d'empêchement du PDG? Peut-il, dans les mêmes circonstances, présider une réunion de ces instances délibérantes? Peut-il vendre un élément de l'actif social? Peut-il prendre à bail un local pour y loger un établissement de la société?

Si dans les rapports avec les tiers, le DGA jouit des mêmes pouvoirs que le PDG, en revanche, en ce qui concerne ses pouvoirs en interne, il revient au conseil d'administration de déterminer avec précision l'étendue des pouvoirs qui lui sont délégués.

Une autre question présente ici un réel intérêt, en ce qu'elle permet d'éviter certaines situations de blocage. Il s'agit des modalités d'organisation ou de tenue des délibérations des sociétés.

S'agissant des assemblées générales, l'Acte uniforme prévoit qu'elles se tiennent par réunion physique ou par correspondance.[29] Ces modalités n'appellent pas, de notre part, de commentaires particuliers.

En revanche, compte tenu du rôle économique et financier majeur reconnu aux sociétés par actions et en particulier aux sociétés anonymes et des exigences particulières de leur fonctionnement, il conviendrait de leur reconnaitre davantage de facilité et une plus grande liberté de choix des modalités de tenue des réunions du conseil d'administration. Les actionnaires de ces sociétés pourraient ainsi, si leurs statuts le permettent, tirer profit des moyens technologiques modernes, tels les instruments de visioconférence et la conférence téléphonique. Ces exigences s'imposent également pour leurs assemblées générales.

2° Les décisions collectives des associés

Les décisions collectives sont de deux types. Les décisions ordinaires sont celles qui portent sur l'approbation des comptes sociaux, la nomination et le remplacement des dirigeants et le cas échéant du commissaire aux comptes, etc. D'une manière

[28] P. Merle, Droit commercial — Sociétés commerciales, Précis Dalloz, 16ème éd., n°372, p.429.
[29] Art. 133 A.U.

générale, les décisions ordinaires n'emportent pas modification des statuts; les décisions extraordinaires sont celles qui entraînent une telle modification.

Il convient de rappeler qu'outre leurs droits pécuniaires (droit au bénéfices et droit au boni de liquidation), les associés ont des droits extra-pécuniaires qui comprennent principalement le droit d'accès aux assemblées générales et d'y siéger, le droit de vote et le droit à l'information. Dès lors, les règles de convocation aux assemblées générales d'associés, qui varient en fonction des sociétés, doivent intégrer la nécessité d'assurer, par tous les moyens autorisés, la convocation des associés.

A titre principal, l'Acte uniforme consacre, dans toutes les sociétés commerciales, la convocation par lettre au porteur contre récépissé ou par lettre recommandée avec demande d'avis de réception, avec toutefois, dans les sociétés anonymes, une option entre cette première modalité de convocation et la possibilité d'insérer un avis de convocation dans un journal habilité à recevoir les annonces légales.[30]

L'objectif de simplification de la vie des sociétés commerciales milite pour la reconnaissance de modes de convocation assurant une célérité et une adaptabilité des sociétés aux circonstances les plus diverses. Dès lors, n'est-il pas opportun de consacrer dans l'Acte uniforme la possibilité de convocation par courrier postal non recommandé ainsi que par courrier électronique?

Une réponse affirmative nous paraît justifiée. La vie des sociétés étant rythmée par les réunions de leurs instances délibérantes, il y a tout lieu d'offrir de la souplesse aux associés pour faciliter leur fonctionnement interne.

La même flexibilité gagnerait à être étendue pour faciliter les arrangements entre associés.

3° Les rapports entre associés: les pactes d'associés[31]

Les pactes d'associés sont des contrats signés entre les associés ou certains d'entre eux, qui visent à organiser leurs rapports au sein de la société. Ces pactes qui complètent les statuts, ne doivent en aucun cas contredire les dispositions impératives de l'Acte uniforme.

Ainsi, sous réserve de ne pas porter atteinte à ces dernières dispositions, les actionnaires d'une société anonyme pourront conclure des pactes d'actionnaires.

Ces pactes apportent une certaine liberté d'action aux actionnaires leur permettant de convenir d'une attitude à l'occasion de certains événements sociétaires.

Par ces pactes, plusieurs clauses peuvent être stipulées: clauses de préemption, obligeant l'actionnaire cédant de titres à les proposer en priorité aux autres signataires du pacte; clauses de sortie conjointe, par laquelle un ou plusieurs actionnaires sont amenés à céder leurs titres à l'occasion de la sortie d'un autre actionnaire signataire du pacte; clause relative au vote, qui énumère certaines décisions qui ne

[30] Art. 286 A.U. pour la société en nom collectif; art. 303 A.U. pour la société en commandite simple; art. 338 A.U. pour la société à responsabilité limitée; art. 404 A.U. pour l'assemblée générale constitutive et art. 518 A.U. pour la convocation des autres assemblées des sociétés anonymes.

[31] D. Martin et L. Faugérolas, Les pactes d'actionnaires, JCP G 1989, I, 3412; J.-P. Storck, La validité des conventions extra-statutaires, D. 1989, chron. 267; J. Bonnard, L'influence des principes généraux du droit des contrats en matière de pactes d'associés, in Mélanges M. Jeantin, Dalloz 1999, p. 139.

pourront être adoptées qu'avec l'accord unanime de tous les signataires du pacte d'associés; promesse unilatérale de vente, clause par laquelle, par exemple dans une société à responsabilité limitée, les associés signataires du pacte se promettent mutuellement et irrévocablement que, celui d'entre eux assumant la gérance s'engage, en cas de révocation de ses fonctions, à vendre ses titres aux autres signataires du pacte.

Toutefois, les pactes d'associés présentent des particularités: non intégrés aux statuts, ils sont également dénommés pactes extra-statutaires; ils sont secrets; ils n'engagent que leurs signataires; leur validité et leur efficacité sont quelquefois discutables.

Ces pactes n'ont donc pas la même efficacité que les statuts, lesquels s'imposent à tous les associés et leur violation est susceptible d'entraîner la nullité de l'acte ou de la décision prise.

La révision prochaine de l'Acte uniforme relatif au droit des sociétés commerciales devrait s'accompagner de la consécration de la société par actions simplifiée (SAS),[32] caractérisée par une liberté contractuelle très poussée, devrait permettre aux actionnaires d'insérer dans leurs statuts les différents types de clauses habituellement stipulées dans les pactes d'actionnaires, ce qui devrait progressivement limiter le recours à ces conventions extra-statutaires et introduire une forte dose de flexibilité dans le fonctionnement des sociétés et dans les rapports entre associés.

4° Les conditions d'opposabilité des cessions de droits sociaux

Si les conditions de cessions ou de transmissions des droits sociaux, à savoir les actions ou les parts sociales, sont très variables en fonction des formes sociales, avec des espaces de liberté accordés aux associés notamment dans la SARL et, bien entendu dans les S.A., et d'importantes restrictions prévues dans les SNC et les SCS, en revanche, le règles d'opposabilité des cessions ou transmissions de ces titres révèlent une nécessité d'assouplissement destinée à faciliter l'opposabilité à la société de la cession, en vue d'éviter les situations de blocage.

Aussi bien pour les sociétés de personnes que pour les SARL, la cession des parts sociales n'est opposable à la société que sous réserve de l'accomplissement des formalités alternatives suivantes:[33]

- signification de la cession à la société par exploit d'huissier;
- acceptation de la cession par la société dans un acte authentique;
- dépôt d'un original de l'acte de cession au siège social contre remise par le gérant d'une attestation de dépôt.

Sans présenter un caractère absolument insurmontable, ces critères pourraient néanmoins, dans certaines circonstances, apparaître lourds et couteux pour de très petites sociétés, en particulier le recours à l'huissier ou à l'acte authentique.

[32] La révision prochaine de l'Acte uniforme relatif au droit des sociétés commerciales devrait donner lieu à la consécration en droit OHADA de la société par actions simplifiée. Le Groupe des experts chargés de proposer des amendements aux dispositions de ce texte a introduit dans l'avant-projet d'Acte uniforme révisé un régime spécifique pour la société par actions simplifiée, essentiellement inspiré du droit français et fondé sur une liberté contractuelle très marquée.

[33] Art. 275 A.U. pour la SNC; art.297 A.U. pour la SCS; art. 317 A.U. pour la SARL.

Il paraît opportun de faciliter sur ce point l'opposabilité des cessions de titres à la société. Dans cette optique, une solution efficace pourrait consister à reconnaitre aux associés la possibilité de stipuler une ratification de la cession par adoption des statuts mis à jour et constatant la cession. Cette solution présenterait l'avantage de faciliter la mise en œuvre des droits des cessionnaires de titres.

Quant à l'opposabilité de la cession aux tiers, dans la SNC, la SCS et la SARL, est soumise, d'une part, à l'accomplissement de l'une des formalités prévues pour l'opposabilité à la société, d'autre part à une publicité au Registre du commerce et du crédit mobilier. S'y ajoute, pour la SARL, un troisième critère, à savoir la modification des statuts.

Là encore, l'impératif de flexibilité devrait entraîner une simplification des règles d'opposabilité, en prévoyant une opposabilité aux tiers dès la publication des statuts mis à jour constatant la cession.

5° Le contrôle des sociétés commerciales

La fonction de contrôle, dans ses diverses facettes, vise notamment à vérifier la conformité du fonctionnement de la société aux dispositions légales, réglementaires et statutaires, en vue de s'assurer qu'aucun acte, comportement, ou encore qu'aucune délibération, décision ou comportement ne vient contrarier l'intérêt social, mettre en péril l'actif social ou compromettre la poursuite de l'exploitation.

Les développements s'articulent ici autour des deux organes traditionnels du contrôle des sociétés, à savoir les commissaires aux comptes (1°), et l'expert de gestion (2°).

1°) Assouplir les conditions de désignation des commissaires aux comptes.

Les commissaires aux comptes (CAC) sont investis d'une mission d'intérêt général[34] couvrant notamment le contrôle légal des comptes, le contrôle financier et juridique.

Les CAC sont dotés d'importants pouvoirs d'investigation pour pouvoir certifier les comptes des sociétés et veiller à la régularité de leur vie juridique.

Le statut professionnel des CAC s'articule autour de nombreuses exigences visant à garantir d'une part, leur indépendance et leur compétence, et d'autre part, la sécurité et la confiance des dirigeants, des actionnaires et des tiers.

Les CAC sont, en outre, investis d'une mission d'alerte à l'égard des associés lorsqu'ils relèvent, à l'occasion de l'exercice de leur mission, des faits de nature à compromettre la continuité de l'exploitation.[35]

Toutes ces exigences du statut des CAC participent de la nécessité d'assurer la sauvegarde de l'intérêt social, la protection de l'actif social et la régularité du fonctionnement de la société dans l'intérêt des associés et des tiers.

---

[34] Ph. Merle, op. cit., n°499, p. 605.

[35] Art. 150 et s. A.U.

La désignation de commissaires aux comptes (CAC) s'avère obligatoire pour toutes les sociétés anonymes dès leur création.[36] En revanche, cette désignation ne s'impose pas dans les autres formes de sociétés.

Ainsi, dans les SARL,[37] un CAC doit être nommé lorsque le capital social de la structure est supérieur à 10 millions de francs CFA ou encore lorsque la société remplit l'une des deux conditions suivantes: chiffre d'affaires annuel supérieur à 250 000 000 de francs CFA ou effectif permanent supérieur à 50 personnes.

Dans les SARL ne remplissant pas ces conditions, la désignation d'un CAC est facultative. En tout état de cause, cette désignation peut toujours être demandée en justice par un ou plusieurs associés détenant au moins le dixième du capital.[38]

Ainsi, les règles s'appliquant ici aux SARL révèlent une certaine souplesse.

Dans les sociétés de personnes (SNC et SCS), le législateur de l'OHADA n'a pas défini les modalités de désignation du CAC, se contentant d'envisager la présence du CAC comme une simple éventualité,[39] et donc comme une décision laissée à l'entière discrétion des associés. Cette mansuétude du législateur de l'OHADA, si elle constitue une marque de souplesse, il n'en demeure pas moins qu'elle doit obéir à une certaine cohérence des solutions. En effet, comment expliquer les différences de solutions entre la SARL et les sociétés de personnes?

Il semble nécessaire d'envisager ici davantage de cohérence, en préconisant des critères souples et communs pour les SNC, les SCS et les SARL. Dans cette optique, le critère du capital social nous paraît inutile et digne d'être purement abandonné, pour ne s'en tenir *in fine* qu'aux deux autres critères, à savoir le chiffre d'affaires annuel et l'effectif de l'entreprise.

La simplification du droit des sociétés induit, on l'a vu, un allègement du poids des contraintes. Mais cet objectif doit également conduire à éliminer des dispositions inadéquates ou inutiles et introduire davantage de cohérence.

Il semble que le régime de la désignation des commissaires aux comptes dans les SNC, les SCS et les SARL pourrait, dans un souci de flexibilité et de simplification, s'articuler autour de deux critères: un chiffre d'affaires annuel porté à 500 000 000 de francs CFA et un effectif du personnel maintenu à 50. La désignation d'un CAC serait donc obligatoire lorsque ces critères seraient atteints.

Dans la mesure où il faut, en tout état de cause, garantir la liberté contractuelle des associés et une réelle flexibilité, il y a lieu de maintenir, dans les trois types de sociétés cités, le principe d'une désignation facultative du CAC lorsque les critères ne sont pas atteints.

2°) Elargir les possibilités de recours à l'expertise de gestion.

L'expertise de gestion est un mécanisme qui s'inscrit dans le cadre de la prévention des difficultés de l'entreprise.[40] Il permet à un ou plusieurs associés représentant au moins le cinquième du capital social et agissant individuellement ou en groupe, de

---

[36] Art. 703 A.U.
[37] Art. 376 A.U.
[38]
[39] Art. 288 al. 2 et 289 pour la SNC; art. 306 al. 2 pour la SCS.
[40] Ph. Merle, op.cit., n°228, p.262.

demander en justice la désignation d'un ou de plusieurs experts chargés de présenter un rapport sur une ou plusieurs opérations de gestion.

Cette expertise sera généralement sollicitée lorsque la situation financière de la société devient préoccupante et suscite l'inquiétude des associés. Il s'agit également d'un moyen efficace pour les associés de se constituer des preuves dans la perspective d'une action en responsabilité contre les dirigeants.

Ce mécanisme étant avant tout destiné à éclairer les associés sur la pertinence ou le bienfondé des opérations de gestion et à vérifier si la poursuite de l'exploitation n'est pas compromise, participe de la nécessaire transparence dans la gestion des affaires de la société. Dès lors, l'on comprend d'autant moins la condition exhorbitante à satisfaire pour pouvoir agir, à savoir justifier d'une participation représentant le cinquième du capital. La condition est manifestement inadaptée au contexte de nombreuses sociétés. La simplification de la règle paraît s'imposer. Il conviendrait alors d'abaisser le seuil à 1% afin de faciliter l'exercice de l'action par tout associé.

6° L'inadaptation des modalités de financement des sociétés par actions.

Les sociétés par actions sont des structures vouées à opérer une concentration des capitaux destinés à financer leur activité. Pour ce faire, elles émettent des valeurs mobilières.

Selon une présentation simplifiée, les valeurs mobilières sont des titres, à savoir soit des actions lorsqu'ils confèrent au sein de la société des droits politiques (vote), soit des obligations, lorsqu'ils représentent une dette de l'émetteur à l'égard des porteurs de ces titres, auxquels il est alors reconnu un droit au versement d'intérêts et un droit au remboursement à l'échéance de l'emprunt consenti.

Alors qu'au cours des quarante dernières années, les marchés financiers ont vu émerger, aux cotés des instruments traditionnels, de multiples catégories d'instruments,[41] la frilosité du législateur de l'OHADA avait de quoi surprendre. Nous avons eu l'occasion de déplorer cette circonspection,[42] en soulignant l'absolue nécessité de consacrer, dans l'Acte uniforme, de nouvelles catégories de valeurs mobilières susceptibles d'être émises, en vue de permette aux émetteurs d'optimiser leur structure de financement à long terme.

Ainsi, il conviendrait de consacrer des valeurs mobilières composées, qui comprennent notamment les obligations convertibles, échangeables ou remboursables en actions. Une telle évolution permettrait aux sociétés de réaliser de nombreuses combinaisons, afin d'adapter la leur structure de financement aux attentes des investisseurs.

Les développements de cette première partie ont mis en évidence la forte présence de l'ordre public sociétaire et la nécessité d'assurer, dans le régime juridique des sociétés commerciales, un équilibre entre, d'une part, une plus grande liberté contractuelle et, d'autre part, l'intérêt social, compris comme l'intérêt des associés, des créanciers, des salariés, etc.

---

[41] Th. Bonneau, *La diversification des valeurs mobilières, ses implications en droit des sociétés*, RTDcom.

[42] D. Loukakou, *Les valeurs mobilières dans l'Acte uniforme OHADA relatif au droit des sociétés commerciales*, Penant, juil.-sept. 2003, n° 844, p. 261.

Si, s'agissant de l'analyse de la flexibilité du régime des sociétés commerciales, on a pu le voir, le sentiment est partagé, entre liberté et contraintes, il y a lieu également de porter un jugement sur l'effectivité des règles encadrant l'organisation et le fonctionnement sociétaires pour pouvoir, en définitive, apprécier l'attractivité économique de ce régime, et donc son caractère incitatif.

II – L'EFFECTIVITÉ DU RÉGIME JURIDIQUE DES SOCIÉTÉS COMMERCIALES

L'effectivité du droit suppose l'application de la norme juridique. Elle peut être définie comme la production, par la norme juridique, d'effets en adéquation avec les finalités que celle-ci poursuit.[43]

Afin que les dispositions encadrant le fonctionnement des sociétés commerciales soient marquées du sceau de l'attractivité économique et qu'ainsi l'on puisse parler à leur sujet d'un cadre juridique incitatif, il va de soi que leur application ou leur mise en œuvre ne doit pas être entravée, au risque de compromettre leur effectivité, de nuire ou porter atteinte à l'intérêt social, de compromettre la réalisation de l'objet social.

Compte tenu de la perspective retenue dans la présente étude, à savoir l'incitation aux investissements, l'analyse de l'effectivité du régime des sociétés commerciales vise à mettre en évidence l'effectivité des mécanismes de sécurisation des investissements.

Les développements s'articuleront autour des questions suivantes: l'effectivité envisagée dans le cadre de la sécurisation du groupement sociétaire (A°) et l'effectivité envisagée dans le cadre d'opérations de développement du groupement sociétaire (B°).

A – L'effectivité envisagée dans le cadre de la sécurisation du groupement sociétaire

Les dispositions de l'Acte uniforme ainsi que celles contenues dans les statuts organisent les rapports entres associés et le fonctionnement de la société dans le souci d'assurer une efficace protection de la personne morale. Par son rôle de première importance, consistant à s'impliquer dans la vie de la société et, à l'occasion, à sanctionner les atteintes à l'ordre public sociétaire et à l'intérêt social, le juge s'impose en gardien de l'intérêt général, assurant la protection des associés, des tiers et de la société, concourant en même temps à la réalisation de l'objet social et, *in fine*, à l'effectivité du régime juridique des sociétés commerciales.

Ce rôle éminent du juge, dans un contexte de rayonnement de la nature institutionnelle de la société, ne sera pas ici abordé de manière exhaustive. Evitant de verser dans le catalogue, nous nous contenterons de mettre en évidence la place centrale du juge comme garant des équilibres sociaux et vecteur de l'effectivité du régime juridique des sociétés commerciales aussi bien à la constitution de la société (1°) qu'en cours de vie sociale(2°).

[43] Y. Leroy, article préc.

1° A la constitution de la société

Le juge est amené à intervenir très tôt dans la vie d'une société commerciale. Il en est ainsi dès la phase de constitution de la société, alors même qu'à ce stade, règne la volonté des parties au contrat de société. En effet, dès la naissance des sociétés, des circonstances particulières ou certains actes peuvent porter en germe des risques de désordre interne, ou favoriser certains actionnaires au détriment d'autres. Aux termes de l'article 75 de l'Acte uniforme, «si les statuts ne contiennent pas toutes les énonciations exigées par l'Acte uniforme, ou si une formalité prescrite par celui-ci pour la constitution de la société a été omise ou irrégulièrement accomplie, tout intéressé peut demander à la juridiction compétente, dans le ressort de laquelle est situé le siège social, que soit ordonnée, sous astreinte, la régularisation de la constitution».

Il s'agit d'une mesure de protection efficace visant à prévenir certaines formes d'abus sociétaires, notamment en cas d'apports en nature sans que toutes les formalités légales y afférentes ne soient respectées. L'action aux fins de régularisation se prescrit par trois (3) ans à compter du jour de l'immatriculation de la société ou de la publication de l'acte modifiant les statuts.

L'action en régularisation se double d'une action en responsabilité lorsque de tels manquements causent à autrui un préjudice. En effet, l'article 78 de l'Acte uniforme prévoit la responsabilité solidaire des fondateurs et des premiers administrateurs et dirigeants en cas de préjudice causé par le défaut d'une mention obligatoire dans les statuts, ou par l'omission ou l'accomplissement irrégulier d'une formalité prescrite pour la constitution de la société. Cette action en responsabilité se prescrit par cinq (5) ans.

2° En cours de vie sociale

En cours de vie sociale, le juge est amené, quelquefois même en faisant preuve d'audace prétorienne, à intervenir dans de nombreuses situations pour prévenir des conflits, autoriser des actes, désigner des mandataires, régulariser le fonctionnement de la société, mettre un terme à une mésentente entre associés, etc.

(a) Convocation de l'assemblée générale par mandataire de justice

Dans certaines situations de blocage, il peut être suppléé à l'inertie des acteurs principaux par le recours à un mandataire de justice pour procéder à la convocation d'une assemblée générale.

Dans les SARL, les associés sont convoqués aux assemblées par le gérant ou, à défaut, par le commissaire aux comptes. Il est toutefois prévu en outre que «tout associé peut demander en justice la désignation d'un mandataire chargé de convoquer l'assemblée et de fixer son ordre du jour».[44]

Dans les sociétés anonymes,[45] si l'assemblée des actionnaires est normalement convoquée par le conseil d'administration ou par l'administrateur général, il est également prévu qu'à défaut, elle peut être convoquée par le commissaire aux

[44] Art. 337 A.U.
[45] Art. 516 A.U.

comptes après une vaine sollicitation par celui-ci du conseil d'administration par lettre au porteur contre récépissé ou par lettre recommandée.

En outre, dans les sociétés anonymes, l'assemblée générale peut être convoquée par un mandataire de justice statuant à bref délai, à la demande soit de tout intéressé en cas d'urgence, soit d'un ou de plusieurs actionnaires représentant au moins le dixième du capital social.

Dans les SARL, le droit de demander en justice la désignation d'un mandataire chargé de convoquer l'assemblée générale paraît un droit subsidiaire. L'on ne saurait dès lors que recommander aux demandeurs d'établir la défaillance du gérant avant de solliciter ladite désignation.

Dans les sociétés anonymes, le droit de demander en justice la désignation d'un mandataire est également subsidiaire.

(b) Administration provisoire

Création prétorienne, l'administration provisoire constitue une technique d'administration judiciaire des sociétés. Elle a été imaginée pour remédier à des situations de crise. La vocation de cette institution est donc purement ponctuelle, car elle doit traiter un dysfonctionnement ou un blocage passager et ne saurait, en principe, s'étendre au-delà.

Bien que l'OHADA n'ait pas consacré l'administration provisoire, cette institution tire son régime juridique de la jurisprudence et des législations communautaires et nationales des Etats membres de l'OHADA.[46]

La technique, qui est répandue dans les SARL et les sociétés anonymes, s'avère du plus grand intérêt car, utilisée souvent en cas de mésentente entre associés, elle permet d'éviter la paralysie de la société.

(c) La protection résultant du contrôle des abus de majorité et de minorité

Les abus sociétaires sont un terrain d'élection des conflits entre associés et expliquent le pouvoir d'intervention du juge à des fins de rétablissement des équilibres sociaux et de sauvegarde des intérêts de la personne morale. Ainsi qu'on a pu l'observer, «la tentation de l'interventionnisme dans la vie des groupements est souvent présente dans les préoccupations des juges: l'abus de droit est la référence qui autorise le juge à intervenir».[47]

(d) La protection assurée par les actions en responsabilité

L'action en responsabilité contre les dirigeants sociaux obéit aux exigences du droit commun de la responsabilité civile. Elle ne peut donc être intentée qu'en présence d'un préjudice, d'une faute et d'un lien de causalité.

On distingue traditionnellement deux catégories d'actions en responsabilité contre les dirigeants: l'action individuelle et l'action sociale.

---

[46] B. Njoya Nkamga, *L'administration provisoire des sociétés dans l'espace OHADA*, éd. Veritas, préf. P.-G. Pougoué.

[47] A. Couret, *L'abus et le droit des sociétés*, Droit et patrimoine, n° 83, Juin 2000, p. 66.

L'action individuelle est celle intentée par un associé ou un tiers en réparation d'un préjudice personnel subi par lui.[48] La validité de cette action suppose que soit établi un préjudice distinct et indépendant de celui subi par la société. Par ailleurs, pour pouvoir agir en responsabilité contre un dirigeant, l'associé ou le tiers devra établir que la faute a été commise par ledit dirigeant dans l'exercice de ses fonctions.

Outre l'action individuelle, la responsabilité des dirigeants peut être recherchée dans le cadre de l'action sociale. L'action sociale est définie par le législateur de l'OHADA comme «l'action en réparation du dommage subi par la société du fait de la faute commise par le ou les dirigeants sociaux dans l'exercice de leurs fonctions».[49]

L'action sociale est en principe intentée par les dirigeants sociaux. On parle alors d'action sociale *ut universi*. Elle peut également être intentée par un ou plusieurs associés après une mise en demeure des organes compétents non suivie d'effet dans le délai de trente jours. On parle dans ce derniers cas d'action sociale *ut singuli*.

Que l'on soit en présence d'une action individuelle ou d'une action sociale, peut-on réellement, par ces moyens, garantir une efficace protection du groupement sociétaire?

Parce que l'action sociale vise, en cas de faute commise par un ou plusieurs dirigeants, à réparer le préjudice subi par la société et à reconstituer le patrimoine social, elle s'inscrit clairement dans une optique de protection du groupement sociétaire.

L'impératif d'une protection efficace de la société et de sécurisation des investissements trouve, dans le domaine des actions en responsabilité dirigées contre les dirigeants, une arme permettant d'assurer la sauvegarde ou la reconstitution de l'actif social. En effet, les irrégularités commises par les dirigeants dans l'exercice de leurs fonctions génèrent souvent des risques d'altération de l'actif social, nécessitant alors des actions correctrices visant à rétablir ou préserver la substance du patrimoine social dans l'intérêt de la société, de ses associés et des tiers.

(e) Les conventions réglementées

Au rang des mesures tendant à prémunir la société et ses associés contre le risque d'amoindrissement du patrimoine social, il convient d'évoquer le dispositif des conventions réglementées.[50]

Compte tenu des pouvoirs légaux et statutaires qui leur sont reconnus, les dirigeants de sociétés sont habilités à conclure de nombreuses conventions pour le compte de la société. Il peut arriver alors qu'ils se trouvent en situation de conflit d'intérêts, et qu'en définitive une opération soit conclue à leur avantage personnel mais au détriment de la société.

---

[48] Art. 162 A.U.

[49] Art. 166 A.U.

[50] Pour une étude complète de la notion dans le cadre du droit OHADA, v. D. Loukakou, Les conventions réglementées dans les sociétés commerciales de l'espace OHADA, Penant, Juil.-sept. 2004, n° 848, p. 326.

Le législateur de l'OHADA, répondant à une préoccupation traditionnelle en droit des sociétés, consacre ainsi un dispositif efficace de prévention de ces conflits d'intérêts, dans le but de sauvegarder les équilibres sociaux et la substance du patrimoine social. Ce dispositif s'articule autour d'un triptyque: conventions soumises à approbation ou autorisation — conventions libres — conventions interdites.

Ce dispositif des conventions réglementées s'avère hautement protecteur pour la société et pour ses associés, qui bénéficient de la sorte d'un outil de contrôle des engagements pris par les dirigeants, qui participe indubitablement d'une meilleure protection du patrimoine social.

(f) Les cautions, avals et garanties

Dans le souci de protéger la société contre tout risque d'atteinte à la substance de son actif et d'éviter un amoindrissement de son patrimoine, l'Acte uniforme a prévu, dans les sociétés anonymes, un encadrement strict des cautions, avals et garanties consentis par les dirigeants sociaux au profit de tiers. L'article 449, alinéa 1, de l'Acte uniforme dispose en effet:

> «Les cautions, avals, garanties et garanties à première demande souscrits par la société pour des engagements pris par des tiers font l'objet d'une autorisation préalable du conseil d'administration».

La rigueur du législateur de l'OHADA s'explique ici par le fait que les engagements visés sont dangereux pour la société et ne peuvent donc pas être souscrits par le dirigeant seul.[51]

L'exigence d'autorisation préalable par le conseil d'administration participe d'une plus grande transparence dans la gestion des affaires sociales, d'une sauvegarde de l'intérêt social et d'une protection renforcée du patrimoine social.

La rédaction de l'article 449 est cependant malheureuse et sa maladresse a été à juste raison déplorée par la doctrine.[52] En effet, il n'est fait, dans cet article, aucune différence entre les sociétés exploitant des établissements bancaires ou financiers et celles de tous autres secteurs d'activité. Or, on le sait, les établissements bancaires ou financiers ont notamment pour activité habituelle l'octroi de garanties de toutes formes et ne sauraient raisonnablement être tenues de solliciter systématiquement une autorisation préalable de leur conseil d'administration pour de tels actes. La réforme prochaine du droit OHADA des sociétés commerciales devrait permettre de lever les incertitudes et ambigüités sur la question.

B – L'effectivité envisagée dans le cadre d'opérations de développement du groupement sociétaire

L'effectivité du régime des sociétés commerciales sera ici examinée au regard de certaines opérations assurant le développement de la société, à savoir le renforcement de ses fonds propres (1°) et son introduction en bourse 2°).

---

[51] Ph. Merle, op. cit., n° 397, p. 471.

[52] V. S. Ousseynou, Particularisme bancaire et Acte uniforme OHADA relatif aux sociétés commerciales, OHADAta D-03-12

1° Les opérations de renforcement des fonds propres

Dans un souci d'efficacité et d'optimisation du financement des structures sociétaires, le renforcement des fonds propres, qui donne lieu à l'émission de valeurs mobilières de catégories diverses, emprunte notamment la voie des augmentations de capital immédiates (a) ou différées (b).

(a) Les augmentations de capital immédiates

Les augmentations de capital immédiates sont des opérations donnant lieu à l'émission d'actions ordinaires ou d'actions de priorité.

L'action est un titre d'associé dans les sociétés anonymes, qui confère à son titulaire un droit de vote, une quote-part dans les bénéfices et un boni de liquidation. L'action est un titre négociable, en ce sens que son titulaire peut facilement le mobiliser et donc le transmettre par voie de négociation.[53] Ces actions peuvent être nominatives ou au porteur.[54]

Les actions de priorité, encore dénommées actions privilégiées ou actions de préférence, procurent des avantages que ne donnent pas les actions ordinaires. Ces actions de priorité peuvent revêtir des formes diverses, liées à la nature des avantages conférés. Parmi les avantages conférés, l'on peut retrouver des avantages pécuniaires ou en termes de droits de vote. L'on retrouvera ainsi des actions à dividende prioritaire, des actions à dividende majoré, des actions à droit de vote double,[55] etc.

L'efficacité du système des actions de priorité tient notamment au fait qu'elles sont attribuées sous condition d'inscription des titres en nominatif pendant au moins deux ans. Les avantages ou privilèges conférés aux titulaires sont dès lors attribués *intuitu personae* et ne sont donc pas attachés *propter rem* à l'action, ce qui permet de fidéliser les actionnaires ou investisseurs.

(b) Les augmentations de capital différées

Les augmentations de capital différées sont des opérations donnant lieu à l'émission de valeurs mobilières composées permettant à terme de souscrire des actions et d'intégrer le capital social. Les formules principales d'augmentation de capital différée se traduisent par l'émission de titres obligataires (obligations) assorties d'actions pouvant être souscrites à tout moment. Ces formules comprennent les obligations convertibles en actions (OCA), les obligations avec bons de souscription d'actions (OBSA), les obligations échangeables contre des actions (OEA), les obligations remboursables en actions (ORA), etc.

L'intérêt et l'efficacité de ce système d'augmentation de capital différée pour les sociétés par actions comme pour les actionnaires et investisseurs, réside dans le fait qu'il permet d'assurer la stabilité de l'actionnariat, qu'il constitue un moyen de financement adapté aux besoins de l'entreprise, qu'il permet de constituer du capital en puissance pour l'entreprise et qu'il s'accompagne obligatoirement de mesures de protection visant à préserver les droits des actionnaires potentiels.

---

[53] Art. 759 et s. A.U.
[54] Art. 745 A.U.
[55] Art. 752 A.U.

Ce système est donc du plus grand intérêt pour les investisseurs.

Toutefois, l'Acte uniforme n'ayant consacré aucune forme de valeur mobilière composée, leur émission ne saurait, à ce jour, être envisagée sans le moindre risque pour la sécurité juridique de l'opération.

La réforme prochaine du droit OHADA des sociétés devrait consacrer les valeurs mobilières composées et les doter d'un véritable régime juridique, vœu maintes fois formulé par la doctrine.[56]

2° L'introduction en bourse

L'introduction en bourse d'une entreprise est une opération qui donne lieu à l'admission partielle ou totale de ses titres de capital (actions) sur le marché financier, sur décision de l'entreprise gestionnaire de la bourse,[57] qui en fixe les critères, et sous le contrôle de l'autorité de contrôle et de régulation du marché.[58]

Cette opération s'inscrit généralement dans une stratégie de croissance durable et de développement de l'entreprise. De fait, l'entreprise va accéder au marché des capitaux et donc à des opportunités de financement plus importantes.

L'introduction en bourse peut être réalisée par augmentation de capital. Dans ce cas, il y a émission de titres nouveaux dont l'admission à la cotation est sollicitée. L'introduction en bourse peut également se traduire par le placement de titres déjà existants.

Dans la première hypothèse, l'introduction en bourse vise à permettre à l'entreprise de lever des capitaux en bourse pour financer son développement. En revanche, l'introduction en bourse par placement de titres déjà existants assure la liquidité ou la fluidité des titres. Les actionnaires pourront alors, s'ils le souhaitent, céder facilement leurs titres.

A la faveur des opportunités de financement nouvelles et variées qu'elle offre au groupement sociétaire, l'introduction en bourse s'impose comme un puissant vecteur de développement de l'entreprise.

Conclusion

Al'issue de cette immersion dans la vie des groupements sociétaires de l'espace OHADA, le régime juridique des sociétés commerciales, vu du côté des investisseurs, apparaît contrasté, d'une part, rigide, eu égard au principe d'ordre public édicté à l'article 2 de l'Acte uniforme, d'autre part, flexible, compte tenu des

[56] H. D. Modi Koko Bebey, *La réforme du droit des sociétés commerciales de l'OHADA*, Rev. sociétés n°2, avril-juin 2002, p. 255; D. Loukakou, *Les valeurs mobilières dans l'Acte uniforme relatif au droit des sociétés commerciales de l'espace OHADA*, préc.; I. Ndiaye, *La notion de «valeur mobilière» après l'adoption des actes uniformes pris en application du Traité de l'OHADA*, EDJA N°38, OHADAta D-06-43, pour qui l'imprécision de la définition des valeurs mobilières dans l'Acte uniforme laisse subsister des difficultés d'interprétation.

[57] Il s'agit de la Bourse des Valeurs Mobilières de l'Afrique Centrale (BVMAC), de la Douala Stock Exchange (DSX) ou de la Bourse Régionale des Valeurs Mobilières (BRVM) pour l'UEMOA. — Sur le principe de la compétence de l'entreprise de marché, v. D. Ohl, *Droit des sociétés cotées*, 3ème éd., Litec, 2008, n° 34, p. 28.

[58] Il s'agit de la Commission de Surveillance du Marché Financier de l'Afrique Centrale (COSUMAF), de la Commission des Marchés Financiers du Cameroun (CMF) et du Conseil Régional de l'Epargne Publique et des Marchés Financiers (CREPMF) de l'UEMOA.

possibilités offertes par le législateur de l'OHADA de déroger à l'ordre public sociétaire

En effet, rompant radicalement avec un environnement juridique pour le moins tourmenté, marqué par des règles non codifiées, vétustes, inaccessibles et même obsolètes, l'OHADA a initié une œuvre de codification,[59] qui a conduit à rassembler, dans des actes uniformes, l'essentiel du droit des affaires, facilitant *ipso facto* l'accès au droit et offrant aux entrepreneurs et investisseurs différentes modalités d'organisation juridique, qu'il s'agisse pour eux de choisir une forme sociale, un mode de direction et d'administration, des modalités de fonctionnement, etc. Ainsi, en matière de sécurité juridique, l'apport de l'OHADA paraît inestimable.

La sécurité juridique constitue d'ailleurs, dans le Traité révisé de l'OHADA, un objectif majeur dont la valeur a été réaffirmée comme principal levier devant garantir un climat de confiance incitant à l'investissement. En d'autres termes, la sécurité juridique doit s'imposer comme un vecteur de l'attractivité économique et de la performance des entreprises.

A cet égard, fidèle à la doctrine utilitariste prônée dans le Traité fondateur de l'OHADA, le législateur de l'OHADA a, il est vrai partiellement, consacré dans l'Acte uniforme relatif au droit des sociétés commerciales, des principes et des règles de fonctionnement des groupements sociétaires marqués du sceau de la flexibilité, de l'efficacité et de l'attractivité économique. Une illustration éloquente est fournie à travers les différents modes d'organisation et de fonctionnement des sociétés anonymes et des sociétés à responsabilité limitée (SARL), deux formes sociales ayant les faveurs des milieux d'affaires, et qui peuvent être instituées par l'acte de volonté d'une seule personne alors même qu'en France, pays dont le modèle a largement inspiré le système de l'OHADA, s'il en est de même dans les SARL, en revanche, la structure de la société anonyme y demeure contraignante, notamment parce qu'elle doit comporter au minimum sept (7) actionnaires.

Il convient d'observer que dans le contexte de forte «prévalence» du secteur informel en Afrique, l'institution des S.A. et SARL unipersonnelles participe de l'objectif de favoriser la migration vers le secteur formel des agents économiques intervenant dans le secteur informel.[60] Encore faudrait-il substantiellement réduire le poids des contraintes juridiques et administratives affectant la vie des sociétés commerciales, en particulier les plus petites structures.

Globalement, bien que la liberté contractuelle soit reconnue par le législateur de

---

[59] P.-G. Pougoué, A. Cissé et alii, *OHADA — Sociétés commerciales et GIE*, Ed. Bruylant, Bruxelles, 2002, n° 23, p. 18.

[60] L'institution très récente, dans l'Acte uniforme révisé portant sur le Droit commercial général, d'un statut de l' «Entreprenant» participe de cette nécessité de favoriser des migrations massives vers le secteur formel. L'article 30, alinéa 1er de cet Acte uniforme dispose: «*L'Entreprenant est un entrepreneur individuel personne physique qui, sur simple déclaration prévue dans le présent Acte uniforme, exerce une activité professionnelle civile, commerciale, artisanale ou agricole. (. . .). L'Entreprenant est dispensé d'immatriculation au Registre du commerce et du crédit mobilier*». Pour une étude complète de ce statut de l'Entreprenant, v. P.-G. Pougoué et S. S. Kuaté Tameghé, *L'Entreprenant OHADA*, Presses Universitaires d'Afrique, 2013. — L'institution de l'Entreprenant en zone OHADA obéit à une préoccupation voisine de celle de l' «Auto-entrepreneur» en France, dont le régime est issu de la loi de modernisation de l'économie de 2008.

l'OHADA, notamment dans le cadre des mécanismes d'organisation et de fonctionnement internes et dans le cadre du régime des cessions et transmission de titres sociaux, les espaces de liberté paraissent, en vérité, limités, eu égard à l'omniprésence des règles dites «d'ordre public».[61] En effet, le régime des sociétés commerciales comporte aujourd'hui encore de nombreuses rigidités alourdissant l'organisation et le fonctionnement des groupements sociétaires et conduisant à limiter notablement l'attractivité économique de ce régime et, partant, son caractère incitatif. A cet égard, le rang peu estimable attribué à plusieurs pays membres de l'OHADA dans le rapport Doing Business 2013 de la Banque Mondiale en est un révélateur.[62]

La prégnance de l'ordre public dans l'AU est sans aucun doute un obstacle majeur à l'éclosion et au rayonnement souhaités des mécanismes de souplesse et de liberté dans la vie des sociétés. En effet, une réglementation par trop rigide, marquée par l'omnipotence de l'ordre public ou des dispositions impératives, a traditionnellement pour effet de brider l'aspiration à entreprendre et le dynamisme des agents économiques. Cette forte coloration impérative issue des dispositions de l'article 2 de l'Acte uniforme, contribue à renforcer la nature institutionnelle de la société commerciale de droit OHADA et pourrait s'inscrire au rebours de l'objectif d'attractivité et d'efficacité économiques.

L'efficacité économique du doit OHADA des sociétés commerciales commande de reconnaître aux actionnaires ou investisseurs une véritable facilité à entreprendre, leur permettant de constituer une société à moindre frais, avec des contraintes résiduelles et des délais adaptés à un environnement économique de haute compétitivité.

L'objectif de croissance durable et de développement économique poursuivi par les pays de l'espace OHADA, ce à quoi il convient d'ajouter l'objectif, ô combien ambitieux, de l'émergence économique à moyen terme, commandent de lever les rigidités juridiques et administratives entravant l'activité économique et de libérer le potentiel d'investissement des entreprises, afin de leur permettre d'affronter la concurrence en toute efficacité.

D'autres faiblesses ont été identifiées de longue date. Il en est ainsi des risques de conflits de normes et de compétences juridictionnelles entre l'OHADA et les organisations régionales d'Afrique Centrale (CEEAC, CEMAC) et de l'ouest (CEDEAO, UEMOA).[63]

---

[61] A. Supiot, *Homo juridicus — Essai sur la fonction anthropologique du droit*, éd. du Seuil, Collection «Points», 2005, p. 267 et s. Pour cet auteur, on assiste dans le droit contemporain, à une «montée en puissance des techniques contractuelles». Mais elle ne se traduit pas, selon lui, par une liberté accrue des contractants: «Le Droit conventionnel est instrumentalisé par la loi, qui programme sa négociation».

[62] I. Feviliye, *Le rapport Doing Business 2013 de la Banque Mondiale sur la facilité à faire des affaires dans le monde et dans l'espace OHADA*, Revue Congolaise de droit et des affaires, N°9, 2012, p. 63.

[63] F. M. Sawadogo, *Les conflits entre normes communautaires: aspects positifs et prospectifs*, Communication au Colloque sur la concurrence des organisations régionales en Afrique, Bordeaux IV, 2009, OHADAta D — 12-29; J. Issa Sayegh et P.-G. Pougoué, *L'OHADA: défis, problèmes et tentatives de solutions*, Rev. dr. unif. 2008, p. 467.

Au rang des faiblesses, il convient de rappeler les insuffisances grevant le droit pénal des sociétés commerciales. En effet, le renvoi, par l'article 5 du Traité de l'OHADA, aux Etats membres des prérogatives liées à la détermination des sanctions pénales applicables en droit des sociétés se révèle, à l'expérience, très peu satisfaisant. Cette situation explique que les dispositifs répressifs mis en place sont très différents d'un pays à l'autre, certains Etats membres n'ayant pas à ce jour adopté un dispositif national de sanction couvrant l'ensemble des incriminations définies dans l'Acte uniforme.

En matière pénale, la question de la responsabilité pénale des personnes morales mérite d'être examinée dans le détail. A cet égard, il y a lieu de s'interroger sur le point de savoir si la sécurité juridique et judiciaire des transactions et opérations sociétaires ne serait pas davantage assurée avec une consécration de la responsabilité pénale des personnes morales. La réponse pénale ne serait-elle pas ainsi mieux assurée? L'investissement ne serait-il pas ainsi mieux protégé dans certaines situations, en plus de la responsabilité pénale individuelle des dirigeants de sociétés?

Sur le plan pénal encore, compte tenu des insuffisances relevées dans le processus d'application des sanctions par les Etats, n'y aurait-il pas lieu d'engager une réflexion sur l'opportunité d'une dépénalisation partielle des infractions ou manquements en droit des sociétés, assortie d'un élargissement de l'empire des nullités? En effet, certaines infractions relevées n'étant pas suivies de sanctions pénales effectives, la substitution de la nullité à certaines sanctions pénales ne participe-t-elle pas d'une plus grande efficacité des mécanismes de sanction en droit des sociétés? Une telle solution ne s'impose-t-elle pas, notamment dans des situations empreintes de gravité certaine, tel en cas d'appel public à l'épargne irrégulier, ou encore en cas d'atteinte au droit de vote,[64] eu égard au caractère «irréductible[65]» et intangible de ce droit?

Par ailleurs, il semble que depuis le 1er janvier 1998, date de l'entrée en vigueur de l'Acte uniforme, l'on ne se soit que très timidement préoccupé de l'impact de ce texte, sur l'entreprise, sur la société et sur l'économie. A ce sujet, la réflexion étant destinée à apprécier le droit OHADA des sociétés commerciales dans sa dimension de force incitatrice à l'investissement, et cet objectif étant tributaire de l'amélioration de la performance de la loi, n'y aurait-il pas lieu d'envisager, à l'image de certaines expériences étrangères, la systématisation des études d'impact?[66] Dans le même élan, ne serait-il pas opportun de promouvoir une culture de l'évaluation périodique du dispositif normatif? Cette démarche aurait l'avantage,

---

Sur l'ensemble de la question v. les actes du colloque sur «La gestion des risques de conflits de normes et de juridictions entre l'OHADA et les organisations voisines», Lomé 8 — 9 octobre 2010.

[64] Les atteintes au droit de vote relèvent de l'article 892 A.U. bien que ce texte ne vise expressément que les atteintes au droit de participer aux assemblées générales. Les deux situations paraissent assimilables, parce que liées.

[65] R. Kaddouch, *L'irréductible droit de vote de l'associé*, JCP E 2008, 1549.

[66] S. Lasvignes, *Le pouvoir normatif a-t-il la culture d'entreprise?*, in «*La contribution des juristes et du droit à la performance de l'entreprise*», Joly éditions 2011, p. 9. Pour cet auteur, l'étude d'impact vise notamment à apprécier «l'impact concret du nouveau droit sur la société, sur l'environnement, sur l'entreprise». L'étude d'impact vise également à «déterminer l'effet de la nouvelle norme sur le corpus juridique tel qu'il existe», afin d'éviter d'accumuler du droit sur du droit.

dans la perspective qui est la nôtre dans le cadre de la présente réflexion, de permettre l'évaluation des règles d'organisation et de fonctionnement des sociétés ainsi que l'appréciation de l'efficacité de leur mise en œuvre.

C'est d'ailleurs tout le sens de certains appels en faveur de l'émergence d'une «réglementation intelligente»,[67] fondée sur le système d'analyse d'impact, pour orienter l'élaboration d'une nouvelle norme.

Pour séduisants qu'ils soient, les critères de flexibilité et d'effectivité du droit OHADA des sociétés ne sont pas pour autant l'alpha et l'oméga de l'efficacité ou de l'attractivité économique de ce corpus normatif. Ces deux critères forment des maillons importants d'une chaîne de l'attractivité économique qui en comprend bien d'autres, allant du contexte politique, à la stabilité économique et monétaire, en passant par le climat social, l'environnement des affaires, les ressources humaines, etc. En outre, dans divers secteurs économiques, tel celui des mines et de l'énergie, les investisseurs ne s'engagent que s'ils ont la conviction d'une rentabilité et d'un retour sur investissement. Toutefois, il ne fait aucun doute que pour la plupart des entreprises, grandes, petites ou moyennes, les garanties de flexibilité et l'effectivité des règles sont des paramètres déterminants. Le dispositif normatif gagnerait donc à les renforcer et en assurer la permanence.

Ainsi, au terme de la présente réflexion, il nous faut souhaiter qu'à l'occasion de la révision prochaine de l'Acte uniforme relatif au droit des sociétés commerciales, le législateur de l'OHADA fixe avec autorité de nouvelles lignes directrices en la matière, en prenant le parti d'accroître substantiellement les espaces de liberté reconnus aux associes et corrélativement de réduire la place de l'ordre public.

Dans un contexte de mondialisation de l'économie et de compétitivité croissante, l'institution de l'OHADA, dans toutes ses composantes, ne peut réellement atteindre sa maturité et s'imposer comme un vecteur de performance économique des Etats membres que si, dans son existence et ses mutations, il se pare d'une efficacité juridique reconnue, à la faveur de nouvelles conquêtes sur les terrains, de la flexibilité, de l'effectivité des normes, de la sécurité juridique et judiciaire, véritables gages, *in fine*, de l'attractivité économique du droit et partant de son caractère incitatif pour les investisseurs.

---

[67] G. Pons-Deladrière, *Une réglementation intelligente au service de la compétitivité*, in «*La contribution des juristes et du droit à la performance de l'entreprise*», Joly éditions 2011, p. 15, pour qui la réglementation intelligente s'entend d'une réglementation adéquate visant à faciliter la réalisation des objectifs d'une croissance intelligente, durable et inclusive. Pour ce faire, il convient de s'appuyer sur les points forts du système d'analyse d'impact pour élaborer une nouvelle législation. Cette action doit conduire à gérer et mettre en œuvre l'ensemble de la législation existante, afin d'assurer la réalisation des avantages escomptés. La mise en œuvre correcte de la législation existante et sa modification en fonction de l'expérience sont tout aussi importantes qu'une nouvelle législation proposée.

INDICATIONS BIBLIOGRAPHIQUES

AGBOYIBOR (P.K.), «Récents développements du projet d'harmonisation du droit des affaires en Afrique», Revue de droit des affaires internationales, 1996, n° 3, p. 301.

BERNARD (A.), "Law and Economics, une science idiote?", D. 2008. 2806.

BONNARD (J.), «L'influence des principes généraux du droit des contrats en matière de pactes d'associés», in Mélanges M. Jeantin, Dalloz 1999, p. 139.

CANIVET (G.), *La pertinence de l'analyse économique du droit: le point de vue du juge*, Les Petites Affiches, n°99, 19 mai 2005, p. 23.

COURET (A.), «L'abus et le droit des sociétés,» Droit et patrimoine, n° 83, 2000, p. 66.

DIFFO TCHUNKAM (J.), «Regards croisés sur la distinction «droit civil — droit commercial» à l'épreuve de l'OHADA», Revue de droit uniforme Unidroit ns/Vol. XIV/2009, p. 57, OHADAta D-09-37 (site OHADA.com), n° 60, p. 17.

DU MARAIS (B.), «Mesurer le droit? Ou plut"t l'évaluer? Quelques réflexions sur les limites méthodologiques des rapports Doing Business», RDAI, N°5, 2006, p. 675.

FRISON-ROCHE (M. A.), «L'intérêt pour le système juridique de l'analyse économique du droit», Les Petites Affiches n° 99, 19 mai 2005, p.15.

ISSA-SAYEGH (J.), «L'intégration juridique des Etats africains de la zone franc», Penant, 1997, n° 823, p. 5 et s.

KADDOUCH (R.), «L'irréductible droit de vote de l'associé», JCP E 2008, 1549.

KIRSCH (M.), «Historique de l'Organisation pour l'harmonisation du droit des affaires en Afrique», Penant, 1998, n° 827, spécial OHADA, p. 129 et s.

LASVIGNES (S.), «Le pouvoir normatif a-t-il la culture d'entreprise?, in «La contribution des juristes et du droit à la performance de l'entreprise», Joly éditions 2011, p. 9.

LEROY (Y.), «La notion d'effectivité du droit», Droit et Société, 2011/3 (n°79), p. 715.

LOHOUES-OBLE (J.), «L'apparition d'un droit international des affaires en Afrique», Rev. int. Dr. comp., 1999, p. 543 et s.

LOUKAKOU (D.), «Les valeurs mobilières dans l'Acte uniforme OHADA relatif au droit des sociétés commerciales », Penant, juil.-sept. 2003, n° 844, p. 261.

MACKAAY (E.) ET ROUSSEAU (S.), *Analyse économique du droit*, 2ème éd., Dalloz 2008.

MARTIN (D.) ET L. FAUGEROLAS (L.), «Les pactes d'actionnaires», JCP G 1989, I, 3412.

MODI KOKO BEBEY (H.D.), «La réforme du droit des sociétés commerciales de l'OHADA», Rev. sociétés n°2, avril-juin 2002, p. 255.

PAILLUSSEAU (J.), « Les fondements du droit moderne des sociétés», J.C.P. 1984, éd. E., 14193.

POUGOUE (P.-G.) ET J. ISSA-SAYEGH (J.), «L'OHADA: défis, problèmes et tentatives de solutions», Actes du colloque sur l'harmonisation du droit OHADA des contrats-Ouagadougou 2007, Revue de droit uniforme, UNIDROIT, 2008, p. 455.

POUGOUE (P.-G.), «Missions et organisation de l'OHADA», OHADATA, D-13-01, p. 5.

POUGOUE (P.-G.), Cissé (A.) et autres, *OHADA — Sociétés commerciales et G.I.E.*, éd. Bruylant, Bruxelles, 2002.

RAYNOUARD (A.), «Faut-il avoir recours à l'analyse économique du droit (AED) pour assurer l'efficacité économique du droit», RRJ 2008/22 NS, p. 1509 et s.

SAINTOURENS (B.), *La flexibilité du droit des sociétés,* RTD com.1987. 457.

STORCK (J.-P.), «La validité des conventions extra-statutaires», D. 1989, chron. 267.

OUSSEYNOU (S.), «Particularisme bancaire et Acte uniforme OHADA relatif aux sociétés commerciales», OHADAta D-03-12.

USUNIER (L.), «Les 10 ans du Rapport Doing Business: l'heure d'un nouveau bilan?», Revue de jurisprudence commerciale, mars-avril 2013, p. 129.

«DROIT OHADA ET CONVERGENCE DES SYSTEMES JURIDIQUES: l'apport du droit comparé»

Pr. Filiga Michel SAWADOGO
Agrégé des Facultés de Droit
BURKINA FASO

Abstract

In its entirety, the theme "OHADA Law and convergence of legal systems" raises on one hand the question of, how does OHADA participate in the convergence of legal systems, that is, is OHADA a beneficiary or a result; on the other hand, how does OHADA contribute by itself in the convergence of legal systems, which can result in the fact that the work of OHADA inspires States individually or collectively; in this regard, the phenomenon is widespread: an example is Madagascar. The country copied the text of some uniform acts in its internal legislation without many amendments in areas such as collective procedures, but there is also the creation of OHADAC, Organisation for the harmonization of Business Law in the Caribbean, which is considered, if not operational, between the Caribbean States. We will be contented to ask why the legal systems, are going in the same direction by adopting the same or similar rules, especially regarding the field of business law, this is observable.

A titre liminaire, il convient de tenter d'appréhender la signification du thème, de relever les facteurs favorables à la convergence des systèmes juridiques et de préciser la notion de droit comparé qui semble être le facteur décisif de cette convergence.

La signification du thème «Droit OHADA et convergence des systèmes juridiques» ne semble pas a priori faire l'objet de difficulté. Toutefois, pour s'en assurer, il est indiqué de reprendre et d'expliciter les termes et expressions qui le composent.

Le terme convergence évoque l'idée d'aller dans la même direction, de se diriger vers un point commun, de tendre vers un même résultat ou un but commun. Il est généralement employé dans un sens laudatif.

Le système juridique, employé au singulier, est le droit d'un Etat ou d'une société territoriale ou personnelle, pour l'application d'une règle de conflit de lois ou en législation comparée dans sa totalité. Employé au pluriel, au regard de leurs caractéristiques, notamment techniques, on distingue quelques grands systèmes ou familles juridiques dans le monde: les systèmes romano-germaniques, les systèmes de la Common Law, les droits traditionnels africains, les droits socialistes, catégorie qui tend à être abandonnée avec la chute du mur de Berlin,[1] etc.

Quant au droit OHADA, il est bien connu avec toutes les actions de formation et de vulgarisation qui le concernent: sous l'angle institutionnel, il s'agit du Traité de Port Louis du 17 octobre 1997, révisé à Québec au Canada le 17 octobre 2008, et des règles prises pour son application; sous l'angle matériel, ce sont principalement

[1] René David, Camille Jauffret-Spinosi, Les grands systèmes de droit contemporains, 11e éd., Dalloz, 2002.

les règles contenues dans les Actes uniformes, actuellement au nombre de neuf dont deux ayant fait l'objet de révision. Il faut y ajouter les règlements et les décisions. L'OHADA fête en cette année 2013 son 20e anniversaire qui a donné lieu à de nombreuses manifestations scientifiques.[2]

Pris dans son ensemble, le thème «Droit OHADA et convergence des systèmes juridiques» invite à se demander:

- d'une part, en quoi l'OHADA participe à la convergence des systèmes juridiques, c'est-à-dire en est plutôt bénéficiaire ou une résultante; en d'autres termes, l'OHADA tire profit des processus de convergence juridique dans le monde;
- d'autre part, en quoi l'OHADA contribue elle-même à la convergence des systèmes juridiques, ce qui peut se traduire par le fait que l'œuvre de l'OHADA inspire des Etats pris individuellement ou des Etats groupés; à cet égard, le phénomène est diffus: on cite l'exemple de Madagascar qui aurait repris le texte de certains actes uniformes dans sa législation interne sans trop de modifications comme en matière de procédures collectives, mais il y a aussi la création de l'OHADAC, l'Organisation pour l'harmonisation du droit des affaires dans les Caraïbes, qui serait envisagée, voire en marche, entre les Etats des Caraïbes.[3]

Mais il n'est pas toujours aisé de distinguer les deux aspects de la question si bien que la distinction ne sera pas faite. L'on se contentera de se demander pourquoi les systèmes juridiques, et cela est observable, vont dans la même direction en adoptant des règles similaires ou identiques, surtout pour ce qui est du domaine du droit des affaires.

Les facteurs favorables à la convergence semblent a priori variés.

On note d'abord l'utilisation du droit comme un instrument favorisant les investissements, la création d'entreprises et le développement économique. Ce phénomène remonte à la naissance de la Lex mercatoria, de la codification, du droit économique et de l'analyse économique du droit.

Au regard des objectifs poursuivis par l'OHADA, l'analyse économique du droit revêt un grand intérêt. Avant l'apparition de celle-ci, les Etats européens ne connais-

---

[2] La principale est certainement le Colloque de Ouagadougou des 10 et 11 octobre 2013, organisé par le Secrétariat permanent et le Gouvernement du Burkina Faso, qui assure la présidence tournante de l'OHADA, sur le thème: «OHADA, 20 ans déjà: Bilan et perspectives».
Outre le présent colloque de Yaoundé sur le thème: «OHADA: Finalités et sources», on note au cours de l'année 2013, entre autres, les activités suivantes:
— «L'acte uniforme OHADA du 15 décembre 2010 relatif aux sociétés coopératives», Colloque organisé par les Universités du Luxembourg et de Yaoundé II, Yaoundé, 18 et 19 juin 2013;
— «Le système juridique de l'OHADA et l'attractivité économique des Etats parties 20 ans après: bilans et défis à relever», organisé par l'AEDJ et l'IRJS le 20 juin à Paris;
— «L'OHADA et la sécurité judiciaire: Regards sur l'exécution des décisions de justice et des sentences arbitrales dans l'espace OHADA», les 2 et 3 juillet 2013, 6e Congrès des juristes africains (COJA), organisé par le Centre africain pour le droit et le développement (CADEV) présidé par le Dr Sadjo Ousmanou.

[3] Le projet OHADAC se décline à l'aune de son environnement géographique. En effet, constituées d'une mosaïque d'Etats (potentiellement 28), issus des colonisations, anglaise, hollandaise, espagnole et française, les Caraïbes recouvrent des réalités juridiques et judiciaires différentes.

saient que l'approche droit économique qui considère le droit comme étant au service de l'économie tout en ayant ses exigences propres de cohérence et d'efficacité ainsi que ses valeurs et ses coûts d'administration.[4]

L'analyse économique du droit, plus récente, est née ou a émergé aux Etats Unis en 1960 avec la publication du théorème de Coase dont l'auteur a obtenu le prix Nobel d'économie en 1991, puis s'est implantée dans les années 1970 en Angleterre avec les "lignes directrices" tracées par la Banque d'Angleterre et connues comme «l'Approche de Londres», pour sauvegarder les entreprises en difficulté que la crise pouvait faire disparaître[5] avant de pénétrer le continent européen. L'analyse économique du droit ou analyse économico-juridique se propose, à partir d'une conception de l'être humain et de ses rapports avec les autres, une relecture de l'ensemble du droit en remontant à la raison d'être des institutions juridiques. Elle cherche à mettre à jour "l'économie du droit".[6] Fondée sur la microéconomie, elle se concentre sur l'efficacité de l'application des normes juridiques, des réglementations et d'autres sources du droit pour atteindre les objectifs économiques et sociaux fixés par les pouvoirs publics. Elle fournit une théorie sur le comportement des personnes physiques et morales, des groupes et des gouvernements vis-à-vis des modifications de toute loi.[7]

Comme autres facteurs favorables, on note l'existence d'institutions comme la Commission des Nations Unies pour le Droit Commercial International (CNUDCI). Sa contribution se traduit par l'élaboration de lois types ou lois modèles que les Etats du monde peuvent incorporer dans leurs législations internes avec ou sans modification. Souvent, la loi type peut être accompagnée d'un guide pour son incorporation dans le droit interne facilitant ainsi l'œuvre des législateurs intéressés par leur incorporation. Ce faisant, la CNUDCI aide les Etats à réformer et à moderniser leurs lois dans les matières traitées afin d'atteindre plus efficacement les objectifs poursuivis. A titre d'exemple, on peut relever lois types sur l'arbitrage commercial international, l'insolvabilité internationale, le commerce électronique, les signatures électroniques.

---

[4] Selon des auteurs, «il importe alors de dégager le bénéfice net que la règle de droit procure en réduisant ou en supprimant l'imperfection [dans le fonctionnement de l'économie]: il est égal à la différence entre le gain total escompté qu'apporte la règle juridique et son coût total escompté. C'est seulement dans la mesure où le bénéfice net pour la collectivité est supérieur (ou égal) au bénéfice net qui pourrait être obtenu en utilisant ailleurs ces ressources absorbées par la loi que le respect de l'efficience requiert de recourir à la règle de droit» (Alexis Jacquemin et Guy Schrans, Le droit économique, PUF, 1982, p. 12. Voy. également Gérard Farjat, Droit économique, PUF, 1971).

[5] Craig Giesze, Note de présentation des modifications du projet de révision de l'AUPC de l'OHADA, 14 juin 2013, 8 pages, inédit.

[6] Ejan Mackay, Stéphane Rousseau, Analyse économique du droit, Dalloz, 2008, n°21. Voy. également «Droit et économie», numéro spécial, 1992, 37, Archives de philosophie du droit.

[7] A titre d'illustration, le théorème de Coase soutient que les particuliers sont plus efficaces que les tribunaux judiciaires et le cadre légal pour résoudre leurs différends, d'où le développement des modes alternatifs de règlements des litiges. Le même théorème et surtout les lignes directrices de la Banque d'Angleterre montrent qu'il est plus rentable de promouvoir des négociations privées entre le débiteur et ses multiples créanciers, hors du cadre juridique formel, pour faciliter les accords informels et extrajudiciaires, afin de restructurer le passif des entreprises en difficulté et de sauvegarder les entités viables. Toutefois, la loi et les tribunaux conservent leur rôle dès lors qu'il n'y a pas d'accord. Ces illustrations sont tirées de Craig Giesze, op. cit.

Il y a aussi UNIDROIT, créé avant la CNUDCI, qui élabore des principes valables pour toutes les nations, particulièrement dans leurs relations économiques internationales.

Les conventions internationales, surtout celles à vocation universelle, jouent un grand rôle dans ce sens. L'une des plus importantes est la convention de Vienne du 11 avril 1980 portant loi uniforme sur la vente internationale de marchandises.

Il ne faudrait pas négliger l'apport des organisations d'intégration régionale comme l'UE, l'UEMOA, la CEMAC. Toutes les régions du monde comportent des organisations d'intégration économique pour lesquelles l'Union européenne apparaît comme la réalisation la plus avancée, le modèle dont il faut s'inspirer. Ces organisations conduisent toujours des actions d'unification ou d'uniformisation de branches plus ou moins nombreuses du droit.

Al'analyse, sur le plan technique et méthodologique, tous ces facteurs peuvent être rangés dans le droit comparé qui apparait comme le principal instrument de la convergence des systèmes juridiques.

S'agissant du droit comparé, c'est la science qui compare les systèmes juridiques du monde. Il peut s'agir de la macro comparaison qui s'intéresse à des questions générales comme la procédure pour résoudre les conflits, le rôle des professionnels du droit ou encore le processus de législation, ou de la micro comparaison qui, elle, s'intéresse à une institution juridique ou aux règles de droit qui permettent de résoudre un problème spécifique.[8] Pour le doyen René Rodière, le droit comparé «représente l'un des efforts les plus intéressants pour donner à nouveau aux sciences juridiques le sens de l'universel et c'est pourquoi on peut dire que c'est une science humanitaire ou parler de sa fonction internationale ou encore souligner qu'il est un facteur de compréhension entre les nations».[9]

Les liens du droit comparé semblent étroits avec certaines disciplines. Comme pour l'élaboration de la règle de droit, l'apport d'autres sciences dans la connaissance de la règle de droit n'est pas négligeable.

Concernant le droit international public (DIP), le droit comparé sert à dégager les principes généraux communs aux nations civilisées, qui sont une des sources du DIP selon l'article 38 du Statut de la Cour internationale de justice. D'autres règles du DIP comme, par exemple, l'abus de droit ou *pacta sunt servanda*, ont leur origine dans les droits nationaux et leur pleine compréhension exige aussi le droit comparé.

Le droit international privé utilise le droit comparé dans la résolution des conflits de lois en permettant l'étude des règles de conflit du droit étranger et même l'étude du droit étranger quand le juge national doit appliquer celui-ci.

L'histoire du droit étudie les systèmes juridiques dans le temps. Cependant, l'historien ne peut utiliser purement et simplement les concepts du droit moderne pour comprendre les anciens droits. L'histoire du droit, par exemple, permet de mieux cerner les règles et institutions actuelles, qui puisent souvent leurs origines

[8] Voy. dans ce sens Droit comparé-Wikipédia, http://fr.wikipedia.org.org/wiki/Droit_compar%C%A9.
[9] Introduction au droit comparé, Précis Dalloz, 1979, n° 1.

dans les siècles passés. Dans un sens voisin, un auteur a écrit que l'anthropologie juridique permet de «mieux découvrir notre droit sous l'écorce des codes».[10]

La sociologie du droit a pour but de découvrir les relations entre le droit et la société: comment le droit affecte le comportement humain et en retour de quelle manière les changements sociaux déterminent le droit. Le sociologue du droit a souvent besoin d'embrasser l'analyse des droits de plusieurs pays afin d'étudier ces interactions.

Les relations d'utilité sont réciproques avec les sciences ci-dessus puisque, en retour, le comparatiste doit étudier la société et l'histoire des nations afin de comprendre les différences des solutions juridiques adoptées.

Presque tous les auteurs qui étudient le droit comparé lui reconnaissent plusieurs buts ou utilités.[11]

D'abord, il est considéré comme l'un des meilleurs moyens pour la connaissance du droit national. Une des fonctions du droit comparé est de faire connaître la règle de droit étrangère, ce qui peut favoriser en retour une meilleure connaissance de la loi nationale. Le droit comparé n'est-il pas le plus court chemin pour la compréhension des phénomènes juridiques nationaux?[12]

Ensuite, il apparaît comme un instrument efficace d'amélioration du droit national. Il est avant tout, suivant les termes d'un auteur,[13] un instrument de réforme législative. Le droit étranger fournit des solutions à transposer dans la législation nationale ou, plus sagement, des modèles dont elle peut s'inspirer, l'adoption pure et simple d'une institution empruntée à un droit étranger, détachée de son contexte, risquant d'être inefficace.[14]

Enfin, le droit comparé contribue à une meilleure compréhension entre les nations et donc à la paix et à l'unification du droit au niveau d'une région plus ou moins grande, laquelle participe de la mondialisation. Un auteur relève que «la mondialisation du droit, comme celle des échanges et de l'économie, suscite bien

---

[10] Norbert Rouland, Aux confins du droit, Odile Jacob, p. 300.

[11] M. Rodolfo Sacco (La comparaison juridique au service de la connaissance du droit, Economica 1991, n° 1) considère comme «un faux problème» l'obligation faite au droit comparé de justifier de ses buts pour garantir la légitimité de la comparaison. Pour lui, «la science satisfait le besoin de connaître qui caractérise l'homme; c'est là son but; chaque science, spécialement, satisfait le besoin d'acquérir tel ou tel ensemble de notions, qui correspondent à l'objet de la science considérée. Seul le droit comparé est soumis à une vérification supplémentaire de ses «buts»; et cette vérification a tout l'air d'être conçue comme une sorte de preuve libératoire, nécessaire pour garantir la légitimité de la comparaison. On croît faire l'éloge du droit comparé en disant qu'il contribue à l'amélioration du droit national ou international, qu'il favorise l'uniformisation ou l'unification des différents droits, qu'il permettra une meilleure compréhension réciproque des peuples.

[12] Voy. dans ce sens Farjat Gérard, Droit économique, PUF, Thémis, 1971, p. 17.

[13] Rémy Cabrillac, Introduction générale au droit, Dalloz cours, 7e éd., 2007, n° 28.

[14] Rémy Cabrillac, op. cit., n° 28 où l'auteur donne des exemples de transposition réussie d'institutions étrangères en France comme la SARL, la fiducie, inspirée du trust anglo-saxon, la procédure de comparution sur reconnaissance de culpabilité, familièrement appelée «plaider coupable» récemment introduite dans la procédure pénale française qui est inspirée du *plea bargaining* américain. . . Des auteurs avisés ont écrit, à propos de la société à responsabilité limitée, reprise du droit allemand, que l'«on ne saurait donner meilleur exemple de l'heureuse importation d'une institution étrangère» (Ripert et Roblot, Traité de droit commercial, Paris, L.G.D.J., Tome 1, Volume 2: Les sociétés commerciales, 18e éd., 2002, par Michel Germain, n° 1256).

des questions politiques autant que techniques et des réactions, souvent aussi épidermiques que rationnelles. Elle paraît néanmoins inéluctable».[15] Et l'auteur de se demander si l'avenir ne s'inscrit pas plutôt dans une fusion librement consentie des divers systèmes grâce à des efforts d'harmonisation des droits, à une recherche d'un nouveau "*jus commune*" à vocation supranationale et à la multiplication des conventions internationales. Cela semble correspondre à la situation de l'OHADA, surtout si l'on prend en compte cette opinion qui considère l'unification générale des législations comme un mythe et tandis que «l'unification, limitée à des matières spéciales, des législations de plusieurs pays est possible et fréquente».[16] Dans le même sens, un auteur affirme «c'est, certes aujourd'hui une chimère que de vouloir l'unification de tout le droit dans le monde entier. Cependant, un projet a vu le jour, encore qu'il soit une œuvre privée: c'est le projet de Code universel des obligations du professeur Cosentini».[17] Dans le cadre régional, le droit comparé ne consiste pas seulement à la prise en compte des droits étrangers. En effet, l'état des lieux et la confrontation des règles de chaque Etat peut permettre de dégager des règles de meilleure qualité à même de contribuer à l'atteinte des objectifs poursuivis. Il y aurait ainsi, en quelque sorte, un droit comparé interne et un droit comparé externe.

Mais, de l'avis unanime des auteurs, des précautions sont à prendre afin que la comparaison soit fructueuse: «Le défaut de correspondance entre les notions, et même entre les catégories juridiques admises ici et là, constitue l'une des plus grandes difficultés que rencontre le juriste désireux d'établir une comparaison entre les divers droits. . . Il appartient aux comparatistes, par des études générales portant sur la structure des sociétés et des droits, de créer les conditions nécessaires pour un dialogue fructueux; il leur appartient d'expliquer les mentalités, modes de raisonnement et concepts étrangers, et d'établir au sens large des dictionnaires de la science juridique pour permettre à des gens, qui ne parlent la même langue, de se comprendre».[18]

Au total, la question posée est non pas de savoir si le droit comparé intervient dans l'œuvre d'unification du droit entreprise par l'OHADA puisque la réponse est assurément affirmative, mais plutôt de savoir de quelle manière ou avec quelle intensité le droit comparé intervient. Dans une approche analytique et descriptive, il conviendra d'apprécier les impacts du droit comparé dans les actes uniformes de l'OHADA en regroupant ceux-ci selon qu'ils ont trait soit aux structures et aux opérations des entreprises, soit au recouvrement des créances et au règlement des litiges.

I – LES ACTES UNIFORMES RELATIFS AUX STRUCTURES ET AUX OPERATIONS DES ENTREPRISES

Ce sont l'acte uniforme relatif au droit commercial général (AUDCG), l'acte uniforme relatif au droit des sociétés commerciales et du groupement d'intérêt

[15] Jean-Louis Bergel, Théorie générale du droit, Dalloz, 4e éd., 2003, n° 133, 134.
[16] Jean-Louis Bergel, op. cit., n° 133, 134.
[17] René Rodière, Introduction au droit comparé, Précis Dalloz, 1979, n° 66.
[18] René David, Camille Jauffret-Spinosi, Les grands systèmes de droit contemporains, op. cit., n° 12.

économique (AUDSC), l'acte uniforme relatif au droit des sociétés coopératives (AUDSCOOP), l'acte uniforme portant organisation et harmonisation des comptabilités des entreprises sises dans les Etats parties au Traité relatif à l'harmonisation du droit des affaires en Afrique (AUOHC), l'acte uniforme relatif au contrat de transport de marchandises par route (AUCTMR). On accordera une large place au droit comptable en raison de ses spécificités.

A – Les actes uniformes relatifs au droit commercial général, aux sociétés et aux contrats de transport

Le nouvel acte uniforme relatif au droit commercial général (AUDCG) issu de la révision intervenue à Lomé le 15 décembre 2010 apporte les innovations suivantes:[19]

- le nombre d'articles augmente passant à 307 contre 289 antérieurement avec un changement de la numérotation, de même que celui des livres qui sont désormais au nombre de neuf contre six antérieurement;
- l'introduction du statut de l'entreprenant (art. 30 à 33), qui constitue l'une des plus grosses innovations de l'AUDCG révisé, ainsi que des règles de calcul de la prescription (art. 16 à 29);
- la modification en profondeur des règles régissant le registre du commerce et du crédit mobilier (RCCM); au lieu du livre unique de l'AUDCG originaire, quatre livres lui sont consacrés, directement ou indirectement, à savoir le livre II sur le RCCM (art. 66 à 72), le livre III sur le fichier national (art. 73 à 75), le livre IV sur le fichier régional (art. 76 à 78) et le livre V sur l'informatisation du RCCM, du fichier national et du fichier régional (79 à 100); tous ces livres auraient pu constituer un seul livre en raison des liens qui les unissent, lequel serait subdivisé en quatre titres;
- le remplacement du bail commercial par le bail à usage professionnel, ce qui était déjà le cas en pratique dans les anciens textes, même avant l'harmonisation, sauf l'appellation, et l'abandon de la notion confuse de fonds commercial;
- le quasi maintien des règles sur les intermédiaires;
- la refonte de la réglementation de la vente (art. 234 à 302).

La situation dans les Etats parties avant l'adoption de l'AUDCG était caractérisée par le caractère éparpillé et non coordonné des textes, leur caractère vieillot et inadapté.

L'une des options majeures qui a été débattue au grand séminaire d'Abidjan d'avril 2008 a été la question du choix entre l'acte de commerce et l'acte économique avec leurs implications. Au regard des risques de «dépaysement», finalement, il a été décidé de maintenir les solutions plus ou moins classiques concernant les notions d'actes de commerce, de commerçant, de fonds de commerce, de baux commerciaux. . . avec seulement quelques règles de modernisation

[19] Akuété Pedro Santos, Commentaires de l'Acte uniforme portant sur le droit commercial général du 15 décembre 2010, in J. Issa-Sayegh, P.-G. Pougoué et F.M. Sawadogo (sous la direction de), OHADA: Traité et Actes uniformes commentés et annotés, Juriscope, 4e édition, 2012, p. 231 à 363.

et de clarification: élargissement de la notion d'acte de commerce par nature et par la forme, transformation de la prescription décennale en prescription quinquennale, l'octroi de la qualité de commerçant à tous les intermédiaires du commerce (courtier, commissionnaires, agents commerciaux) alors que la qualification n'est pas acquise, par exemple, en France, notamment pour les agents commerciaux ou les voyageurs-placiers-représentants de commerce.

Si les droits nationaux ont été pris en compte, notamment ceux des Etats qui possédaient un code de commerce comme le Mali, ou encore le droit rendu applicable pendant la période coloniale (fonds de commerce, baux commerciaux, actes de commerce, commerçant), il est probable qu'une part non négligeable doit être attribuée à la législation française telle qu'elle a évolué postérieurement aux indépendances des Etats parties, à laquelle il faut ajouter le droit international et précisément la convention de Vienne du 11 avril 1980 sur les contrats de vente internationale de marchandises. On note entre l'acte uniforme et la convention de nombreuses similitudes ayant trait à la formation du contrat qui s'opère par la rencontre de l'offre et de la demande, à la définition de l'offre et de l'acceptation, aux obligations des parties que sont le vendeur (livrer la chose, remettre les documents, s'assurer que les marchandises sont conformes et garantir l'acheteur contre l'éviction et les vices cachés) et l'acheteur (payer le prix et prendre livraison de la chose), le tout avec un devoir de coopération qui doit caractériser les rapports des parties, l'un des objectifs étant de sauver le contrat et/ou de réduire les pertes de l'une ou des deux parties.[20]

L'AUDSC[21] est l'acte uniforme le plus long avec 920 articles. Formellement, si l'on néglige le chapitre préliminaire comprenant trois articles qui traitent du champ d'application personnel et temporel de l'acte uniforme et du caractère d'ordre public de ses dispositions, l'AUDSC comprend quatre parties, chacune des parties étant subdivisée, suivant les besoins, en livres,[22] titres, sous-titres, chapitres, sections, sous-sections et paragraphes. Ainsi, la partie 1 traite des «dispositions générales sur la société commerciale», la partie 2 traite des «dispositions particulières aux sociétés commerciales», la partie 3 est relative aux «dispositions pénales», et la partie 4 aux «dispositions finales et transitoires».

Si l'on exclut les dispositions pénales, qui pour l'essentiel retiennent des solutions qui étaient en grande partie généralement acquises mais éparses et incomplètes, et les dispositions finales et transitoires qui, avec la fin de l'année 1999, ont perdu de leur importance ou de leur intérêt, l'on s'aperçoit que l'acte uniforme consacre avec netteté:

- d'une part, un droit général ou droit commun des sociétés, applicable à toutes les sociétés, depuis leur constitution jusqu'à leur dissolution et liquidation;

---

[20] Voy. dans ce sens Gaston Kenfack Douajni, L'influence de l'internationalité dans l'élaboration du droit OHADA, Penant, revue trimestrielle de droit africain, n° 851, avril — juin 2005, p.175 à 176.

[21] Cet Acte uniforme est en cours de révision depuis plusieurs années mais celle-ci n'est pas encore adoptée.

[22] Formellement, il est permis de penser que ce sont les livres qui devaient être divisés en parties et non l'inverse comme le fait l'acte uniforme.

- d'autre part, un droit spécial des sociétés, dont l'essentiel des dispositions concerne la société anonyme (constitution, organisation, fonctionnement. . . ainsi que les valeurs mobilières) et la SARL; ce droit spécial aborde aussi la SNC, la société en commandite simple, la société de fait et la société créée de fait, la société en participation et le groupement d'intérêt économique.

Pour faire court, c'est une législation moderne des sociétés qu'apporte l'AUDSC,[23] avec notamment la nécessité de l'immatriculation au RCCM pour le bénéfice de la personnalité morale, la protection des associés minoritaires et des tiers, le rôle accru du commissaire aux comptes, la protection de la société avec l'institution de la procédure d'alerte, de l'expertise de gestion, l'obligation d'élaborer des comptes prévisionnels. Les innovations majeures tiennent dans l'admission de la société unipersonnelle non seulement dans la SARL mais surtout dans la SA et dans l'exigence de l'intervention du notaire dans l'adoption des statuts.

Le point sur la question a montré une situation contrastée: un ensemble de textes vieillots, éparpillés, ayant fait l'objet d'extension incomplète pendant la période coloniale. Pour les Etats qui n'ont pas réformé leur législation depuis l'indépendance: loi du 24 juillet 1867 sur les sociétés par actions, ayant fait l'objet de plusieurs modifications dont certaines n'avaient pas fait l'objet d'extension dans les colonies, accroissant les incohérences; loi du 24 mars 1925 sur la société à responsabilité limitée, dispositions du code de commerce sur les autres sociétés. Pour les rares Etats, comme le Sénégal, qui avaient modernisé leurs législations, la principale source d'inspiration sinon le modèle a été la loi française du 24 juillet 1966.

L'espace couvert par l'OHADA avait connu une loi modèle sur le droit des sociétés commerciales, élaborée dans le cadre de l'Union africaine et malgache (UAM) qui avait créé à cet effet le Bureau africain et malgache pour la recherche législative. Le projet s'inspirait largement de la loi française du 24 juillet 1966.

L'influence majeure est celle du droit français en vigueur au moment de l'élaboration de cet acte uniforme et spécialement la loi du 24 juillet 1996 sur les sociétés commerciales plusieurs fois réformée et finalement intégrée au Code de commerce. C'est dire aussi qu'indirectement, l'OHADA s'est inspirée du droit européen dans la mesure où le droit français a lui-même intégré les règles des nombreuses directives prises dans le domaine du droit des sociétés.

Depuis la première directive du 9 mars 1968 sur la publicité, la validité des engagements sociaux, les cas de nullité, il y en a eu plus d'une douzaine ayant des

---

[23] Pour une vue d'ensemble du droit OHADA des sociétés commerciales et du GIE voy., entre autres:
— F. Anoukaha, A. Cissé, N. Diouf, J. Nguébou-Toukam, P.-G. Pougoué, M. Samb, OHADA: Sociétés commerciales et GIE, Bruylant, Bruxelles, 2002, 589 p. et la bibliographie citée aux pages 37 à 39;
— P.-G. Pougoué, J. Nguébou-Toukam, F. Anoukaha, Commentaires de l'acte uniforme relatif au droit des sociétés commerciales et du groupement d'intérêt économique, in OHADA: Traité et actes uniformes commentés et annotés, Juriscope, 4e édition, 2012 (sous la coordination scientifique des professeurs J. Issa-Sayegh, P.-G. Pougoué et F. M. Sawadogo), p. 365 à 656;
— Cabinet Ernst & Young, OHADA: Droit des sociétés commerciales et du GIE, Commentaires, EDICEF/Editions FFA, 1998, 329 p.

objets divers: sur la constitution de sociétés anonymes, le maintien de l'intégrité de leur capital et ses modifications; sur la protection des actionnaires et des tiers à l'occasion des fusions de sociétés anonymes; sur la structure et le contenu des comptes annuels, sur les scissions de sociétés anonymes; sur les conditions dans lesquelles les sociétés doivent établir des comptes consolidés; sur les conditions que doivent remplir les personnes exerçant les fonctions de commissaires aux comptes; concernant les formalités de publicité à la charge des sociétés d'un Etat membre qui ouvrent une succursale dans un autre Etat membre; concernant les sociétés à responsabilité limitée unipersonnelle; concernant les offres publiques d'acquisitions ou d'échanges (qui a nécessité 15 ans de négociations). Quant à la société anonyme européenne (*societas europae*), elle est régie en France par les dispositions du règlement européen du 8 octobre 2001, par celles des articles L. 229-1 à L. 229-15 du Code de commerce et celles applicables aux sociétés anonymes non contraires à celles-ci (art. L 229-1, al. 2 nouveau).[24]

La technique de l'acte uniforme n'a pas repris, et c'est heureux ainsi, la subtile distinction constitutionnelle, française et africaine, entre les règles et les principes fondamentaux qui sont du domaine de la loi parlementaire et les autres règles qui sont du domaine du règlement.

L'acte uniforme relatif au droit des sociétés coopératives (AUDSCOOP),[25] adopté le 15 décembre 2010 à Lomé, est le neuvième et dernier acte uniforme à ce jour.[26] Cependant, il faut souligner que cette forme juridique peut être employée pour bien d'autres activités puisque, selon l'article 5 de l'AUDSCOOP, «les sociétés coopératives exercent leur action dans toutes les branches de l'activité humaine». Il devient le second acte uniforme le plus long avec ses 397 articles, après celui sur le droit des sociétés commerciales et du groupement d'intérêt économique. On peut dire qu'il est construit un peu à l'image de celui-ci.

S'agissant de son contenu, dans l'ensemble il est classique, c'est-à-dire qu'il reprend les principes et règles des lois nationales régissant les sociétés coopératives, sauf à souligner sa longueur qui semble inédite. Ainsi, l'article 4 définit la société coopérative comme un groupement autonome de personnes volontairement réunies pour satisfaire leurs aspirations et besoins économiques, sociaux et culturels communs, au moyen d'une entreprise dont la propriété et la gestion sont collectives et où le pouvoir est exercé démocratiquement et selon les principes coopératifs. Il précise que la société coopérative peut, en plus de ses coopérateurs qui en sont les principaux usagers, traiter avec des usagers non coopérateurs dans les limites que fixent les statuts. L'acte uniforme rappelle que la société coopérative est constituée et gérée selon les principes coopératifs universellement reconnus, à savoir:

---

[24] Philippe Merle, Sociétés commerciales, Dalloz, 10e éd., 2005, n°s 19, 68, 248, 486.

[25] Akuété Pedro Santos et Charles Komivi Botokro, Commentaires de l'Acte uniforme du 15 décembre 2010 relatif au droit des sociétés coopératives, in OHADA: Traité et Actes uniformes commentés et annotés, op. cit., p. 659 à 765.

[26] Il semble que l'UEMOA et la BCEAO se sont beaucoup investies pour l'adoption de cet acte uniforme, probablement parce la forme coopérative est l'une des plus utilisées pour la création d'institutions de micro-finance dont ces institutions assurent la promotion et le contrôle.

- l'adhésion volontaire et ouverte à tous;
- le pouvoir démocratique exercé par les coopérateurs;
- la participation économique des coopérateurs;
- l'autonomie et l'indépendance;
- l'éducation, la formation et l'information;
- la coopération entre organisations à caractère coopératif;
- l'engagement volontaire envers la communauté.

Toute discrimination fondée sur le sexe ou sur l'appartenance ethnique, religieuse ou politique est interdite (article 6).

Dans le même sens, l'article 102 prévoit que chaque coopérateur dispose d'une voix quelle que soit l'importance de sa participation au capital de la société coopérative.

Relativement à sa structuration, l'Acte comprend un chapitre préliminaire, puis quatre parties dont les plus importantes sont les deux premières.

Le chapitre préliminaire (art. 1 à 3) est relatif au champ d'application de l'AUDSCOOP. Il déclare l'Acte uniforme applicable à toute société coopérative, toute union ou fédération, voire confédération, de sociétés coopératives, dont le siège social est situé sur le territoire de l'un des Etats Parties au Traité de l'OHADA, même si la société coopérative exerce une activité commerciale. Il déclare ses dispositions d'ordre public sauf exception mais ajoute que les sociétés coopératives qui ont pour objet l'exercice d'activités bancaires ou financières demeurent soumises aux dispositions du droit interne ou communautaire relatives à l'exercice de ces activités.

La partie I sur les dispositions générales sur la société coopérative (art. 4 à 203) aborde, en huit titres, la constitution et le fonctionnement de la société coopérative, l'action en responsabilité civile contre les dirigeants de la société coopérative, les liens de droit entre les sociétés coopératives, la transformation de la société coopérative, les fusions et scissions ainsi que la dissolution et la liquidation des sociétés coopératives et, enfin, la nullité de la société coopérative et des actes sociaux.

La partie II, à l'image de l'AUDSC, traite des dispositions particulières aux différentes catégories de sociétés coopératives (art. 204 à 385) qui sont la société coopérative simplifiée et la société coopérative avec conseil d'administration, de trois à douze membres. Cette dernière n'est vraiment pas très éloignée d'une société commerciale.

La partie III sur les dispositions pénales est très brève. En deux articles (art. 386 et 387), il incrimine l'usage abusif de l'appellation société coopérative. . . et déclare les 886 à 905 de l'AUDSC, articles qui traitent des infractions pénales dans le cadre des sociétés commerciales, applicables aux sociétés coopératives.

La partie IV (art. 388 à 397) relative aux dispositions diverses, transitoires et finales aborde, entre autres, la mise en harmonie des statuts des sociétés existantes avec l'AU dans un délai de deux ans à compter de son entrée en vigueur, l'abrogation des dispositions légales contraires et son applicabilité dans un délai de 90 jours à compter de la date de sa publication au journal officiel de l'OHADA. Cette publication étant intervenue le 15 février 2011, l'AUDSCOOP est applicable depuis le 15 mai 2011.

Les principes coopératifs étant universels et l'expérience africaine étant déjà ancienne, il es vain de tenter de rattacher l'AUDSCOOP à la législation d'un pays donné.

L'acte uniforme relatif aux contrats de transport de marchandises par route (AUCTMR), adopté le 22 mars 2003 à Yaoundé, est le huitième acte uniforme de l'OHADA et le dernier en date. C'est aussi le moins volumineux en nombre d'articles: 31 articles contre 36 pour l'acte uniforme relatif au droit de l'arbitrage, tous les autres actes uniformes comportant plus d'une centaine d'articles. Il ne traite que du transport de marchandises par route en sept chapitres: champ d'application et définitions; contrat et document de transport; exécution du contrat de transport; responsabilité du transporteur; contentieux; dispositions diverses; dispositions transitoires et finales.

L'acte ne traite pas des autres modes de transports (ferroviaire, air, mer) mais sur l'un des aspects, il est large puisqu'il intéresse bien aussi bien les transports internes que les transports internationaux, pourvu que le lieu de la prise en charge de la marchandise et le lieu prévu pour la livraison, tels qu'ils sont indiqués au contrat, soient situés soit sur le territoire d'un Etat membre de l'OHADA, soit sur le territoire de deux Etats dont l'un au moins est membre de l'OHADA. L'acte paraît restrictif en limitant son objet au transport routier avec en plus de nombreuses exclusions comme les transports de marchandises dangereuses, les transports funéraires, les transports de déménagement ou les transports effectués en vertu de conventions postales internationales. Certaines de ces exclusions sont discutables. Il en est ainsi également d'autres options ou règles de l'AUCTMR mais l'on peut penser que l'AUCTMR sera d'un apport positif en ce qu'il précise les conditions de formation du contrat, les obligations des parties et surtout la responsabilité des transporteurs. Et cela, même si l'on peut d'ores et déjà penser à l'harmonisation souhaitable des autres domaines du droit des transports ou à des améliorations à apporter au texte de l'AUCTMR.

Peut-être en raison de la spécificité de la matière, ses sources d'inspiration sont nombreuses, comme le souligne un spécialiste de la matière, le professeur Dorothé Saossa.[27] Outre le droit canadien qui a dû entrer en ligne de compte en raison de la nationalité de l'expert qui préparé l'avant-projet, l'on note spécialement la Convention Inter-Etats de transport routier des marchandises diverses (CIETRMD) qui régit les pays de la CEMAC depuis le 5 juillet 1996.

La CIETRMD et l'AUCTMR sont fondamentalement inspirés de la Convention applicable au transport international des marchandises par route (CMR), établie et ouverte à la signature à Genève le 19 mai 1956 à la suite des travaux d'une session spéciale du Comité des transports intérieurs de la Commission Economique pour

[27] Voy. dans ce sens Dorothé Sossa, Commentaire de l'acte uniforme du 22 mars 2003 relatif aux contrats de transport de marchandises par route, in Joseph Issa-Sayegh, Paul-Gérard Pougoué et Filiga Michel Sawadogo (sous la coordination scientifique), OHADA, Traité et actes uniformes commentés et annotés, Juriscope, 3e édition 2007, p. 1045-1046.

l'Europe des Nations Unies, qui règle en substance la formation et l'exécution du contrat de transport en fixant également les règles de base de la responsabilité du transporteur. La CMR a été ratifiée par la plupart des Etats européens ainsi que par ceux du Maghreb et de l'Asie qui sont voisins du continent européen (notamment la Norvège, la Suisse, la Biolorussie, la Bosnie-Herzégovine, la Bulgarie, la Croatie, l'Estonie, la Fédération de Russie, la Hongrie, le Kazakstan, la Lettonie, la Lithuanie, la Pologne, la Moldavie, la Roumanie, la Slovénie, la Tchéquie, la Yougoslavie, le Maroc et la Tunisie). Les emprunts à la CMR témoignent d'une démarche prudente, car cette convention a, depuis plus de 40 ans, fait la preuve de son efficacité (sur les routes!).

La CMR est elle-même issue d'une proposition de l'Institut international pour l'Unification du droit privé (Unidroit), en date du 29 mars 1948. Son élaboration a bénéficié de la coopération de la Chambre de commerce internationale (CCI), de l'Union internationale des transporteurs routiers (IRU), de l'Union internationale d'assurance transport et du soutien de l'Office central des transports internationaux par chemin de fer (OCTI) et de l'Union internationale des chemins de fer (UIC).

Selon un auteur, l'OHADA s'est «inspirée d'un instrument à l'élaboration duquel ont participé les Nations Unies, dont il convient de rappeler qu'elles prennent en compte autant le droit continental que le droit de la Common Law dans le cadre de l'élaboration d'instruments juridiques internationaux».[28]

B – L'acte uniforme relatif au droit comptable

L'acte uniforme portant organisation et harmonisation des comptabilités des entreprises sises dans les Etats parties au Traité relatif à l'harmonisation du droit des affaires en Afrique (AUOHC), couramment appelé acte uniforme sur le droit comptable (AUDC), comprend 113 articles, lesquels traitent des grandes règles applicables aux opérations d'enregistrement comptable dans le respect des grands principes comme celui de prudence, avec comme objectifs de garantir la fiabilité, la compréhension et la comparabilité des informations et de donner une image fidèle du patrimoine et des opérations de l'entreprise, avec comme référentiel temporel l'année civile. L'article 8 pose que:

«Les états financiers annuels comprennent le Bilan, le Compte de résultat, le Tableau financier des ressources et des emplois, ainsi que l'état annexé. Ils forment un tout indissociable et décrivent de façon régulière et sincère les événements, opérations et situations de l'exercice pour donner une image fidèle du patrimoine, de la situation financière et du résultat de l'entreprise. Ils sont établis et présentés conformément aux dispositions des articles 25 à 34. . . de façon à permettre leur comparaison dans le temps, exercice par exercice, et leur comparaison avec les états financiers annuels des autres entreprises dressés dans les mêmes conditions de régularité, de fidélité et de comparabilité».

Dans ses annexes, il contient de nombreux tableaux et définitions constituant ce que l'on peut appeler le Plan ou le Système comptable OHADA (SYSCOHADA).

---

[28] Gaston Kenfack Douajni, op. cit., p. 183.

Cet acte uniforme reprend les règles du Plan comptable OCAM et du Plan comptable de 1957 qui étaient en vigueur dans la plupart des Etats parties au Traité de l'OHADA lorsqu'elles paraissent toujours adaptées à l'évolution en la matière. D'une manière générale, cet acte uniforme se situe dans le sens de l'évolution de la technique comptable sur le plan international. S'il est incontestable qu'il a dû s'appuyer principalement sur le droit français, notamment en raison de la nationalité de l'expert qui l'a élaboré, il est à mentionner qu'il a pris en compte les normes internationales. Dans l'ensemble, le système comptable OHADA n'est pas différent du système comptable ouest africain (SYSCOA) qui a été adopté en 1996 et qui s'applique dans les Etats membres de l'UEMOA.[29]

Ici, l'on va s'intéresser à l'influence éventuelle des normes internationales sur l'œuvre de l'OHADA en la matière. Grâce aux travaux d'un certain nombre d'organismes internationaux dont l'IASC (International Accounting Standards Committee),[30] créé le 29 juin 1973, la comptabilité s'est mondialisée. L'existence de groupes multinationaux, l'obligation généralisée d'établir des comptes consolidés pour les sociétés d'une certaine taille, l'internationalisation des marchés financiers commandent la convergence des règles et des pratiques comptables.

Les normes internationales ont inspiré le législateur OHADA et le SYSCOHADA intègre quelques aspects des IAS/IFRS traduisant ainsi la volonté des autorités de soutenir la comptabilité et d'en faire un moyen efficace de communication et de pilotage de nos entreprises.[31] On note une influence anglo-saxonne et la convergence du SYSCOHADA avec les normes IAS/IFRS. Au titre de l'influence anglo-saxonne, le SYSCOA, explicitement, et le SYSCOHADA, implicitement, se sont inspirés du cadre conceptuel de l'IASC de 1990 sur la préparation et la présentation des états financiers alors que le plan 57, le plan OCAM et dans une certaine mesure le plan 82 ne reposaient pas sur un tel cadre. C'est ainsi que le cadre conceptuel du SYSCOHADA expose: les objectifs des états financiers, et les hypothèses sous-jacentes; les caractéristiques qualitatives et les éléments des états financiers; les méthodes d'évaluation; les concepts de maintien du capital et de détermination du résultat (débouchant sur les notions de pertinence partagée et d'image fidèle).

[29] Une récente réforme du SYSCOA a élargi le fossé avec le SYSCOHADA, ce qui a conduit la Conférence des Chefs d'Etat et de Gouvernement, à l'occasion des manifestations entrant dans le cadre du 20e anniversaire de l'OHADA, à relever «la coexistence de deux référentiels comptables dans l'espace géographique OHADA» et à instruire «le Conseil des Ministres de poursuivre la révision de l'Acte Uniforme portant organisation et harmonisation des comptabilités des entreprises pour en faire l'unique référentiel en vigueur dans les Etats Parties» (Communiqué final, p. 9).

[30] En 2001, l'IASC est devenu l'IASB (International Accounling Standards Board) et les normes comptables internationales (IAS) sont désormais appelées IFRS (International Financial Reporting Standards).

[31] Voy. dans ce sens: Souleymane Séré, Commentaires de l'acte uniforme sur le droit comptable, in Joseph Issa-Sayegh, Paul-Gérard Pougoué et Filiga Michel Sawadogo (sous la coordination scientifique de), «OHADA, Traité et actes uniformes commentés et annotés», Juriscope, 4e édition, 2012, p. 767à 845); Bernard Dansou Govoei, Précis de comptabilité générale, Droit et système comptable OHADA, Contribution à l'amélioration et à la vulgarisation du système, Convergence vers les normes comptables internationales IAS/IFRS, Espace OHADA, 2e éd., 2006. Toute la sixième partie, intitulée «La convergence vers les normes comptables internationales», p. 705 à 808.

Le SYSCOHADA a intégré des principes comptables généralement admis par les normes internationales, dont certains étaient explicites et d'autres implicites ou inexistants dans les plans antérieurs, si bien qu'il est difficile de faire la part exacte qui est reprise des normes internationales. Ce sont:

- le principe de prudence pour une appréciation raisonnable des événements et des opérations à enregistrer afin d'éviter de transférer sur l'avenir des risques actuels;
- le principe de la transparence dont la mise en œuvre permet à l'entreprise de donner une présentation claire et loyale de l'information;
- le principe de l'importance significative, en vertu duquel tout élément susceptible d'influencer le jugement que les destinataires des états financiers peuvent porter sur le patrimoine, la situation financière et le résultat de l'entreprise doit leur être communiqué;
- le principe de l'intangibilité du bilan d'exercice qui postule que le bilan d'ouverture doit correspondre au bilan de clôture; ne peuvent être imputées sur les capitaux propres d'ouverture les incidences des changements de méthodes ainsi que les produits et charges sur exercices antérieurs;
- le principe du coût historique qui permet en comptabilité d'enregistrer les biens, à leur date d'entrée dans le patrimoine, à leur coût d'acquisition exprimé en unités monétaires courantes;
- le principe de la continuité de l'exploitation et d'utilisation d'un bien, l'entreprise étant présumée poursuivre ses activités sur un horizon temporel prévisible; lorsque la continuité de l'exploitation de l'entreprise n'est plus assurée, les méthodes d'évaluation doivent être reconsidérées; il en est de même en cas de non continuité d'utilisation d'un bien;
- le principe de la permanence des méthodes, selon lequel les méthodes d'évaluation et de présentation utilisées pour l'établissement des états financiers doivent être identiques d'un exercice à l'autre; cette constance dans l'application des méthodes permet d'assurer la comparabilité de l'information dans le temps et dans l'espace; ce principe admet, toutefois, des changements motivés par la recherche d'une meilleure image du patrimoine, de la situation financière et du résultat de l'entreprise; les circonstances de telles modifications sont limitativement prévues;
- le principe de la spécialisation des exercices, qui rattache à chaque exercice les opérations qui lui sont imputables;

Outre les principes ci-dessus évoqués, le SYSCOHADA a intégré le principe anglo-saxon de la prééminence de la réalité économique d'une opération sur son apparence juridique («substance over form»). Toutefois, son application semble avoir été limitée aux cinq cas ci-après. Dans les opérations de crédit bail, la location est considérée comme une acquisition financée par un emprunt, les biens loués étant inscrits à l'actif du bilan du locataire, et la redevance positionnée comme une dette financière. Dans les opérations de concession de biens, l'utilisation du bien par le concessionnaire a la même signification économique que ce qu'il en aurait fait s'il l'avait acquis en pleine propriété. Il immobilisera ce bien qui figurera dans son patrimoine. Pour les acquisitions de biens en réserve de propriété, le traitement obéit à la même règle que la concession. Le bien n'appartient pas à l'entreprise utilisatrice, néanmoins il figure dans son patrimoine. Les effets remis à l'escompte et dont les produits sont encaissés sont traités de la manière suivante: la dette vis-à-vis de la banque (avance consentie à l'entreprise) est constatée au passif en tant que crédit de trésorerie; la créance sur le débiteur est inscrite à l'actif jusqu'à l'échéance de l'effet. Quant au personnel intérimaire, il n'est pas lié à l'entreprise par un contrat de travail; il est néanmoins considéré comme faisant partie des effectifs; de ce fait, les dépenses de personnel intérimaire sont inscrites en frais de personnel.

D'autres conséquences découlent de la prise en compte des normes comptables internationales.

En premier lieu, il y a l'élargissement du périmètre du bilan. Le SYSCOHADA opère un glissement du bilan patrimonial vers un bilan économique, en y incluant les biens détenus en réserve de propriété, les biens détenus au titre d'une concession ou dans le cadre d'un crédit-bail.

En deuxième lieu, l'état annexé devient obligatoire contrairement au plan OCAM et au plan 57. Le nouveau référentiel comporte désormais, conformément aux normes internationales, l'obligation de fournir un état annexé dont le rôle est de préciser et de compléter l'information donnée par les autres états annuels.[32]

En troisième lieu, la distinction dans le résultat des activités ordinaires des éléments extra — ordinaires. Les activités extraordinaires sont désormais définies de façon plus restrictives qu'elles ne l'étaient notamment dans le plan OCAM ou le plan français de 1982, sous les appellations respectives de hors exploitation ou de exceptionnelles.[33] En quatrième lieu, les entreprises dominantes ou «contrôlaires» ont l'obligation de présenter des comptes consolidés. Ainsi, selon l'article 74 de l'AUDC, «toute entreprise, qui a son siège social ou son activité principale dans l'un des Etats parties et qui contrôle de manière exclusive ou conjointe une ou plusieurs autres entreprises, ou qui exercent sur elles une influence notable, établit et publie chaque année les états financiers consolidés de l'ensemble constitué par toutes ces entreprise ainsi qu'un rapport sur la gestion de cet ensemble».

La finalité d'image fidèle est devenue un aspect essentiel du modèle comptable. Elle transcende les notions de régularité et de sincérité propres aux anciens plans comptables. Elle conduit dans un premier temps les dirigeants des entreprises à exercer une responsabilité de production d'informations d'importance significative dans l'état annexé. Elle peut, dans des cas extrêmes, conduire à déroger aux règles du SYSCOHADA.

[32] L'état annexé vise à faciliter la lecture des états financiers. Il indique notamment les règles d'évaluation et de présentation appliquées ainsi que les dérogations utilisées. Au-delà des tableaux et des listes qu'il comporte, l'état annexé doit contenir toutes les informations non mises en évidences dans les autres états financiers et susceptibles d'influencer le jugement du lecteur de comptes. Son utilisation doit concourir à donner une image fidèle du patrimoine, de la situation financière et du résultat de l'entreprise.

[33] Les postes de Hors activités ordinaires retenus dans le SYSCOHADA enregistrent les seuls événements fortuits tels que les guerres, les cataclysmes, les changements de réglementation et les expropriations. Ce nouveau découpage des activités vise à isoler les résultats susceptibles de se reproduire à qualité de gestion égale.

On peut noter une convergence SYSCOHADA, IAS et IFRS. Actuellement une quarantaine de normes internationales sont en application (37 exactement) avec de nombreuses mises à jour et de multiples précisions. Le SYSCOHADA est en adéquation dans les grandes lignes avec les IAS et les IFRS. Cependant, il existe quelques divergences qui méritent d'être analysées en vue d'une future révision de l'AUOHC. Les divergences ont trait aux états financiers mais également aux méthodes d'évaluation et de présentation des informations. Au niveau des états financiers, la présentation du bilan et du compte de résultat doit subir des modifications pour y inclure un système de référencement permettant de renvoyer aux rubriques de description plus détaillée (à l'annexe). Le TAFIRE (tableau financier des ressources et des emplois) doit également être revu pour correspondre d'avantage à un tableau de flux au lieu d'un tableau de financement/flux, comme c'est le cas actuellement. Les états annexés doivent inclure un descriptif de la variation des capitaux propres sur trois exercices permettant de distinguer les variations de capitaux induits par des écritures de celles suscitées par les décisions d'assemblée.

Certaines méthodes comptables ne sont pas retenues dans les IFRS. Il s'agit de l'immobilisation de certaines charges, de la prise en compte de provisions à caractère fiscal ou de la distinction des effets des changes sur les dettes et les créances (écarts de conversion passif et actif). Les comptes relatifs à ces méthodes sont à abandonner dans le cadre d'une adoption des IFRS. D'autres comptes induits sont également à supprimer comme les transferts de charges, les charges immobilisées. . .

L'application de méthodes différentes d'évaluation en ce qui concerne les stocks (notamment des produits agricoles), les acquisitions d'immobilisations subventionnées, les provisions pour dépréciation en références aux notions de valeur, les amortissements. . . entraînera quelques modifications dans les systèmes actuels de traitement. Autant de révolutions qui indiquent le contenu probable des prochaines révisions de l'AUOHC.

Enfin, certaines opérations inconnues jusque là dans notre comptabilité vont apparaître avec l'application des IFRS. La prise en compte des impôts différés dans les comptes individuels, l'inscription dans les états financiers individuels, au passif, des écarts d'évaluation consécutifs aux regroupements d'entreprises, l'évaluation permanente à une «juste valeur» des actifs monétaires entraînant une distorsion au principe du coût historique, l'inscription directe dans les capitaux propres de l'incidence d'opérations antérieures à l'exercice, l'amortissement obligatoire des composants d'un actif donné pris séparément et basé sur leur durée d'utilité (par exemple, distinguer dans un bâtiment les installations, les agencements, les meubles. . .) et le réajustement des dotations en fonction de la variation de la durée d'utilité. . . sont à prévoir dans le cadre conceptuel OHADA et à intégrer lors d'une révision de l'acte uniforme.

Pour ne pas subir la mondialisation avec retard et sans en tirer profit, il semble indiqué que l'OHADA renforce son contact avec les normes internationales car l'évolution en faveur de la convergence du langage et de la pratique comptables avec la mondialisation de l'économie et des marchés conduira irréversiblement à la révision de l'AUOHC. Un spécialiste de la comptabilité soutient qu'il y a lieu pour l'OHADA de choisir soit de continuer à s'inspirer des normes internationales, soit de les adopter dans leur intégralité/[34] C'est ce qu'a compris l'Union européenne qui consacre une large place auxdites normes à travers de nombreux règlements.[35] «Le référentiel applicable de manière obligatoire, ou sur option, pour l'établissement et la publication des comptes consolidés des sociétés européennes comprend les normes International Accounting Stantards (IAS) et International Financial Reporting Standards (IFRS), ainsi que les interprétations SIC et IFRIC s'y rapportant, adoptées par un règlement de la Commission européenne publié dans chacune des langues officielles de la Communauté au JOUE».[36]

La place du droit comparé est ainsi avérée dans les actes uniformes relatifs aux structures et aux opérations des entreprises. Il reste à se demander ce qu'il en est pour les actes uniformes relatifs au recouvrement des créances et au règlement des litiges.

II – LES ACTES UNIFORMES LIES AU RECOUVREMENT DES CREANCES ET AU REGLEMENT DES LITIGES

Il s'agit, d'une part, de l'acte uniforme portant organisation des sûretés (AUS) et de l'Acte uniforme portant organisation des procédures simplifiées de recouvrement et des voies d'exécution (AUPSRVE) et, d'autre part, de l'Acte uniforme portant organisation des procédures collectives d'apurement du passif (AUPC) et de l'Acte uniforme relatif au droit de l'arbitrage (AUDA).

A – Les actes uniformes relatifs aux sûretés et aux voies d'exécution

S'agissant de l'AUS, la révision a entrainé le changement de numérotation des articles dont le nombre passe de 151 à 228. Un titre préliminaire traite des définitions et du domaine d'application des sûretés ainsi que de l'agent des sûretés qui est un professionnel de la gestion des sûretés d'autrui[37] et qui constitue une innovation fondamentale du nouvel Acte uniforme (art. 5 à 11). Les autres titres sont les mêmes que ceux de l'Acte non révisé: ils abordent les sûretés personnelles, les sûretés mobilières, les hypothèques, la distribution et le classement des sûretés et, enfin, les dispositions finales. Aucune modification substantielle n'a été apportée relativement aux sûretés personnelles. Néanmoins, dans l'ensemble, les innovations sont nombreuses. Ce sont, outre l'agent des sûretés, la définition nouvelle de la sûreté,[38]

[34] Bernard Dansou Govoei, op. cit., n° 899, où l'auteur montre que l'Union européenne adopte purement et simplement les IAS/IFRS en 2000 mais depuis 2002 a décidé de procéder étape par étape avec une succession de règlements.

[35] Le premier de cette longue série de règlements est le règlement (CE) N° 1606/2002 du Parlement européen et du Conseil du 19 juillet 2002 sur l'application des normes comptables internationales.

[36] Code IFRS, Normes et interprétations, Textes consolidés à jour au 1er juin 2005, Code annoté RF, Groupe Revue Fiduciaire, 2005, 760 p., Avant-propos.

[37] L'article 5 de l'AUS révisé y relatif est ainsi libellé:
«Toute sûreté ou autre garantie de l'exécution d'une obligation peut être constituée, inscrite, gérée et réalisée par une institution financière ou un établissement de crédit, national ou étranger, agissant, en son nom et en qualité d'agent des sûretés, au profit des créanciers de la ou des obligations garanties l'ayant désigné à cette fin».

[38] «Une sûreté est l'affectation au bénéfice d'un créancier d'un bien, d'un ensemble de biens ou d'un

la notion de débiteur professionnel, la distinction entre le gage et le nantissement fondée sur le fait que le gage porte sur des meubles corporels et le nantissement sur des meubles incorporels,[39] la propriété retenue ou cédée à titre de garantie (réserve de propriété et fiducie), la réglementation de la publication des sûretés par l'AUS (art. 50 à 66). . .

Les deux principaux aspects du droit comparé ont été pris en compte: d'abord, l'aspect interne avec l'état des lieux du droit des sûretés en vigueur dans les Etats parties, ce qui a permis de savoir que dans la pratique bancaire, qui est celle qui semble intéresser tout le monde, le cautionnement est toujours solidaire, que l'antichrèse n'est plus pratiquée et que le droit de rétention pose problème lorsque le débiteur fait montre de léthargie malgré l'exercice du droit de rétention; ensuite, au plan externe, l'évolution du droit des sûretés au plan international, a été prise en compte, avec l'institution des garanties autonomes, la publication de nombre de sûretés, la transformation de privilèges en hypothèques légales. Au total, il s'est agit d'une modernisation du droit des sûretés, qui doit assurer l'efficacité des sûretés, celles-ci devant idéalement aboutir, dans la plupart des cas, au paiement ponctuel des créanciers qui en bénéficient.

Quant à l'AUPSRVE, avec ses 338 articles, il traite, d'abord, des procédures simplifiées de recouvrement que sont l'injonction de payer et l'injonction de délivrer ou de restituer (art. 1 à 27), qui visent deux objectifs:

- le premier est d'obtenir l'exécution rapide de l'obligation du débiteur, en faveur du créancier, par le seul effet de l'injonction délivrée par le juge sans qu'il soit nécessaire de recourir aux voies d'exécution; cette exécution se situerait entre l'exécution spontanée et l'exécution forcée;
- le second, et seulement au cas où l'injonction n'a pas abouti à l'exécution, est de permettre au créancier d'obtenir un titre exécutoire plus rapidement que s'il recourait à la procédure civile ordinaire.

Il traite ensuite des voies d'exécution. Après l'exposé de règles générales applicables à toutes les voies d'exécution, il aborde les saisies conservatoires et d'exécution en distinguant selon la nature et les caractères des biens qui sont l'objet de la saisie. Les saisies conservatoires ne peuvent concerner que les biens meubles corporels, les créances, les droits d'associés et les valeurs mobilières. Les saisies d'exécution peuvent concerner tous les biens saisissables sans distinction, y compris les rémunérations et les immeubles, à condition que le créancier saisissant soit muni d'un titre exécutoire.

Les objectifs poursuivis semblent être la rationalisation, l'accélération et une plus grande efficacité de la procédure en veillant à ne pas porter une atteinte injustifiée aux droits du débiteur. L'AUPSRVE est d'une technicité rebutante. Son application montre de grandes difficultés dues en grande partie à la mauvaise foi des débiteurs

patrimoine afin de garantir l'exécution d'une obligation ou d'un ensemble d'obligations, quelle que soit la nature juridique de celles-ci et notamment qu'elles soient présentes ou futures, déterminées ou déterminables, conditionnelles ou inconditionnelles, et que leur montant soit fixe ou fluctuant» (AUS révisé, art. 1).

[39] Akuété Pedro Santos, Commentaires de l'Acte uniforme du 15 décembre 2010 portant organisation des sûretés, in OHADA: Traité et Actes uniformes commentés et annotés, op. cit., p. 847 à 973.

entraînant un contentieux abondant au sein des juridictions des Etats parties comme auprès de la CCJA ainsi qu'à la coordination entre ses règles et celles des droits nationaux en matière judiciaire.

Le recours en droit comparé interne a permis de savoir que, d'une manière générale, la législation en vigueur dans les Etats parties était généralement vieillotte, inadaptée, éparpillée, incertaine, incomplète. . . dans une matière pourtant fort délicate. En effet, beaucoup d'Etats avaient conservé la législation rendue applicable ou effectivement appliquée pendant la période coloniale, à savoir le livre 5e de la 1ère partie du Code de procédure civile de 1806 intitulé: «De l'exécution des jugements».[40] Or, les dispositions y afférentes et leurs modificatifs n'ont pas, pour nombre d'entre elles, fait l'objet d'une extension expresse aux colonies, d'où une législation insuffisante, lacunaire et confuse ayant conduit à préconiser que, «à défaut de promulgation expresse ou implicite, les autres titres de ce livre, tels qu'ils figurent au CPC seront appliqués comme raison écrite».[41] D'autres Etats, en nombre peu important, avaient réformé leur droit judiciaire mais sans vraiment moderniser les solutions adoptées.[42]

Au titre du droit comparé externe ou étranger, la source d'inspiration de l'AUPSRVE est aisée à identifier: le nouveau droit applicable dans les Etats parties au Traité de l'OHADA est une reprise plus ou moins fidèle de la loi française n° 91-650 du 9 juillet 1991 portant réforme des procédures civiles d'exécution, loi qui a été complétée par un décret d'application du 31 juillet 1992, l'ensemble du dispositif étant entré en vigueur depuis le 1er janvier 1993.

Dans l'ensemble, c'est un texte de bonne facture au plan technique. Il reste posé la question de sa correcte application, qui suppose que les parties concernées, en particulier les débiteurs, fassent montre de bonne foi, ce qui ne semble pas être le cas.

B – Les actes uniformes relatifs aux procédures collectives et à l'arbitrage

L'AUPC traite dans ses 258 articles des entreprises en difficulté en mettant en place trois procédures, lesquelles s'appliquent aux commerçants personnes physiques et

---

[40] Le recours à une voie d'exécution n'est pas toujours fondé sur une décision de justice: des titres autres que les jugements peuvent en effet servir de support à l'exécution forcée. Il en est ainsi des actes notariés revêtus de la formule exécutoire, selon l'article 33 de l'AUPSRVE.

[41] Voy. dans ce sens G.J. Bouvenet, Recueil annoté des textes de procédure civile et commerciale applicables en Afrique occidentale française, Editions de l'Union Française, 1954, spécialement la préface du Pr J. de Soto et l'avant-propos de l'auteur et la 1ère note du livre 5e. Voy. également Y. Ndiaye, Les voies d'exécution, in Encyclopédie juridique de l'Afrique, Tome quatrième: Organisation judiciaire, procédures et voies d'exécution, Nouvelles éditions africaines, 1982, p. 227 et s.

[42] Voy.: pour la Côte d'Ivoire, loi n° 72-833 du 21 décembre 1972 portant Code de procédure civile, commerciale et administrative; pour le Gabon, ordonnance n° 1 du 2 février 1977 portant adoption du Code de procédure civile; pour le Sénégal, décret n° 64-572 du 30 juillet 1964 portant Code de procédure civile; pour le Mali, dont le Code pouvait être considéré comme adapté, décret n° 94-226 du 28 juin 1994 portant Code de procédure civile, commerciale et sociale. Voy. dans ce sens A.-M. Assi Esso, Commentaire de l'acte uniforme sur les voies d'exécution, in OHADA: Traité et actes uniformes commentés et annotés, 2002, p. 697 et s., et sur la législation ivoirienne avant l'acte uniforme de l'OHADA A.-M. Assi Esso, Voies d'exécution et procédures de distribution en droit ivoirien, réalisé au Centre reprographique de l'enseignement supérieur (Université Nationale de Côte d'Ivoire), 1991, 271 pages.

aux personnes morales de droit privé, y compris les entreprises publiques revêtant une forme de droit privé.

Il s'agit, d'abord, du règlement préventif (RP), avant la cessation des paiements, qui constitue à ce titre la pièce maîtresse de la prévention, prévention qui doit être complétée par des mesures hors AUPC, comme la procédure d'alerte, l'expertise de gestion ou les mesures idoines que peuvent prendre l'entrepreneur ou les dirigeants de la société. Le règlement préventif passe par une décision de suspension des poursuites individuelles, suivie, dans les deux ou trois mois, de l'adoption d'un concordat impliquant les créanciers.

Il s'agit ensuite du redressement judiciaire (RJ) et de la liquidation des biens (LB) après la cessation des paiements et qui poursuivent soit le sauvetage de l'entreprise s'il est présenté dans les délais une proposition de concordat sérieux, soit la liquidation de celle-ci, avec un rôle important pour le syndic et le juge-commissaire dans les deux procédures ainsi que pour le débiteur dans le RJ. Les solutions de ces procédures sont le concordat soumis au vote des créanciers, la clôture pour extinction du passif, l'union et la clôture pour insuffisance d'actif. Les créanciers impayés recouvrent leurs droits de poursuites individuelles contre le débiteur.

Le dispositif prévu, qui prend en compte l'urgence qui caractérise la matière, paraît cohérent et peut permettre d'atteindre les objectifs de sauvetage de l'entreprise, de paiement des créanciers et de punition des débiteurs ou dirigeants fautifs, surtout si les règles y afférentes sont bien connues et appliquées, en particulier celles qui ont trait aux sanctions civiles et pénales applicables aux débiteurs, aux dirigeants, aux associés tenus indéfiniment et solidairement[43] ainsi qu'aux syndics.[44]

Le point fait sur le droit interne des Etats a permis de savoir que, dans la plupart des Etats africains membres de l'OHADA, la législation applicable, quelque peu éparpillée, était composée principalement:

- du Code de commerce de 1807 tel qu'il a été refondu par la loi du 28 mai 1838;
- de la loi du 4 mars 1889 sur la liquidation judiciaire;
- des décrets-lois du 8 août et du 30 octobre 1935.[45]

[43] Ces sanctions que sont le comblement du passif social, l'extension de la procédure, la restriction des droits des dirigeants sur leurs titres sociaux, la faillite personnelle, les banqueroutes simple et frauduleuse

[44] Voy. les incriminations prévues par l'article 243 qui peuvent également servir de base pour la responsabilité civile.

[45] Voy. dans ce sens:
— Abarchi D., Pour une adaptation du droit nigérien des procédures collectives à l'évolution socio-économique, thèse doctorat en droit, Université d'Orléans, 1990, 539 p., comprenant des annexes relatives aux textes applicables et à la jurisprudence;
— Aggrey A., Guide de la faillite, Juris-Editions, éditions juridiques de Côte d'Ivoire, 1989 (plusieurs fascicules);
— Barre R. et Schaeffer E. (sous la direction de), Droit des entreprises en difficulté, Actes du congrès de l'Institut international des droits d'expression et d'inspiration françaises tenu au Gabon, Bruylant, Bruxelles, 1991, 456 p. Entre autres, cet intéressant ouvrage traite du droit des Etats africains suivants: Bénin, Cameroun, Congo, Gabon, Madagascar, Mali, République Centrafricaine, Sénégal;
— Kouassi C., Traité des faillites et liquidations judiciaires en Côte d'Ivoire, études juridiques et formulaires, éditions SOCOGEC, Abidjan, Collection espace entreprise, 1987;

Seuls quelques Etats avaient réformé leur droit des procédures collectives ou prévoyaient de le faire. A titre d'exemples, le Sénégal (articles 927 à 1077 du Code des obligations civiles et commerciales résultant de la loi n° 76-60 du 12 juin 1976, loi complétée par le décret d'application n° 76-781 du 23 juin 1976) et le Mali (articles 173 à 315 du Code de commerce, objet de la loi 86-13 AN-RM du 21 mars 1986)[46] ont reproduit purement et simplement la loi française du 13 juillet 1967. Le Gabon a repris, dans les lois n°s 7-86 et 8-86 du 4 août 1986, la substance des réformes françaises des 1er mars 1984 et 25 janvier 1985. La République Centrafricaine a institué une procédure de suspension des poursuites et d'apurement collectif du passif pour les entreprises d'intérêt national en situation financière difficile mais non irrémédiablement compromise, sur le modèle de l'ordonnance française du 23 septembre 1967.

Concernant les projets de réforme, le Cameroun, dans un avant-projet de 213 articles, intégrait, dans un même texte, les solutions françaises: la prévention des difficultés des sociétés (articles 7 à 16); le règlement amiable (articles 17 à 22); le règlement judiciaire, la liquidation des biens et la faillite personnelle (articles 23 à 213). Le Bénin, dans un avant-projet de 226 articles (articles 701 à 926 du Code de commerce) procédait à peu près de la même façon que le Cameroun.

Les principales sources d'inspiration de l'acte uniforme sont la loi française du 13 juillet 1967, qui d'ailleurs avait été reprise telle quelle par le Mali et Sénégal, ainsi que les réformes ultérieures intervenues dans ce pays dont l'influence est perceptible sur des aspects comme le rééquilibrage en faveur des créanciers, qui est l'œuvre de la loi du 10 juin 1994. On note aussi la prise en compte de textes internationaux en ce qui concerne les procédures collectives internationales qui sont traitées par l'AUPC dans ses articles 247 à 256. L'inclusion de telles dispositions, qui constitue une originalité de l'acte uniforme, a dû s'appuyer sur celles de trois instruments internationaux existants[47] qui, malheureusement, ne sont pas toujours pas en vigueur. Ce sont:

- la convention multilatérale du Conseil de l'Europe sur certains aspects internationaux de la faillite, faite à Istanbul le 5 juin 1990; cette convention, qui comporte 44 articles, traite de la plupart des questions que soulèvent les procédures collectives au plan international; elle s'intéresse aux Etats membres du Conseil de l'Europe mais admet la possibilité d'adhésion d'Etats non membres du Conseil de l'Europe;

— Pocanam M., Réflexions sur quelques aspects du droit de la faillite au Togo, Penant, n° 812, mai à septembre 1993, p. 189 à 230; Le concordat préventif, remède aux difficultés des entreprises au Togo?, 1994, dactylographiée, 41 pages;
— Sawadogo F. M., L'application judiciaire du droit des procédures collectives en Afrique francophone, à partir de l'exemple du Burkina Faso, Revue Burkinabè de Droit, n°26 — juillet 1994, p. 191 à 248;
— HSD-UREF, Droit commercial et des sociétés en Afrique, EDICEF, 1989.

[46] Ces articles forment le Titre IV du Livre I du Code de commerce, titre intitulé «De la faillite, du règlement judiciaire et de la liquidation des biens».

[47] Voy. sur ces instruments internationaux dont on retrouve le texte intégral sur le net: E. Krings, Unification législative internationale récente en matière d'insolvabilité et de faillite, Revue de droit uniforme, 1997-4, p. 657 à 673.

- la convention relative à l'insolvabilité, adoptée le 23 novembre 1995 par le Conseil de l'Union européenne;[48] c'est la convention la plus complète en ce sens qu'elle règle avec suffisamment de précision plusieurs aspects de la question; elle ne s'intéresse qu'aux Etats membres de l'Union européenne et s'intègre harmonieusement à cet ensemble juridique; l'essentiel du contenu de cette convention a été repris par une proposition de règlement présentée par l'Allemagne et la Finlande le 26 mai 1999; cette proposition a abouti au règlement du Conseil de l'Union européenne n°1346-2000 du 29 mai 2000, relatif aux procédures d'insolvabilité et qui est entré en vigueur le 31 mai 2000;[49]
- la loi type de la CNUDCI sur l'insolvabilité internationale, adoptée le 30 mai 1997 à Vienne à la 30ème session de la CNUDCI; ce texte assez détaillé de 32 articles aborde la plupart des questions que pose la faillite ou l'insolvabilité internationale; son optique est différente puisqu'il s'agit simplement d'une loi modèle dont on souhaite l'intégration par le maximum d'Etats dans leurs législations, étant précisé qu'au cas où une convention ayant le même objet lierait un Etat adoptant, les dispositions de la convention l'emporteraient sur celles de la loi type.

La révision en cours de l'AUPC aborde le volet manquant, à savoir les effets dans l'espace OHADA des procédures collectives internationales ouvertes hors de l'espace OHADA.

Concernant l'AUDA, ce qui frappe dès le premier abord du système juridique OHADA, c'est la place de choix accordée à l'arbitrage.[50] Ainsi, dès son préambule, le Traité de Port Louis (Maurice) du 17 octobre 1993, relatif à l'harmonisation du droit des affaires en Afrique, fait état du désir des Hautes parties contractantes «de promouvoir l'arbitrage comme instrument de règlement des différends contractuels».[51]

Le droit OHADA de l'arbitrage réside principalement dans l'acte uniforme relatif au droit de l'arbitrage dont l'article 35 proclame solennellement que «le présent acte uniforme tient lieu de loi relative à l'arbitrage dans les Etats parties». Il contient

---

[48] Voy. au sujet de cette convention J.-L. Vallens, Le droit européen de la faillite: premiers commentaires de la convention relative aux procédures d'insolvabilité, Dalloz, 1995, p. 307 à 310.

[49] Voy. à ce sujet Y. Chaput, L'entrée en vigueur d'un droit communautaire de la faillite (Le règlement du Conseil du 29 mai 2000, relatif aux procédures d'insolvabilité), Revue Droit des sociétés, n° 11-novembre 2000, Chroniques, p. 4 et 5.

[50] Sur l'arbitrage OHADA, voy. entre autres: Philippe Fouchard (sous la direction de), L'OHADA et les perspectives de l'arbitrage en Afrique, Colloque de Yaoundé, 1999, Université internationale de langue française d'Alexandrie, Travaux du Centre René-Jean Dupuy, Actes du colloque, Bruylant, Bruxelles, 2000, Philippe Leboulanger, «L'arbitrage et l'harmonisation du droit en Afrique», Revue de l'arbitrage, 1999, n° 3, p. 541-591; Pierre Meyer, Droit de l'arbitrage, Manuel, Editions Bruylant, Bruxelles, Collection Droit uniforme africain, 2002, 284 p.; Paul-Gérard Pougoué, Jean-Marie Tchakoua, Alain Fénéon Alain, Droit de l'arbitrage dans l'espace OHADA, Presses universitaires d'Afrique, Yaoundé, 2000, 506 p.; Filiga Michel Sawadogo, Le droit OHADA de l'arbitrage: principes essentiels et perspectives d'application, Mélanges en l'honneur du professeur Yves Guyon: «Aspects actuels du droit des affaires», Dalloz, 2003, p. 963 à 983.

[51] «Le présent traité a pour objet l'harmonisation du droit des affaires par. . . l'encouragement au recours à l'arbitrage pour le règlement des différends contractuels» (Traité OHADA, article 1er).

un ensemble de règles traitant, de manière conforme à l'évolution de l'arbitrage sur le plan international, de son champ d'application et spécialement de la convention d'arbitrage (chapitre 1), de la composition du tribunal arbitral (chapitre 2) dont la saisine ouvre l'instance arbitrale (chapitre 3) devant aboutir au prononcé d'une sentence arbitrale (chapitre 4) ouvrant droit, le cas échéant, à l'exercice de voies de recours (chapitre 5) et faisant l'objet d'une reconnaissance et d'une exécution forcée à la suite d'une procédure d'exequatur (chapitre 6). Ainsi, «la structure de la loi (AUDA) est celle du déroulement d'un procès et la terminologie est judiciaire. Quant au règlement d'arbitrage de la CCJA, il est conçu et rédigé à la manière d'un code de procédure civile».[52] La critique que l'on peut lui faire, c'est de n'avoir eu en vue que l'arbitrage international, en sorte que certaines de ses règles ne paraissent pas adaptées à l'arbitrage interne.

Le Traité aborde dans son titre IV (articles 21 à 26) l'arbitrage sous l'égide de la CCJA qui joue, lorsque les parties y ont recours, un rôle semblable à celui de la Cour d'arbitrage de la Chambre de commerce internationale de Paris (CCI), sauf que la CCJA est compétente pour délivrer l'exequatur aux sentences rendues sous son égide. Les dispositions du Traité ont été complétées par le Règlement d'arbitrage de la CCJA adopté le 11 mars 1999.

Presque rien n'a été tiré sur la base du droit comparé interne. En effet, les législations internes de la plupart des Etats parties étaient si lacunaires et si éculées que l'on se demandait si le recours à l'arbitrage était légal. D'autres Etats étaient intervenus dans le domaine mais n'avaient pas été suffisamment hardis pour adopter des solutions modernes allant dans le sens de l'évolution de l'arbitrage, en particulier de l'arbitrage commercial international. C'est dire que les principales sources d'inspiration du législateur OHADA ont été extérieures à l'espace: droit français de l'arbitrage international pour l'acte uniforme, règlement de la CCI pour le règlement d'arbitrage de la CCJA). Quant à la loi type de la CNUDCI sur l'arbitrage commercial international, son influence n'est pas évidente.[53] C'est ainsi que sont consacrés, entre autres: l'arbitrabilité des litiges sur les droits dont les parties ont la libre disposition, la possibilité pour les Etats et les autres collectivités publiques territoriales ainsi que les établissements publics d'être parties à un arbitrage, sans pouvoir invoquer leur propre droit pour contester l'arbitrabilité d'un litige, leur capacité à compromettre ou la validité de la convention d'arbitrage; l'autonomie de la clause arbitrale; la règle dite de compétence — compétence, qui confère à l'arbitre le pouvoir de statuer sur sa propre compétence lorsque l'existence ou la validité de la convention d'arbitrage est contestée devant lui; la liberté des parties en ce qui concerne le fond et la forme du litige, en particulier le choix de la loi applicable; la limitation des voies de recours. . . . Un auteur en

[52] P. Meyer, ouvrage précité, n° 48.

[53] Un auteur écrit néanmoins: «On ne sera. . . pas surpris de ce que, grâce à la contribution de la CNUDCI, l'acte uniforme relatif au droit de l'arbitrage, qui réglemente la composition du tribunal arbitral, l'instance arbitrale, la sentence arbitrale puis les recours contre la sentence et son exécution forcée, soit empreint des règles contenues dans la loi — modèle CNUDCI de 1985 relative à l'arbitrage, même si lesdites règles sont différemment formulées ici» (Gaston Kenfack Douajni, op. cit., p. 179).

conclut que «l'arbitrage OHADA est porté par des textes inspirés d'instruments internationaux qui, parfois, vont même plus loin que lesdits instruments».[54]

Conclusion

Al'analyse, l'expérience de l'OHADA révèle la prise en compte du droit comparé de diverses manières.[55]

D'abord, le droit des Etats parties, qui pendant la période coloniale, était presque le même pour toutes les anciennes colonies françaises mais qui a pu connaître de grandes évolutions dans certains Etats qui ont réalisé un travail de modernisation de leur droit, notamment par l'adoption de codes (code de commerce, loi sur les sociétés, code des obligations civiles et commerciales dans le cas du Sénégal. . .). Les réformes post indépendances ont pour la plupart concerné le domaine du droit public économique.

Ensuite, pour des questions d'apparentement juridique, le droit français en vigueur qui a subi des réformes tenant compte notamment de l'évolution de l'économie ou des directives européennes, si bien que l'on peut penser que l'OHADA, indirectement et peut-être inconsciemment, a pris en compte ce que le droit européen a de basique ou de fondamental. Tel est certainement le cas du droit des sociétés.

Enfin, et cela paraît plus frappant, l'OHADA a repris ou s'est inspiré des règles du droit international, par exemple, pour la vente commerciale la convention de Vienne, pour l'arbitrage la loi type de la CNUDCI, pour les procédures collectives internationales les règles des conventions et de la loi type y afférentes.

Le domaine du droit des affaires se prête fort bien à l'importation de règles de droit étranger, particulièrement de droit international, la mondialisation y étant plus forte sous la poussée de nombreux facteurs dont l'absence de référents internes en ce qui concerne les Etats d'Afrique. Le droit des affaires est l'un des domaines du droit où les traditions juridiques africaines sont faibles ou inexistantes rendant nécessaire le recours à l'extérieur.[56] Pour ces raisons, évidemment presque aucune règle n'est reprise des coutumes africaines. D'ailleurs en la matière, le professeur René David a écrit: «Il ne faut pas avoir exclusivement ni même mettre au premier plan, dans une codification, la préoccupation de respecter les coutumes; le code ne doit pas être conçu essentiellement comme une coutume réformée ou

---

[54] Gaston Kenfack Douajni, op. cit., p. 181.

[55] Les mêmes constatations pourraient être faites sur les projets d'actes uniformes, en particulier ceux sur le droit des contrats (avec les Principes d'Unidroit), le droit de la consommation (avec le point de vue de la CNUDCI), le droit du travail (avec l'énonciation de principes fondamentaux découlant des grandes conventions de l'OIT). Voy. dans ce sens Gaston Kenfack Douajni, op. cit., p.185 à 188.

[56] Un auteur, évoquant les migrations de systèmes juridiques, c'est-à-dire l'extension de certains systèmes juridiques au-delà de l'espace qui les a vus naître, écrit ce qui suit: «C'est uniquement ici de l'impact du phénomène colonial sur l'Afrique noire francophone qu'on traitera. Et, restreignant encore l'examen, on se limitera aux questions concernant la famille, la propriété foncière et, dans une moindre mesure, la procédure. Le choix n'est pas arbitraire. En effet, il convient d'exclure de l'analyse des pans entiers du droit privé que les nécessités du monde moderne ont complètement occidentalisés. En Algérie par exemple, malgré l'influence déjà relevée de l'Islam, le droit des obligations est conforme au modèle français avec des différences de détail» (Eric Agostini, Droit comparé, PUF, 1988, n° 134).

améliorée. Le code doit viser à dire les solutions qui, à une époque et dans un milieu donnés, sont les meilleures pour une société. Si cette société est dans un état satisfaisant, le code sera naturellement fondé sur les coutumes. Si la société, en revanche, est telle qu'une révolution s'impose pour qu'elle parvienne à un développement satisfaisant, les coutumes ne peuvent lui servir de base. L'idée que l'œuvre de codification doive être réalisée en faisant évoluer les coutumes n'a de valeur que dans certaines circonstances; dans d'autres circonstances, il faut résolument combattre le droit coutumier et le faire disparaître, car il fait obstacle à une transformation nécessaire de la société».[57] Mais tout cela n'est pas vraiment étonnant au regard des objectifs fondamentaux poursuivis par l'OHADA!

INDICATIONS BIBLIOGRAPHIQUES

AKUETE PEDRO (S.), «Commentaires de l'Acte uniforme portant sur le droit commercial général du 15 décembre 2010», in Issa-Sayegh (J), P.-G. Pougoué (P.-G.) et Sawadogo (F.M.) (sous la direction de), *OHADA: Traité et Actes uniformes commentés et annotés*, Juriscope, 4e édition, 2012 David (R.), Jauffret-Spinosi (C.), Les grands systèmes de droit contemporains, 11e éd., Dalloz, 2002.

ASSI ESSO (A.M.), «Commentaire de l'acte uniforme sur les voies d'exécution», in OHADA: Traité et actes uniformes commentés et annotés, 2002, p. 697.

BERGEL (J.-L.), *Théorie générale du droit*, Dalloz, 4e éd., 2003.

CABRILLAC (R.), *Introduction générale au droit*, Dalloz cours, 7e éd., 2007.

CHAPUT (Y.), «L'entrée en vigueur d'un droit communautaire de la faillite (Le règlement du Conseil du 29 mai 2000, relatif aux procédures d'insolvabilité)», Revue Droit des sociétés, n° 11-novembre 2000, Chroniques, p. 4 et 5.

FARJAT (G.), *Droit économique*, PUF, Thémis, 1971.

KENFACK DOUAJNI (G.), «L'influence de l'internationalité dans l'élaboration du droit OHADA», Penant, n° 851, avril — juin 2005, p.175.

KRINGS (E.), «Unification législative internationale récente en matière d'insolvabilité et de faillite», Revue de droit uniforme, 1997-4, p. 657 à 673.

LEBOULANGER (PH.), «L'arbitrage et l'harmonisation du droit en Afrique», Revue de l'arbitrage, 1999, n° 3, p. 541-591;

MEYER (P.), *Droit de l'arbitrage*, Manuel, Editions Bruylant, Bruxelles, Collection Droit uniforme africain, 2002, 284 p.

MERLE (PH.), *Sociétés commerciales*, Dalloz, 10e éd., 2005.

NDIAYE (Y.), «Les voies d'exécution», in Encyclopédie juridique de l'Afrique, Tome quatrième: Organisation judiciaire, procédures et voies d'exécution, Nouvelles éditions africaines, 1982, p. 227.

RODIERE (R.), *Introduction au droit comparé*, Précis Dalloz, 1979.

[57] La réforme du code civil dans les Etats africains, Annales africaines, 1962, p. 162; voy. également A. C. Papachristos, La réception des droits privés étrangers comme phénomène de sociologie juridique, LGDJ, 1975, notamment p. 141 à 298. Dans le même sens, Madame Marie Joseph Coffy de Boisdeffre (op. cit., p. 426) affirme que «les Etats africains sont encore jeunes dans leurs traditions juridiques et accessibles à une unification plus profonde. Ils en ont d'autant besoin que leurs normes internes sont inconnues, donc peu attractives pour l'investissement intérieur et international».

POUGOUE (P.-G.), TCHAKOUA (J.M.), ALAIN FENEON (A.), *Droit de l'arbitrage dans l'espace OHADA*, Presses universitaires d'Afrique, Yaoundé, 2000, 506 p.

SAWADOGO (F. M.), «L'application judiciaire du droit des procédures collectives en Afrique francophone, à partir de l'exemple du Burkina Faso», Revue Burkinabè de Droit, n°26 — juillet 1994, p. 191 à 248.

SAWADOGO (F.M.), «Le droit OHADA de l'arbitrage: principes essentiels et perspectives d'application», in Mélanges en l'honneur du professeur Yves Guyon: «Aspects actuels du droit des affaires», Dalloz, 2003, p. 963 à 983.

L'OHADA FACE AU MONDE DU DROIT

Pr. Barthélemy MERCADAL,
Agrégé des facultés de droit,
Vice président et Secrétaire général
Institut International de Droit d'Expression et d'Inspiration Françaises (IDEF)
FRANCE

Abstract

Until the publication in 2004 of the first World Bank report, *Doing business*, the comparison was only an academic issue discussed in the faculties of law and conferences under the name Comparative Law. The effort to highlight their difference or similarity did not seek to judge their economic and social impact. By making it a factor in the gross domestic product growth, a practical interest upset the discussion hushed by the laws that were on the minds of scholars. Through the judgement that this report focuses on a particular law, a significant economic challenge was raised in the value of one law or the other. The ranking published henceforth every year is adduced, not only to recommend the reforms identified, but also to inform the investor about the country whose law is more attractive to them. Born eleven years before, OHADA, was from the first report and specially, taken in sight through its membership in the civil law system that successive *Doing business* denounces as unfavourable to economic success. OHADA could not therefore attain its objective of security and return on investments that it intends to promote economic and social development of the sixteen, later on seventeen, countries of which it is the backbone in business law.

Jusqu'à la publication en 2004 du premier rapport de la Banque mondiale, Doing business, la comparaison n'était qu'un sujet académique, abordé dans les facultés de droit et les congrès sous le nom de droit comparé et le souci de faire apparaître leur différence ou leur convergence ne cherchait pas à juger de leur impact économique et social. En en faisant ainsi un des facteurs de la croissance du produit intérieur brut, un intérêt pratique est venu bouleverser les échanges feutrés sur les droits qui occupaient les esprits savants. A travers le jugement que ce rapport porte sur tel ou tel droit, un enjeu économique considérable s'est installé dans la valeur de tel droit par rapport à tel autre. Le classement révélé désormais chaque année est invoqué, non seulement pour recommander des réformes déterminées, mais aussi pour éclairer les investisseurs sur les pays dont le droit est pour eux le plus attractif.

L'OHADA, née onze avant, a été, dès le premier rapport et spécialement, prise en ligne de mire à travers son appartenance au système de droit civil que les Doing business successifs dénoncent comme défavorable au succès économique. Elle ne pouvait pas de ce fait atteindre son objectif de sécurité et de rendement des investissements qu'elle se proposait pour favoriser le développement économique et social des seize, puis dix-sept, pays dont elle est la colonne vertébrale du droit des affaires.

La justification de cette appréciation, expressément avancée depuis 2004, est que le système civiliste, entendu ici au sens de civil law, est un corps de règles écrites, conçues pour régler toutes les situations pratiques susceptibles d'être rattachées à l'objet de leur énoncé, donc indépendamment de la réalité de ces situations. Leur abstraction vicie donc leur efficacité à la base. Le juge corseté par des dispositions qu'il doit appliquer sans pouvoir d'initiative est condamné à prononcer des décisions qui ne peuvent pas, par principe, être adéquates aux besoins diversifiés, concrets et changeants de la pratique des affaires.

En revanche, le système de common law, conçu selon une philosophie diamétralement opposée à celle du civil law, est vu par les Doing business comme la solution idéale pour soutenir la croissance du PIB. Les règles gouvernant les affaires sont du «cousu main» car le juge, saisi d'une situation donnée à travers le litige opposant les parties intéressées, est libre de trouver la solution idoine. Les affaires sont ainsi régies par des règles appropriées qui n'entravent pas leur épanouissement mais, au contraire, qui favorisent leur expansion. Comme l'a traduit un professeur américain, entendu par l'auteur de ces lignes dans un congrès à Washington en mars 2011, la position de ces rapports est la suivante: «Common law is good, civil law is bad, especially french» (voir aussi dans le même sens quant à l'interprétation du message des Doing business, J.-Fr. Gaudreault-Desbiens.La critique économiste de la tradition romano-germanique: RTD Civ. 2010 p. 683).

Selon cet enseignement, le bon régime juridique pour les affaires est donc celui qui donne au juge tout pouvoir pour dire le droit. La valeur de chaque droit des affaires, et notamment celle du civil law par rapport au common law que Doing business a placé au cœur du débat, doit être recherchée dans les décisions de justice de ce droit et non dans les dispositions légales. Ce ne sont pas les législations qui doivent être comparées mais les jurisprudences. Ce sont elles qui seules sont en mesure de révéler la portée pratique des règles. Ainsi la mise en regard des jurisprudences civilistes, dont celles de l'OHADA, avec celles de common law devraient révéler de profondes différences les séparant.

Tout particulièrement, la jurisprudence qui se construit sur les dispositions abstraites des Actes uniformes devrait se trouver très opposées à celle qu'élabore le juge de common law ou du moins celui que, bevitatis causa, on considère comme tel, notamment celui des Etats-Unis que Doing business met en haut de l'affiche du «hit parade» des droits de la planète. Or, la confrontation de ces jurisprudences, élargie à celles de quelques pays civilistes, tend, à nos yeux, à montrer que la convergence des jugements l'emporte sur les divergences.

Cette opinion peut se vérifier tant dans l'action des juges que dans celles des solutions qu'ils posent dans leurs décisions

I – L'ACTION DU JUGE

Le rapprochement entre juge de civil law et juge de common law tient à la fois à la réduction de la liberté du juge de common law qu'à l'augmentation de celle que se reconnaît le juge de civil law.

A – Rétrécissement du pouvoir du juge de common law

La liberté créatrice du juge de common law telle que la campe Doing business, suivant en cela la littérature la plus répandue, est en voie d'atténuation. Il est, à son tour, de plus en plus bridé par des textes écrits à priori et abstraitement. C'est d'abord l'effet des conventions internationales qui lient son pays, telles celles du tranport maritime et aérien, des saisies de navire, des brevets, desdessins et modèles, des marques, des droits d'auteur, de la vente internationale de marchandise, de la reconnaissance et de l'exécution des sentences arbitrales. Par là, des règles les plus établies du common law se trouvent écartées, par exemple de la «parol evidence rule», selon laquelle une partie à un contrat ne peut pas chercher à établir que les termes de l'accord sont différents de ceux inscrits dans le contrat écrit qui est écartée au profit de la règle de preuve de la convention de Vienne sur la vente internationale de marchandises qui impose de prendre en considéation les preuves orales relatives aus négociations antérieures dans la mesure où ces preuves révèlent l'intention subjective des parties (Cour d'appel fédérale 29-6-1998: D.1999.som.367 obs. M. Fr. Papandréou-Déterville).

Sans parler de la législation de l'Union européenne qui enserre chaque jour un peu plus l'indépendance du juge anglais qui est placé sous la surveillance de la Cour de justice de l'Union; notamment il en dispose plus de la liberté, au sein de l'Union, d'ordonner des «anti-suit injunctions», interdisant à une partie de saisir, selon le cas, soit une autre juridiction étatique, soit un tribunal arbitral, sous peine de condamnation pour Comptent of court, laquelle peut exposer la partie ou les arbitres récalcitrants à une amende ou à un emprisonnement (cf. CJCE 17-11-1998: RJDA 2/99 n° 246).

Indépendamment de cette pesanteur mondialisatrice qui attire chaque jour davantage le juge de common law vers l'application de solutions préconçues par des textes internationaux, le juge de common law, anglais à l'origine, a lui-même œuvré à la convergence avec le droit civil. Selon Patrick Glenn (La civilisation de la common law: Rev. int.dr. comp.1993.559, spécialement p. 566), des nécessités pratiques, à partir du XIXè siècle, ont fait apparaître la common law anglaise de l'époque comme un système fermé sur lui-même, correspondant essentiellement aux besoins de la société agricole de l'Angleterre des XIIè et XIIIè siécles et ont abouti à ce que le juge anglais, pour découvrir le droit que ne lui donnait plus sa common law, «s'est tourné vers le seul droit substantiel accessible, celui du continent et plus particulièrement de la France».

Patrick Glenn affirme même catégoriquement que la volonté des juristes de common law de se démarquer pour masquer leurs emprunts n'a pas empêché qu'un rapprochement de plus en plus constant se produise avec la tradition civiliste, à la fois quant aux sources du droit et quant aux concepts de droit substantiel.

Pour s'en tenir, ici, aux sources, c'est ainsi que la célèbre règle du précédent ou «stare decisis» a perdu beaucoup de son actualité. L'obligation pour le juge d'appliquer à un même cas la solution antérieurement donnée ne fait plus obstacle, aux Etats-Unis depuis 1938 et au Royaume-Uni depui 1966, à un revirement de la solution (A Deysine, La justice aux Etat-Unis, Que sais-je? p 21 s. PUF 1998). Aujourd'hui, Patrick Glenn (op.cit. spécialement p. 573) n'hésite pas à reconnaître le déclin du précédent et le peu de stabilité qu'il procure tandis que A. Deysine nous assure que la mulitiplication des revirements qui jalonnent l'histoire de la Cour suprême des Etats-Unis dépendraient essentiellement de la personnalité du président qui la dirige.

Il s'avère ainsi que le juge de common law, si l'on accepte de sortir des clichés, est loin de correspondre à celui que Doing business décrit. Inversement, il caricature le juge civiliste, qui ressort des différentes jurisprudences civilistes plus autonome que l'image qu'il en donne.

B – Elargissement de l'action du juge civiliste

Le juge civiliste, notamment français qui passe pour le plus réfractaire à s'émanciper, n'est pas seulement le serviteur servile de la loi ou selon la formule traditionnelle la «bouche de la loi».

D'abord, celle-ci l'investit elle-même d'une mission autonome dans la mesure où elle l'oblige à apporter, sous peine de déni de justice, une solution à tout litige dont il est saisi (C.civ. art. 4) et à adapter chaque jugement aux circonstances de l'espèce en lui interdisant de fixer à l'avance et d'une façon générale la solution qu'il appliquera dans l'avenir pour résoudre un certain genre de contestation (C. civ. art. 5 prohibant les arrêts de règlement; Cass. soc. 18-3-1955: Droit social 1955.495; Cass. civ. 16-6-1955: Droit social 1955.526; Cass. com. 13-1-1971: JCP G 1971.II.16932 note Hauser; CA Poitiers 1-2-1984: BT 1984.600).

Ensuite, le juge, confronté aux réalités, s'efforce de lui-même à résoudre les litiges par des règles adaptées aux besoins.

Ainsi, en bien des circonstances, le juge se fait créateur de droit. Certes, il préfère le masquer en mettant souvent en avant un texte de loi auquel il fait dire beaucoup, voire ce qu'il ne dit pas.

Ainsi, le juge OHADA forge dans le silence des textes une définition de l'entrepreneur individuel et de son identification qui, à notre connaissance, n'a pas encore été élaborée avec autant de précision par d'autres juges civilistes:

> *Une personne inscrite au Registre de Commerce et du Crédit Mobilier, avec comme activité principale, "Entrepreneur BTP" et comme nom commercial, BAROU Entreprise de Travaux "BETRA", constitue une entreprise individuelle. C'est pour cette raison que dans le contrat signé entre une société et BETRA, cette dernière a été désignée sous le vocable "l'entrepreneur" et représentée par son Directeur, Monsieur O. K. Ainsi, il s'agit bien d'une procédure dirigée contre Monsieur O. K., personne physique et seul propriétaire de l'entreprise individuelle BETRA et pouvant s'inscrire, comme il l'a fait, au Registre de Commerce et du Crédit Mobilier, conformément à l'article 25 [devenu 44] de l'AUDCG. Le pourvoi formé par BETRA est donc recevable (CCJA, N° 040/2009, 30-6-2009: BETRA c/ SEMOS SA, Recueil de Jurisprudence n° 13, Janvier–Juin 2009, p. 104, Ohadata J-10-78).*

Le juge français, quant à lui, a créé l'enrichissement sans cause sans texte le visant expressément tout en le déduisant de différentes applications qu'il en a décelait à travers le code civil et il a fait de même pour l'abus du droit, que le juge OHADA applique aussi tout autant:

> *La rétention d'un bien, si elle est légitime conformément à l'art. 41 AUS, se doit cependant d'intervenir avant toute contestation. Il s'ensuit que tout créancier dont la créance est certaine, liquide et exigible et qui fait intervenir son droit de rétention avant toute saisie est dépourvu de son pouvoir de retenir le bien jusqu'à complet paiement de ce qui lui est dû. La rétention paraît ainsi illégitime. En l'espèce, la rétention étant intervenue au moment où le quantum est querellé et causant de préjudices au débiteur, il échet de condamner le créancier à verser des dommages et intérêts à celui-ci (TPI Cotonou, n° 034/, 1ère C.Com, 21-10-*

2002: Sté AKPACA SARL c/ Sté TRANS-OMAR, www.ohada.com, Ohadata J-04-404; voir aussi Ohadata J-04-291; obs. J. ISSA-SAYEGH).

Il a sanctionné la concurrence déloyale en la rattachent aux articles 1382 et 1383 du code civil et également aux usages commerciaux. Mais le rattachement aux articles 1382 et 1383 du code civil est plus formel que réel car en matière de concurrence déloyale, il en fait une application particulière. En effet, le juge estime que le préjudice est présumé (Cass. com. 9-2-1993 n° 91-12.258: RJDA 5/93 n° 469; Cass. com. 27-2-1996 n° 94-16.885: RJDA 5/96 n° 732; Cass. com. 14-6-2000 n° 98-10.689: RJDA 12/00 n° 1184). La victime de cette concurrence sera indemnisée dès lors qu'elle aura démontré un fait déloyal, soit un dénigrement, une désorganisation, une confusion ou encore un parasitisme. Le juge a adopté cette position pour faciliter la preuve du dommage qui initialement impliquait la démonstration d'une perte de clientèle Cette preuve étant souvent très difficile à apporter, la Chambre commerciale s'est montrée attentive aux besoins des affaires et a estimé que si une faute est constatée, il en résulte nécessairement un préjudice pour la victime. En conséquence, si la victime prouve un acte de concurrence déloyale, elle n'aura pas à prouver le préjudice. La Cour de cassation a notamment jugé ««qu'il s'inférait nécessairement des actes déloyaux constatés l'existence d'un préjudice pour la société X, fût-il seulement moral» (Com. 9-2-1993, précité) ou encore «qu'un trouble commercial s'infère nécessairement d'un acte de concurrence déloyale» (Com. 9-10- 2001, pourvoi n°99-16512: Légifrance).

Il n'est pas davantage timoré pour innover et répondre aux nécessités des affaires lorsque la loi n'y a pas pourvu, celle-ci entérinant, après coup et souvent, son apport.

Dès le dernier tiers du XIXe siècle le juge a commencé à mettre les textes du code civil sous la tutelle des principes généraux du droit. Ces principes généraux, non formellement écrits dans une loi, sont induits par les juges des règles en vigueur et sont la traduction des fondements de l'ordre juridique existant. Ils n'ont pas valeur constitutionnelle, mais ils ont été élevé par le Conseil constitutionnel à la valeur de la loi, qui seule peut y déroger (Cons. const. 21-12-1972: Rec. 36). La Cour de cassation censure des arrêts en s'appuyant directement sur un principe général du droit, sans viser de texte (Cass. civ. 15-12-1976: Bull. civ. I p. 319: «Vu le principe de l'enrichissement sans cause. . .»; Cass. civ. 14-3-1984: Bull. civ. I p. 82: «Vu les principes de droit international privé régissant les immunités des Etats étrangers . . .»; Cass. civ. 21-12-1987: Bull. civ. I p. 249: «Vu le principe général du droit suivant lequel les biens des personnes publiques sont insaisissables. . .»; Cass. civ. 29-5-2002: RJDA 8-9/02 n° 871: «Dans tous les cas, [l'effet de la vente] est réglé par les principes généraux des conventions», au rang desquels figure l'inexistence; Cass. com. 20-9-2011 n° 10-22.888: D. 2011.2345.som. obs. Delpech: «Vu le principe selon lequel nul ne peut se contredire au détriment d'autrui»). De même, le Conseil d'Etat a reconnu le caractère de principe général du droit à la prescription trentenaire de l'ancien article 2262 du Code civil (CE 8-7-2005 n° 247976: JCP G 2006.II.10001 note Trébulle).

Tel a été le cas de la reconnaissance de la validité, avant que la loi ne les régissent, des contrats inventés par la pratique des affaires, en fait aux Etats-Unis et importés avec leur appellation en «ing», que l'on a francisés pour les laver de leur péché originel en affacturage, crédit-bail, franchise.

C'est aussi le juge qui, de lui-même, a très tôt créé l'obligation de sécurité due par un contractant à l'autre (Cass. civ. 21-11-1911: Bull. civ. n°134) et, plus près de nous, le devoir de conseil dû par un professionnel, vendeur ou prestataire de service, à un profane qui le sollicite (parmi une jurisprudence abondante, Cass. 1e civ. 15-3-1988: Bull. civ. I n°80).

Tout dernièrement, il a consacré littéralement le principe de «l'estoppel» désormais objet d'un visa par la Cour de cassation (Cass. com.. 22-9-2011 2010 n° 09-17.410: RJDA 1/11 n°93).

Il desserre aussi l'étau des lois par l'interprétation qu'il en donne.

Il choisit l'interprétation favorable à la liberté des parties. Aussi une interdiction ou une dérogation ne peut-elle pas être déduite a contrario des affirmations d'un texte qui ne l'exprime pas formellement car l'interdiction et la dérogation sont restrictivement entendues (cf. Cass. civ. 9-5-1994: Bull. civ. I p. 126; CA Paris 20-12-1989: D. 1990.IR.17; aussi n° 74753). En revanche, l'argument a contrario est valablement utilisé pour déduire d'un texte une permission, la liberté étant le principe (CA Amiens 14-6-1978: GP 1978.2.som.469; aussi n° 62400); à défaut, il est exclu car, comme en matière d'interprétation des contrats, il ne résulte pas avec certitude que la règle énoncée pour un cas donné doit être nécessairement écartée pour les cas non exprimés (pour une application de cette solution, Cass. com. 6-11-2012 n° 11-25.058: RJDA 2/13 n° 130). Le juge OHADA, de son côté, n'hésite pas à laisser une large plage de liberté aux cocontractants:

> *Les parties fixent librement le montant du loyer, sous réserve des dispositions législatives ou réglementaires applicables en droit interne qui pourraient restreindre cette liberté (TPI Cotonou (Bénin), N° 018/ 2ème Ch. Com., 10-5-2001: ADJANOHOUN Odette C/Héritiers ASSOURAMOU Mathias, Ohadata J-04-288).*
>
> *Lorsque les parties ne versent aucune restriction légale et réglementaire aux débats, il convient de leur laisser toute liberté pour s'accorder sur le nouveau montant à chaque période triennale ou selon leur propre convenance (CA Ouagadougou, ch. civ. et com., n° 84,16-7-2004: Burkina & Shell c/OUEDRAOGO Sibiri Philippe, Ohadata J-05-228).*

Il tempère la rigidité de la loi pour l'adapter aux besoins des affaires en invoquant la coutume ou les usages. Comme l'a montré Corinne Boismin récemment (Réponses aux critiques de Doing Business: le juge français face au juge américain: GP 26 et 27 juillet 2013, p.17), il privilégie certains usages sur la loi. Par exemple, bien que l'article 1202 du code civil dispose que «la solidarité ne se présume point; il faut qu'elle soit expressément stipulée», il a jugé depuis bien longtemps, en dehors de toute loi, qu'entre commerçants la solidarité est présumée (Cass. com. 18-7-1929: Bull. civ. n°156), se montrant ainsi à l'écoute des exigences du crédit qui, chacun le sait, est l'âme du commerce. Dans la même veine, toujours en se fondant sur des usages commerciaux, il a reconnu que l'anatocisme ou la capitalisation des intérêts est de droit à chaque arrêté de compte courant qui est l'apanage des commerçants, quoique l'article 1154 du code civil ne l'autorise que s'il est prévu par une convention et que s'il porte sur des intérêts dus au moins pour une année entière.

Et, en dehors de tout usage, le juge contourne la loi pour adopter un assouplissement d'une disposition trop contraignante. Alors que, selon l'article 931 du code civil «tous actes portant donation entre vifs seront passés devant notaires dans la forme ordinaire des contrats; et il en restera minute, sous peine de nullité», pour éviter de devoir toujours passer devant un notaire, il a créé très tôt la notion de don manuel aux termes de laquelle la propriété des objets mobiliers, et en particulier les titres au porteur dont la propriété est transmissible par la tradition, est transmissible par tradition, c'est-à-dire par la remise matérielle de ces objets (Cass. 3-11-1897: DP 1898.1.393 note Planiol).

Il avoue lui-même ((cf. rapport de la Cour de cassation pour 1975 p. 52), qu'il recherche librement le sens conforme à la matière. C'est ainsi que les décisions de justice précisent souvent que telle signification retenue par elles doit s'entendre «au sens de» tel ou tel texte (par exemple: Cass. crim. 9-5-1983: Bull. crim. p. 317; Cass. civ. 4-10-1983: GP 1984. 445; Cass. crim. 6-3-1984: Bull. crim. p. 219; Cass. crim. 15-5-1984: D. 1986.106; Cass. civ. 4-3-1987: Bull. civ. III p. 23; Cass. com. 30-6-1987: Bull. civ. IV p. 126; Cass. civ. 8-12-1987: Bull. civ. I p. 237; Cass. civ. 8-12-1987: Bull. civ. II p. 145; Cass. com. 12-1-1988: Bull. civ. IV p. 11; Cass. com. 16-5-2006 n° 634: RJDA 10/06 n° 1053; Cass. com. 9-4-1991 n° 89-16.923: Bull. civ. IV n° 136; CE 7-12-1984: GP 1985.pan.262; CE 15-11-2002: Lebon.401; CA Colmar 2-7-1974: JCP G 1976.II.18241 note Burst; CA Paris 22-1-1985: BT 1985.111; CA Amiens 8-1-1986: GP 1986.590; CA Paris 22-1-1987: GP 1987.303; TGI Créteil 1-8-1984: GP 1984.560; TGI Grenoble 9-10-1986: GP 1987.8).

On ne saurait donc, sauf volonté de caricaturer, affirmer aussi catégoriquement que le fait Doing business, que le juge français et à travers lui le juge civiliste, dont celui de l'OHADA, manque du sens des réalités des affaires. Les diverses manifestations ci-dessus décrites d'autonomie du juge par rapport à la loi préétablie sont autant de signes dont dispose le juge de l'OHADA pour adapter sa législation aux besoins propres à l'économie des pays de cette nouvelle zone juridique. La comparaison des jurisprudences lui révèlera aussi que les solutions qui sont en germe dans les dispositions des actes uniforme et qu'il retient ne jurent pas par rapport à celles que d'autres juges, civilistes ou de common law, appliquent dans des cas comparables.

II – LES SOLUTIONS DU JUGE

L'examen des solutions que pratiquent les juges des principaux pays participant à la vie juridique des affaires, dont désormais celles des juges de l'OHADA qui sont extraites de près de 3000 jugements et arrêts publiés par le CD-Rom Droit uniforme des affaires OHADA (Nouvelles Editions Numériques Africaines) ne permet de conclure à l'existence d'un fonds commun tant entre solutions civilistes qu'entre solutions civilistes et solutions de common law. On le voit en droit commun comme dans les secteurs plus spécifiques à la vie des affaires.

A – Droit commun

Le rapprochement des solutions se lit à travers la présence en common law de solutions qui reposent en droit civil sur certains principes généraux du droit ou des règles qui ont une valeur supérieure à toutes les autres car elles répondent à un besoin fondamental.

Les juridictions de common law, notamment en Amérique du Nord, construisent un droit de restitution comparable à l'enrichissement sans cause civiliste (P Glen, op. cit., spécialement p.573). On y trouve aussi, et dans la jurisprudence du Royaume-Uni, des décisions qui se fondent sur l'apparence (Court of Appeal 16-4-1997: The Weekly Law Reports 1997.1. 356), qui sanctionnent le dol par la réparation du dommage imprévisible (Court of Appeal 21-3-1991: The Weekly Law Reports 1991.3. 57), l'abus de saisie (US District Court New-York 24-7-1995: Dr. Eur. Transp. 1996.106) ou de l'action en justice (Court of Appeal 9-6-1998: The Weekly Law Reports 1999.1.88) ainsi que la fraude (Court of Appeal 19-12-1997: The Weekly Law Reports 1998.1.314; voir aussi art. 5 du code de commerce uniforme des Etats-unis) ou la mauvaise foi (cf. Ph. Pinsolle, Distinction entre le principe de l'estoppel et le principe de bonne foi dans le droit du commerce international: Journal pour le droit international 1998.805). Le concept d'obligation essentielle existe dans une décision rendue au Royaume-Uni, dès 1910, selon laquelle lorsqu'une obligation née d'un contrat «atteint la substance même du contrat ou, autrement dit, (. . .) est tellement essentielle à sa nature, que, si elle n'est pas respectée, l'autre partie peut équitablement considérer ce manquement comme une inexécution du contrat (Wallis v. Pratt (1910) 2. K. B. 1012, cité in Droit anglais des affaires Charles Worth, 12e éd. par C. M. Schmitthoff et D. A. G. Sarre, La documentation française, Paris, 1976).

Le rapprochement est encore plus largement dû à la part que la common law a empruntée en matière contractuelle à la civil law en puisant dans Pothier, considéré comme le «père» du code civil. Cette influence forte aux Etats-Unis (J. P. Perillo, Robert J. Pothier 's Influence on the Common Law of Contract: Texas Wesleyan Law Review, October 2004) est très prégnante en Afrique du Sud où la Cour suprême le cite dans des décisions 2003 et 2012, avec une référence au numéro concerné de son ouvrage sur la vente, qui est en fait un bréviaire du droit des obligations.

Il tient aussi à la solution civiliste qui arc-boute le droit des obligations sur la liberté contractuelle qu'il ne limite que par l'ordre public. Certes, en France, le Conseil constitutionnel a refusé d'ériger cette liberté en principe constitutionnel (Cons. const. 3-8-1994: JCP 1995.II.22404 note Broussole); il sanctionne néanmoins l'atteinte à la liberté contractuelle qui met en cause un principe constitutionnel (Cons. const. 30-12-1996: JO 30-12-1966 p. 19557). En tout cas, l'ordre public doit être interprété restrictivement conformément au principe constitutionnel de l'article 5 de la déclaration de droits de l'Homme et du Citoyen selon lequel tout ce qui n'est pas défendu par la loi ne peut être empêché. Règle que les tribunaux respectent largement en constatant tout simplement que «rien n'interdit» (Cass. com. 3-2-1978: Bull. civ. IV p.46; Cass. civ. 18-4-1984: GP 1984.319; Cass. soc.

5-7-1984: BRDA 22/84 p.16; Cass. civ. 4-2-1986: Bull. civ. III p. 3) ou qu'aucun texte n'impose Cass. civ. 5-3-1986: D. 1986.328; Cass. civ. 22-7-1986: Bull. civ. IV p. 139).

Il s'ensuit que bien des règles écrites qu'un observateur non averti pourrait prendre pour contraignantes sont purement supplétives. Et lorsqu'un élément d'extranéité se glisse dans la relation unissant les parties, l'ordre public applicable est encore bien plus restreint car l'ordre public interne n'est pas automatiquement l'ordre public international. Ainsi, les clauses d'indexation du prix peuvent être indexées sur n'importe quel indice (Cass. civ. 21-6-1950: D. 1951.749 note J. Hamel); les clauses attributives de compétence territoriale sont valables (Cass. civ. 17-12-1985: Rev. dr. inter. priv. 1896.537 note h. Gaudemet-Tallon); le contrat peut avoir un effet rétroactif (CA Paris 17-9-1992: Bull. transp. Et logist. 1992.655), solution qui est présentée comme une supériorité du droit américain (D. Kessler, Actes du colloque organisé à l'initiative de Ph. Marini, 24-4-1997, Regard International, note 1 p.12).

On peut vérifier cette parenté de droit commun dans le détail même des décisions. Par exemple à travers le contrat de bail et l'article 133 de l'acte uniforme portant sur le droit commercial général (ex art. 101). Au sujet de la clause résolutoire qui figure dans ce texte, on trouve dans la jurisprudence issue des Etats-Unis une décision qui fait une application stricte de la clause comme le fait le juge OHADA. Il a été ainsi jugé:

> *Dans un contrat de bail commercial était insérée une clause de résiliation qui prévoyait que le contrat serait résilié si le locataire ne remplissait pas ses obligations dans les 10 jours suivants la mise en demeure du bailleur.*
>
> *Suite à une demande des pompiers, le locataire aurait dû installer des extincteurs automatiques dans sa boutique;, ne l'ayant pas fait, son bailleur le mis alors en demeure de les installer. Le locataire ne les ayant pas installés dans les 10 jours suivants la mise en demeure, le bailleur a résiliée le contrat.*
>
> *Les juges ont considéré que la clause devait s'appliquer strictement et qu'il n'était pas possible d'accorder un délai supplémentaire au locataire pour se conformer à ses obligations, peu importe que ce dernier soit de bonne foi*
> *(First National Stores, Inc v. Yellowstone Shopping Center, Inc, 21 N.Y.2d 630 (1968).*

Comme le juge civiliste le fait, le juge américain sursoit à statuer pour permettre à la partie poursuivie de se conformer à une mise en demeure:

> *Afin de protéger le locataire contre la résiliation de son bail commercial suite à une mise en demeure de son bailleur de respecter ses obligations, le locataire peut saisir le juge afin que ce dernier prononce un statut quo, c'est-à-dire qu'il empêche le bailleur de résilier le contrat le temps que le locataire puisse remédier à son inexécution contractuelle.*
>
> *Afin que la demande du locataire soit satisfaite, ce dernier devra démontrer que:*
> - *il est soumis au statut des baux commerciaux (existe-t-il un statut des baux commerciaux aux EU*
> - il a reçu de son bailleur une mise en demeure de respecter ses obligations ou une menace de résiliation du bail
> - *il a saisi le juge avant la résiliation du bail*

- *il a la possibilité de remédier à son inexécution contractuelle dans un bref délai. (225 E. 36th St Garage Corp. v. 221 E 36 the Owners Corp. 211, AD2d 420; 621 N.Y.S.2d 302 (1995)).*

Pour autant, le juge américain s'interdit aussi, à l'instar du juge civiliste, OHADA ou autre, de refaire le contrat:

La protection accordée par l'injonction de suspendre l'exécution de la résiliation ne permet pas de réécrire le contrat de bail; elle interdit seulement au bailleur de mettre fin au contrat; par conséquent, la clause prévoyant des intérêts de retard en cas de non-paiement des loyers doit s'appliquer (Graubard Mollen Horowitz Pomeranz & Shapiro v. 600 third avenue Associates 93 N.Y.2d 508 (1999)).

La même observation peut être faite pour l'application des articles 105 et s. de l'acte uniforme portant sur le droit commercial général relatifs aux obligations du bailleur et du locataire:
En jurisprudence civiliste, les obligations du bailleur sont indépendantes de celles du locataire; la même solution se retrouve en jurisprudence américaine:

Selon la jurisprudence de l'Etat du Texas, l'obligation du bailleur de réparer les locaux loués est indépendante de celle du locataire de payer le loyer. (Cottrell v. Carillon Associated, Ltd., 646 S.W.2d 491 (1982)).

En conséquence, le fait que le bailleur n'installe pas l'air conditionné dans les locaux loués, contrairement à l'accord passé entre les parties, n'autorise pas le locataire à cesser de payer son loyer (Ammons v. Beaudry, 337 S.W.2d 323 (1960))

Le fait que le local loué ne permette pas au locataire d'exercer l'activité prévue par les parties l'autorise a quitté les lieux et à cesser de payer son loyer (Davidow, M.D. v. inwood North Professional Group Phase I, 747 S.W.2d 373 (1988)).

Cette dernière solution est de mise en jurisprudence française selon laquelle le locataire ne peut se dispenser de payer le loyer que si, sans que l'impossibilité d'user des lieux loués soit totale, ceux-ci ne peuvent pas être utilisés conformément à la destination prévue au bail (Cass. civ. 21-11-1990: RJDA 2/91 n° 96; Cass. civ. 15-12-1993: RJDA 3/94 n° 267; Cass. 3e civ. 19-3-2003 n° 404: RJDA 6/03 n° 569).

Un dernier exemple pour finir tiré du droit du locataire de céder le bail. Aux Etats-Unis, la cession du bail est libre mais le bailleur peut restreindre cette liberté. Dans le cas où il a subordonnée celle-ci à son agrément, le juge peut passer outre à son refus et autoriser la cession, comme le fait le juge français si le refus du bailleur ne repose pas sur un motif légitime (Cass. com. 28-2-1956: Bull. civ. III p. 71; Cass. civ. 10-4-1973: RTD com. 1973.505 obs. Pédamon; Cass. com. 4-1-1994: RJDA 6/94 n° 636).

Les juges de la Cour Suprême d'Alabama ont considéré que malgré la clause d'agrément, si un homme d'affaires raisonnable avait autorisé la cession ou la sous-location, le bailleur ne peut pas les refuser (HOMA-GOFF INTERIORS, INC. V. COWDEN 350 So.2d 1035 (1977)).

Les juges de la Cour d'appel de Floride ont estimé que malgré la présence d'une clause d'agrément dans le contrat de bail, le bailleur ne peut refuser la cession du bail ou sa sous-location que de bonne foi et pour des raisons commerciales légitimes (Fernandez, Inc, v. Vazquez, 397 So.2d 1171 (1981)).

Le bailleur peut refuser la cession ou la sous-location du bail en se fondant sur:

- *la solvabilité du nouveau locataire*
- *la nature de l'activité du nouveau locataire*
- *les travaux nécessaires pour l'exercice de l'activité*
- *l'illégalité des activités exercées*

(Fernandez, Inc, v. Vazquez, 397 So.2d 1171 (1981)).

Un contrat de bail prévoyait que la sous-location du bail devait être autorisée par le bailleur, la clause ajoutait que celui-ci ne pouvait refuser que pour des motifs légitimes. Les juges ont considéré que le refus fondé sur la race n'était pas légitime (Chanslor-Western Oil & Development Co. v. Metropolitan Sanitary Dist. 131 Ill. App.2d 527 (1970)).

Un contrat de bail prévoyait que la sous-location du bail devait être autorisée par le bailleur, la clause ajoutait que celui-ci ne pouvait refuser que pour des motifs légitimes. Les juges ont considéré que le refus fondé sur la religion n'était pas légitime (American Book Co. v. Yeshiva University Development Foundation, Inc.,59 Misc.2d 31, 297 N.Y.S.2d 156 (Sup.Ct. 1969)).

La même constatation peut être faite dans le domaine des textes plus techniques du droit des affaires.

B – Droits techniques des affaires

Les actes uniformes des sociétés, des sûretés, des procédures collectives et des transports comportent des dispositions qui peuvent trouver des applications équivalentes tant en droit civil qu'en common law.

En voici quelques exemples, centrés sur la jurisprudence des Etats-Unis.

(a) Sociétés

Principe hiérarchique (Art. 465 AUSGIE)

Les dirigeants déterminent la politique de la société, ils ne peuvent pas déléguer ce droit à l'assemblée générale. Les dirigeants n'ont pas l'obligation de favoriser le profit immédiat des actionnaires par rapport à la politique à long terme de la société, sauf s'il existe des doutes sur la pérennité de cette dernière (Paramount Communications, Inc. v. Time, Inc., Supreme Court of Delaware, 571 A.2d 1140 (1989)).

b. Sûretés

Interdiction de réaliser le gage sans avertir le constituant du gage

La section 9 du code de commerce Texan est d'ordre public. En conséquence, les parties ne peuvent pas limiter dans leur convention les droits de l'emprunteur et, notamment, permettre au prêteur ne de saisir le bien donné en garantie sans en avertir préalablement l'emprunteur (Morgan Buildings &Spas v. Turn-Key Leasing, 97 S.W. 3d 871 (2003)).

Obligation de conservation du bien donné en garantie (art 108 AUS)

Un créancier n'est pas responsable de la perte de valeur des actions données en garantie lorsque celle-ci ne lui est pas imputable. Tel est le cas lorsqu'un créancier n'a pas pu vendre les biens donnés en garantie avant qu'ils perdent toute valeur faute de temps raisonnable pour le faire. En l'espèce, des actions avaient été données en garantie d'un prêt. Le débiteur ne payant pas sa dette, le créancier avait voulu les vendre mais il n'avait pas eu le temps de le faire parce que la société avait été dissoute un mois après le défaut de paiement du débiteur (Snyder v. Bank One Kentucky, Na 113 F.3d 774, (1997)).

c. Procédures collectives

Biens appréhendés par la procédure collective (Art 63 AUPCAP)

Tous les biens dont le débiteur est propriétaire doivent être pris en considération lors de la procédure de liquidation y compris ceux dont il n'a pas la possession (United States v. Whiting Pools, Inc. 462 U.S.198 (1983)).

Nullité des actes déséquilibrés (Art. 68 AUPCAP)

La législation d'Uniform Fraudulent Transfer Act prévoit qu'est nul l'acte par lequel le débiteur en difficulté conclut une opération qui ne comporte pas pou lui une contrepartie suffisante par rapport aux engagements qu'il souscrit (United States Court of Appeals, First Circuit. 18-8-2006, In re Stanley W. JACKSON, Debtor. Victor Dahar, Trustee, Appellee, v. Susan W. Jackson, Individually and as Trustee of SWJ Trust I and SWJ Trust II, Defendant, n°. 05-2702).

Conclusion

Ce bilan fait ressortir, à nos yeux, que la comparaison des jurisprudences ouvre de larges perspectives.

Le rapprochement des décisions OHADA avec les jurisprudences étrangères est susceptible d'apporter au juriste:

- une connaissance brute du droit positif étranger, dépouillé de toute interprétation doctrinale, lui laissant le soin d'en déterminer la portée par lui-même;
- des repères pour juger, pour trouver des arguments pour plaider, des informations pour documenter ses cours, pour s'instruire ou pour alimenter ses recherches, soit autant de ressources permettant la pratique d'un droit comparé par les jurisprudences comparées;
- le moyen d'apprécier la valeur théorique et pratique de la jurisprudence OHADA, dont les applications comparables à celles d'autres pays attestent de sa concordance avec les besoins actuels de la vie des affaires;
- la preuve de l'émergence de la jurisprudence OHADA dans le concert des échanges internationaux qui la fait affleurer devant les juridictions d'autres pays (pour un exemple, Cass. 1ère civ. 28 mars 2013: n° 11-23801 et 11-25123; Rev.arb. 2013.411 note C. Debourg);
- la mesure du parallélisme, en particulier, des solutions rendues aux Etats-Unis avec celles issues des pays civilistes;
- le sentiment qu'il existe une réelle communauté juridique civiliste au sens où il est habituel de le dire de la communauté juridique de common law (Voir Horatia Muir Watt, ''L'immunité souveraine et les fonds 'vautour''', Revue critique de D.I.P., 789 2012 04 28-03-2013, p. 789); les décisions des pays civilistes retiennent des solutions très comparables, voire identiques, et témoignent d'un «dialogue» des juges qui se réfèrent parfois les uns aux autres, allant jusqu'à se citer (voir sur l'attitude de plus en plus ouverte aux jurisprudences étrangères de l'appareil juridictionnel français, Recherche sur les travaux pré-

paratoires des arrêts, Recherche sous la direction de P. Deumier, spécialement, p. 199);

- une gage de sécurité juridique, propre en particulier à rassurer le praticien, qui peut ainsi constater par lui-même que «l'herbe n'est pas plus verte ailleurs», ce qui ne peut que renforcer l'adhésion du juriste et du justiciable à son ordre juridique.

LES SOURCES *COMMON LAW* DU DROIT OHADA

Pr. Emmanuel S. DARANKOUM
Centre du Droit des Affaires et du Commerce International (CDACI)
Université de Montréal
CANADA

Abstract

The common law sources of the OHADA Law states the problem concerning methods of formulating or possible manifestations of the common law within the OHADA zone. This indicates the guideline of this draft regarding the problem phrased as how can the OHADA zone and the OHADA Law characterised by their civil law tradition have as possible legal source the common law? Should we not rather anticipate the opposite and talk about a possible indifference of OHADA vis à vis the common law? In brief presentation of variables likely to spark off the debate marking out the context of the reception of the common law in the OHADA zone, will be followed by the statement new prospective zones.

Problématique. — Les sources common law du droit OHADA désigne la problématique relative aux modes de formulation ou de manifestations possibles de la common law au sein de l'espace OHADA. Ce qui indique l'orientation de la présente esquisse à l'égard de la problématique formulée en ces termes: comment l'espace et le droit OHADA caractérisés par leur tradition civiliste peut-il avoir pour sources juridiques possibles la common law? Ne devrait-on pas plutôt anticiper l'opposition et parler d'une possible indifférence de l'OHADA à l'endroit de la common law?

Démarche. — A la brève présentation des variables susceptibles de mousser le débat jalonnant le contexte de la réception de la common law dans l'espace OHADA (I), suivra l'énoncé de nouvelles zones de prospective (II).

I – MISE EN CONTEXTE

Complexité du contexte. — Les variables contextuelles de notre problématique renvoient au foisonnement des tensions qui, en Afrique, représente un carrefour où s'entrecroisent des enjeux politico-économiques d'une mise en concurrence des principales traditions juridiques tributaires de la balkanisation. Le regain d'intérêt de cette mise en concurrence est renouvelé par le contexte de mondialisation (économique et du droit). La complexité, qui découle de la relation entre ces enjeux, explique pourquoi le droit OHADA, *droit codifié* de tradition civiliste, n'a pu ériger des murailles assez hautes pour résister à l'escalade du système de common law. Cette escalade traduit, par ailleurs, une acculturation procédant par des canaux de diffusions bien connus.

La mesure de l'acculturation. — Les formes de cette acculturation sont rattachables, d'abord, à l'existence d'une *common law africaine* qui coexiste avec le modèle civiliste. En effet, d'une part, cette coexistence revêt une certaine réalité juridique au Cameroun. Cette coexistence pourrait s'expliquer par le phénomène de l'impact sur l'OHADA de la common law en vigueur dans certains pays voisins comme le Ghana et le Nigéria. Le contact avec ces pays étant renforcé par le fait même des structures d'intégration politique (Union Africain) et économique (CEDEAO, UEMOA, etc . . .). Une silencieuse compénétration des systèmes était donc autrement très prévisible dans un contexte de régionalisation à l'instar de l'union européenne, par exemple.

Les pratiques juridiques en affaire comme sources de droit. — Les pratiques contractuelles exercent une autre force d'attraction qui est un puissant instrument d'uniformisation du droit en contexte OHADA. D'une part, il s'agit des pratiques contractuelles ghanaéenne et nigériane qui, compte tenu de ce qui dit auparavant sur leur proximité économique et politique avec les pays OHADA pourrait produire un impact sur le droit OHADA, notamment dans les secteurs de l'informel et des grands projets énergético-miniers incluant les infrastructures. On peut donc dire que le droit OHADA est susceptible de subir l'influence d'une *common law africaine.* D'autre part, il s'agit aussi de l'influence de modèles de *common law étrangers à l'Afrique.* C'est la problématique de l'*assimilation juridique.* Assimilation relayée et propulsée par le fait des organisations internationales dont l'impact se manifeste à travers les sources dites transnationales du droit contractuel et/ou de l'arbitrage (sources transnationales induites par l'américanisation du droit: il s'agit, pour les *sources règlementaires,* des Principes d'Unidroit, de la Convention de Vienne; de la Convention de New York de 1958 sur l'arbitrage, de la Loi type sur l'arbitrage CNUDCI et le Règlement procédural qui la sous-tend, etc. Quant aux *sources contractuelles,* il s'agit des modèles contractuels du Centre de Commerce International de Genève en matière de vente ou de joint venture; des modèles de la Chambre de Commerce International dans presque tous les secteurs de la vie économique, les modèles onusien ou encore les modèles véhiculés par les consortiums de conseils juridiques rompus dans l'art de la négociation et de la rédaction des contrats. Ces consortiums sont tentaculaires et, phénoménale est leur œuvre dont l'ingéniosité est manifeste dans les champs contractuels du *factoring, leasing, franchising, know how, turn-key, time sharing, joint venture, public-private partnership,* etc.

A tous ces chantiers classiques s'ajoutent d'autres manifestations des sources common law du droit OHADA. C'est le chantier prospectif. Il est très vaste et on ne peut que mentionner deux exemples clés dans le domaine prisé de l'arbitrage.

II – PROSPECTIVE

L'arbitrage, source potentiel. — Le dialogue common law/droit OHADA pourrait se poursuivre par la réception de la collectivisation des recours en matière économique. En effet, l'*actio popularis* est à la mode et consiste en une sorte de grande massification du procès pour des questions économiques mais aussi de saine administration. Instrument d'accès à la justice, l'ouverture vers une collectivisation des recours entraînera certains remaniements en termes d'innovations sur l'arbitrage OHADA en général. Il ne s'agit pas d'une révolution, mais seulement d'une adaptation de la plateforme qui agirait comme passeur du mode des recours collectifs à l'arbitrage collectif.[1] Cette prospective juridique permettra de rapprocher davantage la justice arbitrale OHADA de ses justiciables impliqués dans les relations d'affaires en Afrique ou avec l'Afrique. Le CIRDI est présentement aux prises avec une telle expérimentation au niveau jurisprudentiel . . . Il en va de même de l'intervention des *amici curriae* qui appelle les mêmes remarques, sauf à voir dans la tierce opposition en matière d'arbitrage OHADA une passerelle vers l'intervention des amis de la Cour. Cette question aurait pour soubassement une origine common law. Ce sont là quelques exemples qui nous rappellent tout simplement les grandeurs et misères de l'arbitrage caractérisé par une grande flexibilité quant aux techniques de droit applicable et à la procédure. Ces techniques, on le sait sont une brèche largement ouverte peremttant aux arbitres de puiser aux sources de leur choix.

Conclusion

La plus grande fonctionnalité de l'OHADA est de répondre aux multiples défis de la mondialisation et de l'après mondialisation. Dans un monde de plus en plus multiculturel, l'OHADA, ses institutions, ses intellectuels doivent, en effet, démultiplier les possibilités de croisement entre systèmes juridiques, là où il y a lieu de le faire. Un savant dosage s'impose et cela fait partie, à mon sens, du mandat tacite que les dirigeants africains des États Membres confient aussi à cette institution et à ses idéologues. Aux penseurs et concepteurs de systèmes de l'assumer avec le sens des responsabilités incombant. Le temps de la réflexion, on le sait, est une économie de temps de sorte que les tenants de la barre du système se doivent sans cesse de nourrir l'espoir de la discussion trans-systémique. En conséquence, comment enrichir le système existant sans renier les racines civilistes et africaines, comment identifier, contrôler, contenir, étudier (enseigner), adapter, dire et faire avec les diverses sources common law susceptibles de jalonner le droit OHADA sans perdre le sens des orientations? Telles sont les questions soumises par mon rapport visant un modeste apport sur les problèmes qui se pourraient se poser dans le cadre des discussions sur un renouvellement du droit OHADA.

[1] Nabil ANTAKI et Emmanuel S. DARANKOUM (dir.), La justice en marche: Du recours collectif à l'arbitrage collectif, Actes du colloque Maximillien-Caron, Éditions Thémis, Montréal, 2007. Disponible intégralement sur internet.

MULTI-CULTURAL JUDICIAL SOURCE OF OHADA BUSINESS LAW IMPACT & PERSPECTIVES AFTER 20 YEARS OF OHADA

Mary Concilia ANCHANG (Lawyer)
Member of the International Chamber of Commerce
ICC-CAMEROON

Abstract

Eu égard à la nécessité de mettre impérativement en place un outil des affaires harmonisé pour la croissance économique du continent africain, la France a travers l'Organisation Internationale de la Francophonie a certainement influencé le processus de mise en place, ainsi que le choix des pays anciennement colonisé par cette puissance économique. Or les lois nationales fragmentaires qui y étaient encore en vigueur jusqu'à l'avènement de l'OHADA en 1993, n'étaient plus de nature à faciliter l'installation des investisseurs français notamment, en Afrique francophone. D'ailleurs, la quasi-absence des pays anglophones dans la communauté juridique de l'OHADA atteste bien cette philosophie d'expansion du droit français à travers l'OHADA. La mise en place d'un cadre institutionnel favorable au développement d'instruments juridiques harmonisés, uniformes et contraignants pour tous les États membres devenait en soi un facteur de sécurisation des investissements étrangers en Afrique.

OHADA stands for **'Organisation pour l'Harmonisation en Afrique du Droit des Affaires'**, which translates into English as the **'Organization for the Harmonization of Business Law in Africa'** (O.H.B.L.A). OHADA was established through a treaty signed by 14 states on the 17th of October 1993 in Port-Louis, Mauritius, and entered into force in July 1995.

The treaty was later revised on October 17 2008, in Québec Canada, with the aim being the inclusion of English, Spanish and Portuguese as the working languages of OHADA. Thus, amending Article 42 of the treaty.

We all know that the last three decades of the 20th century were characterized by plagues of various sorts. Africa witnessed a stiff vertical growth in economic crises and HIV/AIDS sweeping across nations, coupled with the advent of market liberalization and democracies, meaning free markets and free expression with very little ability to respond to the exigencies of the people.

Africa simultaneously experienced a significant growth in the proliferation of international institutional lending bodies such as, the IMF and the World Bank offering mitigated solutions such as, structural adjustment and privatization schemes with stringent conditional ties, aligned with the closure of the USAID offices in most French speaking African nations making the socio political and economic situation worse, whilst Judicial insecurity escalated.

While the debt burden increased exponentially, the poverty line widened within the region. As the passion for democracy grew with little resources to meet people's needs, several schools of thought emerged with diverse options to reverse the negative environment and birth hope through self sustaining initiatives, with

Africans striving to provide African solutions to African problems. In fact, new concepts and regional organizations like multiparty, democracy, gender privatization, globalization, NEPAD, OHADA, APE, AU, CEMAC, and last but not the least, "MORE WOMEN IN POLITICS" saw the light of day. All in a bit to improve the welfare of institutions and the lives of African people.

In all of this, African leaders were struggling to guarantee stability and maintain a stronghold over their people and their political power. The most suiting answer seemed to be the creation of wealth through economic development. To reach this target, they needed to provide secure markets with stable judicial attractive and reliable business facilities. The need to provide judicial guarantees for businesses to come, stay and grow in the region was of paramount interest. Yet, there was little or no visibility in this area, because, each sovereign state applied fragmented laws inherited from their colonial masters in answer to various challenges, while the business and justice environment deteriorated to hit bottom level. The general outcry became unbearable for both the political leaders and the people.

The African continent in the quest to curtail the unavoidable effects of globalization through competing markets, understood the need to improve on investment opportunities by letting go individual state sovereignty in favor of binding and enforceable common rules to ensure security among investors and foster the well being of trade undertakings as a whole.

Whereas, pursuant to multiple unsuccessful individual country efforts to provide concrete solutions to this problem, the creation of a harmonized system of business laws in Africa offering a secure business climate became imperative.

The Aim and Background of OHADA

OHADA set out to respond to the needs of business within a targeted market, by harmonizing the African legal system through enacting enabling business regulations with the vision to create a good business environment within the African continent. It also came to promote entrepreneurship, with Arbitration as a means of settling disputes while attracting foreign investors into the continent. OHADA therefore, provides rules for the establishment, operation and dissolution of businesses. The major instrument available for the harmonization of the various business laws of all the contracting States is called the Uniform Acts.

OHADA's objective was to harmonize business law in Africa with a common view to examine other legislature as applied within African nations. But, we shall realize that this was not really the case. If OHADA was intended to be a Continent-wide project, with significant reforms in response to businesses, it needed to take into consideration all the different legal cultures and alternate traditional dispute settlement mechanisms to achieve this goal. This was however not the case. One notes that, OHADA is now a 17 Members state organization including the following countries: Benin, Burkina Faso, Cameroon, Central African Republic, Comoros, Congo, Ivory Coast, Gabon, Guinea, Guinea Bissau, Equatorial Guinea, Mali, Niger, Senegal, Chad, Togo and The Democratic Republic of Congo.

It is understand that, pursuant to ***Article. 10*** of the treaty, the Uniform Acts becomes directly applicable and binding to all Member States, despite any conflicting provision of domestic law. That regulations become binding as soon as the relevant supranational bodies put them into force. This implies that, interested nations upon ratification are obliged to carefully prepare their judicial systems in advance, train personnel, and government authorities with regards to the application of OHADA laws and enforcement mechanisms. In fact "Almost the take it or leave it approach" with no option.

Since its creation, 9 Uniform Acts have been adopted in the field of business law; in areas of; General Commercial law, Commercial Companies and Economic Interest group, Recovery of debts and enforcement measures, Securities, Insolvency, Arbitration, Accounting law, Transport of goods by road and Cooperative companies.

Out of 17 member states, 15 are French speaking countries who applied civil law prior to OHADA, except for Cameroon who besides practicing English and French as official working languages, offered a bi-jurial judicial system with both common and civil law practiced before the respective jurisdictions in Francophone and Anglo-phone Cameroon. Meanwhile, Equatorial Guinea and Guinea Bissau where Spanish and Portuguese are spoken equally apply OHADA with a prior legislature which takes its origin from civil law.

Thus, while the source of law for most of the cited countries draws inspiration from the civil code and the French culture, Anglophone Cameroon, together with the Spanish and Portuguese nations feel cheated in the sense that, French remains the official language. French culture and laws as a background to draft OHADA laws makes smooth understanding and implementation of this tool often challenging and in some cases frustrating to non French jurisdictions especially to the common law practitioner.

Drawing from the above, OHADA raises the critical question of its multiplicity as a cultural source of law.

Reality or fiction?

In an attempt to answer this delicate question within the context of use, one cannot avoid observing that, OHADA was a French driven initiative whose founding fathers may have consciously or unconsciously omitted to invite common law practitioners to the co-drafting table in the initial process. (This opinion is quite speculative because the fact is not excused).

Considering the urgent need to provide a unified business tool in a predominantly French controlled territory, it seems obvious that the French experienced a lot of challenges doing business across French speaking African nations owing to the fragmented national laws, besides wanting to maintain their dominance in the region and protect the market. The French must have strongly suffered the negative effect of the absence of a single evenly binding business law within the region to facilitate trade and development. Thus, the French more than anyone else, understood the need to create a vehicle which could carry crafted unified business legal instruments evenly binding to all member states. As masters of our colonial history and owing to our economic dependence, the French were in dire need to maintain control within the African market. The French were also, well positioned to know what resources lay in Africa with a clear apprehension of competitors invading the region in the coming decades. The OHADA Project was thus quickly initiated and proposed by the French to the United Nations for approval with great success. Several nations and institutions bought into the idea with very little hesitation. It became the most fashionable facility and attraction to organize the birth of a unified law to grow business in Africa. The controversy lies in the fact that, though an unequivocal and indispensible vision and instrument for Africa, the concept of OHADA probably did not come from within Africa. This partly explains why, the aspect of various cultural backgrounds may have been missed, in spite of Africa's need to solve its problem.

Owing to the fact that, the tool was meant for a wider audience and not limited to French traditional former African colonies, one can rightly say it must have been an oversight not to proceed with a proper due diligence at the outset, permitting the drafters of OHADA Law to identify the various sources of law as applied within sovereign nations as a background to this important exercise to ensure that, all cultural aspects, are identified and taken into consideration in the unification and harmonization process, in order to facilitate efficient implementation, thereby, attract more signatories in the long run.

I – WHAT MEANS WERE APPLIED BY THE FOUNDING FATHERS TO MEET THE TARGETED OBJECTIVES?

In appreciation of "means" this effort might have equally produced different results if the definition of harmony and unity of laws as used within the context of OHADA was addressed by the drafting expert team to include a variety of legislature from varied backgrounds and sources. It is not clear what the drafters understood to be harmony within the present context of OHADA. Was harmony interpreted to mean identical/similar or compatible. If an attempt to address this question was fully considered, one would have expected the drafters to absolutely identify each law as applied and enforced arising from its given background in a given country or jurisdiction in order to ensure that, all parties agree on the contextual meaning before it is drafted and adopted for use by all within OHADA.

This should have permitted a fruitful comparative exercise, whereby compatibilities could have been drawn out of incompatibilities to find common non ambiguous notions, interpretations and translations of principles or procedures. This effort would have honestly avoided some of the contradictions and incomprehension's perceived in the acceptance and implementation of OHADA within some nations and jurisdictions today. The absence of a multicultural co-drafting team honestly limited the means and resources applied by the founding fathers to properly address the cultural diversities in OHADA.

Some of the worries experienced include misleading interpretations and translations of some concepts which provide inexact or contrary meanings to the law, procedure and/or principles as applied prior to harmonization. For example "ASSIGNATION A BREF DELAI" This has no proper contextual translation in the practice of common law. I think OHADA actually meant to harmonize laws, but without misleading the user. This exercise required that drafters harmoniously examine the incompatible laws in order to agree on compatible principles in every given context to ensure the fluent understanding and use in implementing the unified laws.

This partly explains why Common law users frown and are often hostile to OHADA. The contextual translation and interpretation of the laws and procedures quite often do not provide the proper meaning and this lack is often frustrating to bona fide common law users.

A – Has ohada achieved its purpose? if not what should be done?

The feelings here are quite mixed, because, it is sometimes perceived within Africa as an effort by Western nations seeking to do business without hesitation in Africa irrespective of the full involvement, understanding and collaboration of African experts in the thought process. There is also the strange apprehension that, the founders were so hurried to finalise and implement this law with the urge to oblige nations to harmoniously embrace this instrument without perceiving it as an attempt to subject users through a subtle understanding and assimilation process.

OHADA is making efforts to broaden its membership to incorporate Anglophone Africa. The experience of Cameroon, being a dual judicial system, is proof of the obstacles for new Member State

with different linguistic, cultural or legal background.

Dr. Martha Simo Tumnde says, **OHADA is** "considered a unilateral decision by heads of state". She equally says OHADA has been frowned upon because the judicial integration of laws and judgments is considered controversial land revolutionary by common law practitioners.

It was thus received with consternation regarding the manner in which it was trust upon, business and the legal environment owing to the absence of prior consultation and without regard to Cameroon or national peculiarities, in violation of Cameroon's constitution of bilingualism and the bi-jurial specific legal system enforced in Cameroon".

Though Article 42 formerly stated French as the official language of OHADA, this has been repelled English, French, Portuguese and Spanish are now the official working languages. OHADA invites all African countries to be part of the harmonization process in Africa without discrimination. This is a sign that, the advocacy for the reformation of laws in Africa has gained favor and OHADA has created the desired framework and setting within which, such a reform can take place.

However in spite of some over sights by founding fathers, one must admit that, the advent of OHADA is a revolutionary landmark in the history of business law which targets several African nations in different geographical and legal backgrounds in a single concept and approach. Thus, the limitations witnessed through the omission to include other legislature, languages or judicial multi-cultural backgrounds cannot in any way be said to negate the importance of OHADA.

Considering that, the purpose of this effort was to target all African nations under a common business harmonized law without bias, one may more compare the

OHADA approach to the five decade old French initiative creating The "AFRICAN INDUSTRIAL PROPERTY ORANISATION" (AIPO) commonly referred to as OAPI in its French acronym which is equally a French driven highly ambitious organization. On a more positive note, the OAPI was created in 1962 by the French for French speaking African markets. The binding law was jointly ratified by most French speaking African nations to manage Intellectual Property (IP) law by nations in a common market with unified intellectual property rights for goods, services, patents, models, designs etc. This common law binding to all OAPI nations was the "Accord de Libreville "revised in 1977 as the Bangui laws and later in 1999. After more than 50 years of use, this turns out not to be a bad piece of law. It is now considered a unique revolutionary and ambitious successful tool for IP law protection in the region.

OAPI is a **one stop shop**. The increasing urge from African nations to progressively appropriate and ratify this tool has increased in the last three decades to a better understanding of the importance of IP assets as a strategic tool for economic development in a user friendly environment amongst African leaders. OAPI has today expanded to include 17 African countries of diverse indigenous and assimilated legislature and cultural backgrounds.

Thus, considering that laws must respond to the need of time, it is now time for every left out nation or culture to force its way to the co- drafting table, for necessary amendments to reflect efficient application of the laws within the context intended by the users or as needed to modify the original law and make OHADA more user friendly.

B – Advantages of OHADA

OHADA has largely been successful in terms of the production of norms, with regard to the application and acknowledgment of the Uniform Acts. OHADA is widely adopted and used by many public institutions that recognize it and give it their support. One equally notes that within a short period of time, OHADA has created a new supranational organization. The principal achievement of this new organization is that, it has largely fulfilled its aim in the production of Uniform Acts. OHADA has today delivered nine Uniform Acts. All the subject matters enumerated in Art. 2 of the treaty have been codified in a Uniform Act.

OHADA provides a better legal framework, with lower transaction costs for any type of business activity with a clearly defined business structure on an anticipated level playing ground with equal investment opportunities for all businesses.

The OHADA treaty provides for institutional arbitration under the Common Court of Justice and Arbitration (CCJA) with the Uniform Act on arbitration which lays down rules that are applicable should the seat be in any of the member states. Due to the fact that, disputes may arise in the course of doing business, OHADA has made it possible for parties to include arbitrations clauses in their contractual agreements. Article 2 states that, both individuals and corporate bodies may submit to arbitration. The same lays down the principle that, states and other territorial public authorities including public companies may also submit to arbitration.

Despite the numerous advantages of OHADA, it equally faces certain challenges which make its implication difficult.

II – THE LIMITATIONS OR SETBACKS OF OHADA

- Most common law countries are reluctant to be part of OHADA due to the fact that, OHADA's regulation is based mostly on foreign legal system, like French law and World Bank legal philosophy and ideology including international treaties and conventions with very little input from other jurisdictions and legal systems in Africa. The civil law system does not reflect the multi-jural and multi-cultural nature of the continent, and as a result, it excludes other nations from being part of OHADA.
- Also, the lack of awareness or information on the practices of OHADA has been a problem. We realize that very few African judges, legal practitioners, and the business community are aware of the changes brought by OHADA 20 years after its creation, even though membership is open to all States in Africa. Lack of awareness does not only affect jurists in non-member States, it also affects judges and lawyers in OHADA member States. This is due to the fact that OHADA has failed to convince them that, it is an indispensable harmonization project in the Continent.
- Moreover, the Advanced Regional School of Magistracy (ERSUMA) provides training to judges, lawyers, notaries, court experts teaches only in French, which effectively precludes non-French-speaking jurists from understanding the key features of OHADA. Consequently, failure to envisage introducing Arabic as one of the working languages once Arab African States express an interest in joining the harmonization project will be sufficient reason for these States not to sign up.
- The fact that, for the past 20years no English speaking state has been able to join the organization shows that there is a problem which needs to be seriously taken into consideration.
- The refusal to implement the treaty in some member states and the fact that common law countries have rejected and criticized the treaty is an indication of their disapproval of the treaty. Thus, there is need for a better integration of OHADA laws through the express abrogation of conflicting legislation within the member states at domestic level. In certain countries where the treaty is applicable, the legality of the treaty has been questioned which indicates a disapproval of its application. For instance in Anglophone Cameroon where the issue of legality of the treaty has raised controversy, the treaty is applied grudgingly by the common law section of the country to the extent that some judges reject the treaty.
- Interpreting Article 33 of the Uniform Act on simplified recovery procedure and measure of enforcement requires that for a deed or judgment to be rendered executory, it must be stamped with an Executory formula. Therefore, for a mortgage to be considered a writ fit for execution, it must be drafted with the Executory formula inserted on the deed, otherwise the document will be a nullity in law. Prior to OHADA an executory formula was filed by way of motion.

Under OHADA, there is no room for a motion to be filed to rectify such omissions. The only remedy is to apply for a court ordered mortgage which makes the procedure cumbersome.

- Under simplified recovery and in matters of seizure awards in OHADA, it's possible for the debtor to organize his own insolvency until a final judgment is rendered. But under common, once the account is attached, it is final.
- Also, under OHADA, it's quite challenging to execute a judgment against state companies because they benefit from state immunities. If you have a judgment against a state institution, the state can invoke its immunity. Whereas Common Law does not recognize state immunity for public entities.
- Under OHADA, all matters are appealed before the CCJA (Common Court of Justice and Arbitration) in Abidjan. The matter is enrolled before the court with no option for oral hearings to the parties. The procedures and submissions are in French. Even though, OHADA has four official languages, the problem remains unsolved. The Common law lawyer find this provocative and frustrating especially because the option for oral pleadings is completely eliminated leading lose of clients.
- OHADA law is also considered more user friendly to the tenant than the landlord.
- The notion of interlocutory actions and equity is quite absent in OHADA. This is said to often bring hardship to the parties.

It is therefore for these reasons and several others that, ratification and use of OHADA within English speaking African countries of common law background faces reject. It is often perceived as a foreign tool imposed in an existing functional judicial system without the prior consent of the practitioner/user. The treaty needs to be continuously revised and updated to achieve unification and harmonization to make it appealing.

Recommendations

In as much as there, exist some major challenges like multi-cultural barriers and the dispute settlement mechanism which have greatly prevented this regional project from developing into a Continent-wide initiative, certain modifications to its existing form would make it more acceptable and user friendly. Some of these recommendations include:

- With the rapid growth of businesses in Africa, there is need for a harmonized law to incorporate all aspects that were left out at the initial process of the creation of OHADA and challenges which it faces today. A harmonized uniform law that incorporates all our multi-cultural legal system in Africa will be easily understood, accepted and applied; this will reduce contradictions in the interpretation, implementation and enforcement of the law. Thus, there is need for serious reforms to update business laws which will embrace the distinctive particularities of the current and future member States.
- With the participation of experts and different interest groups such as judges, lawyers, professors, trade unions, accountants in the drafting, application and enforcement of a harmonized legal system, this would not only improve the

practicality and implementation of the law, it will also align the legislation with the development plans of OHADA.

- The availability of OHADA documents in all the official languages, should improve on the use of OHADA in the African continent. It's now possible for English, Spanish and Portuguese speaking countries from Africa to access these documents since the treaty is open to all countries.

Conclusion

It is however very important to see and appreciate the bigger picture of OHADA. Had it been the founding fathers were not proactive and courageous to forge on, this project would still be in lockers waiting for, various experts and actors of sovereign nations to find compromise with little success. Considering that, the best should not be the enemy of the good, we must applaud the birth of OHADA. As a result of OHADA, investors are flying into Africa from all corners. All African frontiers are busy with Americans, Asians and Europeans coming to invest. The only reason why this is happening is because to a large extent, OHADA provides a wholesome simplified approach to doing business in Africa through common laws which a priori offer a comprehensive secure judicial climate for the conduct of business to businesses and investors.

One may therefore, rightly conclude that, after two decades of use, Africans should stop the blame game and take possession of their destiny by setting out to correct the wrongs as we strive to be an emerging market in 2035, with the obvious target to achieve optimal growth levels, through improved businesses and investment potentials for our self empowerment and development.

OHADA remains a shared and attractive tool for the African continent in the promotion of its business both regionally and internationally. Thus there is need to progressively address these issues and upgrade this vehicle as we move into the new era of OHADA and biofuel.

Whereas, the analysis and observations raised hitherto on OHADA's multi-cultural background, leaves one with a confusing and perplexed notion of what may be the enforceable business law applied in Anglophone Cameroon. While article 10 of the OHADA treaty is implied and enforceable, the conspicuous rebellion of some common law jurists and jurisdictions against OHADA makes us wonder if in ratifying the treaty specific measures were taken to abrogate existing enforceable laws in Anglophone Cameroon, where pre-existing laws related to common law procedures dealing with applications and the Company law Act continue to apply based on the constitution which should be in conflict with the OHADA Treaty. The Cameroon constitution makes Cameroon a bi-jurial nation. This implies that, the applicable law is the law of the jurisdiction. This prevailing conflict affects the growth of jurisprudence in business law. This is why we suggest that, advocacy on OHADA be more concrete and result oriented in Anglophone Cameroon.

Finally, we close with the prayer and urge that, Africans must learn to work together to create an effective legal system that should reflect and propel the shared economic and cultural aspirations of the continent. As Professor **AKINBOTE** remarks: **"African *countries need better legal cooperation to bring about certainty***

in the business law among African nations and that cooperation does not necessarily create a loss of sovereignty or a situation where one of the contrasting states becomes helpless."

DROIT DU DEVELOPPEMENT ET DROIT DE L'OHADA

Pr. Gérard BLANC
Professeur émérite, Université d'Aix-Marseille (UAM)
FRANCE

Abstract

The starting point of this reflection on the observation that a number of international economic law texts adopted by French Sub-Saharan African countries coined the term "development". In this regard, the purpose of this paper is not to decipher the concept of development. This task will be left to economists who, we know, have long debated on the topic, without ever finding a common ground. The fact remains that development is a key objective clearly displayed and reasserted, at the service of which these international legal instruments are presumed to be implemented. The Treaty signed in Port Louis in 1993 and instituting OHADA incorporates this development objective. Talking about OHADA, we recognise the tremendous work undertaken in normative production. They include 9 uniform acts which have been adopted in less than 20 years. This regulatory inflation obviously raises questions about the conditions for its application.

Le point de départ de cette réflexion part du constat qu'un certain nombre de textes internationaux de droit économique adoptés par les pays de l'Afrique subsaharienne francophones consacrent le terme de «développement». Il n'entre pas dans ce propos de tenter de cerner les contours de la notion de développement. On laissera ce soin à aux économistes qui à notre connaissance débattent depuis longtemps sur le sujet, sans toujours trouver un terrain d'entente. Il demeure que le développement constitue un objectif manifestement essentiel affiché et réaffirmé, au service duquel sont présumés être mis en œuvre ces instruments juridiques internationaux.[1] Le Traité signé à Port-Louis en 1993 et instituant l'OHADA reprend à son compte cet objectif de développement.

A propos de l'OHADA, on se plaît à reconnaître l'énorme travail accompli de production normative.[2] Ce ne sont pas moins de 9 actes uniformes qui ont été élaborés en moins de 20 ans. Cette inflation réglementaire interpelle évidemment sur les conditions de sa mise en application. D'un point de vue factuel, la recommandation au niveau de l'OHADA est d'arrêter ou de réduire le rythme de l'adoption de nouveaux actes. La décision n° 005/2009/CM/OHADA du 22 mai 2009 portant orientation stratégique quinquennale pour l'harmonisation du droit des affaires dispose en effet dans son article 2 que: «Durant la période déterminée à l'article 1er, soit de l'année 2010 à 2015, les programmes, projets et actions tendant à l'harmonisation du droit des affaires en Afrique doivent avoir pour objectif

[1] Cf. l'art. 1er du traité du 16 mars 1994 instituant la CEMAC et l'art. 2 du traité révisé de la CEMAC du 25 juin 2008. Egalement l'art. 2.1 du traité du 28 mai 1975 instituant la CEDEAO, le Préambule du traité du 10 janvier 1994 instituant l'UEMAO et le Préambule du traité du 17 octobre 1993 relatif à l'harmonisation du droit des affaires en Afrique (créant l'OHADA), tel que révisé à Québec le 17 octobre 2008.

[2] G. BLANC, *L'OHADA: esquisse d'un bilan d'étape*, in «*Droit civil, civilité des droits*», Mélanges en l'honneur du Pr. J-L. MOURALIS, PUAM 2011, p. 29 et s.

principal de consolider les réalisations accomplies par l'OHADA ou d'achever celles qui sont en cours».[3]

La période actuelle est donc particulièrement opportune pour s'interroger sur le contenu normatif de ces actes uniformes au regard de l'objectif de développement affirmé depuis l'origine. La réponse à cette question suppose préalablement une analyse des principales sources d'inspiration de ce droit (I), avant de s'interroger sur la possible consécration normative des principes du droit du développement dans les Actes uniformes de l'OHADA (II).

I – LES PRINCIPALES SOURCES D'INSPIRATION DU DROIT DE L'OHADA

Tous les textes de présentation du droit de l'OHADA vont dans le même sens. Les Acte uniformes sont l'instrument juridique de l'intégration de l'Afrique à une économie mondialisée. Il s'agit entre autres de mettre en œuvre un processus d'ouverture des économies nationales à la concurrence.[4] En raison de la proximité de culture juridique entre les pays de l'OHADA et la France, c'est le modèle juridique français qui a été la source d'inspiration essentielle. Les investisseurs notamment étrangers, a fortiori lorsqu'ils sont de culture juridique française peuvent ainsi évoluer dans un environnement juridique familier. Les Actes uniformes constituent ainsi les instruments d'une économie libérale, prétendus seuls à même de permettre efficacement sur le plan juridique une lutte contre la pauvreté.

Certes, la finalité des Actes uniformes n'est pas tracée aussi clairement. Le langage adopté, d'une manière très diplomatique, fait que l'on ne peut qu'approuver les objectifs affichés. Il s'agit d'établir un courant de confiance en faveur des économies des pays membres. Celui-ci passe par la mise en œuvre d'un droit des affaires uniformisé, simple, moderne, adapté, facilitant l'activité des opérateurs économiques et permettant une meilleure sécurité juridique. Les initiateurs de l'OHADA ayant constaté une baisse des investissements ont voulu redonner confiance aux investisseurs notamment étrangers.[5] Peut-être même ces derniers ont-ils exercé une certaine pression sur les pays membres? Ces investisseurs étrangers n'avaient pas en effet forcément confiance dans l'environnement juridique du continent en raison de l'imprévisibilité de certaines décisions judiciaires, voire de la corruption endémique et du retard ou de l'absence de publications des textes.

Or les investisseurs étrangers à qui sont surtout destinés les Actes uniformes évoluent eux-mêmes dans cette économie mondialisée de type libéral. On ne sera donc pas étonné de la teneur des Actes uniformes.

La forme d'intégration à la fois économique et juridique n'est pas particulière à l'OHADA. Se sont ainsi constitués au fil des années de vastes ensembles dans différentes parties du monde. L'Union Européenne a été en quelque sorte précur-

[3] Cf. également les observations du Pr. A. KENMOGNE SIMO, lors de sa conférence à l'Université du Luxembourg du 17 décembre 2012, sur le droit des contrats dans l'espace OHADA.

[4] *Traité du 17 octobre 1993, relatif à l'harmonisation du droit des affaires en Afrique tel que révisé à Québec le 17 octobre 2008*, commenté par B. GUEYE, S. NOUROU TALL ET M. KAMTO, OHADA *Traités et actes uniformes commentés et annotés*, Juriscope 2012, p. 24.

[5] En 1997, les investissements dans la zone UEMOA représentaient 562 millions de dollars soit une diminution de 19% par rapport aux années précédentes selon la CNUCED.

seur, mais on peut citer aussi l'Accord de libre-échange nord américain (ALENA), l'Association des Nations de l'Asie du Sud-Est Asiatique (ASEAN) et sur le continent africain l'Union économique et monétaire de l'Ouest africain (UEMOA créée en 1997 qui a remplacé l'UMOA) ou encore la Communauté économique et monétaire de l'Afrique Centrale (CEMAC). Tous ces ensembles sont inspirés par la même philosophie d'ouverture et d'intégration économique. Dans le même sens, on pourrait ajouter au niveau planétaire l'Organisation Mondiale du Commerce (OMC) créée par les Accords de Marrakech (1994) fondés également sur des principes de liberté des échanges et de libre concurrence.

Au sein de l'OHADA, des exemples puisés dans les Actes uniformes peuvent illustrer les mêmes constats.

Il en est ainsi de l'article 15 de l'Acte uniforme relatif au droit de l'arbitrage (11 mars 1999) qui consacre le principe de la loi d'autonomie autrement dit l'autonomie de la volonté en matière de loi applicable.[6] Or chacun sait que ce principe est l'illustration dans le droit des contrats d'une approche libérale des relations entre cocontractants consacrée depuis 1804 par le Code civil français.

Dans l'article 1er de l'Acte uniforme relatif au droit des sociétés commerciales et du groupement d'intérêt économique (17 avril 1997), il est prévu la possibilité de la présence de l'Etat ou d'une personne morale de droit public dans l'une des formes de sociétés commerciales.[7] Cette présence n'affecte en rien la nature commerciale de la société. La société qui a parmi ses associés une personne de droit public ne dispose pas en principe d'un régime dérogatoire, alors même qu'elle exerce peut-être une mission de service public. Seules les lois de l'Etat partie dans lequel se situe le siège social peuvent s'appliquer, sous réserve de ne pas être contraires à l'Acte uniforme. Il en est de même des établissements à caractère industriel et commercial qui en raison de leur activité commerciale sont commerçants en vertu de l'article 2 de l'Acte uniforme portant sur le droit commercial général.[8] La définition de la société commerciale dans l'article 4 de l'Acte uniforme sur les sociétés commerciales conduit au même constat. A quelques mots près, il reprend la définition de la société précisée par l'article 1832 du Code civil français, sauf que dans l'article 4 précité, cette définition est réservée à la société commerciale. On ne s'en étonnera pas puisque la société civile n'entre pas dans le champ de compétences du droit de l'OHADA.

On prendra comme dernier exemple l'Acte uniforme portant organisation des procédures collectives d'apurement du passif (10 avril 1998).[9] Les textes consacrés s'inspirent du droit positif français en vigueur avant la réforme intervenue en France en 2005 et en 2008. En ce sens, à peine adopté, le droit de l'OHADA mérite d'être

---

[6] JO OHADA, 15/05/1999, p. 2 commenté par P. MEYER, OHADA, *Traités commentés. . .*, op. cit, p. 133 et s.

[7] JO OHADA, n°2, 01/10/1997, p. 1 et s. commenté par P. G. POUGOUÉ, J. NGEBOU-TOUKAM, F. ANOUKAHA, Traités commentés. . ., op. cit. p. 365 et s.

[8] JO OHADA, n°23, 15/02/2011, p. 1 et s. commenté par A.P. SANTOS, *Traités commentés . . .*, op. cit. p. 231 et s.

[9] JO OHADA n° 7, 01/07/1998, p. 1 et s. commenté par F. M. SAWADOGO, Traités commentés . . ., op. cit. p. 1121.

modernisé au regard de la nécessité de privilégier encore davantage le redressement de l'entreprise en difficulté. En ce sens, l'Acte uniforme a consacré une posture classique, celle qui sans négliger les impératifs de redressement fait prévaloir les intérêts des créanciers. Est révélateur le fait de ne pas pouvoir déclencher une procédure collective avant que l'entreprise ne soit en cessation des paiements; le législateur OHADA se refuse à permettre au juge d'intervenir avant la cessation des paiements, comme c'était le cas en France jusqu'à l'adoption de la loi de 2005. Or on sait bien qu'à ce stade, bien souvent l'entreprise du débiteur n'est plus en mesure d'être redressée. On peut déplorer que le droit de l'OHADA n'ait pas tenu compte suffisamment des critiques doctrinales adressées à la loi française de 1985 et qui ont conduit aux réformes récentes. En d'autres termes, l'Acte uniforme sur les procédures collectives a une source d'inspiration encore plus classique que les lois françaises récentes. Ce classicisme est fondé sur l'idée que dans un rapport d'obligations, les intérêts du créancier doivent primer sur toute autre considération. Le débiteur doit respecter ses engagements, même si la solution mérité d'être amendée lorsqu'elle s'avère peu opportune sur le plan économique. Heureusement, on ne peut que s'en féliciter, un groupe de travail prépare une refonte de cet Acte uniforme; on ne peut que souhaiter qu'il aille dans un sens moins libéral de sauvegarde de l'entreprise.

Le contenu normatif du droit de l'OHADA exprime donc une forme de mimétisme juridique dont on peut se féliciter car elle permet aux économies africaines de proposer une cadre juridique sécurisé aux investisseurs. L'ffluvre accomplie était sans doute indispensable. Mais s'agit-il d'une condition nécessaire et suffisante pour atteindre les objectifs de développement affichés dans le préambule du Traité signé à Port-Louis en 1993? On émettra quelques doutes. Peut-on raisonnablement affirmer que le droit positif de l'OHADA constitue en l'état l'instrument idéal de lutte contre la pauvreté? Divers auteurs ont en effet observé que malgré un ensemble normatif volumineux, la situation spécifique des économies des Etats membres ne semblait pas avoir été véritablement prise en considération.[10] Il en est ainsi par exemple du secteur informel car le droit de l'OHADA est un droit d'application limitée au secteur formel.

II – LE DROIT DU DÉVELOPPEMENT COMME AUTRE SOURCE D'INSPIRATION

Cette inadaptation du droit de l'OHADA à la réalité économique des pays membres nécessiterait de renforcer le rôle pour le moment marginal des autres sources d'inspiration. Ces sources existent et ne sont pas nouvelles, tels les principes du droit du développement forgés dans les années 1980. Aujourd'hui ces principes ont été quelque peu oubliés, malgré les résolutions formulées de manière certes timide

[10] S. KWEMO, *L'OHADA et le secteur informel*, L'exemple du Cameroun. Ed. Larcier 2012. P. BOUREL, *A propos de l'OHADA, libres opinions sur l'harmonisation du droit des affaires en Afrique*, D. 2007, p. 971. Egalement notre communication *Industrialisation, entreprises publiques et développement: le contrat, bilan et perspectives* au Colloque de Libreville (2011) sur «Les pratiques contractuelles d'affaires et les processus d'harmonisation dans les espaces régionaux», ERSUMA 2012.

lors de l'ouverture du Cycle de Doha au sein de l'OMC en 2001.[11] Cela suppose d'admettre que les pays en développement ne peuvent spontanément être soumis à un régime juridique qui présume l'égalité des partenaires, alors même que certains ont une économie fragile qui risque d'être déstabilisée par une ouverture trop brutale au marché mondial. Les instances internationales ont donc dégagé, il y a plus de 30 ans, les principes d'inégalité compensatrice et de dualité des normes.[12] Dans le cadre du programme de Doha, l'OMC s'est montré impuissante pour effectivement mettre en œuvre ces principes. Il était par exemple prévu que les pays pauvres seraient dispensés d'ouvrir leurs marchés, bénéficiant ainsi de l'ouverture des marchés des pays plus riches, sans réciprocité au nom de la dualité des normes. Mais la négociation relative à cet objectif a échoué, le désaccord persistant entre les pays riches et les pays exportateurs de produits agricoles. On continue, notamment au sommet de l'OMC qui se tint actuellement à Bali, de plaider pour une libéralisation totale des échanges qui ne prend pas en compte les intérêts des pays en développement. Dans ces conditions, pourquoi les pays membres de l'OHADA ne pourraient-ils pas s'approprier ces principes sur lesquels est fondé le droit du développement? La réunion des 17 pays d'Afrique subsaharienne au sein de l'OHADA ne constitue-t-elle pas un pôle suffisamment conséquent pour imposer ou au moins négocier la consécration de ces principes dans certains Actes uniformes en cours d'élaboration ou de révision?

Ces principes paraissent d'ailleurs implicitement constituer le fondement de certaines réformes récentes ayant affecté les Actes uniformes. N'est-ce-pas le cas lorsque il s'agit d'intégrer le secteur informel dans l'économie formelle? Il semble que cette démarche reposant sur une forme de dualité des normes a inspiré les auteurs de la refonte de l'Acte uniforme relatif au droit commercial général et de celui portant organisation des sûretés. Un auteur, Mme Stéphanie KWEMO a souligné, avec perspicacité dans une thèse récente, cette nouvelle volonté affichée par le législateur OHADA.

Ainsi en est-il du statut de l'entreprenant qui cherche à appréhender dans un cadre juridique souple des activités économiques qui demeurait jusque là en dehors du droit formel. Le statut d'entreprenant permet à celui qui le choisit de bénéficier de certains avantages: avantages liés au statut de commerçant et résultant de l'allègement des contraintes qui y sont inhérentes. C'est véritablement un statut dérogatoire qui peut se révéler attractif pour la pratique. L'entreprenant a d'une certaine manière tous les avantages du commerçant, notamment le principe de la liberté de la preuve, un délai de prescription plus court, des obligations comptables simplifiées. . . . sans en avoir les inconvénients. L'entreprenant est en outre dispensé de l'immatriculation et devrait bénéficier d'allègements fiscaux; les Etats membres sont en effet invités à prendre des mesures incitatives pour l'activité de l'entreprenant. On notera néanmoins que le législateur OHADA n'a pas souhaité

[11] V. Matenchuk, *Les pays en développement et les négociations commerciales ouvertes à Doha*, Thèse Aix 2010 (dactyl.).

[12] Pour une synthèse, cf. notre chronique déjà ancienne, mais toujours d'actualité: *Peut-on encore parler d'un droit du développement?* Journal du droit international 1991, p. 903 et s.

faire bénéficier l'entreprenant du droit au renouvellement du bail à usage professionnel.[13]

Ce dispositif issu de la réforme récente de l'Acte uniforme portant sur le droit commercial général n'est manifestement pas destiné aux investisseurs étrangers. On retrouve d'ailleurs un appareil normatif analogue en droit français à travers le régime de l'entrepreneur individuel à responsabilité limitée; les articles L.526-6 et suivants du Code de commerce français consacre en outre la notion de patrimoine d'affectation à la différence de l'Acte uniforme.

On est donc en présence d'un paradoxe. D'une part le Traité de Port-Louis a été adopté pour créer un climat de confiance propice aux investissements étrangers. D'autre part certaines dispositions des Actes uniformes consacrent cette volonté du législateur de prendre en compte le secteur informel. Celui-ci constitue en effet une part significative de la réalité économique africaine, tant du point de vue des revenus générés que de celui des emplois créés.[14]

On peut illustrer ce constat par le régime juridique de certaines sûretés mis en œuvre dans l'Acte uniforme portant organisation des sûretés.[15] Il s'est agi dans la révision intervenue en 2010 de faciliter l'accès aux financements dans l'espace OHADA, spécifiquement au bénéfice des acteurs du secteur informel. Plus précisément, l'enjeu de la simplification a été de favoriser l'accès au micro-crédit par un régime juridique adapté aussi bien des sûretés personnelles que des sûretés réelles mobilières. L'Acte uniforme consacre entre autres dans l'article 14 al. 3 la caution illettrée, innovation majeure s'il en est en droit des sûretés. Le texte dispose que «la caution qui ne sait ou ne peut écrire doit se faire assister de deux témoins qui certifient dans l'acte de cautionnement son identité et sa présence et attestent, en outre, que la nature et les effets de l'acte lui ont été précisés». A cela s'ajoute une présomption en faveur du cautionnement solidaire, à défaut de clause contraire en vertu de l'article 20 de l'Acte uniforme. Les institutions de micro-finance qui préfèrent les sûretés personnelles sont ainsi mieux protégés au point dit-on de n'avoir quasiment recours qu'à ce type de garanties.[16]

Il serait souhaitable que ces principes de dualité des normes et d'inégalité compensatrice inspirent systématiquement non seulement les réformes auxquelles seront sans doute soumis dans l'avenir les autres Actes uniformes, mais également — pourquoi pas? — de nouveaux Actes uniformes.

Très brièvement, on évoquera de lege ferenda deux opportunités d'Actes uniformes qui pourraient consacrer ces sources d'inspiration.

En premier lieu, l'activité de micro-crédit pourrait donner lieu à la rédaction d'un Acte uniforme. Celui-ci aurait pour objet d'établir un régime juridique dérogatoire unifié gouvernant le développement des nombreuses institutions de micro-finance qui ont vu le jour dans cette zone ces dernières années. Ces institutions reposent sur des structures généralement distinctes des institutions financières classiques tant

[13] Art 134 al. 2 de l'Acte uniforme portant sur le droit commercial général.
[14] Pour un exemple au Cameroun, cf. S. KWEMO, op. cit. p. 147.
[15] Acte uniforme du 15 décembre 2010 portant organisation des sûretés, JO OHADA n°22, 15/02/11 commenté par J. ISSA-SAYEGH, Traités et actes uniformes commentés . . . op. cit. p. 847 et s.
[16] *S. KWEMO, op. cit. p. 275, n° 845.*

dans leur financement, leur fonctionnement que dans leur finalité. Autant d'éléments qui déterminent des statuts juridiques différents qui pourraient être l'objet d'une harmonisation au sein d'un Acte uniforme de l'OHADA, alors même que des textes existent déjà dans les Etats-membres. Il s'agirait également de définir un ensemble de dispositifs formels permettant d'offrir des crédits d'un montant modeste à des personnes jusque là exclues du secteur bancaire. Serait ainsi facilité le démarrage de petites activités économiques génératrices de revenus,[17] ce qui contribuerait à satisfaire l'objectif de développement visé dans le Traité de Port-Louis.

Il est enfin un dernier paradoxe. Les Actes uniformes de l'OHADA sont ouvertement destinés à sécuriser et donc à attirer les investissements étrangers. Or les économistes adoptent une position pour le moins nuancée sur le rôle et l'impact positif des investissements étrangers dans un pays en développement. Un rapport du secrétariat l'OCDE paru en 2002 affirmait ainsi qu' «en règle générale les pays ne devraient pas fonder leurs stratégies de développement sur l'IDE et ses avantages. Les entrées de l'IDE devraient être considérées comme un précieux complément des efforts locaux et non comme un élément déterminant de la croissance».[18]

L'OHADA aurait-elle dès lors fait fausse route? Certes pas. Mais de telles analyses devraient sans doute inciter à la recherche d'une meilleure optimisation des investissements étrangers. Le temps n'est-il pas venu pour l'OHADA de réfléchir à un nouvel Acte uniforme qui aurait pour finalité une régulation des investissements étrangers prenant davantage en compte l'impératif de développement? L'élaboration d'un tel ensemble normatif paraît plus opportune que jamais dans la période qui vient. L'OHADA en effet dispose désormais d'outils juridiques unifiés à même d'apporter la sécurité juridique à laquelle les investisseurs prétendent de manière légitime. Ce nouvel Acte uniforme pourrait ainsi intégrer les principes du droit du développement en prenant la forme d'une sorte de Code des investissements, tel qu'on a pu en connaître dans un passé récent.

Cet Acte uniforme pourrait en premier lieu servir de directive pour la révision de certaines conventions bilatérales conclues par les Etats membres avec des pays de l'hémisphère Nord. Le texte pourrait être également l'occasion de consacrer sur le plan normatif des critères et des procédures de sélection des investissements étrangers. La contribution au développement devrait évidemment représenter un critère essentiel de sélection.[19] Le développement cesserait de n'être ainsi qu'une pétition de principe affirmée dans les préambules de certains contrats d'investissement. Pourrait même être envisagé un système de sanctions en cas de non respect de l'obligation de l'investisseur de contribuer au développement du

[17] I. ADJAGBA-ICHOLA, *Aspects socio-économiques du micro-crédit*, 3ème colloque de l'Association du Notariat francophone: micro-économie et sécurité juridique, le rôle du notaire au service du développement dans une économie de marché, Conseil supérieur du notariat Paris, 21 septembre 2007.

[18] *L'investissement étranger au service du développement, Optimiser les avantages, minimiser les coûts*, Rapport de l'OCDE 2002, étude du Secrétariat, p.27. B. de SAINT-LAURENT, *L'impact des IDE sur le développement économique, Etat de l'art et application à la région MED*, ANIMA Investment network, Ensemble pour une Méditerranée compétitive, décembre 2010.

[19] Cf. Une liste non exhaustive de critères énumérés, il y a plus de 30 ans par G. FEUER et H. CASSAN, Droit international du développement, Coll. Précis Dalloz, Paris 1990 2ème éd.

secteur visé par l'opération économique.[20] En un mot, il s'agirait de faire en sorte que la dualité des normes et l'inégalité compensatrice qui caractérisent le droit du développement ne soient pas que de vaines expressions en usage dans les enceintes internationales.

Simultanément devraient être adoptés des mécanismes de traitement équitable et de protection de ces investissements étrangers qui nécessitent un recours systématique à l'arbitrage en cas de différend. En la matière, l'Acte Uniforme de l'OHADA peut opportunément constituer le fondement et le régime juridique de ce mode de règlement des différends. La consécration du recours à la loi nationale ne devrait plus être redoutée comme auparavant, puisque c'est le droit de l'OHADA qui aurait le plus souvent vocation à s'appliquer. Enfin, la mise en oeuvre d'un régime juridique de la coopération économique serait certainement bienvenue dans un tel Acte uniforme.

On pourrait multiplier ainsi les propositions. Mais une affirmation au total s'impose. L'OHADA doit poursuivre son œuvre de construction et d'unification du droit des affaires. Pourtant celle-ci ne prendra véritablement tout son sens que si l'OHADA parvient à infléchir son appareil normatif dans le sens d'un authentique développement, objectif affirmé dès 1993. Les 17 pays formant l'OHADA constituent, grâce notamment à l'harmonisation de leur droit économique, une force de proposition normative que l'on ne peut plus ignorer. Il serait dommage que cet atout ne soit pas utilisé pour le plus grand profit des peuples de cette région.

INDICATIONS BIBLIOGRAPHIQUES

BLANC (G.), «*L'OHADA: esquisse d'un bilan d'étape*», in «*Droit civil, civilité des droits*», Mélanges en l'honneur du Pr. J-L. MOURALIS, PUAM 2011, p. 29 et s.

BOUREL (P.), «*A propos de l'OHADA, libres opinions sur l'harmonisation du droit des affaires en Afrique*», D. 2007, p. 971.

FEUER (G.) et CASSAN (H.), Droit international du développement, Coll. Précis Dalloz, Paris 1990.

KWEMO (S.), «L'OHADA et le secteur informel», L'exemple du Cameroun. Ed. Larcier 2012.

[20] Sur l'ensemble de ces questions, cf. notre chronique *Peut-on encore parler du droit du développement, JDI 1991, p. 903.*

ANALYSE HISTORIQUE ET COMPARÉE DE LA FIGURE DE L'ENTREPRENANT EN DROIT OHADA

*Salvatore Mancuso**
Chair, Centre de Droit Comparé en Afrique, Université de Cape Town
AFRIQUE DU SUD

Abstract
The informal sector accounts for a significant part of the African economy. It is quite composed of a large number of entrepreneurs who operate alone or in the family. There is no legal instrument in force to regulate this field. This results to creating a situation of legal uncertainty as to these entrepreneurs, a situation that does not facilitate trade with the formal sector. Preparation to the new version of the Uniform Act relating to General Commercial Law (UAGCL) provides answers to the question raised. With the introduction of the term undertaking, the aim of the Organisation for the Harmonisation of Business Law in Africa (OHADA) legislator is to encourage individual entrepreneurs of the formal sector to officially declare that they ar.e entrepreneurs, allow the passage of operators from the informal sector to the formal sector in order to reduce the turnover of the informal economy and increase that of the formal sector.

I – L'ENTREPRENANT EN DROIT OHADA

L'innovation la plus importante introduite avec la nouvelle version de l'Acte Uniforme sur le Droit Commercial General (AUDCG) est sans doute la création d'une nouvelle figure — celle de l'*entreprenant* — qui devrait répondre á l'exigence de simplifier les formalités demandées pour les micro et petites entreprises, les quelles n'ont pas les moyens pour s'immatriculer dans le Registre du Commerce et du Crédit Mobilier (RCCM), en particulier dans les régions rurales et semi-rurales; et, à travers ce processus de formalisation, faciliter leur accès au crédit formel et aux prestations sociales.

Cette innovation du législateur OHADA pose ce nouvel sujet juridique á un régime juridique et comptable réduit. Ainsi le législateur a voulu améliorer la condition juridique et financière des entrepreneurs du secteur informel, c'est-à-dire de ceux qui exercent des activités qui échappent à une quelconque réglementation et au contrôle par l'État. Avec cette innovation, ces entrepreneurs devraient passer graduellement d'une activité exercée informellement vers l'économie formelle, en leur permettant l'accès au crédit bancaire autrement impossible.

Le secteur informel, qui représente une partie significative de l'économie africaine, est tout à fait composé par un grand nombre d'entrepreneurs qui exercent leurs activités seuls ou dans la famille. Aucun instrument juridique a été encore mis en place pour discipliner ce domaine, avec le résultat de créer une situation d'insécurité juridique pour ces sujets, et une situation que n'a pas facilité les échanges avec le secteur formel.

---

* *Chair*, Centre de Droit Comparé en Afrique, Université de Cape Town, Professeur honoraire en droit Africain au Centre de Droit des Sociétés Africaines de l'Université de Xiangtan.

Les travaux préparatoires à la nouvelle version de l'AUDCG apportent des réponses à la question soulevée. Avec l'introduction de la figure de l'entreprenant, le législateur OHADA poursuit le but d'inciter les entrepreneurs individuels du secteur informel à se déclarer officiellement en qualité d'entreprenants, de permettre le passage des operateurs du secteur informel vers le secteur formel afin de réduire le poids de l'économie informelle et d'augmenter celui du secteur formel.[1]

Le statut de l'entreprenant a été donc introduit avec le but de permettre aux entrepreneurs du secteur informel de sortir de leur état de marginalité juridique et de développer leurs activités dans un environnement juridiquement et socialement régulé, avec des mesures fiscales simples et efficaces. La migration du secteur informel vers le formel devrait être progressive, et être accompagnée par des mesures au niveau national.[2] Cette nouvelle figure pourrait être utilisée même par ceux qui ont l'intention de commencer une nouvelle activité pour vérifier leur idée entrepreneuriale avant d'adopter un des types de société prévus dans l'AUSCGIE. Le législateur OHADA a donc prévu un système rapide qui permet à ce type d'entrepreneur de s'introduire dans le tableau commercial sans le formalisme de l'immatriculation et de s'engager dans son activité pour la conduire vers une pérennisation dans ce statut, ou vers d'autres formes professionnelles si la même activité se développe positivement.[3]

L'entreprenant est une personne physique qui exerce, avec une simple déclaration au tribunal, une activité civile, commerciale, artisanale ou agricole. Il se distingue du commerçant car ce dernier peut exercer une activité impliquant principalement ou exclusivement des actes de commerce, alors que l'entreprenant peut exercer n'importe quelle activité économique, soit civile, commerciale, artisanale ou agricole.[4] L'entreprenant doit également être distingué de l'entreprise unipersonnelle, où le sujet qui exploite l'activité professionnelle prends une personnalité juridique dissociée de la sienne propre; et du salarié où le sujet n'a pas sa propre indépendance juridique.[5]

Le chiffre d'affaires annuel de l'entreprenant ne doit pas dépasser les seuils prévus dans l'Acte Uniforme sur le Droit Comptable.[6] Comme a été bien observé,[7] il y a une contradiction entre l'alinéa 2 de l'Article 30 AUDCG qui renvoie la détermination du chiffre d'affaires dans l'Acte Uniforme sur le Droit Comptable, et l'alinéa 4 du même article selon lequel les chiffres d'affaires seront déterminés par chaque Etat membre.

---

[1] Sylvain Sorel Kuate Tameghe, entrée "*Entreprenant*", en Paul-Gérard Pougoué (dir.), *Encyclopédie du droit OHADA*, Paris, Lamy, 2011.

[2] Voir Article 30, par. 7, AUDCG.

[3] Daniel Tricot, *Statut du commerçant et de l'entreprenant*, en *Droit et patrimoine*, n° 281, mars 2011, p. 67 et ss.

[4] Joseph Issa-Sayegh, *L'entreprenant, un nouvel acteur économique en droit OHADA: ambiguïtés et ambivalence*, en *Penant*, n° 878, janvier-mars 2012, p. 5, Paul-Gérard Pougoué, *L'entreprenant OHADA*, Yaoundé, Presses Universitaires d'Afrique, 2013, p. 15.

[5] Paul-Gérard Pougoué, *L'entreprenant*cit., p. 16 et ss.

[6] Il s'agit du Chapitre 9, Section 1, alinéa 2 de l'Acte Uniforme mentionné, selon le quel "*Les seuils sont fixés en termes de recettes annuelles et sont respectivement de 30 000 000 FCFA pour les entreprises de négoce, 20 000 000 FCFA pour les entreprises artisanales et 10 000 000 FCFA pour les entreprises de service*".

[7] Voir Joseph Issa-Sayegh, *L'entreprenant*cit.

La première solution a l'avantage de faire recours à des éléments égaux pour tous et d'éliminer la nécessité d'une activité des Etats membres, lesquels sont restés inactifs lorsque le législateur OHADA a sollicité leur coopération (voir le cas du droit pénal des sociétés), et elle est conséquemment en ligne avec les objectifs d'harmonisation; tandis que la deuxième permet d'adapter la situation de l'entreprenant à la réalité de chaque Etat partie. En cas de dépassement de la limite pour deux ans consécutifs, l'entreprenant doit, à partir du premier jour de l'année successif et entre la fin du premier trimestre, se conformer à la réglementation qui lui est applicable, soit celle de l'entrepreneur individuel, de l'artisan ou de l'agriculteur, en perdant ainsi la qualité d'entreprenant et les avantages y relatifs.[8]

L'entreprenant n'est pas sujet à l'immatriculation dans le RCCM,[9] et déclare simplement son activité au tribunal et au RCCM:[10] en particulier, il doit remplir un formulaire délivré par le tribunal,[11] qui lui permet de donner les informations relatives à l'identité de l'entreprenant et sur son activité, avec toute la documentation nécessaire en pièce jointe.[12] L'entreprenant reçoit depuis un reçu pour l'enregistrement effectué et un numéro de déclaration: ce numéro, accompagné de la mention "*entreprenant* dispensé d'immatriculation", doit être mentionné sur les factures, les bons de commande et la correspondance professionnelle.[13] La question du caractère obligatoire de la déclaration quand les conditions pour devenir entreprenant sont accomplies a été tranchée négativement en considération de l'absence de quelconque sanction dans l'AUDCG en cas de faute de déclaration.[14]

L'entreprenant établit un livre où l'origine et le montant de ses ressources sont mentionnés chronologiquement et quotidiennement, en faisant la distinction entre les paiements en espèces et ceux effectués avec des modalités différentes, et ce livre doit être gardé pour cinq ans au moins.[15] L'entreprenant qui exerce l'activité de vente de biens ou de fournitures, doit tenir un registre récapitulé par année ou les achats et leur modalité de règlement sont indiqués en détail, et il doit garder toutes les pièces justificatives.[16]

La personne physique qui satisfait aux obligations déclaratives prévues aux articles 62 à 64 de l'AUDCG est présumée avoir la qualité d'entreprenant. En cette qualité, il bénéficie des dispositions de l'Article 5 du même Acte Uniforme relatives à la preuve, des articles 17 à 29 et 33 du même Acte Uniforme relatives à la prescription, et des articles 101 à 134 du même Acte Uniforme relatives au bail à usage professionnel.

---

[8] Article 30 AUDCG. Selon Joseph Issa-Sayegh, *L'entreprenant,* cit., l'entreprenant qui a perdu son statut d'entreprenant pour avoir dépassé les seuils susmentionnés, peut devenir de nouveau entreprenant si ses chiffres descendent successivement entre les limites fixes par la loi.

[9] Article 30, alinéa 6, AUDCG.

[10] Article 62 AUDCG.

[11] Article 39 AUDCG.

[12] Article 63 AUDCG. Il s'agit de la pièce d'identité, de l'extrait de l'acte de naissance, du certificat de résidence, de l'extrait de l'acte de mariage (si marié), et de l'extrait de casier judiciaire.

[13] Article 62, comma 3, AUDCG.

[14] Joseph Issa-Sayegh, *L'entreprenant.* cit.

[15] Article 31 AUDCG.

[16] Article 32 AUDCG.

Sur la preuve, tous les actes accomplis par les entreprenants peuvent être prouvés par tous les moyens, y compris par voie électronique.[17]

Pour ce qui concerne la prescription, les obligations entre entreprenants, ou entre entreprenant et non entreprenant dans le cadre de leurs activités, se prescrivent par cinq ans si elles ne sont pas sujettes à des prescriptions plus brèves.[18]

Quant au bail à usage professionnel, il s'agit entre autres des règles élargissant le champ du contrat et celles sur le renouvellement du même bail.[19]

II – UNE ANALYSE COMPAREE

Ceux qui ont déjà analysé la figure de l'entreprenant ont souligné des problèmes d'interprétation et d'encadrement de cette nouvelle création dans le cadre du droit OHADA. Comment contribuer à leur clarification et peut-être à améliorer la discipline? Comment assurer que cette figure soit réellement proche des réalités africaines?

La situation qui est la plus proche au régime de l'entreprenant est celle du statut dit de l'auto-entrepreneur.[20] L'activité déclarée sous le régime auto-entrepreneur peut être exercée à titre principal, par exemple, par un chômeur qui veut se lancer«à son compte»ou à titre complémentaire par un salarié du secteur privé, un fonctionnaire ou un retraité qui a un projet de développer une activité annexe ou encore par un étudiant qui souhaite créer sa première activité alors même qu'il poursuit ses études. En général, l'activité doit être exercée sous forme d'entreprise individuelle.

Le régime en question permet, par exemple, de débuter un projet d'entreprise, mais certaines professions ne peuvent pas être exercées sous le régime auto-entrepreneur. Tel est le cas notamment des activités relevant de la TVA immobilière. Il en est de même des activités exercées dans le cadre d'un lien de subordination pour lesquelles seul le salariat doit être retenu. Même l'exercice d'une activité dans le cadre d'une société ne permet pas de recourir à ce dispositif.[21]

Pour l'auto-entrepreneur les formalités liées à la création d'entreprise sont simplifiées. Lors de la création de l'entreprise, l'auto-entrepreneur est dispensé d'immatriculation au RCS (registre du commerce et des sociétés).[22] L'auto-entrepreneur peut bénéficier du statut de l'EIRL (entrepreneur individuel à responsabilité limitée) en affectant à son activité professionnelle un patrimoine spécifique séparé de son patrimoine personnel. Lorsqu'elles ne disposent pas d'un établissement, les personnes physiques peuvent, à titre exclusif d'adresse de l'entreprise, déclarer celle de

---

[17] Sylvain Sorel Kuate Tameghe, *op. cit.*, qui ajoute qu'un commencement de preuve par écrit permets à l'entreprenant de prouver par tous les moyens contre un non-entreprenant.

[18] Article 33 AUDCG. Les principes généraux en matière de prescription prévus dans les Articles da 17 Article 29 de l'AUDCG sont applicables.

[19] Voir encore Sylvain Sorel Kuate Tameghe, *op. cit.*

[20] Le statut de l'auto-entrepreneur a été créé par la loi du 4 août 2008 de modernisation de l'économie.

[21] Source: www.lautoentrepreneur.fr.

[22] Toutefois, l'auto-entrepreneur qui crée une activité artisanale à titre principal, doit s'inscrire au RM (répertoire des métiers).

leur local d'habitation. Cette déclaration n'entraîne ni changement d'affectation des locaux.[23]

Le chiffre d'affaires ne doit pas dépasser les seuils définis à l'article 50-0 du code général des impôts.[24] Les personnes physiques bénéficiant de ce régime d'impôt facilité peuvent ne pas établir de comptes annuels. Elles tiennent un livre mentionnant chronologiquement le montant et l'origine des recettes qu'elles perçoivent au titre de leur activité professionnelle. Elles tiennent également, lorsque leur commerce principal est de vendre des marchandises, objets, fournitures et denrées à emporter ou à consommer sur place, ou de fournir le logement, un registre récapitulé par année, présentant le détail de leurs achats.

L'auto-entrepreneur peut choisir de sortir du dispositif volontairement. La sortie du dispositif est automatique en cas:

- de dépassement, l'année de la création, des seuils applicables au régime fiscal de la micro-entreprise (81500 euros pour le commerce ou 32600 euros pour les services et les activités libérales);
- d'absence de chiffre d'affaires pendant 24 mois civils ou 8 trimestres civils consécutifs; dans ce cas, l'auto-entrepreneur perdra le bénéfice du régime et pourra éventuellement être radié d'office;
- de dépassement pendant deux années consécutives des seuils applicables au régime fiscal de la micro-entreprise (tout en restant inférieur à 89600 euros pour le commerce ou34600 euros pour les services et les activités libérales);
- de dépassement des seuils de 89600 euros ou 34600 euros;
- d'option pour un régime réel d'imposition;
- de déclaration d'une nouvelle activité hors champ du dispositif.

Si l'auto-entrepreneur sort du dispositif, mais souhaite poursuivre son activité, il doit s'immatriculer, le cas échéant, au RCS ou au RM.

Si l'on considère les autres systèmes juridiques qui ont influencé les droits des pays actuellement membres de l'OHADA, l'on peut noter qu'il n'y a rien de similaire à l'entreprenant ni dans le droit portugais, ni dans le droit espagnol, ni dans le droit belge qui connait seulement une discipline sur l'exercice des activités professionnelles dans les petites et moyennes entreprises du commerce et de l'artisanat et de la législation administrative sur le commerce ambulant.

Il doit être aussi souligné que, avant de l'introduction de l'entreprenant, le Cameroun avait essayé d'encadrer les activités du commerce informel dans le cadre du droit formel (Décret 93/720/PM du 22 novembre 1993). L'absence de concerta-

[23] Article L123-10 du code de commerce.

[24] Selon l'Article 50-0 du code général des impôts français, les entreprises dont le chiffre d'affaires annuel, ajusté s'il y a lieu au prorata du temps d'exploitation au cours de l'année civile, n'excède pas 81500 € hors taxes s'il s'agit d'entreprises dont le commerce principal est de vendre des marchandises, objets, fournitures et denrées à emporter ou à consommer sur place, ou de fournir le logement, à l'exclusion de la location directe ou indirecte de locaux d'habitation meublés ou destinés à être loués meublés, ou 32600 € hors taxes s'il s'agit d'autres entreprises, sont soumises au régime spécial défini au même article pour l'imposition de leurs bénéfices.

tion et de coordination n'a pas permis à cet effort de rajouter les buts pour lesquelles il avait été mis en place.[25]

Dans les systèmes de *common law* qui se trouvent à aborder le même problème, il y a une tendance à chercher quelque solution pour combler la lacune sans arriver au même niveau que l'OHADA. En Angleterre par exemple, des avantages sont offerts aux acteurs du secteur informel qui migrent volontairement vers le formel. En Tanzanie, les petites entreprises ont une procédure simplifiée et moins chère pour obtenir une licence administrative qui leur donne un état juridique demi-formel. En Zambie, une nouvelle politique a été introduite en 2012 pour développer des stratégies pour la formalisation de l'économie informelle, mais il n'y a pas aucune disposition légale sur les modalités à travers lesquelles cette formalisation devra être réalisée. En Afrique du Sud, il n'y a pas une politique organique sur le phénomène, et quelques municipalités ont agi isolément en exigeant des marchands ambulants l'enregistrement et l'acquisition d'une licence administrative.

Il est donc nécessaire de se référer aussi à d'autres systèmes juridiques pour mieux comprendre cette nouvelle institution du droit OHADA qu'est l'entreprenant.

Une première référence pour la compréhension de cette institution pourrait être recherchée dans l'ancienne doctrine allemande et autrichienne. Ces deux juridictions ont déjà expérimenté, dans le passé, des institutions similaires nommées "petits marchands", même si les figures du *Minderkaufmann* et du *Minderkaufleute* ont été éliminées des Articles 4 du *Deutsche* et du *Österreische Handelsgesetzbuch* il y a bien longtemps.

Les similitudes avec l'entreprenant du droit OHADA se trouvent dans le cas du "petit entrepreneur" (*piccolo imprenditore*) prévu dans l'article 2083 du code civil italien. Les petits entrepreneurs sont identifiés par le code avec les agriculteurs, les artisans, les petits commerçants et, en général, ceux qui exercent une activité professionnelle organisée principalement par leur propre travail et par celui des membres de leur famille.

La notion de petit entrepreneur dans le code civil italien est donc fondée sur le critère de la prévalence du travail du petit entrepreneur. Selon une partie de la doctrine, pour pouvoir être considéré comme petit entrepreneur, il est nécessaire que leur propre travail et celui des membres de leur famille prévalent sur le travail des salariés et sur le capital investi dans l'entreprise.[26] Une autre interprétation renvoie le critère de la prévalence du travail du petit entrepreneur (et des membres de sa famille) à l'organisation de l'activité de l'entreprise, sur la prémisse que dans l'entreprise ordinaire l'organisation sert à l'entrepreneur pour réaliser son but économique, tandis que dans la petite entreprise, l'organisation est l'instrument avec lequel le petit entrepreneur exerce son activité.[27]

Quelle que soit la solution retenue, il est clair que le législateur italien a entendu créer une catégorie spéciale d'entrepreneur, caractérisée par des dimensions

---

[25] Paul-Gérard Pougoué, *L'entreprenant*, cit., p. 20 et ss.

[26] Francesco Ferrara jr. e Francesco Corsi, *Gli imprenditori e le società*, Milan, Giuffré, 1992; Anteo Genovese, *La nozione giuridica dell'imprenditore*,Padoue, CEDAM, 1990; Gastone Cottino, *Diritto commerciale*, Padoue, CEDAM, 2000.

[27] Giuseppe Ferri, *Manuale di diritto commerciale*, Turin, UTET, 1995.

extrêmement petites, où l'activité du petit entrepreneur représente la quasi-totalité de l'activité d'entreprise, et pour laquelle une procédure simplifiée très proche à celle de l'OHADA est prévue en considération de ces particularités et des chiffres d'affaires réduits produits par ces activités qui ne justifient pas le recours à la discipline ordinaire.

En considération de la petite taille de son activité, le petit entrepreneur n'a pas l'obligation de tenir une comptabilité annuelle.[28] Toutes les dispositions relatives à l'activité de l'entrepreneur ordinaire ne sont pas applicables au petit entrepreneur si elles sont prévues en relation aux dimensions et aux caractéristiques de l'entreprise ordinaire, et le petit entrepreneur n'est pas sujet aux dispositions relatives à la faillite.[29]Toutefois, le petit entrepreneur doit s'inscrire dans la section spéciale du Registre des Entreprises (*Registro delle Imprese*) pour formaliser son activité.

III – UNE SINGULIERE COMPARAISON HISTORIQUE

Mais une figure qui a des caractéristiques économiques et des buts presque identiques à ceux de l'entreprenant OHADA, et qui a comme objet la réalité africaine, a été déjà conçue.

Il s'agit de la figure du petit commerçant (*piccolo commerciante*) qui avait été prévue dans le projet italien de code de commerce pour la colonie érythréenne. Ce projet de code — comme les projets de code civil, pénal et des procédures — n'a jamais vu le jour. Toutefois, ils ont influencé la jurisprudence de l'époque au point d'être perçus comme des référentiels à considérer.[30]

La Commission qui avait travaillé sur le projet avait considéré comme un de ses objectifs principaux celui d'examiner les modalités d'adaptation du code de commerce à la société locale.[31]

L'article 9 du projet de code de commerce voulait introduire la figure du petit commerçant –lequel donne une énumération qui sert purement d'exemple — défini comme le sujet dont l'activité industrielle ou commerciale est de petite taille et de moindre importance sur le plan pécuniaire ou commercial, ou qui peut être assimilée à ce type d'activité en considération de la situation locale. De cette manière, le législateur avait utilisé la doctrine allemande conforme à l'ancien code du commerce allemand.

Si l'on parcourt les travaux préparatoires du projet de code, l'on se rende immédiatement compte de la similitude avec la situation dont le législateur OHADA cherche à s'inspirer. Les rédacteurs du projet de code de commerce avaient considéré comme la réalité érythréenne était pleine de petits commerçants dont la plupart étaient engagés comme petits détaillants ou débutants de petites activités

---

[28] Article 2214, alinéa 3, code civil italien.

[29] Article 2221 code civil italien.

[30] Cour d'Appel pour l'Afrique Orientale Italienne 7 août 1937, en*Rivista giuridica del medio ed estremo oriente e giustizia coloniale*, 1938, vol. 2, p. 90. Sur les projets de codification dans l'Erythree pendant la periode coloniale italienne v. Maria Letizia Sagù, *Sui tentativi di codificazione per la colonia eritrea*, en *Clio. Trimestrale di studi storici*, n. 4, 1986, p. 567-616.

[31] *Disegno di codice di commercio da pubblicarsi nella Colonia Eritrea*, Rome, Tip. Unione Cooperativa Editrice, 1905, p. 11.

commerciales.[32] Donc il s'agissait de choisir si cette réalité commerciale devait être réglée par les principes généraux sur les commerçants, avoir une réglementation spécifique, ou rester en dehors du droit. L'expérience avait déjà montré comment les règles générales en matière de commerçant avec toutes les formalités y relatives sont incompatibles avec le déroulement quotidien des activités des petits commerçants, et le législateur s'est rendu à l'évidence que ceux-ci devaient être traités avec des dispositions spéciales.[33]

Les différences normatives entre les dispositions ordinaires sur les commerçants et celles spéciales pour les petits commerçants devaient être relatives aux livres de commerce, à l'obligation de publier le contrat de mariage et à la soumission du petit commerçant la procédure de la petite faillite.

Sur la question des livres de commerce l'Article 30 du projet prévoyait que les dispositions du code relatives aux livres de commerce ne sont obligatoires pour les petits commerçants pour lesquels les livres et les documents de commerce pouvaient être tenus selon les formes traditionnelles. Les objectifs déclarés de cette disposition étaient de rendre plus simple l'activité des petits commerçants en maintenant leur soumission au droit officiel, et de se rapprocher le plus possible aux principes du droit islamique pour inclure les petits commerçants musulmans dans le domaine du droit.[34]

Quant à l'exemption de publication du contrat de mariage, la règle fut inspirée de la constatation que la population locale ne connaissait pas le contrat écrit de mariage, même si la femme donne des biens à son mari.[35]

Pour ce qui concerne la petite faillite, le projet introduisait dans le code cette procédure particulière introduite à l'époque dans la législation italienne par la Loi 24 Mai 1903 n. 197[36] pour les petits commerçants dont le passif était inferieur à un montant compatible avec leur petit chiffre d'affaires. La procédure en question se révélait avantageuse pour le créditeur ainsi que pour le débiteur. Pour ce qui concerne le créditeur, avec la petite faillite, il maintenait la possibilité de demander que son débiteur soit soumis à la procédure d'apurement du passif; mais le projet avait prévu une procédure absolument simplifiée et de solution rapide pour lui permettre de récupérer rapidement son crédit. En ce qui concerne le débiteur, l'avantage de bénéficier d'une procédure simplifiée était lié à l'absence d'obligation de tenir la comptabilité ordinaire (considérée trop lourde pour des activités desquelles le commerçant réussit à peine à tirer le nécessaire pour sa famille) et à lui donner un instrument de crédit qui le met à l'abri d'une procédure inutilement coûteuse.[37] Conséquemment, aucune documentation ne devait joindre le recours

---

[32] *Disegno* cit., p. 27 et suiv.

[33] Mario D'Amelio, *I piccoli commercianti nella legislazione commerciale eritrea*, Rome, Coop. Tip. Manuzio, 1910, p. 4 et ss.

[34] Mario D'Amelio, *I piccoli commercianti* cit., p. 14.

[35] Mario D'Amelio, *I piccoli commercianti*cit., p. 15 et suiv.

[36] Sur cette procédure de petite faillite voir GustavoBonelli, *Il piccolo fallimento e lo spirito del nuovo istituto*, in *Rivista del diritto commerciale*, 1903, II, 500.

[37] Luigi Maldari,*Il concordato preventivo ed i piccoli fallimenti*, Bari, Laterza, 1903, p. 67 et suiv.

du créditeur, et le débiteur devait se limiter à déclarer verbalement son passif au moment de l'audition.

L'esprit qu'inspirait la loi était l'absolue brièveté du temps dans lequel les formalités simplifiées exigées par cette procédure devaient se dérouler, raison pour laquelle aucune homologation n'était nécessaire pour sa validité. L'abus par le débiteur qui recourait à la procédure simplifiée en faisant des fausses déclarations, l'exposait aux sanctions pénales.

Conclusion

L'introduction de la figure de l'entreprenant dans la législation OHADA est une nouveauté considérable compte tenu de l'ancienne version de l'AUDCG en relation avec les réalités empiriques de l'environnement des affaires en Afrique.

On a brièvement vu, et la doctrine majoritaire l'a déjà amplement souligné,[38] que cette innovation présente des problèmes d'encadrement et d'interprétation. L'intention de fournir une solution à un problème africain en puisant dans le droit français l'essentiel des normes, entre en déphasage avec les particularismes de l'exercice du commerce en Afrique, a mis en place une institution qui présente de nombreux points d'ombres, ce qui pourrait peut-être justifier le faible engouement des acteurs économiques pour ce statut pourtant présenté en 2010 comme très favorable pour le petit commerçant.

Une analyse comparée préalable aurait certainement amené le législateur OHADA à proposer des solutions plus adaptées à la sociologie des affaires en Afrique. La même analyse pourra se révéler très utile pour une meilleure réglementation de la figure de l'entreprenant, ainsi que pour offrir des nouvelles solutions pour l'efficacité de l'institution existante.

INDICATIONS BIBLIOGRAPHIQUES

BONELLI (G.), Il piccolo fallimento e lo spirito del nuovo istituto, Rivista del diritto commerciale, 1903, II, 500.

COTTINO (G.), *Diritto commerciale*, Padoue, CEDAM, 2000.

D'AMELIO (M.), I piccoli commercianti nella legislazione commerciale eritrea, Rome, Coop. Tip. Manuzio, 1910

FERRARA (F.), et CORSI (C.), Gli imprenditori e le società, Milan, Giuffré, 1992.

FERRI (G.), Manuale di diritto commerciale, Turin, UTET, 1995.

GENOVESE (A.), La nozione giuridica dell'imprenditore, Padoue, CEDAM, 1990.

ISSA-SAYEGH (J.), L'entreprenant, un nouvel acteur économique en droit OHADA: ambiguïtés et ambivalence, Penat, n° 878, janvier-mars 2012, p. 5.

KUATE TAMEGHE (S.S.), entrée "Entreprenant", en Paul-Gérard POUGOUÉ (dir.), Encyclopédie du droit OHADA, Paris, Lamy, 2011.

MALDARI (L.), Il concordato preventivo ed i piccoli fallimenti, Bari, Laterza, 1903.

POUGOUÉ (P.-G.), L'entreprenant OHADA, Yaoundé, Presses Universitaires d'Afrique, 2013.

[38] Joseph Issa-Sayegh, *L'entreprenant*, cit.

SAGU (M.L.), Sui tentativi di codificazione per la colonia eritrea, Clio. Trimestrale di studi storici, n. 4, 1986, p. 567.

TRICOT (D.), Statut du commerçant et de l'entreprenant, Droit et patrimoine, n° 281, mars 2011, p.67.

LA REDUCTION DU SECTEUR INFORMEL DANS L'ESPACE OHADA

Mme Marthe YIMBOU, Commerçante
Josiane GADJUI WENDEU, Actrice de développement
Crépin César CHATUE, Etudiant chercheur
CAMEROUN

Abstract

In the economy of OHADA member countries, the informal sector predominates over the formal sector. Yet, even though this sector is the key driving force of economic development in Africa, the OHADA legislator did not take this fact into consideration while drafting the regulative and normative Acts of African economies. Consequently, the legal framework proved inappropriate for the informal sector. To guarantee a successful integration of the African economy (which is one of OHADA's objectives), all economic stakeholders should be taken into account. More than ever, twenty years after the inception of OHADA, the main goal is to achieve the gradual migration of African economic operators of the informal sector to the formal sector. Definitely, the informal sector will end being overrepresented in the OHADA zone.

Le tissu économique des pays de l'OHADA se caractérise par la prédominance du secteur informel sur celui formel. Ainsi, bien que ce secteur soit le moteur du développement économique en Afrique, le législateur de l'OHADA n'en a pas suffisamment tenu compte lors de l'élaboration des Actes normatifs régulateurs des économies africaines. Le cadre juridique était donc inadapté au secteur informel, or pour une intégration réussie du secteur économique africain (un des objectifs de L'OHADA), il est nécessaire de considérer tous les acteurs du tissu économique. Bien plus, le but recherché, 20 ans après la création de l'OHADA est, aujourd'hui plus que jamais, de réussir la migration progressive des opérateurs économiques africains du secteur informel vers le secteur formel, ce qui entraînera certainement l'obésité du secteur informel dans l'espace OHADA.

Pour y arriver, le législateur OHADA a mis en place un cadre juridique relativement souple pour le secteur informel (I), lequel est soutenu, dans certains Etats, par un cadre institutionnel d'accompagnement des entreprises évoluant dans ce secteur (II). En outre, l'occasion de ce premier forum économique de l'OHADA nous permet de relever une situation catégorielle, à savoir que ce secteur étant composé en majorité des femmes, du fait de la féminisation de la pauvreté, le statut de société coopérative créé par l'OHADA en 2010, apparaît comme un levier en faveur de l'autonomisation économique des femmes (III).

I – LA MISE EN PLACE D'UN CADRE LEGAL SOUPLE POUR LES ACTEURS DU SECTEUR INFORMEL

Face aux difficultés d'application des Actes uniformes dans la pratique, un dispositif a été mis en place pour améliorer le cadre juridique des très petites entreprises et des Activités Génératrices de Revenus (AGR) évoluant dans le secteur informel. Celui-ci passe par l'assouplissement des conditions d'accès aux activités commerciales d'une part (A), et par la simplification des règles d'exercice des activités commerciales d'autre part (B).

A – L'assouplissement des conditions d'accès aux activités commerciales

La simplification des conditions d'accès au statut d'entrepreneur individuel, dans l'Acte Uniforme relatif au Droit Commercial Général révisé (AUDCG) se traduit par la création du statut d'entreprenant, et par l'informatisation du Registre du Commerce et du Crédit Mobilier. L'AUDCG révisé à introduit le statut d'entreprenant dans le droit des Etats parties, afin de prendre en compte les opérateurs intervenant dans le secteur informel. La reforme du statut juridique du commerçant se traduit également par l'extension du champ des bénéficiaires de ce statut. Il s'agit d'un statut juridique adapté au secteur informel, et dont le régime juridique est suffisamment attrayant pour permettre aux opérateurs du secteur informel de migrer vers le secteur formel. Les différentes enquêtes sur le secteur informel en Afrique ont révélé que la grande majorité des unités informelles recensées relève du statut d'entreprise individuelle, au sens d'établissement non constitué en société, pouvant néanmoins engager des salariés, employer des membres de la famille, et occuper ou former des apprentis. Dans l'état du droit antérieur à la reforme de l'AUDCG, le seul instrument juridique offert à l'entrepreneur était celui du fonds de commerce. Or, la notion de fonds de commerce est d'application difficile au secteur informel. Il était donc important que soit mise en place un autre dispositif, plus souple que le fonds de commerce, et qui soit adapté à l'entreprise individuel du secteur informel. La révision de l'AUDCG a permis de combler cette lacune, avec la mise en place du statut de l'entreprenant.

B – Simplification des règles d'exercice des activités commerciales

Il était également nécessaire de simplifier la procédure de constitution de la société unipersonnelle, car cette structure sociale est le modèle type de la micro-entreprise du secteur informel. Cependant, étant donné que la plupart des opérateurs du secteur informel disposent généralement de moyens limités, le législateur de 2010 a encouragé le regroupement des AGR en société coopérative, nouvelle structure de sociales pluripersonnelles, seule à même de réunir les capitaux nécessaires à la création d'entreprises solides, performantes et pérennes.

II – L'EFFECTIVITE D'UN ENVIRONNEMENT INSTITUTIONNEL D'APPUI AU SECTEUR INFORMEL

L'enquête menée sur le secteur informel en Afrique révèle un poids important de celui dans la création de la valeur ajoutée. Les autorités étatiques ont conscience que des mesures spécifiques sont à mettre en œuvre pour intégrer progressivement le secteur informel dans le développement global de l'économie comme c'est le cas au Cameroun. Le problème est de concrétiser ces mesures en rapport avec les attentes des actifs du secteur informel, de transformer la méfiance de ces derniers en adhésion et d'apporter des moyens de développement et de promotion adaptés aux besoins réels de l'économie informelle.

Par ailleurs, la majorité des études empiriques sur la croissance du secteur informel montre que la trop forte pression fiscale présente dans la plupart des pays africains est l'un des principaux facteurs décourageant non seulement l'initiative privée, mais également les micro-entreprises opérant dans le secteur formel. Or depuis quelques années, les modalités de traitement fiscal des micro-entreprises du secteur informel font l'objet d'une attention particulière de la plupart des administrateurs de nombreux pays, dont le Cameroun. Cependant, des incertitudes subsistent quant à la définition du meilleur régime possible pour imposer ces micro-entreprises.

Le succès des politiques d'appui au secteur informel dépend de plusieurs facteurs. Elles doivent d'abord être diversifiées selon les secteurs d'intervention. Elles doivent ensuite être incitatives plus que contraignantes. Elles doivent enfin tenir compte des interactions entre elles (aider au financement ne sert à rien si l'on ne forme pas l'entrepreneur à une utilisation efficace de ses moyens financiers).

L'appui aux micro-entreprises du secteur informel est assuré par des structures étatiques, les institutions internationales de soutien au développement telles que l'Union Européenne, la Banque Mondiale, la Banque Africaine de Développement, l'Agence Française de Développement, entre autres, et les Organisations de la Société Civile. Ces structures travaillent en collaboration étroite avec les micro-entrepreneurs dans le souci de structurer le secteur informel et de disposer d'interlocuteurs représentatifs pour aborder les problèmes de ce secteur.

III – LA SOCIETE COOPERATIVE COMME REPONSE A LA FORMALISATION DU SECTEUR INFORMEL ET LA VALORISATION DES PROMOTRICES D'AGR

La société coopérative est reconnue comme un instrument universel pertinent et efficace dans la lutte pour un développement économique et social plus harmonieux, plus équilibré, plus humain. C'est un instrument porteur, apte à contribuer durablement à un commerce national et international plus équitable et plus efficace.

La Recommandation n°193 du Bureau international du travail concernant la promotion des coopératives adoptée à Genève le 3 juin 2002 donne un aperçu du potentiel des coopératives dans tous les pays, quel que soit leur niveau de développement:

(a) *«Créer et développer des activités génératrices de revenus et des emplois décents et durables.*

(b) *Mettre en valeur les ressources humaines et développer la connaissance des valeurs, avantages et bienfaits du mouvement coopératif par le biais de l'éducation et de la formation.*

(c) *Développer leur potentiel économique, y compris leur capacité d'entreprendre et leurs aptitudes à la gestion.*

(d) *Renforcer la compétitivité et accéder aux marchés et aux financements institutionnels.*

(e) *Accroître l'épargne et l'investissement.*

(f) *Améliorer le bien-être social et économique, en tenant compte de la nécessité de supprimer toute forme de discrimination.*

(g) *Contribuer au développement humain durable.*

(h) *Créer et développer un secteur bien particulier de l'économie, viable et dynamique, comprenant les coopératives, qui répondre aux besoins sociaux et économiques de la collectivité».*

Conscient de ces avantages que présentent le regroupement des personnes en sociétés coopératives, les 17 pays de l'espace OHADA ont adopté en décembre 2010, un texte ayant pour objet de règlementer les sociétés coopératives. (L'Acte uniforme relatif au droit des sociétés coopératives). Cet outil s'avère être d'une importance cruciale pour l'autonomisation économique des femmes camerounaises, lesquelles, bien représentant environ 51% de la population et environ 70% du secteur informel, restent toujours parmi les couches les plus vulnérables au plan économique. Elles représentent ainsi, paradoxalement, la force de travail majoritaire dans le secteur informel. Or les difficultés socioculturelles et discriminations liées au genre[1] auxquelles elles sont confrontées au jour le jour, les y cantonnent et les maintient en marge des cadres et processus de développement. Bien plus, celles-ci réduisent et freinent leur engagement citoyen, leur participation à la vie publique et leur présence dans le secteur formel de développement. Pourtant, on note au cours des 20 dernières années une volonté du gouvernement camerounais de sortir les femmes de la clandestinité économique, à travers différents textes et politiques définis dans les documents stratégiques de développement du Cameroun (DSRP, DPNG[2]. . .). Si jusqu'aujourd'hui il en dépit de tous ces efforts, il n y a pas encore de réelles avancées, il faut se poser la question de l'efficacité de ces normes d'une part, de l'effectivité et la rigueur de leur application d'autre part.

De ce fait, les femmes et autres groupes vulnérables buttés aux opportunités formelles de réussite, trouvent leur épanouissement socioprofessionnel dans le secteur informel. Ce secteur qui engrange plus de 90% de la main d'œuvre totale camerounaise (Institut National de la Statistique 2010), est tenu à 95.9% par les femmes (Henriette Nyindi, 2009). Pourtant, les activités génératrices de revenus (AGR) qui y sont créées concourent au quotidien à la vie, à la stabilité, au progrès des communautés et des familles et à la préservation de l'autosuffisance alimentaire. C'est un secteur qui contribue à hauteur de 29% de la richesse nationale (EESI-2005).

Bien que le secteur informel soit un amortisseur de la pauvreté et un vecteur de l'auto emploi, il n'en demeure pas moins que son mode de fonctionnement et d'organisation ne valorise pas les AGR qui restent essentiellement précaires.

La tendance actuelle qui favorise la prise en compte du secteur informel dans la stratégie de développement socio-économique, milite pour une formalisation de toutes les activités de ce secteur pour une plus grande cohérence et efficacité des politiques de développement. Il s'agit d'accompagner la structuration des AGR détenues par les femmes en particulier, dans la migration progressive de ces actrices de développement, de l'informel vers le formel. Pour ce faire, et compte tenu de la très faible surface financière de celles-ci, nous avons pensé un dispositif d'appui à l'autonomisation économique des femmes évoluant dans le secteur informel; il s'agit de regrouper les détentrices d'AGR dans les zones rurales surtout, en sociétés

[1] - *Accès inéquitable des filles et des garçons, des hommes et des femmes à l'éducation, à la formation et à l'information; services de santé de qualité, aux opportunités économiques et à l'emploi, environnement socioculturel caractérisé par l'infériorité et la subordination des femmes; sous-représentation des femmes dans la vie publique et la prise des décisions:* **Document de Politique Nationale Genre du Cameroun.**

[2] - DSRP: Document Stratégique de Réduction de la Pauvreté; DPNG: Document de Politique Nationale Genre

coopératives, afin qu'elles puissent non seulement accéder au crédit parce qu'elles en offrent désormais les garanties, mais aussi pour qu'elles soient éligibles aux opportunités, privilèges et exonérations qu'offre le cadre juridique et institutionnel pour la croissance et la performance des PME.

La société coopérative est un groupement de personnes volontairement réunies pour satisfaire leur aspiration et besoin économiques sociaux et culturels communs au moyen d'une entreprise dont la propriété est collective et où le pouvoir est exercé démocratiquement et selon les principes coopératifs. L'OHADA, à travers ce régime, permet aux promotrices et aux promoteurs d'AGR de devenir des professionnels de l'activité économique.

Par ailleurs, la mise en réseau des AGR structurées protège les promotrices de la concurrence déloyale et de l'emprise de la longue chaîne de spéculateurs véreux sur le marché local. Par ailleurs, ce statut leur permet d'augmenter leur rentabilité, et de participer activement à la régulation du marché des produits essentiels des ménages. Chaque promotrice acquiert une identité commerciale en se déclarant auprès des services compétents conformément à la loi.

Nous terminerons par une anecdote bien connue sur les fourmis[3], car les femmes, quel que soit le bout par lequel on les considère, sont aussi nombreuses que les fourmis.

Chaque fourmi vivait sa vie, ramassant ce qu'elle trouvait autour d'elle et cela suffisait. Une très grande famine frappa leur village; il ne restait plus de nourriture, puisque tout ce qui ressemblait à de la nourriture avait été mangé. La famine était toujours là.

Aun mois et demi de marche de leur village, se trouvait un village où il y avait beaucoup de nourriture. Chaque fourmi se dépêchait d'y aller avec ses sacs afin de ne pas arriver trop tard après les autres.

Après 15 jours de marche, elles trouvèrent un éléphant mort qui barrait leur route. Elles crièrent toutes ensembles et se demandèrent ce qu'elles avaient fait au bon Dieu pour mériter un tel sort. L'une des fourmis réussit à faire taire les autres. Elle leur proposa d'envoyer chercher les autres fourmis restées au village pour qu'ensemble elles puissent déplacer l'éléphant.

Mettons-nous ensemble et essayons de faire quelque chose car c'est notredernière chance pour ne pas mourir toutes. Elles tombèrent donc d'accord et toutes les fourmis furent rassemblées; on ne voyait plus le sol autour de l'éléphant. Elles saisirent l'éléphant et, au signal donné, elles déplacèrent l'animal hors de la route. Enfin! Le chemin était libre. Elles coururent alors au village de la nourriture et ce fut vraiment la joie: c'est depuis ce jour-là que les fourmis vont chercher leur nourriture ensemble.

LEÇON: la coopération est créatrice. Les rapports entre deux personnes constituent en eux-mêmes une troisième partie, plus puissante. La combinaison des possibilités aboutit à un résultat plus grand que la somme arithmétique des possibilités. La réunion d'individus crée de nouvelles possibilités. En collaboration avec d'autres personnes, nous développons nos forces et nous compensons ainsi nos faiblesses.

[3] - Extrait tiré d'une publication en ligne sur la formation des femmes sénégalaises sur le regroupement en société coopératives simplifiées, dispensé par Me Pierre Marie BOUBOU, Avocat au Barreau du Cameroun.

BUSINESS CLIMATE SURVEY(BCS): outil de suivi et évaluation du climat des affaires au Cameroun

Pr. Dieudonné BONDOMA, Institut des Relations Internationales du Cameroun
Directeur Général de l'Economie et de la Programmation des Investissements Publics
Ministère de l'Economie, du Plan et de l'Aménagement du Territoire
CAMEROUN

Abstract

The Business Climate Survey (BCS) is the result of efforts between the Government, stakeholders of the private sector, development partners and the civil society. Its main task is to monitor and evaluate the various reforms put in place, which may gradually improve the credibility of Cameroon towards investors. This survey covers a wide field of subjects, including issues related to: the legal environment, relationships between the administration and the private sector as well as conflict resolution and crime. Its implementation requires a forum comprising representatives of the various stakeholders (private sector, public sector and civil society) committed to ensure the neutrality of results and mastery of the latter. The 2011 edition greatly contributed in exploring the knowledge of managers on questions relating to the internal management of the company (bookkeeping and auditing, etc) and access to land. After the first meeting with the organisers of the OHADA week, a meeting where we organisers expressed our ambition to carry out an evaluative study of the OHADA law, with a view to the contribution of BCS to this study, few questions relating to the knowledge and assessment of the OHADA law were introduced as a pilot project in the questionnaire of the 2013 edition of the BCS. Findings to these questions revealed that just over two in five managers have knowledge of the OHADA law. Nevertheless, although this ratio is below average, it has some variations depending on the legal form of the company.

Le Climat des affaires se définit comme la perception de l'environnement politique, économique, institutionnel et comportemental, présent et futur, qui affecte la rentabilité et les risques associés aux investissements. Il couvre un vaste champ de sujets liés à la réglementation et son application, aux infrastructures, à la corruption, au marché des facteurs et des produits, à la productivité des facteurs, à l'accès au crédit, à la qualité de la gouvernance publique, etc.

Depuis 2010, la nouvelle politique de développement du Cameroun fait du secteur privé le moteur de la croissance économique, laquelle est projetée à 5,5% sur la période 2010-2019. La promotion d'un secteur privé productif et compétitif apparaît incontestablement comme le gage des performances satisfaisantes devant soutenir cette croissance forte et durable. Le gouvernement avait bien avant, pris conscience, de l'importance du secteur privé dans la création des richesses et reconnaît dans les discours officiels que le développement du secteur privé ne pouvait se faire que dans un environnement favorable, stable avec comme toile de fond la bonne gouvernance et les infrastructures, et où les investissements nationaux et étrangers peuvent croître durablement

Dans le Document de Stratégie pour la Croissance et l'Emploi (DSCE), la problématique du climat des affaires est bien abordée à travers tous les axes stratégiques allant du *développement des infrastructures* à la *gouvernance et gestion stratégique de l'Etat.* L' 'amélioration du climat des affaires, y apparaît dès lors comme un des piliers essentiels de la mise en œuvre de la politique de développement économique. Il a dans ce sillage prévu de renforcer le dialogue avec le secteur privé à travers notamment la mise sur pied du Cameroon Business Forum (CBF), plateforme intersectorielle de dialogue public privé et la prise en main et l'appropriation du Business Climate Survey (BCS), comme instrument de suivi-évaluation du climat des affaires et d'identification de nouvelles réformes nécessaires à son amélioration.

C'est ainsi qu'en partenariat avec le secteur privé et la Coopération Internationale Allemande (GIZ), le Gouvernement a procédé à la réalisation en plusieurs enquêtes d'évaluation du climat des affaires, connu sous le vocable anglo-saxon *Business Climate Survey.* Il s'agit d'un outils d'évaluation dont la phase importante est une enquête auprès des entreprises, en vue de collecter des données relatives à la perception qu'elles ont des différents aspects du cadre des affaires, et qui sont utiles pour les investisseurs en place, les investisseurs potentiels et pour les autorités publiques.

Il importe de relever que, contrairement au Doing Business dont les résultats dérivent de l'exploitation de la réglementation sur la pratique des affaires en vigueur dans le pays, cette opération est, pour les chefs d'entreprises, une occasion d'exprimer librement leurs opinions sur les facteurs qui affectent leurs décisions d'investir et leurs anticipations. Si certains des problèmes généralement soulevés sont récurrents (gouvernance, fiscalité, infrastructures, financement, etc.), l'outil BCS a l'avantage de pouvoir quantifier le poids de ces contraintes et de les différencier suivant la taille de l'entreprise et même suivant le secteur d'activité.

I – PRESENTATION DU BUSINESS CLI MATE SURVEY (BCS)

Le **Business Climate Survey** (BCS) est un instrument de suivi du climat des affaires et d'identification des réformes pour améliorer les conditions cadre de développement économique. Il est utilisé depuis 2006 et constitue un précieux instrument de fourniture d'information pour l'appréciation des opinions des entreprises et d'évaluation de certains aspects des politiques publiques. L'objet de cette partie est de faire une présentation de cet outils à travers ses objectifs la démarche méthodologique, le phasage, les caractéristiques techniques et les thématiques abordées.

1-1 Objectifs de l'enquête

L'objectif général est d'élaborer des indicateurs fiables susceptibles d'éclairer les acteurs publics et privés sur les champs prioritaires des réformes à mettre en œuvre pour améliorer la compétitivité et l'attractivité de l'économie nationale.

Il s'agit spécifiquement de:

- fournir des informations sur la situation des entreprises qui permettront aux divers acteurs et partenaires institutionnels (Gouvernement, bailleurs de fonds, secteur privé et autres organisations internationales) de mieux participer au développement du pays;

- identifier les réformes à mettre en œuvre pour favoriser le développement du secteur privé;
- évaluer la connaissance des cadres législatif et réglementaire des activités d'entreprises;
- évaluer les progrès réalisés dans les réformes engagées par les pouvoirs publics pour la promotion des initiatives d'entreprises.

1-2 Utilité du BCS pour les acteurs économiques

L'intérêt de cette enquête est multiforme pour les différents acteurs de la vie économique. Pour le gouvernement, les données recueillies fournissent des informations permettant d'améliorer les politiques de promotion et d'encouragement des investissements, d'évaluer l'efficacité de l'action publique en termes de mesures prises pour assainir le cadre des affaires. Les Collectivités Territoriales Décentralisées y trouvent des éléments nécessaires pour prendre des mesures visant à favoriser la croissance des activités des entreprises.

Au secteur privé, elle lui donne l'occasion de recenser des éléments concrets à présenter aux autorités gouvernementales pour l'amélioration du cadre des affaires, principalement lors des sessions de dialogue bipartite. les évidences empiriques ainsi disponible peuvent fournir aux associations du secteur privé des arguments pour influer sur les politiques de développement du secteur privé, au travers des propositions de mesures qui découlent des analyses.

Pour les partenaires au développement, les informations fournies sont utiles pour identifier les axes d'interventions ainsi que l'évaluation de l'impact de leurs interventions en direction du secteur privé. Quant à la société civile, elle lui offre des arguments concrets pour des plaidoyers susceptibles de contribuer à l'assainissement du milieu des affaires aussi bien au niveau global, régional ou sectoriel.

1-3 Thèmes abordés

Plusieurs thématiques sont susceptibles d'être intégré dans le BCS. Ci-après une liste des thèmes assortis des détails y relatifs.

- **Les facteurs économiques et financiers**

Divers facteurs économiques et financiers influencent l'activité des entreprises. Dans le cadre du BCS, l'on apprécie à travers les opinions des chefs d'entreprises, dans quelle mesure (très positivement, positivement limité, aucun impact, négativement limité, très négativement) les facteurs suivants influencent la réalisation et la croissance des activités des entreprises: la taille du marché, la politique budgétaire, la politique monétaire, la disponibilité des financements, le cadre juridique, la productivité et le coût du travail.

- **Les infrastructures et services**

Il s'agissait d'examiner l'opinion que les chefs d'entreprises se font de l'impact des différents facteurs ci-après sur leurs coûts d'opérationnalisation: le transport, l'électricité, l'eau, les télécommunications, carburant, l'internet, le foncier et les services postaux.

- **La concurrence, l'informelle et autre pratique anticoncurrentielle**

Sous ce thème, le BCS évalue l'impact de ces facteurs sur les performances des entreprises à travers la perception des chefs d'entreprises relativement aux effets des pratiques anticoncurrentielles (contrebande, fraude, contrefaçon) sur leurs activités, la concurrence des importations, la concurrence des entreprises publiques et le secteur informel.

- **Les relations entre l'administration et le secteur prive**

Ce chapitre porte sur l'appréciation des opérateurs privés relativement à leurs relations avec l'administration publique d'une part, et au cadre juridique d'autre part. En outre, il évalue les réformes mises en œuvre ces dernières années en vue d'améliorer le climat des affaires.

- **L'utilisation des capacités de production, innovation et l'accès au financement**

Ce volet porte sur les éléments qui permettent d'apprécier le niveau d'utilisation des capacités de production par les entreprises ainsi que l'innovation technologique et l'accès au financement de celles-ci. Il renseigne donc sur le taux d'utilisation desdites capacités, le degré de dépendance technologique vis-à-vis de l'étranger, la possession d'une certification, le niveau de pénétration des TIC, la réalisation des investissements et leur mode de financement, et sur les sources de financement de l'exploitation courante.

- **L'utilité des sources d'information et perspectives d'investissement**

La recherche de l'information étant essentielle dans le processus de prise de décision dans les milieux d'affaires, ce volet évalue d'une part l'utilité de certaines sources d'informations économiques pour les entreprises et d'autre part les perspectives d'investissements de ces dernières.

- **Le marche du travail et responsabilité sociale des entreprises**

Un bon fonctionnement du marché du travail est important pour le développement du secteur privé. Par ailleurs, les promoteurs de la responsabilité sociale de l'entreprise (RSE) soutiennent l'idée qu'elle permettrait de dégager des productivités élevées chez les travailleurs. En conséquence, des questions liées au marché du travail et à la RSE ont été abordées par l'enquête. Cette partie présente les avis des opérateurs privés relativement à ces questions.

- **La résolution des conflits et la criminalité**

Ce volet porte sur les éléments qui permettent d'apprécier le niveau le niveau de confiance des opérateurs économiques vis-à-vis du système judiciaire et dans le règlement des conflits commerciaux, ainsi qu'à la sécurité de leurs investissements.

- **L'environnement juridique**

La diligence observé vis -à — vis du système judiciaire est une marque de confiance pour la pratique des affaires. Les questions abordées par BCS sur ce thème portent sur la confiance au système judiciaire, les délais observés pour la résolution des litiges et des différents commerciaux.

- **l'information des acteurs économiques sur les reformes engagées**

Le climat des affaires étant une préoccupation permanente des pouvoirs publiques au Cameroun, d'une édition du BCS à une autre, de nombreuses réformes sont entreprises en vue de l'amélioration du Climat des affaires, notamment en ce qui concerne la cadre juridique et règlementaire. La connaissance desdites réformes par les chefs d'entreprises, et l'application effective de celle-ci sont ainsi évalués dans cette rubrique.

- **La perception du risque d'investissement et propositions de mesures correctives des chefs d'entreprise**: Après s'être exprimées sur les différents aspects du climat des affaires, les entreprises ont été interrogées sur leur perception globale des risques liés à ce climat. Elles ont en outre été interviewées sur les sources potentielles de ces risques, et ont proposé des actions dont la mise en œuvre pourrait davantage contribuer à l'amélioration du climat des affaires.

2 STRATEGIE DE MISE EN ŒUVRE

La réalisation du BCS passe par la mise en œuvre de plusieurs étapes dont les principales sont ci-après présentées.

2-1 La mise en place d'une plateforme Public/Privé élargie à la société civile

Une plate forme regroupant le secteur public (représenté les ministères en charge de la fiscalité, de la justice, de l'économie, des infrastructures) et du secteur privé (groupement patronaux et chambres consulaires) ainsi que la société civile (GIZ pour le cas de l'Edition 2011) est chargée de superviser les opérations du BCS afin d'assurer la neutralité de l'administration dans le processus et la crédibilité des résultats du BCS. Chaque partie prenante de la plate forme assure non seulement l'appropriation de l'outil BCS par l'ensemble du secteur qu'il représente, mais aussi, la prise en compte des préoccupations de son secteur dans le montage de l'outil. En cas de divergence persistante entre les secteurs public et privé, la société civile assure la modération. La plate forme est également chargée de lever les financements (contribution de toute forme) nécessaire à la réalisation du BCS.

2-2 Elaboration et validation des outils méthodologiques de BCS

Les outils méthodologiques de BCS sont constitués essentiellement: (i) d'un questionnaire assorti d'un manuel d'utilisation, d'un guide méthodologique contenant le plan de sondage, la définition des unités statistiques et la base de sondage, et (iii) un module de saisie qui est une application informatique qui sert à saisir les données collectées et à générer les premiers résultats sous forme de tableaux statistiques et graphiques et graphiques. Une fois les outils méthodologiques élaborés par une technique restreinte, la validation se fait notamment dans la cadre d'un atelier par les représentants de la plateforme public/privé ci-dessus évoquée.

2-3 Collecte/Traitement/Analyse des données et rédaction du rapport

La phase de collecte suppose au préalable, le recrutement et la formation des agents de collecte, le déploiement desdits agents sur le terrain pour la collecte et la saisie des données dans le module de saisie. Ensuite l'on procède à l'analyse et au traitement suivant les canaux des méthodes statistiques en la matière. En fin la rédaction du rapport s'effectue sur la base des tableaux et graphiques générés par le module de saisie.

III – BREF APPERCU DES PRINCIPAUX RESULTATS DU BUSINESS CLIMATE SURVEY (CBS)

Cette partie présente un aperçu sur les principaux résultats des éditions du BCS notamment celles de 2011 et 2013.

3-1 Présentation de BCS 2011

L'enquête BCS 2011 effectuée par le MINEPAT et ses partenaires a porté sur un échantillon de 1585 entreprises formelles, couvrant toutes les régions du pays, toutes les branches d'activité ainsi que toutes les formes juridiques. La base de sondage utilisée dans cette opération était issue d'une combinaison des données du RGE et des DSF. Il convient toutefois de noter que dans les éditions précédentes (2008, et 2006 notamment), les données des groupements patronaux et des chambres consulaires étaient mise à contribution en l'absence d'un recensement d'entreprises.

L'échantillon comprenant les 1585 entreprises avaient été tiré selon la méthode des quotas, et les variables de stratification étant la région et la branches d'activité.

Une autre édition de BCS dite intercensitaire a été effectuée cette année et porte sur les entreprises crées entre 2010 et 2013. Cette édition vise entre autre l'évaluation du processus de création d'entreprises, notamment l'impact des Centres de Formalités de Création d'Entreprises (CFCE) dans le processus de création d'entreprises (délais, coût, etc). A cette édition, la question relative à la connaissance du droit OHADA par les chefs d'entreprises a été introduite à titre pilote dans le questionnaire dans la perspective de l'utilisation de BCS comme outils d'évaluation de la pratique du droit OHADA. La synthèse des résultats de ces questions sera présentée ci-dessous.

3-2 Principaux résultats du BCS 2011

- ***La vitalité du marché national et sous-régional pour les entreprises***

Près de 70% des entrepreneurs affirment que la demande nationale est favorable à leurs activités, et ce, indépendamment de la taille de l'entreprise. Sur ce pourcentage, 36,9% pour la demande sous-régionale (CEMAC et Nigéria), concerne prioritairement les secteurs «élevage et chasse» et «agriculture» ainsi que les grandes entreprises. A contrario, la demande mondiale s'est révélée sans impact sur les activités de trois entreprises sur cinq.

- ***La mauvaise perception du cadre juridique et réglementaire***

Les *taux d'imposition ainsi que leur administration* constituent une préoccupation des plus importantes pour les dirigeants d'entreprises. Globalement, 77,3% d'entre eux déclarent que l'impôt et les autres charges fiscales pèsent sur leurs affaires. Les plaintes sont davantage exprimées au niveau des *entreprises individuelles*, ce qui pourrait entraver l'émergence de l'auto-emploi que promeuvent les politiques nationales en matière d'emploi.

Enfin, on observe que dans l'ensemble les opérateurs économiques auraient une faible *connaissance des réformes sur le climat des affaires*. En effet:

- 41,2% d'entre eux sont informés de la gratuité de la délivrance et du renouvellement de la carte du contribuable en vigueur depuis le 1er janvier 2010;
- 21,5% ont connaissance de la gratuité de l'enregistrement des actes de constitution et de prorogation de sociétés et d'augmentation du capital;
- 47,2% sont informés de la gratuité de la patente pendant les deux premières années d'exercice;
- les réformes relatives à la procédure d'obtention du permis de construire, à la création des Centres de Formalités de Création d'Entreprises (CFCE) et des Centres de Gestion Agréés (CGA) sont connues par moins du quart des entrepreneurs.

- ***La pénalisation de la compétitivité des entreprises liée aux problèmes d'infrastructures et services***

L'insuffisance ainsi que la qualité peu satisfaisante des infrastructures *routières* et *ferroviaires* apparaissent comme particulièrement contraignantes pour la moitié et le tiers des opérateurs économiques respectivement, cette perception négative étant plus prononcée dans les secteurs «*agriculture*» et «*élevage et chasse*». La faible proportion du réseau routier bitumé (10% environ) dont une fraction est en mauvais état et le fait que 85% des échanges se font par voie routière expliqueraient ce résultat. Du reste, les *transports aérien, maritime* et *fluvial* ont peu d'impact sur les activités des entreprises, mais sont toutefois contraignants pour les activités exportatrices.

Aussi, près de la moitié des entreprises estime que la difficulté à accéder à la *propriété foncière* a représenté une contrainte pour leurs activités. Cet état de fait pose deux grands problèmes: d'une part, il serait difficile d'obtenir des terrains pour une implantation nouvelle ou une extension, et d'autre part, la difficulté à fournir des garanties aux banques se trouverait accrue, ce qui compliquerait l'obtention de crédit.

- ***Une perception peu favorable de l'environnement des affaires par les chefs d'entreprises***

L'on note, au niveau national, une perception négative du *cadre juridique*: deux entreprises sur cinq affirment qu'il a une influence néfaste sur leurs affaires, alors que le quart a un avis contraire. D'ailleurs, près de trois entreprises sur cinq n'ont pas confiance au système judiciaire, particulièrement en ce qui concerne la résolution des différends commerciaux.

Par ailleurs, 70% des chefs d'entreprises déclarent que *les procédures administratives* ont agi négativement sur leurs activités, et ce, indépendamment de la taille des entreprises. Par exemple, le *délai moyen de passage des marchandises au port de Douala* est de 20 jours de l'avis des opérateurs, et n'est pas satisfaisant pour 80% d'entre eux. En outre, un opérateur sur quatre déclare avoir passé plus de 15 jours dans les procédures avec les douanes, et un sur deux plus de 12 jours avec les services des impôts. Il convient de relever que chaque rencontre avec les différentes administrations a duré plus de deux heures de temps.

- ***La concurrence déloyale plombe la compétitivité des entreprises . . .***

Le *secteur informel* continue d'être une entrave au développement des entreprises formelles. Dans l'ensemble, 72,4% des chefs d'entreprises décrient la concurrence de ce secteur, et par rapport à 2008 où elle se situait à 58% des réponses, cette opinion négative s'est renforcée.

- ***La persistance de la difficulté d'accès au financement***

Les crédits de source locale sont essentiellement de court terme, tandis que ceux de source extérieure restent difficilement mobilisables. Seulement 26,5% des dirigeants d'entreprises affirment avoir enregistré un effet positif sur leurs activités dû aux crédits de long terme de source nationale. L'effet négatif de ce type de crédit est plus accentué dans les entreprises exerçant dans l'agriculture: 73,7% d'entre elles le relèvent. Les taux d'intérêts débiteurs pratiqués par les banques commerciales et les coûts des services financiers (frais bancaires, commissions), qui sont négativement perçus par 60% des entrepreneurs, expliqueraient en partie cette difficulté à accéder au financement. Une autre explication serait le fait que 53% des entreprises ne disposent pas d'un plan d'affaires.

Par ailleurs, le système bancaire est peu présent dans le financement des entreprises: dans l'ensemble, une entreprise seulement sur quatre a bénéficié d'un crédit. Les fonds internes et les bénéfices réinvestis constituent la principale source de financement. En effet, l'étude révèle que 47,3% des entreprises ont réalisé de nouveaux investissements, et parmi ces entreprises, trois sur cinq ont réalisé la totalité de leur investissement sur fonds propres.

- ***De nombreux disfonctionnements lié au marché du travail***

Des contraintes, parmi lesquelles une certaine difficulté à trouver du personnel qualifié, demeurent sur le marché du travail. C'est du moins l'avis de 48,3% des entrepreneurs, ce qui dénote d'une préoccupation sérieuse relative à l'adéquation formation-emploi. Ceci expliquerait sans doute le fait que 37% des entreprises affirment avoir fait suivre une formation à leurs employés. Cette difficulté à trouver du personnel qualifié pourrait aussi être liée aux modes de recrutement qui promeuvent rarement l'approche concurrentielle. Il ressort que le *recrutement direct* avec 82,6% des réponses est le mode le plus fréquemment utilisé, suivi par la *cooptation,* usitée par 30,5% des répondants. Les entreprises recourent peu aux structures spécialisées (Fonds National de l'Emploi (FNE) et cabinets de placement).

- ***La persistance des problèmes relatifs à la sous-utilisation des capacités de production, et le faible niveau en matière d'innovation technologique***

En moyenne les entreprises utilisent 64% de leurs capacités de production. Cette situation s'observe à peu de choses près dans les différents secteurs d'activité.

Par ailleurs, 6% seulement des entreprises utilisent une technologie sous licence étrangère, et 8,7% une technologie protégée par un brevet. Du reste, la proportion des entreprises possédant une certification reconnue est évaluée à 6,8%. ***les bonnes perspectives en termes d'orientation des investissements*** Si la moitié des entreprises pense se focaliser sur les marchés déjà acquis, une proportion tout de même considérable (39%) envisage d'explorer de nouveaux marchés;

- En outre, 52% des investissements futurs serviront à lancer de nouveaux produits, ce qui est plutôt bon signe dans la perspective de concurrence des produits importés;
- 68% des entreprises se prononcent en faveur d'une utilisation plus accrue de leurs capacités de production, cette perspective étant plus optimiste que celle de 2008 où ce pourcentage était de 59%;
- 54% des entreprises envisagent d'orienter une partie des nouveaux investissements vers le développement de l'innovation technologique;
- 58% des entreprises envisagent de former davantage leur personnel. Cette tendance s'observe du point de vue des caractéristiques des entreprises mais est toutefois plus prononcée dans les grandes entreprises (72%);
- Enfin, 65% des entreprises se prononcent en faveur du recrutement de nouveaux personnels nationaux au cours des trois prochaines années, les perspectives en matière de suppression de poste d'emplois étant quasiment nulles; pour les non nationaux, la tendance est également positive avec des recrutements prévus.

3-3 Perception des entreprises crées entre 2010 et 2012 sur la loi OHADA

Dans l'ensemble, un peu plus de deux entreprises sur cinq déclarent avoir connaissance de la loi OHADA. Cette proportion présente néanmoins quelques variantes suivant la forme d'entreprise: (i) 50% pour les Société Anonymes à Responsabilités Limitées (SARL); (ii) 54% pour les Sociétés Anonymes et (iii) 25% pour les Etablissements (ETS).

En ce qui concerne l'appréciation que les chefs des entreprises créées après 2010 font de la capacité du droit OHADA à sécuriser leurs investissements. 94,4 des entreprises se disent satisfaites. Ce chiffre cache de légères disparités qui se dégagent lorsqu'on fait une décomposition par forme juridique. En effet, seules 88% environ des Sociétés Anonymes (SA) ayant connaissance du droit OHADA, estiment que celui-ci sécurise leurs investissements de façon satisfaisante, alors que pour toutes des Sociétés Anonymes à Responsabilités Limités Unipersonnelles (SARLU) par contre, informés sont satisfaites du Droit OHADA.

Conclusion

Le Business Climate Survey (BCS) vise à élaborer des indicateurs fiables et susceptibles d'éclairer les acteurs publics et privés sur les champs prioritaires des réformes à mettre en œuvre pour améliorer la compétitivité de l'économie nationale. Il touche donc tous les aspects du climat des affaires, et donc les questions règlementaires et juridiques.

Le BCS, se veut aussi être un outil de renforcement du dialogue institutionnel entre des entités qui fixe des règles (Secteur public) et celles qui utilisent pour la promotion de l'investissement (Secteur privé), ainsi que la société civile qui joue un rôle d'observation et de modération. Le BCS donne ainsi la parole au secteur privé (créateur de richesse) de se prononcer sur les différentes thématiques que couvrent le climat des affaires et notamment celles relatives au cadre juridique et réglementaire.

Le BCS est également un outil qui a la capacité de se déployer de façon spécifique et approfondie sur une thématique précise, à l'instar des questions de création d'entreprises, évaluées à l'édition 2013 comme nous l'avons.

Aussi, le Ministère de l'Economie, de la planification et l'Aménagement du Territoire, reste convaincu, au regard de ses expériences antérieures avec l'outil BCS, que celui-ci pourrait être utiliser efficacement, moyennant les ajustements nécessaires, pour la réalisation d'une étude évaluative de la pratique du Droit OHADA dans les différents pays membres.

L'EFFICACITE DU SYSTEME D'HARMONISATION DU DROIT DES AFFAIRES DANS L'ESPACE OHADA

Pr. Victor-Emmanuel BOKALLI
Professeur Titulaire à l'Université de Yaoundé II
CAMEROUN

Abstract

Model Law is a more flexible formula for the harmonisation or uniformisation of law. It can be drafted within a shorter time than that required by a convention; States are not required to accept all the terms and may only adopt those that suit them; it can easily bring together States with different legal cultures; it can be quickly introduced in national law, it only needs to be voted by the National Legislature. However, it should be recognised that the scope of the unification of law may be severely limited by this method of harmonisation: States can either adopt it or not; if they adopt it, they can do so in different terms; they can amend or repeal it without consulting each other; finally, national judges, with their sovereign power of interpretation can lead to different applications from one country to another, although it is the same law.

Abraham LINCOLN, emblématique premier Président des Etats Unis disait fort opportunément que "si nous pouvions d'abord savoir où nous sommes et ce vers quoi nous tendons, nous pourrions mieux choisir ce que nous devons faire et comment le faire".

En appliquant ces propos à l'environnement juridique et économique de nos Etats africains avant l'avènement de l'OHADA, nous pouvons dire que nous savions déjà où nous étions. Un constat émanant des plus hautes autorités politiques des Etats africains de la zone franc, aujourd'hui membres de l'OHADA, ainsi que de leurs opérateurs économiques, avait en effet été dressé depuis longtemps: celui d'une grande insécurité liée au droit des affaires, insécurité juridique d'une part et insécurité judiciaire d'autre part.

S'agissant de l'insécurité juridique, ses causes étaient connues de longue date et ses conséquences peuvent être très préjudiciables au développement économique. L'insécurité juridique désigne ici la situation d'incertitude dans laquelle peut se trouver un opérateur économique sur l'issue d'une éventuelle procédure à laquelle il pourrait être partie. Cette situation résultait de la confusion qui régnait dans les sources du droit, insuffisamment fiables: il est en effet difficile d'échapper aux multiples inconvénients d'un droit inadapté.

S'agissant de la loi, si les textes sont trop anciens, ils s'appliquent mal à des situations contemporaines par définition. D'autre part, leur rédaction peut être plus récente, mais viciée ou inopérante pour diverses raisons: insuffisances des recherches d'antériorité lors de la rédaction, défaut de décret d'application s'il a en a été prévu par la loi, conflit du texte nouveau avec d'autres non abrogés ou non modifiés, défaut de publication au *Journal Officiel* défaillant . . .

S'agissant de la jurisprudence, c'est le défaut de publication des décisions de justice qui constitue un obstacle majeur. Cette carence fait obstacle à la construction d'une jurisprudence africaine fiable en tant que source du droit.

Bref, la sédimentation désordonnée des sources du droit, sans que l'on sache toujours laquelle est véritablement applicable, la confusion des textes, les incertitudes même sur le droit applicable, ce cumul de facteurs avait créé une insécurité juridique récurrente.

Or, il est constant que la "sécurité juridique" fait partie intégrante des préoccupations légitimes des opérateurs économiques désireux d'investir, ou à la recherche d'un lieu d'implantation d'entreprise, ou en quête d'un marché pour leurs produits, ou encore de main-d'œuvre pour leurs fabrications. Les décisions d'investissement, qui procèdent avant tout de la confiance des investisseurs, sont largement conditionnées par ces considérations. On comprend que la situation qui vient d'être décrite ait pu constituer un facteur de réticence justifiée de leur part, donc d'isolement de la région, qui se trouvait ainsi pénalisée par rapport à d'autres régions plus attractives sur ce point.

En outre, les décisions d'assistance au développement ou de coopération, prises par les bailleurs de fonds internationaux dont dépend souvent, peu ou prou, la situation économique des pays concernés, peuvent également être influencées par un contexte d'insécurité juridique et judiciaire.

L'insécurité judiciaire, domaine plus sensible, résulte d'une incertitude pesant sur l'issue de toute action en justice. La qualité du travail de la justice en Afrique est souvent contestée. Cela résulte de facteurs divers mais convergents, parmi lesquels on cite, le plus souvent:

- la saturation des juridictions;
- leurs moyens limités;
- le statut et la rémunération des magistrats;
- la nécessité de mettre à jour leur formation.

L'insécurité judiciaire se manifeste de façons très diverses: décisions contestables, décisions en délibéré depuis plusieurs années, exécutions impossibles, négligences diverses, méconnaissance des règles de déontologie, accueil des moyens dilatoires les plus évidents et renvois à répétition qui finissent par décourager les demandeurs de bonne foi, même les plus téméraires. . . . Ces reproches peuvent également s'adresser à des auxiliaires de justice négligents, voire peu scrupuleux.

Il faut également admettre que l'insécurité juridique dont il vient d'être question pouvait en quelque sorte nourrir l'insécurité judiciaire. En effet, en laissant perdurer les facteurs de confusion entre les sources du droit applicable, on abandonne au magistrat un champ d'appréciation personnelle débordant de son cadre usuel. Dès lors que les textes sont clarifiés, mis à jour et cohérents, cette marge d'interprétation retrouve des proportions raisonnables.

Apartir de ce constat pour le moins déplorable, nous savions déjà aussi ce vers quoi nous devions tendre: remédier à cette insécurité juridique et judiciaire qui compromet considérablement les investissements dans ces pays, et partant freine leur développement. Il faut pour cela mettre en place un cadre juridique propre à sécuriser l'activité économique des entreprises, de manière à favoriser leur essor et à encourager l'investissement.

Il restait dès lors le plus difficile: choisir ce qu'il fallait faire pour atteindre ce résultat et comment il fallait s'y prendre. Comme réponses à ces questions, les Etats africains, face non seulement à la mondialisation qui domine l'économie contemporaine et incite aux mouvements d'intégration régionale et à la libéralisation des échanges, mais aussi à la crise économique, ont, aux débuts des années 1990, compris la nécessité de coordonner leurs législations en matière économique pour relancer les politiques d'intégration régionale. Pour Etats, l'harmonisation, mieux, l'unification de leur législation en matière d'affaires pouvait mieux garantir l'intégration économique, condition *sine qua non* du développement de leur région. Selon eux, l'intégration juridique doit précéder ou accompagner l'intégration économique. Mais par quel moyen technique parvenir à cette harmonisation?

A ce sujet, les Etats disposent traditionnellement, pour harmoniser leurs législations, de trois systèmes, entendus comme ensemble coordonné de pratiques tendant à obtenir un résultat: la convention internationale, les lois-modèles et les directives.

La convention reste un instrument d'uniformisation très utilisé par les Etats qui ont l'obligation d'incorporer la loi uniforme telle qu'elle a été signée par eux. Mais cet énorme avantage[1] ne doit pas occulter les inconvénients attachés à la convention internationale:

- sa conclusion est parfois assortie de réserves, concessions accordées sur des points plus ou moins importants pour vaincre le refus de signer de certains Etats;
- l'élaboration d'une convention est très longue (dix à quinze ans) et leur ratification par un nombre suffisant d'Etats pour entrer en vigueur est longue à obtenir;
- l'effet relatif de la convention fait que seuls les Etats qui en sont parties sont liés par elle;
- le texte uniforme de la convention doit être transposé dans le droit interne, sauf s'il émane d'une organisation supranationale.

La loi-modèle est une formule plus souple d'harmonisation ou d'uniformisation du droit. Elle peut être rédigée dans un délai plus court que celui requis pour une convention; les Etats ne sont pas obligés d'en accepter tous les termes et peuvent ne retenir que ceux qui leur conviennent; elle peut facilement concilier des Etats de cultures juridiques différentes; elle peut être introduite plus rapidement en droit interne, il suffit qu'elle soit votée par le pouvoir législatif national.

Toutefois, il ne faut pas se dissimuler que la portée de l'unification du droit risque de se trouver fortement limitée par l'adoption de ce mode d'harmonisation: les Etats peuvent l'adopter ou non; s'ils l'adoptent, ils peuvent le faire en des termes

[1] Voir BARRIERE-BROUSSE (I): "La création normative des Etats, point de vue privatiste", in *la mondialisation du droit*, op. cit. p. 133 et S. — COSNARD (M): "La création normative des Etats, point de vue publiciste", idem, p. 149 et s

très différents; ils peuvent la modifier ou l'abroger sans se concerter entre eux; enfin, les juges nationaux, en raison de leur pouvoir souverain d'interprétation, peuvent aboutir à des applications divergentes d'un pays à un autre, bien qu'il s'agisse de la même loi.

Les directives sont surtout utilisées dans des organisations d'intégration économique et juridique (Union européenne, Communauté économique et monétaire de l'Afrique centrale, Union économique et monétaire ouest africaine . . .) qui disposent d'un pouvoir d'injonction vis-à-vis de leurs membres. Les directives imposent aux Etats des normes minimales en leur laissant le choix des moyens pour les introduire dans leur droit positif.

Mais les textes d'application de ces directives ne sont pas nécessairement de rédaction uniforme d'un pays à l'autre et leur adoption n'est pas toujours enfermée dans un délai déterminé, ce qui laisse un vaste champ ouvert aux discordances entre les législations nationales.

C'est donc un véritable choix de méthode qu'il fallait faire entre ces différents systèmes d'harmonisation. Mais curieusement, aucun de ces systèmesn'a eu la préférence des Etats concernés. Parce que très ambitieux, ces Etats ont opté pour un système très original: ils ont créé, pour atteindre leur objectif, l'Organisation pour l'Harmonisation en Afrique du Droit des Affaires (OHADA).

L'OHADA est d'abord un Traité. Ce Traité ne saurait être considéré comme un Traité de plus. Bien que sa structure soit sensiblement identique à celle des autres accords internationaux, il s'en distingue à plusieurs égards.La première originalité réside dans son objectif fondamental qui est de réaliser une unification progressive et générale des législations afin de favoriser le développement harmonieux de tous les Etats parties. Les articles 1er et 2 en témoignent largement.

La deuxième particularité du Traité OHADA apparaît dans l'ampleur de l'intégration communautaire qu'il propose (article 53 du Traité). C'est en effet la première fois qu'est mise en œuvre l'harmonisation des règles juridiques dans tous les secteurs de la vie des affaires et à l'échelle du continent.

La troisième spécificité du Traité OHADA vient de la force du droit supranational qui en est issu et de son caractère contraignant (aucune dénonciation ne pouvait intervenir avant dix ans). Le Traité peut, non seulement, entraîner des modifications obligatoires des législations nationales, mais même s'imposer directement aux sujets de droit des Etats parties. Le Traité OHADA ne consacre pas seulement la primauté du droit communautaire sur le droit national, il affirme la substitution du droit communautaire au droit national; c'est d'ailleurs la condition essentielle pour que les règles du Traité s'imposent aux juridictions des Etats membres qui sont tenus d'appliquer le droit communautaire.

Enfin et c'est probablement l'aspect le plus important, la différence du Traité OHADA par rapport aux autres organisations existant sur le continent, se trouve dans le système adopté, c'est-à-dire, dans les moyens et méthodes retenus pour atteindre les objectifs poursuivis. Pour cela, les auteurs du Traité ont instituéune Organisation internationale ayant le même nom et avec pour objectifs principaux d'harmoniser le droit des affaires des Etats membres «par l'élaboration et l'adoption des règles communes simples, modernes et adaptées à la situation de leurs économies", de mettre en œuvre des procédures judiciaires appropriées et de promouvoir l'arbitrage comme un mode de règlement des différends contractuels, d'améliorer le climat d'investissement, de soutenir l'intégration économique africaine, de favoriser l'institution d'une communauté économique africaine, "en vue d'accomplir de nouveaux progrès sur la voie de l'unité africaine".

L'OHADA est donc ensuite une organisation internationale dotée de la personnalité morale. Tout en respectant le principe non écrit de l'équilibre des pouvoirs, le Traité met en place les conditions d'un fonctionnement efficient de cette Organisation.

En élaborant en effet le dispositif institutionnel de l'OHADA, ses auteurs n'ont pas méconnu ce principe dit de la "séparation des pouvoirs", jadis formulé par Locke et surtout par Montesquieu. Ce principe tend à prévenir les abus du pouvoir en général, en l'attribuant non à un organe unique, mais en le répartissant entre plusieurs organes, chargés chacun d'une fonction distincte, et en mesure de se faire mutuellement contrepoids.

De cette théorie est issue la distinction classique entre les trois grandes expressions du pouvoir politique: le législatif qui décide des mesures à adopter; l'exécutif, qui est chargé de les mettre en œuvre et le judiciaire qui doit les interpréter.

Par commodité, plus qu'en toute orthodoxie de droit public, il est permis d'apercevoir, dans les trois grandes institutions créées par l'OHADA, un écho de ce principe de la séparation des pouvoirs.

L'article 3 du Traité pose ainsi les bases d'une organisation bicéphale, en disposant que l'OHADA "comprend un Conseil des Ministres et une Cour Commune de Justice et d'arbitrage".

Parce qu'il adopte les Actes Uniformes, on peut en effet considérer que le Conseil Ministres assure le pouvoir législatif de l'OHADA; son "bras séculier", le Secrétariat Permanent, constitue en quelque sorte le pouvoir exécutif, tandis que la Cour Commune de Justice et d'Arbitrage est investie d'un pouvoir judiciaire autonome. En somme, il s'agit d'un système d'harmonisation, plus exactement d'uniformisation, très original dont l'efficacité, c'est-à-dire la capacité à atteindre les objectifs fixés, tout en étant aujourd'hui très avérée (I), pourrait néanmoins se trouver par la suite, si l'on n'y prend garde, menacée (II).

I – L'EFFICACITÉ DU SYSTÈME AVÉRÉE

Si l'OHADA a été instituée, c'est pour "harmoniser" — en réalité pour unifier le droit des affaires des pays membres de l'organisation. Cette unification est réalisée essentiellement par deux moyens: l'adoption et la promulgation d' "Actes Uniformes" applicables dans tous les pays et l'institution d'une Cour Commune de Justice et d'Arbitrage chargée d'assurer l'unité du droit des affaires dans l'ensemble de ces pays. C'est dire que pour tous les pays membres de l'OHADA, le système impose la lettre (A) et garantit l'esprit (B) de ce droit unique.

A – La lettre des Actes Uniformes imposée par le Traité

Contrairement à son titre, l'OHADA ne réalise pas une "harmonisation" du droit des affaires des différents Etats parties au Traité, mais une véritable unification. Le texte d'un Acte Uniforme — quel qu'il soit — s'applique de la même manière, par exemple au Cameroun, Gabon, Bénin, Côte d'ivoire, Sénégal, Guinée, Mali ou Sierra Léone. On entend par Actes Uniformes, aux termes de l'article 5 du Traité, "les actes pris pour l'adoption des règles communes prévues à l'article premier du présent Traité". Il s'agit en fait de sortes de lois uniformes.

Il est évident que pour une entreprise qui exerce ses activités dans plusieurs pays, l'unité des règles applicables facilite considérablement ses opérations, qu'il s'agisse de son organisation juridique, de son fonctionnement ou de ses échanges commerciaux et financiers. L'unification présente également un intérêt considérable pour la recherche juridique, l'enseignement, les publications et les échanges entre universitaires et praticiens du droit des Etats membres.

Cette solution de l'unification du droit dans un ensemble de pays est très différente de celle de l'harmonisation des droits des pays membres d'une union réalisée, parexemple, comme dans l'Union européenne, par voie de directives. Si l'harmonisation permet l'adaptation, dans une certaine mesure, de textes communs à des spécificités nationales, elle comporte aussi de nombreux effets pervers. Ainsi, au nom de "l'attractivité du droit" ou de celui de "la concurrence entre les droits" pour attirer les investissements des entreprises, les législateurs nationaux cherchent les moyens de soustraire aux règles communautaires, avec plus ou moins de succès, certaines organisations juridiques. C'est le cas par exemple en France où, en instituant la société par actions simplifiées, l'on a en réalité cherché à la soustraire au droit communautaire. Ces mouvements centrifuges tendent à une "désharmonisation" des textes[2] L'unification évite cet inconvénient.

Aux termes de l'article 10 du Traité, les Actes Uniformes, une fois adoptés et promulgués "sont directement applicables et obligatoires dans les Etats parties, nonobstant toute disposition contraire de droit interne, antérieure ou postérieure" (art. 10 du Traité). Ils se substituent ainsi à la législation nationale préexistante dans les pays concernés, dans la mesure où les dispositions de cette législation nationale leur sont contraires. La conséquence majeure de l'intégration recherchée est que la législation uniforme de l'OHADA revêt le caractère d'une législation nationale. Autrement dit, tout Acte Uniforme OHADA tient lieu de loi dans les Etats parties. Le droit OHADA s'applique ainsi même aux relations juridiques unissant uniquement les ressortissants d'un même Etat membre et ne mettant aucunement en cause les intérêts du commerce international. Par ailleurs, les dispositions des Actes Uniformes sont le plus souvent d'ordre public afin d'éviter que la liberté contractuelle rétablisse les différences que le Traité a voulu supprimer.

L'une des spécificités importantes du système d'harmonisation de l'OHADA se

[2] Voir PAILLUSSEAU (J): "Le droit OHADA: un droit très important et original" JCP. éd. E, Cahiers de Droit de l'Entreprise, n° 5 supplément à la Semaine Juridique n° 44 du octobre 2004, p. 3; du même auteur "Mondialisation et droit des sociétés — Commentaires" in Revue Internationale de Droit Economique, 2002 — n° 2–3, p. 368.

trouve effectivement dans cet article 10 du Traité. En effet, les Actes Uniformes sont directement applicables et obligatoires sans qu'il y ait besoin de passer par le truchement d'un quelconque instrument juridique national tel qu'un décret d'application ou une loi préalable autorisant la ratification. Il s'ensuit qu'ils deviennent obligatoires nonobstant toutes dispositions contraires de droit interne. L'article 10 apparaît à cet égard comme la disposition qui consacre la supranationalité[3] des Actes Uniformes qui d'ailleurs contiennent tous la formule selon laquelle sont abrogées toutes dispositions de droit interne qui leur sont contraires. Il procure ainsi à l'uniformisation toute son efficacité. En effet, en souscrivant au Traité OHADA, les Etats partie consentent une importante délégation à cette Organisation, qui soustrait aux parlements et aux organes exécutifs nationaux leurs pouvoirs, législatif et réglementaire, dans les domaines concernés par l'unification. La concession de souveraineté nationale constitue l'inévitable contrepartie institutionnelle — et politique — que l'on peut observer dans l'accomplissement de tout processus d'intégration efficient.

Cette disposition de l'article 10 a donné lieu à certaines difficultés d'ordre constitutionnel dans certains Etats membres (applicabilité directe, abrogation des lois nationales). Aussi la Cour Commune de Justice et d'Arbitrage a-t-elle donné certaines indications quant à son interprétation. Pour la CCJA, dans son avis n° 001/2001/EP du 30 avril 2001, l'article 10 a pour effet d'abroger et d'interdire pour l'avenir toute disposition législative ou réglementaire nationale ayant le même objet que les Actes Uniformes et étant en conflit avec ces derniers. Il est en outre précisé que, en cas de conflit entre une loi nationale et un Acte Uniforme, les dispositions qui ne sont pas en conflit avec l'Acte Uniforme demeurent valables.[4]

Les Actes uniformes s'imposent d'autant plus facilement dans les Etats parties au Traité qu'ils sont adoptés au terme d'une procédure qui privilégie la participation de tous les Etats concernés pour éviter de heurter les sensibilités nationales. En effet, la procédure d'adoption des Actes Uniformes comprend trois phases, dont aucune ne fait intervenir les autorités législatives nationales des Etats membre, mais plutôt des commissions nationales composées des professionnels du droit.

La procédure d'adoption des Actes Uniformes commence par la rédaction. En effet, les sujets traités sont choisis selon un programme annuel d'harmonisation approuvé par le Conseil des Ministres et ensuite transmis aux gouvernements de

---

[3] Voir IPANDA: "Le Traité et la loi nationale" in *Revue camerounaise de droit des affaires*, n° 1, nov.–déc. 1999, p. 3; Djibril ABARCHI: "La supranationalité de l'OHADA" in revue *E.D.J.A.*, n° 44, janv.-fév.-mars 2000, p. 7; KENFACK DOUAJNI (G): "L'abandon de souveraineté dans le Traité OHADA" in revue *Penant*, n° 830, mai-août 1999, p. 125.

[4] Mais exceptionnellement, malgré ce caractère supralégislatif, les Actes Uniformes peuvent prévoir des dispositions expressément supplétives, c'est-à-dire qui proposent une solution de droit supranational applicable en l'absence d'une disposition nationale différente: ainsi le cautionnement est-il "réputé solidaire" par l'article. . . de l'Acte Uniforme portant organisation des sûretés, qui précise immédiatement que ce cautionnement peut être "simple, lorsqu'il en est décidé, expressément, par la loi de chaque Etat partie . . .». De même, les Actes uniformes peuvent également concéder des dérogations spéciales, comme celle prévue par l'article 916 de l'Acte Uniforme relatif au droit des sociétés, qui "n'abroge pas les dispositions législatives auxquelles sont assujetties les sociétés soumises à un régime particulier"; le législateur OHADA vise certainement les activités ordinairement soumises à une législation spécifique, à l'instar des banques et des assurances.

tous les Etats membres. Même si cela n'est pas prévu par le Traité, des commissions nationales composées de professionnels du droit ont été constitués dans chaque Etat membre pour examiner les avant-projets d'Acte Uniforme. Dès la communication du projet d'Acte Uniforme par le Secrétariat Permanent aux Etats membres, les commissions nationales ont pour mission de procéder à leur examen. Les Etats membres doivent ensuite transmettre leurs observations au Secrétariat Permanent qui réunit toutes les commissions nationales en assemblée plénière afin de parvenir à un consensus sur le projet de texte. Le projet est ensuite renvoyé aux Etats membres pour commentaires. En dernier lieu, leurs observations éventuelles sont retransmises au Secrétariat Permanent. Il faut noter que l'intervention des commissions nationales et cette étape du processus ne sont pas mentionnées au Traité.

Pour la seconde phase, le projet d'Acte Uniforme, accompagné des observations des Etats membres et d'un rapport du Secrétariat Permanent, est transmis à la Cour Commune de Justice et d'Arbitrage. Celle-ci dispose de trente jours pour donner son avis, qui demeure confidentiel; elle doit notamment vérifier si le projet est conforme au Traité et à l'esprit général de l'OHADA.

La dernière étape est celle de l'adoption du projet d'Acte Uniforme par le Conseil des Ministres. L'adoption requiert l'unanimité des représentants des Etats membres présents et votants, le quorum pour le vote étant de deux tiers des Etats membres. Et une fois adopté et promulgué, l'Acte Uniforme s'impose à tous les Etats membres sans qu'il y ait besoin pour cela de recourir à une autre procédure préalable.

Mais l'on pourrait craindre qu'au fil du temps, l'application de la même règle — du même texte — donne lieu à des interprétations différentes suivant les juridictions saisies et les pays, compromettant ainsi l'uniformisation recherchée et partant l'esprit de l'OHADA. Mais, très prévenants, les concepteurs du Traité ont prévu cette difficulté; aussi ont-ils institué, pour garantir cet esprit, une juridiction supranationale qui est la Cour Commune de Justice et d'Arbitrage.

B – L'esprit des Actes Uniformes garanti par la Cour Commune de Justice et d'Arbitrage

Pour plus d'efficacité, l'unification juridique doit s'accompagner d'une unification judiciaire. L'expérience des droits uniformes a montré en effet que ceux-ci sont menacés de dégénérescence si leur interprétation n'est pas assurée par un organe juridictionnel unique. Conscients de cette réalité, les rédacteurs du Traité ont instauré à cette fin une Cour Commune de Justice et d'Arbitrage. Cette juridiction est l'institution la plus originale de l'intégration juridique et judiciaire en Afrique. C'est une institution très importante et innovante qui se situe effectivement au cœur du système juridique de l'OHADA. Elle a pour rôle de se substituer aux Cours Suprêmes nationales afin d'unifier l'interprétation du droit uniforme par les juridictions nationales du fond. Elle est gardienne de la bonne application du droit uniforme. Ce résultat est évidemment le prix de la renonciation par les Etats parties de leur souveraineté au sommet de l'organisation judiciaire et de la consécration de la Cour Commune de Justice et d'Arbitrage comme une juridiction supranationale.[5]

---

[5] Voir LOHOUES6OBLE (J): "Traité OHADA et Règlement de procédure de la CCJA" in *Traité et Actes*

Le Traité OHADA attribue à la Cour Commune de Justice et d'Arbitrage des fonctions judiciaires et arbitrales.

Dans le cadre de ses fonctions judiciaires, la Cour Commune de Justice et d'Arbitrage est une juridiction supranationale unique ayant pour objet, d'une part, d'éviter les risques d'interprétations divergentes des Actes Uniformes par les juridictions des différents Etats membres et, d'autre part, d'aboutir à une interprétation unique des termes du Traité, de ses règlements d'application et des Actes Uniformes. Les fonctions judiciaires de la Cour Commune de Justice et d'Arbitrage sont à la fois contentieuses et consultatives.

Le Traité attribue à la Cour Commune de Justice et d'Arbitrage trois types de fonctions consultatives.

En premier lieu, la Cour Commune de Justice et d'Arbitrage donne son avis sur les projets d'Actes Uniformes avant que ces derniers soient soumis au Conseil des Ministres pour adoption.

En deuxième lieu, la Cour Commune de Justice et d'Arbitrage peut être consultée par tout Etat membre ou par le Conseil des Ministres sur toute question relative à l'interprétation ou à l'application du Traité, des règlements pris pour son application et des Actes Uniformes.

En troisième lieu, la Cour Commune de Justice et d'Arbitrage peut être consultée par toute juridiction nationale dans le cadre de contentieux déjà nés relatifs à l'application ou à l'interprétation du droit OHADA.

Les avis émis par la Cour Commune de Justice et d'Arbitrage sont purement consultatifs et n'ont aucun effet obligatoire; mais il est toutefois difficilement concevable pour une juridiction nationale d'un Etat membre de ne pas en tenir compte puisque les décisions des juridictions nationales relatives au droit OHADA peuvent être portées à la connaissance de la Cour Commune de Justice et d'Arbitrage et être cassées en cas de conflit avec un de ses avis. Quant aux avis rendus à la demande du Conseil des Ministres ou d'un Etat membre, ils permettent surtout de donner une orientation d'interprétation, une politique à suivre.

La Cour Commune de Justice et d'Arbitrage est également compétente pour connaître de tous les contentieux relatifs aux divers domaines du droit des affaires dans lesquels existe une législation OHADA, à l'exception des décisions appliquant des sanctions pénales, pour lesquelles les juridictions nationales restent seules compétentes.

La compétence de la Cour Commune de Justice et d'Arbitrage ne s'exerce qu'en dernier ressort afin d'assurer une cohérence dans l'application des Actes Uniformes. Elle statue sur le fond et en dernier ressort sans renvoyer l'affaire à une juridiction d'appel. Si l'une des parties à un contentieux forme un pourvoi devant la juridiction suprême nationale dans un domaine qui relève de la compétence de la Cour Commune de Justice et d'Arbitrage, la juridiction nationale saisie devra se déclarer incompétente.

---

uniformes commentés, juriscope, 1999; NSIE (E): "La Cour Commune de Justice et d'Arbitrage" in revue *Penant*, n° 828, 1998, p. 308.

La Cour Commune de Justice et d'Arbitrage peut être saisie dans trois cas distincts:

- directement par une partie souhaitant se pourvoir en cassation à l'encontre d'un arrêt de Cour d'appel statuant sur le fond dans une affaire relative à l'application d'un Acte Uniforme;
- directement par une partie qui, après avoir soutenu en vain l'incompétence d'une juridiction nationale statuant en cassation, estime que cette juridiction a méconnu la compétence de la Cour Commune de Justice et d'Arbitrage;
- sur renvoi d'une juridiction nationale statuant en cassation et s'estimant incompétente pour connaître de l'affaire lorsque celle-ci soulève des questions relatives à l'application d'un Acte Uniforme.

Les arrêts de la Cour Commune de Justice et d'Arbitrage ont l'autorité de la chose jugée en dernier ressort. Cette autorité est supranationale; aucune procédure nationale n'est nécessaire pour qu'un arrêt de la Cour Commune de Justice et d'Arbitrage s'impose sur le territoire d'un Etat membre. L'*exequatur* n'est donc pas exigé. Les arrêts de la Cour Commune de Justice et d'Arbitrage ont également la force exécutoire. Leur exécution forcée est régie par les règles de procédure civile en vigueur dans l'Etat membre sur le territoire duquel elle a lieu.

Dans le cadre de ses fonctions arbitrales, la Cour Commune de Justice et d'Arbitrage est également un centre d'arbitrage. Le règlement des litiges par voie d'arbitrage — qui constitue le mode de règlement préféré des opérateurs économiques internationaux — revêt une importance particulière dans le processus d'harmonisation OHADA. Le grand intérêt de la réforme opérée par le législateur OHADA réside dans la mise en place à la fois d'une loi moderne — l'ActeUniforme relatif au droit de l'arbitrage, qui s'applique dans tous les Etats membres — et d'une procédure institutionnelle prévue par le Traité OHADA. Cette procédure, placée sous l'égide de la Cour Commune de Justice et d'Arbitrage est régie par un Règlement d'arbitrage adopté le 11 mars 1999 qui reprend et complète les dispositions du Traité.

En conséquence, il est dorénavant possible de prévoir soit un arbitrage *ad hoc*, soit un arbitrage régi par le Règlement de la Cour Commune de Justice et d'Arbitrage. Dans tous les cas, les dispositions de l'Acte Uniforme s'appliqueront le cas échéant pour compléter les règles choisies par les parties elles-mêmes.

Pour lui permettre de mener à bien ses missions, les rédacteurs du Traité ont estimé que la création de la CCJA devait être accompagnée d'une action en direction des juridictions nationales et du monde judiciaire et para-judiciaire en général. C'est pourquoi une Ecole Régionale Supérieure de la Magistrature (ERSUMA) a été instituée.

La finalité de l'ERSUMA est d'œuvrer à l'amélioration de l'environnement juridique et judiciaire dans l'ensemble des Etats membres. En particulier, elle est chargée d'assurer la formation et le perfectionnement des magistrats et et des auxiliaires de justice des Etats membres en droit harmonisé et en droit des affaires, ce qui implique non seulement le droit de l'OHADA mais aussi celui d'autres organisations d'harmonisation ou d'unification à l'instar de l'OAPI, l'UEMOA, la CIMA . . .

Vingt ans après la création de l'OHADA et bien qu'aucune évaluation précise n'ait encore été effectuée, force néanmoins est de reconnaître que le droit OHADA est désormais une réalité dans lesEtats membres où les neufs premiers Actes Uniformes élaborés et adoptés font partie de leur droit positif. Ce droit, connu des opérateurs économiques, est aujourd'hui bien ancré dans la pratique; c'est par ailleurs un droit vivant si l'on se réfère au nombre de décisions, études et autres travaux ou sites internet dont il génère la création depuis son lancement. Ce succès est certainement dû à l'efficacité du système d'harmonisation, que dis-je, d'uniformisation adopté. Chaque médaille ayant toujours son revers, il apparaît de plus en plus que le système OHADA pourrait être victime de son succès, ce qui menacerait son efficacité.

II – L'EFFICACITÉ DU SYSTÈME MENACÉE

En dépit de son succès incontestable, le devenir de l'OHADA préoccupe, notamment au regard de l'extension de son domaine. Il s'y dessine en effet un risque de démesure. S'il est légitime qu'elle ait des ambitions d'extension voire d'expansion, l'OHADA pourrait, à terme, si l'on n'y prend garde, s'éloigner de ses objectifs,[6] ce qui pourrait ramener l'insécurité. Cette démesure est de nature à menacer l'efficacité du système d'harmonisation, ainsi que l'on peut l'observer en considérant cette extension aussi bien sur le plan matériel (A) que sur le plan géographique (B).

A – L'efficacité du système menacée par l'extension matérielle

L'adage est connu: "Qui trop embrasse mal étreint". L'OHADA s'est donnée pour ambition de réglementer l'ensemble du droit des affaires. Et parce qu'il est, non pas défini, mais simplement énuméré par l'article 2 du Traité fondateur, le droit des affaires doit être reconnu comme constituant le champ d'action à la fois minimal et maximal de l'organisation. Champ d'action minimal dans la mesure où les matières énumérées par le Traité doivent être considérées comme celles qui constituent le plus petit domaine de l'OHADA. Champ d'action maximal en ce que toute matière susceptible d'être qualifiée par l'OHADA comme faisant partie du droit des affaires peut donner lieu à l'élaboration d'un Acte Uniforme. Or, il se trouve que ces matières ne peuvent pas être énumérées de manière limitative. Il apparaît ainsi que c'est une conception extensive de la notion de droit des affaires qui semble avoir été adoptée par l'OHADA. Dès lors, en plus des matières expressément énumérées, le Traité accorde au Conseil des Ministres l'initiative (à l'unanimité) d'inclure "toute matière" dans ce domaine du droit des affaires de l'OHADA. Et le Conseil des Ministres ne s'en est d'ailleurs pas privé. C'est ainsi que depuis la signature du Traité en 1993, il a, par la décision n° 002/2001/CM relative au programme d'harmonisation du droit des affaires en Afrique du 23 janvier 2001, étendu le domaine du

[6] Voir POUGOUE (P.-G.) et KALIEU ELONGO (Y. R): Introduction critique à l'OHADA, préface S.E Abdou DIOUF, avant- propos DAVID (J), Presses Universitaires d'Afrique, août 2008.

droit des affaires aux matières suivantes: le droit de la concurrence, le droit bancaire, le droit de la propriété intellectuelle, le droit des sociétés civiles, le droit des sociétés coopératives et mutualistes, le droit des contrats et le droit de la preuve.

Cette extension, qui frise la démesure, peut entraîner deux types de conséquences: d'une part, les risques de conflit avec les institutions d'intégration économique, d'autre part, le risque d'engloutissement de tout le droit.

S'agissant tout d'abord des risques de conflit avec les institutions d'intégration économique, s'il n'y a pas en soi risque de conflit entre l'OHADA, telle que conçue à l'origine, et d'autres institutions d'intégration, ces conflits deviennent en revanche inévitables lorsque le domaine de l'OHADA s'étend à l'infini. C'est le cas, à titre illustratif, du droit bancaire dont une importante réforme législative a été menée quasi-parallèlement dans les zones CEMAC et UEMOA au cours des dernières années; c'est également le cas des réglementations relatives à la concurrence adoptées dans mêmes sous-régions.

Le risque de conflit est donc réel.Pour le juguler, l'on devrait pouvoir recourir à la méthode de la concertation entre les différentes institutions. Cette méthode a déjà été expérimentée et a donné des résultats probants. L'adoption de l'Acte Uniforme sur le droit comptable en 2000 a en effet été l'occasion de mesurer l'efficacité de cette méthode, car, il faut le rappeler, il existait dans l'UEMOA une réglementation comptable commune — SYSCOA — avant que n'intervienne celle de l'OHADA. Il avait fallu une concertation préalable à la rédaction de l'Acte Uniforme pour qu'il y ait cohésion entre les deux textes. Ce qui malheureusement ne semble pas avoir été le cas en droit des transports avec la Convention Inter-Etats des Transports Routiers de Marchandises Diverses de la CEMAC du 5 juillet 1996 au point où dans un conflit, la Cour de Justice de la CEMAC a proclamé la suprématie des textes de l'OHADA sur tout autre texte communautaire.

Quant aux risques d'engloutissement du droit interne, l'on peut faire observer que le droit des affaires n'est pas spécifique dans les champs du droit. Dans bien des domaines, il obéit aux règles du droit commun ou à la théorie générale du droit. Il en est ainsi notamment du droit des personnes, du droit des biens, du droit des actes et faits juridiques. Cette participation du droit générale devrait interdire à l'OHADA de s'y immiscer pour prétendre l'uniformiser. Dans ce cas, ''on atteindrait un degré intolérable d'abandon de souveraineté législative et judiciaire susceptible de compromettre l'avenir même de l'OHADA''.[7]

Il faut donc avoir le sens de la mesure, sinon toute matière pourrait être attirée dans le giron du droit des affaires. Plus le système d'harmonisation ou d'uniformisation s'élargit, plus il menace de perdre en cohérence et partant en efficacité. Or, l'OHADA n'a de sens et ne présente une cohérence que si l'on a une conception stricte des matières à uniformiser. Dans le cas contraire, c'est tout le droit qui le sera. Ce qui n'est certainement pas le but de ses pères fondateurs. Dans cette optique, des matières comme la théorie générale du contrat ou le droit de la preuve devraient être exclues du champ de l'uniformisation de l'OHADA. Finalement pour maintenir l'efficacité du système, l'extension du droit des affaires à de

[7] POUGOUE (P.-G.) et KALIEU ELONGO (Y. R.), op. cit. p. 78.

nouvelles matières doit se faire avec circonspection, d'autant plus que certaines de ces matières sur lesquelles l'OHADA veut étendre son impérialisme ont déjà fait l'objet d'une législation harmonisée au niveau sous-régional, ce qui pourrait contribuer à accroître de façon considérable les risques de conflit entre l'OHADA et les Organisations sous-régionales. C'est par exemple le cas de la propriété intellectuelle. On ne saurait donc envisager l'uniformisation de ces matières de la même manière que pour les précédentes matières qui ont déjà fait l'objet d'Actes Uniformes.

B – L'efficacité du système menacée par l'extension géographique

Bien qu'au départ l'OHADA ne concernait que les pays francophones de l'Afrique de l'Ouest et du Centre, il faut reconnaître qu'elle a, en principe, opté très tôt pour l'ouverture à d'autres pays non parties au Traité fondateur. L'article 53 (1) du Traité dispose clairement à cet effet que "le présent Traité est, dès son entrée en vigueur, ouvert à l'adhésion de tout Etat membre de l'OUA et non signataire du Traité. Il est également ouvert à l'adhésion de tout Etat non membre de l'OUA invité à y adhérer du commun accord de tous les Etats parties".

Et, comme en écho à cette disposition, depuis un certain temps déjà plusieurs pays manifestent effectivement leur intention d'intégrer cette Institution. Parmi ces pays, il y a la République Démocratique du Congo dont l'adhésion est déjà effective; le Ghana et le Nigéria qui ont tous deux la particularité d'être des pays de tradition anglo-saxonne. Cette ouverture est en général positivement appréciée dans la mesure où elle constitue une source d'enrichissement.

Toutefois, si l'adhésion de nouveaux Etats constitue incontestablement un signe de vitalité de l'organisation, l'on ne saurait occulter le fait que les différences linguistique, culturelle et juridique existant entre ces pays candidats à l'adhésion et ceux actuellement membres de l'OHADA constituent un sérieux handicap.

S'agissant de la différence linguistique, l'ancien article 42 du Traité instituait le français comme seul langue de travail de l'OHADA. Ce monolinguisme qui rendait toute traduction de texte OHADA non officielle et dépourvue de toute valeur juridique, avait d'jà posé des problèmes dans un pays bilingue et bijuridique comme le Cameroun. Pour cette raison, les magistrats d'origine anglophone refusaient carrément d'appliquer ce droit OHADA. L'on peut en effet lire, dans un décision de la High Court of Kumba restée célèbre, que "toute législation qui sanctifie le français en excluant l'anglais reste inopérante devant ce tribunal, parce qu'elle viole la réalité camerounaise et confronte les tribunaux de *la common law* à des principes auxquels ils ne sont pas familiers".[8]

Les plénipotentiaires de l'OHADA ont cru résoudre ce problème en apportant des modifications au Traité en 2008 à Québec, lesquelles prévoient désormais comme " langues de travail de l'OHADA (. . .) le français, l'anglais, l'espagnol et le portugais" (art. 42 nouveau). Si l'on peut y noter incontestablement une volonté de prise en compte de la diversité, l'on doit néanmoins déplorer la maladresse dans la manière de s'y prendre. Il n'échappera en effet à personne le fait que dans cette formulation

[8] Décision rapportée par le journal *The Herald* du 10-12 mars 2000, p. 17.

on peut remarquer une légère distorsion de la courtoisie internationale ou du moins des habitudes en la matière: les langues n'ont nullement été citées dans un ordre alphabétique, le français venant curieusement avant l'anglais. Sachant que dans la diplomatie comme en politique, il faut savoir gérer les susceptibilités, ce fait n'est pas anodin surtout lorsqu'on lit complètement l'article 42 nouveau qui dispose *in fine* que "en cas de divergence entre les traductions, la version française fait foi". Cette disposition trahit les intentions réelles des rédacteurs du Traité qui continuent de penser que la langue française est inhérente à l'OHADA. Ceci est de nature à choquer certaines sensibilités qui pourraient continuer de considérer ce droit comme celui des autres.

Mais en réalité, la préoccupation ici va au-delà du problème de la langue pour poser celui, plus complexe, de la prise en compte de tous les systèmes juridiques en vigueur au sein de l'OHADA. Si les droits espagnol et portugais rentrent, tout comme le droit français, dans le système romano-germanique, il reste que le système de la *common law* s'en distingue. Et dans la perspective d'un droit unifié, il faut aller au-delà de la simple traduction pour y intégrer le système juridique lui-même. Une fois de plus, le Cameroun, au sein duquel fonctionne ce bijuridisme, peut encore servir d'exemple de terrain d'expérimentation. A titre d'exemple en effet, jusqu'en 1972, le Cameroun anglophone considérait l'administration, même étatique, comme un justiciable ordinaire, c'est-à-dire un justiciable de droit commun. Ainsi, la distinction francophone entre contrat administratif et contrat de droit privé, par exemple, n'avait pas cours dans l'espace anglophone camerounais. Avec l'unification des deux Cameroun survenus en 1972, il y a eu une volonté législative d'arrimer l'espace anglophone au système francophone en soustrayant l'administration de la compétence des juges de droit commun. Les juges anglophones y ont opposé un bras de fer qui a amené le Garde des Sceaux à fustiger publiquement "l'ignorance du droit et les jugements vicieux des magistrats anglophones".[9]

Mais du côté des anglophones, la *All Anglophone Conference* reprochait au pouvoir d'assimiler leur système juridique au système francophone. Et, dans l'espèce *Limbe Urban Council v. Ndum Mbah Jonathan*, la position et le ton adoptés par le juge sont assez expressifs et se passent de tout commentaire: "Ce tribunal a désapprouvé par le passé et je continue à désapprouver la tendance des sociétés publiques, des établissements parapublics, des organes de l'Etat et même de l'Etat lui-même, à croire que par leur puissance, leur position, ils peuvent opprimer, écraser et réprimer d'autres camerounais qu'ils sont censés servir".[10]

C'est dire l'urgence qu'il y a à considérer la traduction comme un outil de travail incontournable pour assurer une meilleure adhésion de tous à ce droit OHADA. Cette traduction au sein de l'OHADA, traduction juridique par essence, doit appli-

---

[9] Discours du Garde des Sceaux en visite officielle à Bamenda le 5 février 1985, *in Cameroon Tribune* du 7 février 1985, p. 5.

[10] Suit n° HCL/87/R/98.

quer des techniques traductologiques bien précises.[11] Il faut une approche traductologique qui assure une meilleure communication tout en respectant, autant que possible, les spécificités de chaque système juridique en présence, notamment, notamment, le système romano germanique, c'est-à-dire en réalité le Code civil, et la Common law. C'est à ce prix que nous pourrons nous retrouver encore, ici ou ailleurs, pour commémorer les quarante ans de l'OHADA.

INDICATIONS BIBLIOGRAPHIQUES

ABARCHI (D.), «La supranationalité de l'OHADA» in revue *E.D.J.A.*, n° 44, janv.-fév.-mars 2000, p. 7;

IPANDA, «Le Traité et la loi nationale» in *Revue camerounaise de droit des affaires*, n° 1, nov.-déc. 1999, p. 3;

KENFACK DOUAJNI (G.), «L'abandon de souveraineté dans le Traité OHADA» in revue *Penant*, n° 830, mai-ao–t 1999, p. 125.

LOHOUES-OBLE (J.), «Traité OHADA et Règlement de procédure de la CCJA» in *Traité et Actes uniformes commentés*, juriscope, 1999

MELONG (J.), «Implementation of OHADA laws in a bilingual and bijuralcontext: Cameroon as a case in point» in Revue de l'ERSUMA, n° 2, mars 2013, p. 259 et s.

NSIE (E.), «La Cour Commune de Justice et d'Arbitrage» in revue *Penant*, n° 828, 1998, p. 308.

PAILLUSSEAU (J.), «Le droit OHADA: un droit très important et original» JCP. éd. E, Cahiers de Droit de l'Entreprise, n° 5 supplément à la Semaine Juridique n° 44 du octobre 2004, p. 3.

POUGOUE (P.-G.) et KALIEU ELONGO (Y. R): *Introduction critique à l'OHADA*, Presses Universitaires d'Afrique, ao–t 2008.

[11] Voir MELONG (J): "Implementation of OHADA laws in a bilingual and bijuralcontext: Cameroon as a case in point" in Revue de l'ERSUMA, n° 2, mars 2013, p. 259 et s.

PARTICULARITES DU DROIT OHADA: le droit de retention envisagé comme une sureté

Pr. Moussa SAMB
Université Cheikh Anta Diop de Dakar
SENEGAL

Abstract

The OHADA Law is mainly French-based, but some of its characteristics on certain issues are quite specific. Taking into account the uncertainties and shortcomings of the Frenchlaw, writers have sometimes brought in OHADA's texts distinctive features, drawing inspiration from international rules and practices or even in some cases, on solutions of the *common law.*

The regulation of lien by the OHADA Uniform Act Organising Securities (AUPOS) revised in 2010, may be identified as one of these mechanisms, in its differences with the French law and the innovationsit brings to previous national laws. Also, if the retainer is not offered an equivalent security, he has the right to retain the property until full payment of their due. If the property's value is greater than the debt, the debtor or theirheirs will not hesitate to pay the money to get their property returned.

Le droit OHADA est fondamentalement inspiré du droit français mais il présente des particularités certaines sur certaines matières. Prenant en compte les incertitudes ou lacunes du droit d'inspiration, les rédacteurs ont parfois fait œuvre originale en s'appuyant sur les règles et usages internationaux, voire même dans certains cas sur les solutions de la *common law.* La réglementation du droit de rétention par l'Acte uniforme portant organisation des sûretés de l'OHADA (AUPOS), révisée en 2010 peut être présentée parmi ces mécanismes, dans ses différences avec le droit français et les innovations qu'elle apporte aux droits nationaux antérieurs.[1]

L'AUPOS a l'avantage de guider la jurisprudence en clarifiant la nature juridique du droit de rétention, restée, pendant longtemps, sujette à controverse. Certains n'y voyaient qu'une modalité d'exécution de l'obligation de délivrance pesant sur le détenteur[2] alors que d'autres hésitaient à le qualifier de droit réel ou de sûreté. De manière claire, la jurisprudence française avait tranché en jugeant que le droit de rétention n'est pas une sûreté et ne saurait être assimilé au gage.[3]

Pour bien montrer les particularités du droit rétention de l'OHADA, il s'agira, dans cette contribution, d'envisager ses conditions d'exercice (I) et ses effets (II).

---

[1] *J.I. Sayegh, Le nouveau droit des garanties de l'OHADA, p .161 ; Z. Zerbo, Le droit de rétentions dans l'Acte uniforme portant organisation des sûretés de l'OHADA, p.125.*

[2] *Catala-Franjou N., De la nature juridique du droit de rétention, RTD civ. 1967, p.9.*

[3] *Cass. com., 20 mai 1997, no 95-11.915, Bull. civ. IV, no 141, D. 1998, jur., p. 439, note Heinderian F., D. 1998, som., p. 102, obs. Piedelièvre S., p. 115, obs. Libchaber R., Defrénois 1997, p. 1427, obs. Aynès L., RTD civ. 1997, p. 707, obs. Crocq P. ; voir 227-71).*

I – CONDITIONS D'EXERCICE DU DROIT DE RÉTENTION

Ces conditions sont relatives, d'une part, à la détention d'une chose (A), d'autre part à la créance justifiant la rétention (B).

A – La détention d'une chose

Les modalités de la détention de la chose (1), la qualité de la personne qui la détient (2) et la nature de la chose détenue (3) doivent être précisées.

(1) Les modalités de la détention

1. Le créancier ne peut exercer la rétention que sur un bien qu'il détient légitimement et licitement. La détention sur un bien corporel implique la mainmise physique sur la chose, donc un pouvoir de fait. *Le corpus* c'est-à-dire la simple détention à titre précaire suffit, le rétenteur sait qu'il est tenu de restituer le bien, mais il refuse de la faire.
2. Il suffit que la chose soit détenue légitimement c'est-à-dire que la détention ne résulte pas d'un acte illicite, fraude ou violence du créancier mais d'un contrat ou d'un quasi-contrat.[4] Le créancier peut détenir pour son propre compte par lui-même ou par l'intermédiaire d'une personne agissant valablement pour son compte (mandataire, préposé). Il n'est pas nécessaire que la chose ait été remise par celui à qui le droit de rétention est opposé.[5] La jurisprudence OHADA a, de façon très claire, opéré la distinction entre le gage et le droit de rétention. Dans l'affaire Gitma contre Samex, la CCJA relève que l'arrêt d'appel attaqué fait une mauvaise application de l'article 43 de l'AUS «*qui traite seulement des effets communs de la rétention avec le gage, sans pour autant assimiler les deux types de sûretés qui sont différentes de par leur constitution ; qu'en effet, le gage est une remise volontaire faite par un débiteur d'un bien dont il est le propriétaire, en garantie du paiement de sa dette alors que la rétention est une appréhension forcée qu'effectue un créancier sur le bien qu'il détient de son débiteur pour contraindre ce dernier à payer son dû*».[6]

On peut aussi déduire de la formule de l'article 41 alinéa 1er AUS «*le créancier qui détient légitimement* «que le créancier doit retenir la chose par des moyens honnêtes. Celui qui use de manœuvres dolosives pour retrouver un bien qu'il avait déjà remis au débiteur ou celui qui avait consenti un crédit au débiteur ou qui a déjà été payé serait considéré comme un détenteur illégitime. La détention est légitime lorsqu'elle est régulière, dénuée de toute équivoque, de tout vice, de tout acte illicite, voire de toute fraude ayant pour but de priver le propriétaire de son bien afin d'exercer sur lui des pressions par l'entremise de la rétention.[7]

---

[4] Scapel, *Le droit de rétention en droit positif, RTD civ. 1981 p.539 n°15 ; J.C. Otoumou, Le droit de rétention en droit Ohada, Penant n°838 p.77).*
[5] CCJA, Arrêt n°006, 28 février 2008, Envol-Transit CI c/SDV CI, Ohadata J-09-29, Ohada.com.
[6] CCJA, n°30, 4 novembre 2004, Sté GITMA c/Sté SAMEX, Ohadata J-05-171, Ohada.com.
[7] *J.Mestre, Priviléges, Droit de rétention, Jurisclasseur, fasc.13, n°32, p.8.*

(2) La qualité du détenteur

Celui qui détient un bien pour le compte d'autrui ne peut exercer de droit de rétention à l'encontre du propriétaire sous la subordination duquel il se trouve.[8] Le droit de rétention est, en règle générale, refusé au préposé, car son état de subordination le prive de toute autonomie et exclut qu'il détienne le bien à des fins personnelles. Si un commissionnaire en douane est admis à exercer une rétention sur les connaissements pour contraindre son client à honorer sa dette.[9] Ainsi, l'on doit refuser, à l'agent d'assurance salarié révoqué, le droit de retenir les archives de la succursale dès lors qu'il ne saurait considérer comme un mandataire proprement dit. De même, le dirigeant de société ne peut exercer le droit de rétention sur les documents de la société dont il se prétend créancier en raison de sa gestion après son remplacement ou sa révocation, car il n'est détenteur en qualité personnelle mais en tant que représentant de la société.

(3) La nature de la chose détenue

L'AUPOS utilise indifféremment les termes de bien (article 41) et chose (article 42) en visant l'objet de la rétention. En considérant que le droit de rétention figure dans le titre intitulé «sûretés mobilières», on peut en déduire que seuls les biens mobiliers peuvent faire l'objet d'une rétention, à l'exclusion des biens immobiliers.[10] (Cette solution est, par ailleurs, confortée par l'assimilation faite entre le droit de rétention et le gage par l'article 43 . L'AUPOS (art.67) écarte toute hésitation sur cette question en disposant, de manière précise, que : « *Le créancier qui détient légitimement un bien mobilier de son débiteur peut le retenir jusqu'au complet paiement de ce qui lui est dû*».

Le droit de rétention s'exerce essentiellement sur les biens meubles corporels mais rien n'exclut que la rétention puisse s'exercer sur un bien meuble incorporel ayant une assise matérielle tel qu'un fonds de commerce voire sur des documents juridiques ou comptables, des pièces de dossier détenues par des experts comptables, des syndics , ou des documents administratifs tels qu' une carte grise ou un connaissement. C'est ainsi que la CCJA a jugé régulière et fondée la rétention opérée par une société créancière sur les connaissements relatifs aux marchandises expédiées au profit et pour le compte de sa cliente, dés lors que ladite rétention avait pour sel et unique but le paiement de la créance réclamée.[11] Toutefois, le droit de rétention doit être refusé chaque fois qu'il porte sur un objet faisant partie intégrante de la personne humaine : une prothèse dentaire par exemple détenue par le chirurgien dentiste ou le corps de défunt par une entreprise de funérailles, voire une carte d'identité ou un passeport.

---

[8] *voir jurisp. française Cass.soc ; 13 mars 1974, n°73-40 476, Bull.civ.n°172..*

[9] CCJA, *n°30, 4 novembre 2004, Sté GITMA c/Sté SAMEX, précité.*

[10] *contra. Z. Zerbo, Le droit de rétention dans l'acte uniforme portant organisation des sûretés de l'OHADA : étude comparative ; Penant 2001 n°836 mai-août, p.132, l'auteur estime que le droit de rétention «ne peut pas être cantonné aux seuls biens mobiliers».*

[11] CCJA, *n°30, 4 novembre 2004, Sté GITMA c/Sté SAMEX, précité.*

B – La créance justifiant la rétention

La créance justifiant la rétention ou créance garantie doit revêtir certain caractères (1), elle doit surtout avoir un lien de connexité avec le bien retenu (2).

(1) Caractères de la créance

Le droit de rétention ne se justifie que si la créance à garantir est certaine, liquide et exigible ainsi que le précise le texte de l'article 42 de l'AUPOS.

- **Une créance certaine**

La créance à garantir par un droit de rétention doit, tout d'abord, être certaine ; exigence qui se justifie par le fait que le droit de rétention constitue une sorte d'acte de justice privée qui ne saurait se justifier en présence d'une créance douteuse. La certitude est sans doute vérifiée par le titre attaché à la créance mais le seul fait que le débiteur conteste la créance ne suffit pas à la rendre douteuse.[12]

La créance peut être tenue pour certaine dés lors qu'il apparaît au juge certaine en son principe. En revanche, le droit de rétention n'est pas recevable lorsque le juge constate que le rétenteur ne peut justifier d'aucun titre de créance à l'encontre du propriétaire des biens retenus. La Cour d'appel d'Abidjan a eu à se prononcer dans ce sens dans une affaire oû le bailleur avait indûment retenu des meubles appartenant à un preneur expulsé alors qu'aucune créance n'étant établie.[13] Toutefois, la créance est jugée certaine lorsque le débiteur n'apporte aucune preuve de sa libération se contentant seulement de contester le mode de calcul et l'établissement des factures sans explication sur les règlements partiels qu'il a déjà lui-même effectués.[14]

- **Une créance exigible**

Le créancier rétenteur doit, en outre, se prévaloir d'une créance exigible car par son objet même, le droit de rétention est un moyen de pression sur le débiteur. En conséquence, celui qui a accordé un terme à son débiteur ne saurait, sauf à violer son engagement contractuel, exercer un droit de rétention. En revanche, lorsque le débiteur ne peut se prévaloir d'aucun délai ou condition susceptible de retarder ou d'empêcher l'exécution, la créance litigieuse est jugée exigible dés lors que le débiteur ne se prévaut ni d'un terme conventionnel ni d'un moratoire, la convention ayant prévu qu'en cas de retard de paiement, la totalité des comptes devenait immédiatement exigible. Il a, par ailleurs, été jugé que la créance, objet du contrat, n'est pas exigible et ne saurait fonder aucun droit de rétention lorsque la preuve de l'expiration du délai imparti à un débiteur et prévu au contrat n'est pas rapporté. Dans cette affaire jugée par la CCJA , la société Maregel avait consenti un prêt à M. Serigne Moustapha Mbacké, en subordonnant le remboursement aux départs en mer des trois pirogues de pêche et sur les produits de la pêche. Or, cette condition

[12] CCJA, *n°007 du 24 avril 2003, Sté Côte d'Ivoire Telecom c /Sté Publistar, Ohadata J-03-193, Ohada.com : la Cour désapprouve le juge d'appel d'avoir considéré la créance non certaine, alors qu'elle trouvait son fondement dans la convention des parties aux termes de laquelle elle correspondait à 30% du chiffres d'affaires du débiteur.*

[13] *C.A. Abidjan, n°1164, 24 octobre 2003, Kinda c/Kone, Ohadata J-03-337, Ohada.Com.*

[14] *CCJA, n°21, 17 juin 2004, SDV Côte d'Ivoire/Sté Rial Trading, Ohadata J-04-382, Ohada.com.*

d'exigibilité n'était pas remplie car les pirogues, pêchant sous licence Maregel, avaient été arraisonnés par la Marine mauritanienne pour inobservation par la société Maregel de la réglementation mauritanienne.[15]

La question s'est aussi posée de savoir si la suspension des poursuites, qui résulterait par exemple d'une décision de règlement préventif, pourrait faire obstacle au droit de rétention La réponse est négative car la suspension des poursuites ne remet pas en cause l'exigibilité de la créance, elle ne fait que paralyser son recouvrement).[16]

- **Une créance liquide**

Enfin, la créance doit aussi être liquide mais cette exigence est moins stricte que les précédentes. La créance n'a besoin en effet d'être liquide au moment de l'exercice du droit de rétention, le titulaire d'une créance certaine et exigible peut retenir le bien de son débiteur, il appartiendra au juge qui statuera sur la légitimité du droit de rétention d'en fixer le montant et ainsi rendre la créance liquide.[17] Dans tous les cas, la liquidité suppose que la créance soit chiffrée dans son montant.[18]

(2) Connexité entre la créance et la rétention

Le droit de rétention suppose un lien de connexité entre la naissance de la créance et la chose retenue (article 42 AUPOS). La connexité peut être juridique ou intellectuelle, matérielle ou objective voire conventionnelle.

Il y a connexité juridique entre la créance et la rétention de la chose lorsque toutes les deux sont rattachées au même contrat. Ainsi, par exemple, la créance du garagiste, à raison des réparations effectuées, procède du même contrat que sa détention du véhicule et il est en droit, à ce tire, de retenir le véhicule jusqu'à complet paiement. En principe, si la créance et la détention procèdent de deux contrats distincts, le droit de rétention ne devrait pas être reconnu au créancier. Toutefois aux termes de l'article 42 al 2, la connexité est présumée si la détention de la chose et la créance sont la conséquence de relations d'affaires entre le créancier et le débiteur. En application de cette règle et de manière constante, la jurisprudence OHADA s'est prononcée en faveur de la légitimité de la détention lorsqu'elle est la conséquence de relations d'affaires entre le créancier et le débiteur. L'affaire Envol-Transit Côte d'Ivoire contre SDV est une illustration de cette jurisprudence. En

[15] *Cour d'Appel de Dakar, N°120, 16 février 2001 n° Ohadata J-06-121, arrêt confirmé par la CCJA, n°016, 27 juin 2002, Sté Maregel c/ Serigne Moustapha Mbacke, Ohadata J-O2-165, Ohada.com : selon la CCJA le prêteur qui prétend exercer un droit de rétention sur les pirogues sans établir le délai de paiement stipulé dans le contrat est expiré ne justifie pas de l'exigibilité de sa créance.*

[16] voir *dans ce sens J.C. Otomou, op.cit., selon lequel «la mesure de suspension provisoire des poursuite individuelles atteint l'exercice du droit de rétention dans sa phase de conversion en gage si la créance garantie est de celle désignée par le débiteur dans sa demande de suspension provisoire des poursuites individuelles». Il est vrai que le rétenteur ne peut plus dans ce cas demander la réalisation forcée ou l'attribution judiciaire du bien détenu, mais il en demeure détenteur ; Cour d'Appel d'Abidjan, n°92 du 31 janvier 2003, Dame Ghuissen c/Sté Alliance Auto, Ohadata J-03-226, Ohada.com, Obs. J.I. Sayegh.*

[17] Cour *d'Appel d'Abidjan, n°141, 14 février 2003, Sté Comafrique c/Oulai Zodje, Ohadata J-03-299 : dans cet arrêt le juge d'appel procède à un réajustement du prix de vente en tenant compte de l'argus.*

[18] *CCJA, n°21, 17 juin 2004, précité, exigeant que le quantum soit au moins déterminé dans sa quantité, c'est-à-dire chiffré.*

l'espèce, la société Envol-Transit avait reçu de l'établissement IED l'ordre d'effectuer, à quai, les formalités douanières de mise à la consommation des marchandises, qu'il avait commandées et qui lui étaient expédiées par conteneur sur un navire de la SDV. Le conteneur étant resté à quai, plus que ne le permettent les délais portuaires, avait été réquisitionné par la douane ivoirienne et transféré à son dépôt. Par la suite, après paiement de tous les droits et taxes douaniers par Envol-Transit, le conteneur avait été ramené à quai sur le parc de la SDV, en sa qualité d'acconier manutentionnaire. Après paiement de tous les frais d'acconage et de manutention, Envol-Transit voulant enlever le conteneur se voit opposer un refus net de la part de SDV, qui déclare exercer son droit de rétention sur le conteneur pour garantir le paiement d'une précédente créance due par l'établissement IED, destinataire du conteneur. Considérant la rétention illégale, Envol ûTransit saisit le tribunal qui la déclare fondée dans son action. La Cour d'appel d'Abidjan, saisie par la SDV, infirme le jugement. L'arrêt est confirmé par la CCJA au motif que «la créance réclamée par la SDV-CI à la société IED est la conséquence des relations d'affaires entretenues par les deux sociétés ; que dés lors, la SDV-CI est fondée à exercer son droit de rétention sur le conteneur destiné à sa débitrice, jusqu'à complet paiement par celle-ci de sa dette».[19]

La présomption de connexité de l'article 42 est une présomption simple, donc susceptible de la preuve contraire. L'appréciation relève de la souveraineté du juge de fond, étant souligné que la connexité peut concerner un ensemble d'opérations juridiques très diverses et différentes les unes des autres.[20]

De manière générale donc, la jurisprudence étend les hypothèses de connexité juridique au-delà du contrat isolé, il en est ainsi lorsque la remise de la chose est intervenue en vertu d'une convention globale et unique ou procède d'un même groupe de contrats.

Il y a connexité matérielle lorsque la créance est née à l'occasion de la détention de la chose retenue ; en d'autres termes il y a *debitum cum re junctum* lorsque, par exemple, la créance du rétenteur est née pour la conservation ou l'amélioration de la chose sans qu'il soit pour autant nécessaire que la dépense ait profité à la chose en en conservant ou augmentant la valeur.

Le juge peut utiliser cumulativement les deux critères de connexité pour admettre ou rejeter le droit de rétention exercé par le créancier : ainsi par exemple dans l'hypothèse d'un garagiste qui répare une voiture, sa créance est, à la fois née à l'occasion de la chose et procède du contrat en vertu duquel il détient le véhicule.

Enfin la connexité peut être conventionnelle en vertu de la liberté contractuelle qui autorise un débiteur de conférer, en pleine connaissance de cause, à son créancier un moyen de coercition garantissant le paiement. Dans ce cas, la condi-

[19] CCJA, *Envol-Transit CI c/SDV CI, précité ; contra. Cour d'Appel de Dakar, n° 238, 16 juin 1978, SATAC : Franco-Suisse, cité par J.I. Sayegh op.cit. p.269 note n° 27 : dans cette affaire, la Cour d'appel avait refusé à u commissionnaire le droit de retenir les marchandises d'un de ses clients avec il était en relations d'affaires suivies pour non paiement d'une créance antérieure.*

[20] A. Adjita, op.cit. p.308 ; *J.I.Sayegh, op. cit. p.269 : selon lui le débiteur pourra établir qu'il n'entendait pas inclure dans les relations d'affaires avec son créancier l'opération à l'occasion de laquelle le créancier a retenu le bien, en raison de la nature particulière de cette opération (prêt, usage gracieux, par exemple.*

tion d'exigibilité de la créance ne tient plus, le droit de rétention conventionnel étant conféré dés l'origine, en garantie du remboursement à venir de la créance.

L'AUPOS révisé fait une séparation nette entre la définition du droit de rétention et celle de la connexité désormais restreinte. Le nouveau texte (art. 68) dispose que le droit de rétention ne peut s'exercer que si «la créance du rétenteur est certaine, liquide et exigible, s'il existe un lien de connexité entre la naissance de la créance et la détention de la chose retenue et si le bien n'a pas été saisi avant d'être détenu par le rétenteur». Il résulte de l'énoncé de ce texte que le droit de rétention sera opposable à une saisie postérieure à la détention du bien par le créancier et, par conséquence, à toute ouverture d'une procédure collective à l'encontre du débiteur.

La définition du lien de connexité est aussi devenue plus précise et plus restreinte après la révision de 2010. L'article 69 de l'AUS issu du projet de réforme dispose que la connexité est réputée établie:

(1) Lorsque la chose retenue a été remise jusqu'au complet paiement de la créance du rétenteur ;
(2) Lorsque la créance impayée résulte du contrat qui oblige le rétenteur à livrer la chose retenue ;
(3) Lorsque la créance impayée est née à l'occasion de la détention de la chose retenue.

II – EFFETS DE L'EXERCICE DE LA RÉTENTION

L'effet principal du droit de rétention est le pouvoir conféré au créancier de refuser de restituer la chose au débiteur tant qu'il n'est pas payé. Ce droit est en principe indivisible et opposable à tous. Le créancier rétenteur est cependant tenu de conserver la chose et de ne pas en user. Par une disposition unique et concise, l'AUPOS dispose (article 43) « *Si le créancier ne reçoit ni paiement ni sûreté, il peut après signification faite au débiteur et au propriétaire de la chose, exercer ses droits de suite et de préférence comme en matière de gage.*». Il résulte de ce texte que les pouvoirs du créancier rétenteur, assimilés au ceux du créancier gagiste (A) ne peuvent être paralysés que par les prérogatives conférées au débiteur de fournir une sûreté équivalente ou de payer la créance (B).

A – Pouvoirs du créancier rétenteur

Ala différence du droit français, le droit OHADA confère au créancier rétenteur les mêmes pouvoirs que le créancier gagiste: à savoir le droit de préférence et le droit de suite, d'une part, et le droit de réalisation du bien, d'autre part.

(1) Droit de préférence et droit de suite

- **Droit de préférence**

Le droit de préférence du créancier rétenteur est subordonné aux trois conditions posées par l'AUS:

- le rétenteur n'a pas reçu paiement;
- il n'a pas reçu de sûreté équivalente;
- il a signifié son droit au débiteur et au propriétaire de la chose.

Lorsque ces conditions sont réunies, le droit de préférence permet au créancier rétenteur de procéder, soit à la réalisation forcée du bien détenu afin de se payer sur le prix de la vente, soit à la demande d'attribution judiciaire du bien. Il doit avoir signifié au débiteur et au propriétaire de la chose son intention de réaliser le bien à l'expiration d'un délai de huit jours à compter de la réception de la signification, ceci conformément aux règles du gage (art. 43 et art 53 AUPOS). Le classement du créancier rétenteur initiant la réalisation du bien par rapport aux créanciers gagistes ou nantis varie selon que le droit de rétention s'exerçait pour garantir une créance née à l'occasion de la conservation du bien (connexité matérielle) ou simplement pour garantir le paiement d'une créance née d'un contrat (connexité juridique). Dans le premier cas, il primera les créanciers gagistes ou nantis n'ayant pas ou plus la détention et dont le titre est antérieur à la remise qui lui a été faite; dans le second cas il devrait primer les créanciers gagistes ou nantis sans dépossession même constitués avant la remise matérielle.

- **Le droit de suite**

Le droit de suite du créancier rétenteur lui permet de revendiquer la restitution du bien dans tous les cas oû il ne s'est pas dessaisi volontairement de la détention, notamment par suite par suite d'un vol ou d'une perte. Il peut également se justifier, par exemple, par la perte du bien consécutive à la négociation relative soit à un éventuel paiement, soit à la fourniture d'une sûreté de substitution.

(2) Droit de réalisation du bien

Les conditions préalables à la réalisation du bien par le créancier rétenteur sont les mêmes que ceux exposés à propos des droits de préférence et de suite. Le créancier devra en outre requérir un titre exécutoire s'il n'en détient pas un déjà, le cas échéant par la voie de l'injonction de payer (art 1er à 18 AURVE). Le droit de rétention est entièrement assimilé au droit de gage, ce qui lui fait perdre sa priorité de paiement encore reconnue en droit français. N'eut été cette assimilation au gage, la priorité de paiement du créancier rétenteur n'aurait été primée que par le droit de préférence des créanciers des frais de justice et éventuellement des créanciers des frais engagés pour la conservation du bien.

La suspension des poursuites individuelles décidée par le juge, suite à une procédure de règlement préventif, suspend toutes les poursuites tendant à obtenir le paiement des créances désignées par le débiteur dans sa requête et nées avant le jugement. Il en résulte que le créancier rétenteur ne peut plus demander la réalisation forcée du bien, même s'il peut continuer à retenir la chose en en refuser la restitution. La même solution vaut an cas de jugement d'ouverture d'une procédure collective, le créancier rétenteur ne plus poursuivre la réalisation forcée du bien, il est tenu par ailleurs de déclarer son droit de créance et d'indiquer l'existence de son droit de rétention.

B – Prérogatives du débiteur: fourniture d'une sûreté réelle équivalente

(1) Fourniture d'une sûreté équivalente

L'article 42 alinéa 3 de l'AUPOS prévoit une disposition originale, en faveur du débiteur, en ces termes «*Le créancier doit renoncer au droit de rétention si le débiteur fournit une sûreté équivalente*». C'est une prérogative conférée au débiteur, qui a intérêt à libérer le bien si sa valeur est largement supérieure à la créance qu'il garantit pour continuer à l'utiliser sur le plan économique (continuation de l'exploitation, location gérance) ou juridique (constitution d'une sûreté, réalisation d'une valeur d'actif). L'article 67 du projet énonce que le créancier ne peut retenir le bien que «sous réserve de l'application de l'article 107 du présent Acte uniforme»; ce qui revient à reconnaître que le gage sans dépossession publié est opposable à tout créancier titulaire d'un droit de rétention ultérieur, que ce droit de rétention soit ou non attaché à un gage avec dépossession.

- Conditions de la fourniture de la sûreté équivalente

Relativement aux conditions, une première question est celle de savoir si le débiteur est, comme le texte de l'article 42 alinéa 3 le prévoit expressément, le seul titulaire de la faculté de l'octroi d'une sûreté de substitution. L'esprit du texte oblige l'interprète à reconnaître la faculté aux créanciers qui, en vertu du droit de gage général sur les biens du débiteur et de l'action oblique qui leur est reconnue par la loi, peuvent utiliser la faculté de leur débiteur de substituer une sûreté réelle équivalente au droit de rétention.[21] La même faculté devrait être étendue, à fortiori, aux créanciers titulaires d'une sûreté réelle sur le bien retenu (créancier nanti, créancier muni d'un privilège mobilier spécial,. . .) et au syndic en qualité de représentant des créanciers, dans l'hypothèse oû le débiteur est déclaré en redressement judiciaire ou en liquidation des biens.[22]

Concernant la sûreté offerte en substitution, le texte de l'article 42 alinéas 3 exige du débiteur qu'il fournisse une sûreté équivalente à celle que détient le rétenteur. La condition d'équivalence soulève les questions relatives, d'une part, à la nature de la sûreté, d'autre part, à la valeur de la sûreté. A la première question, la réponse paraît simple: le débiteur peut offrir un autre bien meuble à la place de celui qu'il veut se faire restituer. En termes plus précis, la sûreté offerte en substitution doit être une sûreté réelle mobilière. Il s'ensuit logiquement une exclusion des sûretés personnelles et des hypothèques. Pour les hypothèques, le débiteur aura du reste rarement intérêt à les offrir compte tenu de la valeur marchande plus élevée des immeubles par rapport aux meubles. Quant aux sûretés personnelles comme la caution ou la garantie à première demande, les accepter reviendrait à consentir un terme à la dette, sauf à imposer un paiement immédiat de la part de la caution ou du garant. Il serait donc opéré une sorte de subrogation entre le débiteur et la caution ou le garant *solvens* qui reprendra le bien à son compte jusqu'au remboursement.

La sûreté offerte ne saurait être un privilège général ou mobilier spécial, de telles sûretés ne pouvant relever que de la loi et non de la volonté des parties. Sauf libre appréciation par les parties conformément à la liberté contractuelle, le débiteur ne saurait voir le créancier renoncer au droit de rétention que si la sûreté offerte est réalisable, ne pouvant être qu'un gage (art. 44 AUPOS), un nantissement de

[21] *A. Adjita, Le droit de rétention comme sûreté en droit uniforme (OHADA), Penant n°844, juillet-septembre 2003, p.279 s.*

[22] *voir J.I Sayegh, Le droit de rétention en droit sénégalais, Penant 1992, p.261 s., qui renvoie par analogie à l'article 149 alinéa 1er AUPC concernant la liquidation des biens.*

matériel professionnel ou de véhicule automobile (art. 91 AUPOS) ou de stocks (art 100 AUPOS).

L'appréciation de l'équivalence doit aussi être faite non seulement par rapport à la valeur du bien de substitution, mais également par rapport aux garanties offertes par le rétenteur. En effet, la sûreté sera jugée équivalente si le bien est d'une valeur suffisante pour désintéresser le créancier. Peu importe que la valeur du bien de substitution soit égale à celle du bien retenu, l'essentiel est la couverture du montant de la créance exigible en principal, intérêts et frais de réalisation de paiement.

Relativement au droit de préférence du rétenteur, il est logique de penser que la substitution de la sûreté doit lui offrir les mêmes garanties. Si la sûreté offerte est un gage , le rétenteur se trouve dans une position identique , à la seule différence qu'il sera primé par le conservateur alors que s'il restait dans sa passivité en tant que rétenteur tout créancier intéressé, fut-il le conservateur, serait obligé de le désintéresser. Si la sûreté offerte est un nantissement, le créancier rétenteur serait primé par le conservateur et par le créancier gagiste de bonne foi.

- **Effets de la fourniture de la sûreté équivalente**

La fourniture d'une sûreté équivalente a pour effet l'obligation du créancier de renonc*er à la rétention du bien détenu.* En dépit de la précision des termes de l'article 42 alinéa 3 «*le créancier doit renoncer*», la nuance s'impose à l'interprète car obliger le créancier à se dépouiller de sont droit de rétention alors que sa créance est, par essence, certaine, liquide et exigible, reviendrait à l'obliger à consentir un terme pus ou moins lointain au débiteur.[23] Quid si le créancier rétenteur refuse d'accepter la sûreté qui lui est offerte parce que, par exemple, il ne la juge pas équivalente ? Certes, il pourra être contraint par une décision de justice à restituer le bien détenu par recours à l'astreinte judicaire, mais on ne pourra pas le contraindre à accepter une sûreté par essence de nature conventionnelle.

(2) Paiement de la créance

Le créancier rétenteur a la faculté, si une sûreté équivalente ne lui est pas offerte, de retenir le bien jusqu'au paiement entier de ce qui lui est dû. Si le bien a une valeur supérieure a la créance, le débiteur ou ses ayant-droits n'hésiteront pas à payer la créance pour se faire restituer le bien.

Du fait du caractère indivisible du droit de rétention, le créancier rétenteur n'est pas lié par les paiements partiels faits par le débiteur ou ses ayant-droits. Lorsque la dette est divisée entre plusieurs héritiers, le paiement par certains de leur part de dette n'oblige pas le créancier à restituer le bien tant qu'il n'a pas obtenu complet paiement.

Dans le cas oû une procédure de liquidation des biens est ouverte à l'encontre du débiteur, ce dernier est dessaisi au profit du syndic. Il appartiendra donc au syndic d'exécuter le paiement pour retirer le bien retenu par le créancier. Du reste, l'article 149 de l'Acte uniforme consacré aux procédures collectives d'apurement du passif

[23] *J.I. Sayegh, op.cit. p.274 n°45 qui se demande si le débiteur ne devrait pas conjointement à la demande de substitution faire une demande de délai de grâce.*

dispose que «*Le syndic, autorisé par le juge commissaire, peut, en remboursant la dette, retirer au profit de la masse le gage ou le nantissement constitué sur un bien du débiteur*». Cette disposition est applicable au droit de rétention du fait de son assimilation au gage. Si dans les trois mois de la liquidation des biens, le syndic ne retire pas le bien en payant la créance, le créancier rétenteur retrouve son droit de poursuite individuelle et peut demander la réalisation forcée du bien.

LA RESPONSABILITÉ SOCIALE DE L'ENTREPRISE (RSE) DANS L'ESPACE OHADA: pour une ouverture du droit OHADA aux considérations non-économiques

*Pr. Karounga DIAWARA**
Pr. Sophie LAVALLÉE§
CANADA

Abstract

Corporate Social Responsibility (CSR) refers to an idea that a company is encouraged, not to say compelled to go beyond mere speculation and economic purposes for the benefit of its members to include in its decision making more holistic ethical, social and environmental considerations for the benefit of all the stakeholders. The CSR is a flagship concept that tries to combine economic objectives with social, ethical, and environmental considerations. It has the uniqueness of questioning interactions between a company and its social, economic and ecological environment. The purpose of this paper is modest, without being irrelevant. It is primarily an exploratory study that attempts to lay the groundwork for a more exhaustive analysis of the potential of CSR in OHADA business law. Therefore, this study is both theoretical and pragmatic: it consists in formulating questions and potential avenues from a wider normative perspective greatly impregnated with a socio-economic analysis.

La mondialisation a induit un accroissement des pouvoirs privés économiques, non pas des personnes physiques, mais des entreprises multinationales. Ces dernières déploient leurs activités de manière globale en abstraction des frontières géopolitiques. Et il est généralement admis que la finalité économique de l'entreprise est de nature spéculative et s'analyse en la recherche et la maximisation du profit. A cet égard, le rôle traditionnellement assigné à ses gérants est de promouvoir l'intérêt des membres-investisseurs que ceux-ci soient des actionnaires ou des associés.[1] Cette perspective économique de la finalité de l'entreprise a été fortement atténuée ces dernières cinquante années par l'émergence du concept de responsabilité sociale de l'entreprise (RSE). La notion de RSE a d'abord suscité un vif intérêt dans la littérature managériale[2] avant d'être prise en compte par d'autres domaines du savoir, comme notamment et récemment le domaine juridique.

* Professeur de droit économique, Faculté de droit, Université Laval, Québec. Codirecteur du Centre d'études en droit économique (www.cede.fd.ulaval.ca) de la Faculté de droit de l'Université Laval. Rédacteur en chef de la revue *Bulletin de droit économique* (www.droit-economique.org)

§ Professeure de droit international et interne de l'environnement, Faculté de droit, Université Laval, Québec, Canada. Avocate, membre du Barreau du Québec. Membre du Centre d'études en droit économique (CEDE). Chercheure régulière au Centre de la science de la biodiversité du Québec de l'Université McGill de Montréal.

[1] Milton Friedman, 'The social responsibility of business is to increase its profits', *New York Times Magazine*, 13 septembre 1970, p. 32-33; *Capitalism and Freedom*, Chicago, University of Chicago Press, 1962.

[2] Parmi une vaste littérature, on peut citer à titre illustratif ces ouvrages récents: Corinne Gendron et Bernard Girard (dir.), *Repenser la responsabilité sociale de l'entreprise. L'école de Montréal*, Paris, Armand Colin, 2013; Kathryn Haynes, Alan Murray and Jesse Dillard, *Corporate Social Responsibility: A Research*

En termes simples, mais nécessairement approximatifs, la RSE renvoie d'abord à une idée-cadre selon laquelle l'entreprise est incitée, pour ne pas dire obligée, d'aller au-delà de la seule finalité spéculative et économique au profit de ses seuls membres pour intégrer dans sa prise de décisions des considérations plus holistiques de nature éthique, sociale et environnementale pour le bénéfice de toutes les parties prenantes. La RSE se révèle être un concept-phare qui essaie ainsi de concilier les objectifs économiques avec des considérations d'ordre social, éthique et environnemental. Elle a la particularité d'interroger les interactions entre l'entreprise et son environnement sociétal, éthique et écologique.

L'objet de ce texte est modeste, sans pour autant être dénué d'intérêt. C'est d'abord une étude exploratoire qui tente de poser les premiers jalons à une analyse plus exhaustive du potentiel de la RSE dans le droit de l'espace Ohada. Notre étude se veut donc à la fois théorique et pragmatique: elle consiste à formuler des questions et des pistes de réflexions dans une perspective normative[3] grandement imprégnée par une analyse socio-économique.[4] Un des intérêts de notre propos est d'envisager de manière globale une notion complexe, répondant à plusieurs préoccupations et qui est traversée par différents cadres conceptuels devant faire l'objet d'une relecture «éclairée» et d'envisager sa potentielle opérationnalisation au sein du droit Ohada. Une telle démarche constitue une contribution inédite qui pourrait mener, à terme, à la constitution d'un Comité de réflexion transnational sur la RSE au sein de l'Ohada.

Le concept de RSE, qui est né aux États-Unis dans un contexte déterminé, avant de connaître une diffusion progressive dans le reste du monde est, depuis ses origines, le terreau de vives controverses concernant le rôle de l'entreprise dans la société, et du rôle du droit dans sa promotion, son encadrement et la sanction des violations à ses pratiques (**1**). Cet examen nous permettra, dans une seconde partie, de mettre en exergue les possibilités de réception de la RSE dans le droit Ohada (**2**), en tenant compte des objectifs et de la dynamique de celui-ci.

I – LA RSE, UN CREUSET SOCIO-ÉCONOMIQUE

L'objet de cette partie est d'essayer de circonscrire la notion controversée de RSE, qui, dans son essence même, constitue un creuset, un point de rencontre entre plusieurs exigences apparemment contradictoires ou antinomiques. Cependant, la RSE a la qualité essentielle de tenter d'instituer un équilibre entre les préoccupations de nature économique, sociale et environnementale qui entourent la vie de

---

Handbook, New York, Routledge, 2012; Suzanne Benn and Dianne Bolton, *Key Concepts in Corporate Social Responsibility*, London, Thousand Oaks, SAGE Publications, 2011; François Guy Trébulle et Odile Uzan (dir.), *Responsabilité sociale des entreprises. Regards croisés droit et gestion*, Paris, Economica, 2011

[3] Catherine Thibierge (dir.), *La force normative: naissance d'un concept*, Paris et Bruxelles, LGDJ et Bruylant, 2009; Karim Benyekhlef (dir.), *Une possible histoire de la norme: les normativités émergentes de la mondialisation*, Montréal, Éditions Thémis, 2008; Thomas Berns, «Si les entreprises ont une âme», dans Thomas Berns et al. (dir.), *Responsabilités des entreprises et corégulation*, Bruxelles, Bruylant, 2007, pp. 51-78; Jacques Chevallier, «Vers un droit post-moderne? Les transformations de la régulation juridique», *Revue de droit public*, 1998, p. 679

[4] Karl Polanyi, *La grande transformation: aux origines politiques et économiques de notre temps*, Paris, Gallimard, 1983

l'entreprise. A cet effet, il est essentiel d'insister sur les origines de ce concept qui, à plusieurs égards, peut sembler flou ou insaisissable. L'étude de la genèse et de l'apparition de la RSE nous permettra ainsi d'entrevoir, dans un premier temps, l'ambigüité de ce concept d'origine nord-américaine (1.1.) avant d'envisager, dans un second temps, sa diffusion progressive et planétaire (1.2.) qui montre, par ailleurs, sa contingence.

1.1. Ambigüité du concept

Si la RSE est caractérisée, d'un point de vue théorique, par son attribut *additionnel*[5] en ce qu'elle implique pour l'entreprise dans ses rapports avec la société d'aller au-delà des seules préoccupations économiques pour tenir compte d'exigences sociales ou environnementales, il n'en demeure pas moins qu'elle entretient une certaine ambigüité terminologique puisque la RSE peut à la fois désigner un concept, des pratiques d'entreprises ou simplement encore des questionnements sur les rapports entre l'entreprise et la société dans laquelle elle exerce ses activités économiques. De même, la RSE peut naître de différentes sources, tantôt légales, tantôt volontaires et peut provenir et être initiée par les acteurs privés, de leurs propres chefs, ou encore des autorités publiques; ce qui suscite l'importante question du rôle de l'État à cet égard. Pour tenter de dissiper et d'atténuer ces difficultés qui fondent et enrichissent la RSE, il est fondamental de remonter d'abord à ses origines américaines et sa réinterprétation européenne (1.1.1.) avant d'en arriver aux différentes conceptions et controverses dont ce concept a été sujet, au fil des années. Le but de cet exercice historico-notionnel est, à terme, de déterminer laquelle des conceptions de la RSE est la mieux à même de répondre aux besoins des pays formant l'espace Ohada.

1.1.1 Origine américaine et réinterprétation européenne

«Née sous la forme de pratiques d'entreprise dès le XIXème siècle, cette idée se transformera en doctrine au cours du XXème siècle et finira par être théorisée comme concept à partir des années 50'. Au tournant du XXIème siècle, stimulé par l'idéologie montante du développement durable, ce concept émigrera vers le reste du monde».[6] Cette phrase du professeur Pasquero trace bien l'évolution de la RSE, qui a d'abord été façonnée par le milieu d'affaires américain sous forme de pratiques d'entreprises avant que le concept n'eùt émergé au moyen d'une systématisation doctrinale au milieu du XXème siècle et de connaitre une propagation à travers le monde, par la suite.

Dès lors, même si la RSE est parfois présentée comme un nouveau phénomène, une lecture historique du concept nous transporte dans l'Amérique du Nord du milieu du 20e siècle. La littérature attribue la paternité du concept de RSE à Howard R. Bowen et à la parution de son texte phare, *Social Responsibilities of the Business-*

[5] Jane Lister, *Corporate Social Responsibility and the State. International Approaches to Forest Co-Regulation*, Vancouver, UBC Press, 2011, p. 3

[6] Jean Pasquero, «La responsabilité sociale de l'entreprise: trajectoire d'une idée», dans Corinne Gendron et Bernard Girard (dir.), *Repenser la responsabilité sociale de l'entreprise. L'école de Montréal*, Paris, Armand Colin, 2013, Chap. 1, p. 1

man,[7] qui a posé, dès le milieu des années 1950, les premières assises conceptuelles de la notion. Cet ouvrage historique, paradoxalement peu analysé,[8] propose des principes de la RSE qui ont influencé tout le champ des recherches sur le concept jusqu'à l'époque contemporaine.

Le contexte dans lequel Bowen a écrit son étude est celui de la reconstruction de l'après-guerre mondiale. Cette période est marquée par l'opposition entre les partisans, minoritaires, du «New Deal» de F.D. Roosevelt et ceux, majoritaires, adeptes d'un capitalisme pur. Le cadre d'analyse de la RSE que propose Bowen repose sur deux préceptes. Suivant le premier, les décisions de la firme devraient converger vers des valeurs communément acceptées dans une société donnée. Suivant le second, cette convergence devrait être le résultat d'une décision volontaire de l'entreprise dans un cadre institutionnel étatique. Les idées de Bowen n'étaient pas entièrement neuves mais prenaient appui sur des travaux d'institutionnalistes portant sur la gouvernance d'entreprise[9] ainsi que sur les discours des managers d'entreprises de l'époque qui avaient mis en place de nouvelles pratiques similaires à la philanthropie, mais montrant l'ancrage de l'entreprise dans sa communauté.[10] Dans les années 1930 déjà, les professeurs Berle et Dodd s'étaient opposés sur les objectifs devant orienter les décisions des administrateurs de l'entreprise, le premier privilégiant les bénéfices des actionnaires[11] et le second, les intérêts de parties prenantes.[12]

La compréhension du travail de cet économiste s'inscrit non seulement dans le sillage de l'éthique protestante mais de son école économique, le keynésianisme, suivant lequel les marchés laissés à eux-mêmes ne mènent pas toujours à une efficacité économique optimale. C'est pourquoi, son idée de la RSE repose sur une démarche volontaire de l'entreprise encadrée dans un cadre étatique et institutionnel. Deux passages éloquents de Bowen permettent d'identifier les motivations qui le guidaient dans sa conception de la RSE. Il croyait d'abord que les hommes d'affaires devraient tenter de faire coïncider leurs décisions avec les objectifs du milieu sociétal dans lequel évolue leur entreprise, dans la mesure où ils devraient répondre de leurs actes devant la Société:

---

[7] H.R. Bowen, *Social Responsibilities of the Business Man*, New York, Harper & Brothers, 1953

[8] A. Acquier et J.P. Gond, «Aux sources de la responsabilité sociale de l'entreprise: à la (re)découverte d'un ouvrage fondateur, Social Responsabilities of the Businessman d'Howard Bowen», *Finance Contrôle Stratégie*», 2007, Vol. 10, no 2, p. 5-35; A. Acquier, J.P. Gond et J. Pasquero, «Rediscovering Howard R. Bowen's Legacy. The Unachieved Agenda and Continuing Relevance of Social Responsibilities of the Businessman», *Business Society*, 2011, vol. 50, n°4, p. 607-646.

[9] E. Merrick Dodd «For Whom Are Corporate Managers Trustees?», *Harv. L. Rev.* 1932 vol. 45, p.1145; A.A. Berle, «Corporate Powers as Powers in Trust» , *Harv. L. Rev.*, 1931 vol. 44, p. 1049; «For Whom Are Corporates Managers Trustees: A Note», *Harv. L. Rev.*, 1932, vol. 45, p. 1365

[10] F. W. Abrams, 'Management's Responsibilities in a Complex World', *Harvard Business Review* , 1951, vol., 29, p. 29-34; C.B. Randall, *A Creed for Free Entreprise*, Boston, Little, Brown and Company, 1952,:cités dans Jacques Igalens et Laïla Benraiss, «Aux fondements de l'audit social: Howard R. Bowen et les Églises protestantes», Actes de la 23ème Université d'été de l'Audit Social, 1er et 2 septembre 2005 à l'IAE de Lille (en ligne) http://ias2005.free.fr/index.php?option=com_content&task=view&id=21&Itemid=50, p. 1.

[11] A.A. Berle, «Corporate Powers as Powers in Trust» , *Harv. L. Rev.*, 1931 vol. 44, p. 1049; «For Whom Are Corporates Managers Trustees: A Note», *Harv. L. Rev.*, 1932, vol. 45, p. 1365

[12] E. Merrick Dodd «For Whom Are Corporate Managers Trustees?», *Harv. L. Rev.* 1932 vol. 45, p.1145.

«Le terme de *Responsabilités Sociales des hommes d'affaires* sera utilisé fréquemment. Il renvoie aux obligations des hommes d'affaires de suivre les politiques, de prendre les décisions, ou de suivre les orientations qui sont désirables en termes d'objectifs et de valeurs pour notre Société. [. . .][N]ous faisons l'hypothèse qu'en tant que subordonnés à la société, ils ne doivent pas mépriser les valeurs socialement acceptées ou placer leurs propres valeurs au dessus de celles de la Société».[13]

Selon Bowen, la séparation de la propriété et de la gestion, la dispersion de l'actionnariat et la professionnalisation du management sont des conditions propices à la remise en question de l'intérêt des actionnaires comme unique finalité poursuivie par les dirigeants de la grande entreprise. Son discours à ce sujet s'inscrit dans le sillage des idées de Dodd que nous avons déjà évoquées. Poursuivant l'idée développée par Bowen, Heald affirme, en 1970, que la légitimité sociale de la grande entreprise est un défi et que ses caractéristiques fournissent un terreau fertile à une large diffusion de la RSE.

Cette mise en perspective de la généalogie de la RSE permettra de jeter un éclairage utile sur le concept contemporain de la RSE et d'appréhender les pratiques qui y sont associées avec un regard plus nuancé. Cette compréhension est nécessaire puisque ces dix dernières années, la RSE «réapparaît comme un concept ouvert, multiforme et en construction».[14]

1.1.2 Controverses et polymorphisme des définitions

La RSE peut se présenter sous plusieurs formes. En réalité, le contraire serait surprenant car nous sommes en face d'un concept général ou méta-concept, forcément vague et indéterminé, qui ne peut recevoir de détermination concrète que dans le cadre d'une entreprise ou d'un groupe d'entreprises d'un secteur d'activité donné. Le moins que l'on puisse dire, c'est que la pratique de la RSE est loin d'être uniforme et que toute tentative de définition se heurte à des difficultés conceptuelles importantes.

Encore aujourd'hui, la RSE est l'objet de vives controverses, étant traversée par au moins trois courants de recherche majeurs. Les chercheurs Capron et Petit nous livrent «les trois temps de la RSE»,[15] rejoignant ainsi Michel Doucin qui explique que ce concept «n'est pas un concept tombé du ciel».[16]

Le premier est celui qui est fondé sur une éthique utilitariste. Apparue aux États-Unis à partir des années 1970, elle visait à répondre «à la crise du modèle fordien», en étant «stratégique utilitariste».[17] A cette conception sont associés plusieurs sous-courants, tels que le «marketing» du «social» par l'application du

---

[13] Bowen, *supra*, note 7, p. 6.: cités dans Acquier et Gond, 2005, *supra*, note 8, p. 14 et 15.

[14] Acquier et Gond, *supra*, note 8, p. 6

[15] Michel Capron et Pascal Petit, «Responsabilité sociale des entreprises et diversité des capitalismes», (2011) 9 *Revue de la régulation*, [en ligne]: *http://regulation.revues.org/9142* (consulté le 12 décembre 2013); Michel Capron est également co-auteur avec F. Quairel-Lanoizelée de l'ouvrage: *La responsabilité sociale d'entreprise*, Paris, La Découverte, 2010, 126 p.

[16] Michel Doucin, «La responsabilité sociale des entreprises n'est pas un concept tombé du ciel», dans François Guy Trébulle et Odile Urzan (dir.), *Responsabilité sociale des entreprises. Regards croisés Droit et Gestion*, Paris, Economica, 2011, pp. 31-39.

[17] M. Capron et P. Petit, *supra*, note 15, para 19.

calcul coùts/avantages, l'intérêt pour l'entreprise de se comporter de façon socialement responsable étant valorisé économiquement. Selon cette conception, les pratiques de la RSE doivent être orientées uniquement vers une finalité économique de l'entreprise. Dans cette perspective, la RSE est dangereuse et serait fondamentalement subversive, car la «seule responsabilité sociale de l'entreprise est d'accroître ses profits».[18] Ce courant appartient aux partisans d'Adam Smith qui croient que c'est la main invisible de l'économie qui doit guider les actions de l'entreprise et que c'est une mauvaise allocation des ressources que de faire jouer un rôle à l'entreprise ce qui doit revenir à l'État. Selon ce courant, l'entreprise n'a des comptes à rendre qu'à ses actionnaires. Ce courant de pensée n'apparaît pas suffisamment nuancé si on considère le contexte dans lequel nous vivons et qui ne cesse de nous montrer les limites sociales et environnementales de la mondialisation des échanges économiques.

Le deuxième courant de recherche sur la RSE, tout à fait opposé, est fondé sur l'éthique des affaires héritée du «paternalisme» de Bowen et de ses successeurs.[19] Ce courant croit en la bienveillance sociale de l'entreprise qui devrait prendre ses décisions en se fondant non pas sur la recherche unique du profit économique mais sur le bien-être des humains dans une société donnée. Il s'agit d'un courant issu de la philosophie de Kant selon laquelle la bienveillance doit être intrinsèque à l'acte lui-même. Pour ce courant de pensée sur la RSE, la mise en place de pratiques de la RSE par l'entreprise doit être désintéressée. L'entreprise ne doit pas le faire en recherchant une contrepartie économique. Il s'agit d'une pensée éthique et morale intéressante mais dénuée de réalisme, et qui n'est pas le meilleur fondement théorique pour permettre une large diffusion de la RSE dans le monde des affaires d'aujourd'hui.

Le troisième courant de recherche sur la RSE est un juste milieu entre les deux premiers courants. Il s'agit de «l'approche des parties prenantes», qui souhaite que l'entreprise mette en place des pratiques de RSE au profit de toutes les parties prenantes: les actionnaires, des travailleurs, de la protection de l'environnement et du développement social, ce qui inclut la prise en compte des droits de l'homme. En ce sens, la RSE serait un concept contingent voulant que l'entreprise doive fonder ses décisions à la fois sur des valeurs économiques, des valeurs sociales et des valeurs environnementales et qu'au final, cela contribue à une croissance économique plus saine et durable dans le temps. Cette approche des parties prenantes est celui qui nous semble la plus nuancée et la plus prometteuse pour guider la mise en place de la RSE dans un espace comme celui de l'OHADA. Cette conception, fondée sur la

---

[18] Milton Friedman, 'The social responsibility of business is to increase its profits', *New York Times Magazine*, 13 septembre 1970, p. 32-33

[19] «La conception 'éthique' est héritée du paternalisme d'entreprise du XIXe siècle. Fondée sur des valeurs morales et religieuses, elle a vu le jour aux États-Unis dans les années 1950. Elle fait appel à l'éthique personnelle du dirigeant d'entreprise: l'entreprise qu'on assimile à un 'être moral' doit faire le 'bien', c'est-à-dire répondre aux préceptes bibliques, d'une part en mettant en œuvre une gestion responsable de la propriété respectant la destination universelle des biens (ne pas nuire aux droits des autres) et d'autre part en s'obligeant à venir en aide aux personnes démunies (principe de charité).», M. Capron et P. Petit, supra, note 15, para 12.

«soutenabilité» pour une réconciliation de l'entreprise avec la société,[20] a émergé dans les années 1990 grâce notamment aux travaux de Karl Polanyi.[21]

1.2. Diffusion planétaire et contingence du concept de la RSE

La rencontre de la RSE et du développement durable a-t-elle permis d'ériger un cadre théorique plus solide pour la RSE, si tant est que l'on puisse envisager un cadre théorique pour la RSE? La réponse à cette question commande une analyse nuancée (1.2.1). De plus, que penser des normes volontaires sur la RSE? Il sera ensuite question de la RSE, du droit et du non droit (1.2.2).

1.2.1 La rencontre avec le développement durable: un enrichissement conceptuel

Comme nous en avons fait état, les approches traditionnelles de la RSE ne se réfèrent ni ne se réclament du développement durable. Le «couplage» RSE et développement durable est largement mentionné dans la littérature, alors même qu'il ne remonte véritablement qu'à une dizaine d'années et qu'il ne représente pas une conception de la RSE qui est «universellement partagée».[22]

Suivant une conception médiane, la RSE nécessite que les entreprises tiennent compte des intérêts non économiques au rang desquels figure l'environnement. On retrouve dans la littérature des auteurs relevant qu'«[i]l existe [. . .] au-delà de la RSE, une responsabilité sociale (et environnementale) des acteurs (RSA)» fédérée par la référence au développement durable.[23] Ces acteurs seraient l'État et les collectivités locales, les services publics marchands, les principaux groupes de pression[24] et les entreprises. Les générations futures et la biodiversité sont aussi prises en compte.[25] Dès lors, il n'est pas étonnant que la notion de la RSE soit souvent associée à celle du développement durable, surtout depuis la Conférence de Rio sur l'environnement et le développement de 1992,[26] qui a marqué un changement important dans la façon dont les États, les entreprises et les individus doivent désormais considérer la relation entre les activités économiques et l'environnement.

[20] M. Capron et P. Petit, *supra,* note 15, para 30
[21] K. Polanyi, *supra,* note 4
[22] Françoise Quairel et Michel Capron, «Le couplage 'responsabilité sociale des entreprises' et 'développement durable': mise en perspective, enjeux et limites», (2013) 1 (11) *Revue Française de Socio-Économie* 125-144, [en ligne], http://www.cairn.info/revue-francaise-de-socio-economie-2013-1-page-125.htm (consulté le 12 août 2013), 125.
[23] Marc-Hubert Depret et les autres, «De la responsabilité sociale des acteurs», (2009) 1 (8) *Marché et organisations* 13, 13. Le numéro 2009/1 de *Marché et Organisations* a pour thème la responsabilité sociale des acteurs (RSA): *Développement Durable et Responsabilité Sociale des Acteurs,* L'Harmattan, 2009, 219 p. La RSA est le thème de la 4e partie d'un ouvrage collectif publié en 2012: «Responsabilité sociale des acteurs», dans CIHEAM, *MediTERRA 2012. La diète méditerranéenne pour un développement régional durable,* Paris, Presses de Sciences Po «Annuels», 2012, pp. 205-258.
[24] Il s'agit des organismes internationaux et ONG, des organisations de consommateurs et les organisations syndicales.
[25] Michel Doucin, *supra,* note 16, p. 37
[26] Déclaration de Rio sur l'environnement et le développement», dans *Rapport de la Conférence des Nations Unies sur l'environnement et le développement,* Doc off AG NU, 1992, DocNUA/CONF.151/26/Rev.1 (vol. I) (1993) 3.

Toutefois, l'histoire nous enseigne que c'est la conception faible du développement durable qui fait aujourd'hui l'objet d'un consensus. En effet, lorsque la Commission mondiale sur l'environnement et le développement a affirmé qu'il fallait désormais se tourner vers un «développement qui répond aux besoins du présent sans compromettre la possibilité pour les générations futures de répondre à leurs propres besoins», elle n'a pas hiérarchisé les objectifs économiques, environnementaux et sociaux que les acteurs devaient poursuivre pour ce faire.[27]

Partant, nous pourrions croire que le développement durable, qui est un concept «couvre-lit»,[28] ne peut pas être un socle structurant pour la RSE. Toutefois, en considérant que tant les conceptions faibles que fortes du développement durable reposent sur le principe d'intégration, qui en est le substrat, force est de conclure que ce concept peut servir d'orientation pour les pratiques de la RSE. Ce principe d'intégration signifie que l'économie, notamment par le moyen du commerce, et l'environnement, doivent se *renforcer mutuellement.* Il s'agit d'ailleurs de l'objectif que l'on retrouve dans le préambule de l'Accord instituant l'Organisation mondiale du commerce (OMC), lequel mentionne que l'un des buts poursuivis par les accords de l'OMC est le développement durable. En ce sens, le développement durable peut servir de «matrice conceptuelle»,[29] de «méta-principe qui exerce une sorte de normativité interstitielle»,[30] pour les décideurs étatiques et non étatiques.

De plus, l'un des «enjeu(x) majeur(s) du couplage entre la RSE et le développement durable est le rôle politique attribué aux grandes entreprises dans la régulation internationale en l'absence d'une véritable gouvernance mondiale et d'un droit international pour les entreprises.[31]» Le cadre conceptuel du développement durable permettrait ainsi de durcir les assises théoriques et légitimerait davantage le concept de la RSE et une large diffusion de ses pratiques. D'autre part, le développement durable bénéficierait de la RSE puisqu'en l'absence justement de droit international régissant les activités de l'entreprise, l'opérationnalisation du concept du développement durable nécessite que l'entreprise se responsabilise davantage

[27] Ce concept de développement durable est intrinsèquement anthropocentrique. Pourtant, la durabilité, telle qu'initialement envisagée par Hans Von Carlowitz, et trois cents ans plus tard, par les rédacteurs de la *Charte de la Terre* de 1982, visait avant tout la *durabilité du monde naturel*, étant entendu que l'homme fait aussi partie intégrante de ce milieu naturel. Cette conception forte («*Strong Sustainability*») du développement durable a toutefois peu à peu perdu du chemin au profit de la conception faible («*Weak Sustainability*») mise de l'avant dans le Rapport Brundtland et qui a fait l'objet d'un consensus prenant la forme des principes de la *Déclaration de Rio sur l'environnement et le développement*, en 1992.

[28] Jean-Guy Vaillancourt, «Penser et concrétiser le développement durable», «Penser et concrétiser, le développement durable», *Écodécision*, 2005, 15, p. 24-29, à la p. 25; W. Beckerman, «How Would you Like your 'Sustainability', Sir? Weak or Strong? A Reply to my Critics», *Environmental Values*,1995, 4:2, p. 169.

[29] Les vingt-sept principes de la *Déclaration de Rio* sont en quelque sorte les différentes facettes de ce «référentiel commun» de développement durable.

[30] Sur le concept de «méta-principe», v. Vaughn Lowe, 'Sustainable Development and Unsustainable Arguments', *in* Alan Boyle and David Freestone, eds., *International Law and Sustainable Development: Past Achievements and Future Challenges*, Oxford, Oxford University Press, 1999, 19, aux p. 29 à 31.

[31] Françoise Quairel et Michel Capron, «Le couplage 'responsabilité sociale des entreprises' et 'développement durable': mise en perspective, enjeux et limites», *Revue Française de Socio-Économie*, 2013, 1:11, p. 125-144, à la p. 125.

par le moyen de pratiques volontaires répondant à des normes issues de la normalisation privée.

Les Nations Unies se sont engagées dans des activités de promotion de la RSE dans le cadre de la Commission du développement durable qui a été mise en place sous la supervision du Conseil économique et social pour assurer le suivi de la Conférence de Rio de 1992. En 1997, l'Assemblée générale des Nations Unies s'est penchée sur l'élaboration du programme de travail de la Commission du développement durable et de la formation d'un groupe de travail sur les milieux d'affaires et groupes industriels pour «aider à responsabiliser les entreprises et les inciter à rendre des comptes».[32]

1.2.2 La rencontre entre la RSE et le droit: dans les méandres des «textures» du droit»[33]

Il est aujourd'hui reconnu que la rencontre entre la RSE et le droit repose sur une certaine complexité[34] et interroge profondément la normativité juridique qu'elle met sous de «nouveaux draps». La RSE, telle que conçue, crée un «nouvel espace de normativité» dans lequel le droit contraignant (*hard law*) cohabite avec le droit mou (*soft law*) par une interpénétration qui crée des liens d'encadrement, de dépendance ou d'autonomie. De ce fait, les réseaux normatifs se substituent à la pyramide juridique. En effet, le continuum de la rencontre entre la RSE et le droit peut aller de l'exhortation à la contrainte en passant par l'incitation. L'exhortation et l'incitation se font généralement sur une base volontaire dénuée de sanctions et prennent souvent la forme de «droit mou», donc dépourvu d'effet obligatoire et échappant à une application imposée par la contrainte. Alors que par la contrainte, les normes sont assorties d'une force obligatoire et prennent la forme traditionnelle d'une règlementation contraignante.

De nos jours encore, les pratiques et normes entrepreneuriales associées à la RSE, utilisées abondamment et imitées par les entreprises concurrentes d'un même secteur, produisent souvent -malheureusement ou heureusement, selon le point de vue du spectateur — un droit aussi mou que la *soft law* quand celle-ci s'immisce, par phénomène de la percolation, dans les terres de la *hard law.* Pour le juriste, l'absence de droit positif est certes déstabilisante. Elle l'est moins lorsqu'il trouve quelques voies par lesquelles la RSE peut pénétrer le droit. En effet, la RSE et le droit peuvent entretenir des liens étroits. Ces liens se déclinent sur un continuum composé de plusieurs variations.

---

[32] Voir Recueil des résolutions et décisions du «Sommet planète Terre + 5», 19e session (1997), [en ligne], http://www.un.org/fr/documents/view_doc.asp?symbol=A/S-19/33, par. 133 e (iii), p. 33.

[33] Dans sa décision dans *l'Affaire relative au Projet Gabcikovo-Nagymaros (Hongrie/Slovaquie)*, la CIJ, après avoir fait référence à «des nouvelles normes et standards» qui ont été développés pour faire face à la relation entre les activités économiques et la protection de l'environnement, a déclaré que «Le concept de développement durable traduit bien cette nécessité de concilier développement économique et protection de l'environnement» (para. 140).

[34] Le rapport établi entre la RSE avec la règle de droit est d'une grande complexité, puisque qu'au-delà de la proximité et du dialogue recherchés, il peut procéder, en même temps, d'une démarcation, voire d'une marginalisation de la règle de droit. V. à ce propos: Isabelle Daugareith, «Le droit à l'épreuve de la RSE», dans Corinne Gendron et Bernard Girard (dir.), *Repenser la responsabilité sociale de l'entreprise. L'école de Montréal*, Paris, Armand Colin, 2013, Chap 11.

Suivant la première, le droit est venu encadrer les pratiques de la RSE de manière formelle. Les objets sur lesquels porte la RSE sont tous, sans exception, susceptibles de faire l'objet d'obligations édictées par la réglementation étatique. Dans cette voie, la législation contraint les entreprises à adopter des pratiques socialement responsables. Il en est ainsi la règle bien connue du «*comply or explain*» ou «appliquer ou expliquer) applicable en gouvernance d'entreprise et qui oblige les entreprises à la transparence et à rendre compte de l'impact social et environnemental de leurs pratiques sous forme de *reporting*.[35] Les entreprises sont ainsi tenues à une reddition sociale.

La seconde manifestation des liens entre la RSE et le droit prend la forme d'une pénétration indirecte de la RSE dans le droit, alors même qu'aucun encadrement juridique formel des pratiques de la RSE n'intervient en amont. Dans cette catégorie figurent les appels d'offres publics qui intègrent, par renvoi, des pratiques de RSE, comme exigences pour la validité des soumissions. Un autre exemple de ce phénomène est constitué par les systèmes de gestion environnementale (SGE),[36] développés dans les années 1970, après l'adoption des premières législations environnementales, et dont les plus connus sont le programme Gestion Responsable ou la norme ISO 14001. La répétition des audits de vérification du SGE répond au besoin de prévenir les contraventions à la loi et de communiquer aux investisseurs, actionnaires, prêteurs, assureurs, locateurs et autres partenaires de l'entreprise l'état de conformité environnementale de leurs activités.[37] Les risques de poursuites judiciaires, pénales ou civiles, jouent également dans la motivation des entreprises de mettre en place un SGE bien documenté. La documentation des actions environnementales et sociales est au cœur d'un système de gestion interne et peut ainsi soutenir l'entreprise qui doit plaider une défense de diligence raisonnable dans le cadre d'un recours judiciaire pour une infraction à une loi environnementale. Cette documentation et sa vérification périodique servent alors à démontrer que l'entreprise et ses administrateurs ont fait preuve d'une conduite diligente exempte de négligence.[38] Il s'agit là d'un autre exemple de d'introduction

[35] V. en ce sens notamment la loi américaine *Sarbanes-Oxley* (*Sarbanes-Oxley Act of 2002*) et la loi française dite la *Grenelle II* (Loi n° 2010-788 du 12 juillet 2010) ainsi que l'art. L. 225-37 du *Code de commerce* de la France.

[36] Paule Halley et Olivier Boiral, «Les systèmes de gestion environnementale au Canada: enjeux et implications pour les politiques publiques de l'environnement», (2008) 53 *R.D. McGill*, 2008, 53, p. 649; Ruihua Joy Jiang et Pratima Bansal, «Seeing the Need for ISO 14001», *Journal of Management Studies*, 2003,40, p. 1047 à la p. 1050; Olivier Boiral, «Corporate Greening through ISO 14001: A Rational Myth?» *Organization Science*, 2007,18, p. 127

[37] Halley et Boiral, *Id.*, p. 655.

[38] Dianne Saxe, «Voluntary Compliance: How Can Regulators Make It Work?», *Environmental Liability*, 1997, 5, p. 79 à la p. 80;Paule Halley, «La vérification environnementale: réflexions sur l'émergence des modes d'autorégulation», *C. de D.*, 1999, 40, p. 621 à la p. 637; John Swaigen, *Regulatory Offences in Canada: Liability & Defences*, Toronto, Carswell, 1992 aux p. 132-37; Laurence Boy, «La valeur juridique de la normalisation» dans Jean Clam et Gilles Martin, dir., *Les transformations de la régulation juridique*, t. 5, Paris, Librairie générale de droit et de jurisprudence, 1998, 183 aux p. 186-90; Gérard Farjat, «Nouvelles réflexions sur les codes de conduite privée» dans Jean Clam et Gilles Martin, *Les transformations de la régulation juridique*, t. 5, Paris, Librairie générale de droit et de jurisprudence, 1998, 151 aux pp. 161-64.

d'une pratique de RSE dans l'univers du droit. Qu'en pourrait-il être à présent de la rencontre entre la RSE et le droit Ohada? Tel est l'objet de la seconde partie.

II – L'INTÉGRATION DE LA RSE DANS LE DROIT OHADA: UNE RENCONTRE, DEUX IDÉES

Une fois la notion de RSE circonscrite dans ses dimensions historiques et conceptuelles, la présente partie s'occupera à envisager, de manière, pratique les possibilités normatives de rencontre entre la RSE et le droit de l'espace Ohada. Dans la perspective de cette rencontre deux questionnements de nature prospective surgissent: d'abord, *selon quel fondement* normatif l'idée de RSE pourrait intégrer le droit de l'espace Ohada? Ensuite, *comment* et selon quel instrument normatif cette intégration pourrait être envisagée? La réponse à la première interrogation requiert d'aborder l'idée de la RSE dans le droit Ohada en scrutant les fondements normatifs et téléologiques de celui-ci (2.1.). Alors la solution à la deuxième équation devrait provenir de l'examen des modalités de réception possibles (2.2.). Il va sans dire que tous les débuts de solutions qui jalonnent cette partie doivent tenir compte des objectifs, spécificités et de la dynamique du droit Ohada.

2.1 L'idée de RSE dans le droit Ohada, fondement et ouverture

De par sa construction[39] et sa nature,[40] le droit Ohada est un modèle innovant qui ne s'appuie pas, de manière normative, sur une intégration économique, mais qui crée un espace juridique et judiciaire. En effet, le traité de Port Louis[41] a institué de manière inédite et originale un espace juridique et judiciaire au sein duquel différentes matières non exhaustives relevant en principe du droit des affaires ont été uniformisées[42] entre différents États d'Afrique subsaharienne.[43] Ces derniers, tout en appartenant à ce dit espace juridique et judiciaire, ont aussi adhéré à différentes organisations régionales ou communautaires.

[39] L'article 1er du Traité Ohada énonce l'objet de celui-ci qui est l'harmonisation du droit des affaires par l'adoption de règles communes qualifiées par l'article 5 d'«actes uniformes». Les Actes uniformes (AU) déjà adoptés sont relatifs au (1) droit commercial, (2) au droit des sociétés commerciales et du Groupement d'Intérêt Économique (GIE), (3) au droit des sûretés, (4) aux Procédures simplifiées de recouvrement et des voies d'exécution, (5) à la Procédure collective d'apurement du passif, (6) au droit de l'arbitrage, (7) à l'organisation et harmonisation de la comptabilité des entreprises, (8) aux contrats de transport des marchandises par route et (9) au droit des sociétés coopératives.

[40] L'Ohada n'institue ni une union douanière, ni un marché commun au sens du droit de l'OMC, elle est une organisation d'intégration juridique originale de 3ème type qualifiée «d'organisation interétatique source d'un droit interétatique»: v. à ce propos: S. Doumbé-Bile, «A propos de la nature de l'OHADA», dans *Droit, liberté, paix, développement. Mélanges Madjid Benchikh*, Paris, Pedone, 2011, p. 423 et s.

[41] L'Ohada a été créé par le *Traité relatif à l'harmonisation du droit des affaires en Afrique*, (J.O. OHADA, N°4, 1er novembre 1997, p. 1) signé à Port Louis (Ile Maurice) le 17 octobre 1993 et entré en vigueur en 1995. Il a été révisé par le Traité de Québec au Canada du 17 octobre 2008, entré en vigueur le 21 mars 2010.

[42] Bien que le Traité de Port Louis évoque la notion d'harmonisation, il a été démontré qu'il relève plus du procédé d'uniformisation que d'harmonisation. Sur la distinction entre les degrés d'intégration juridique au moyen de l'harmonisation, de l'unification et de l'uniformisation, v. Antoine JAMMEAUD, «Unification, uniformisation, harmonisation, de quoi s'agit-il?», in *Vers un code européen de la consommation*, Bruxelles, Bruylant, 1998, p. 35-55.

[43] L'Ohada est actuellement composée de dix-sept (17) États principalement d'Afrique noire francophone (Bénin, Burkina-Faso, Cameroun, Congo Brazzaville, Côte-d'Ivoire, Gabon, Guinée Bissau, Guinée

2.1.1 Les finalités économiques du droit Ohada

Il est communément admis que l'objectif principal de l'Ohada est de nature économique et vise à encourager le développement économique des pays membres en stimulant l'investissement extérieur par la création d'un espace juridique et judiciaire sécurisé. A ce propos, les finalités du droit Ohada peuvent être appréhendés sous un triptyque relié: 1) instauration d'une sécurité juridique et judiciaire, 2) stimulation de l'attractivité et 3) du développement économique. Cette affirmation d'un des «pères fondateurs» de l'Ohada, le regretté et honorable Kéba M'baye, est révélatrice de cet objectif économique primordial à la base du droit Ohada: «L'Ohada est un outil juridique imaginé et réalisé par l'Afrique pour servir l'intégration économique et la croissance».[44] Cette orientation téléologique de nature économique du droit de l'Ohada est confirmée par la doctrine et fait l'objet d'une quasi-unanimité.[45] Outil de développement économique, l'objectif de l'Ohada est donc de «reconquérir la confiance des investisseurs et de sécuriser les rapports juridiques en vue d'une croissance durable».[46]

2.1.2 L'ouverture du droit Ohada à une dimension sociale

Dans le cadre de la rencontre entre les finalités de l'Ohada et les objectifs de la RSE la question qui se pose est de savoir est-ce qu'un cadre normatif permettant la promotion de la RSE pourrait permettre d'accroître la sécurité juridique et l'attractivité économique dans l'espace Ohada, tout en contribuant à rendre les entreprises plus novatrices et compétitives?

Selon nous, la réponse ne peut être qu'affirmative au moins selon un triple point de vue. D'abord l'intégration de la RSE dans le droit Ohada lui permettrait enfin de s'ouvrir vers une perspective téléologique sociale, indispensable à l'aune de ce siècle; ensuite, le *momentum* semble approprié, car coïncidant avec la période de pause réflexive de plusieurs chantiers de l'Ohada. Enfin, le contexte international au sein duquel baigne le droit Ohada, et dont il éviterait d'y être exclu, rend cette ouverture nécessaire.

Primo, le développement de normes juridiques portant sur l'intégration des préoccupations sociales et environnementales dans les activités économiques est essentiel pour que le droit Ohada permette de renforcer un courant de confiance en faveur des économies de ses pays membres. Cela semble nécessaire afin de répondre aux besoins de *modernité* et d'*adaptabilité* auxquels adhère et sur lesquels insiste le Traité de Port Louis[47] pour assurer l'ouverture et l'effectivité des règles élaborées

équatoriale, Mali, Niger, République Centrafricaine, Sénégal, Tchad, Togo, Union des Comores). La République démocratique du Congo est le dernier État à avoir adhéré à l'Ohada, le 13 juillet 2012.

[44] Kéba Mbaye, préface, dans Issa-Sayegh, Joseph (dir), *OHADA: traité et actes uniformes commentés et annotés*, Futuroscope (France), Juriscope, 2012, p. 9

[45] V. notamment Étienne Xerexhe, «L'intégration juridique comme facteur d'intégration régionale, *Revue burkinabé de droit,* 1999, n°39-40, p. 21 et s.

[46] M. Diakhate, «Les procédures simplifiées et les voies d'exécution: la difficile gestation d'une législation communautaire», *Ohadata*, D-05-10 www.ohada.com.

[47] *Traité relatif à l'harmonisation du droit des affaires en Afrique*, Préambule, para 1 et 4 et article 2.

par l'Ohada.[48] L'intégration de la RSE dans le droit Ohada pourra grandement contribuer à sa modernité et son adaptabilité, notamment par l'adoption d'une conception de la RSE fondée sur la théorie des parties prenante.

Selon la théorie des parties prenantes,[49] l'entreprise doit considérer dans sa prise de décisions une panoplie d'intérêts incluant de manière holistique toutes les parties prenantes qui peuvent être les actionnaires, les travailleurs, l'État, les communautés locales, les consommateurs, bref les citoyens. Les intérêts ainsi protégés vont au-delà des seuls intérêts économiques et spéculatifs pour inclure des finalités de nature sociale ou environnementale comme la protection de l'environnement, le développement social ou les droits de l'homme, ce qui contribue à une croissance économique durable dans le temps.

Cette approche des parties prenantes est celle qui nous semble la plus nuancée et la plus prometteuse pour guider la mise en place de la RSE dans un espace comme celui de l'Ohada, en recherchant la convergence des intérêts de toutes les parties prenantes, au titre desquels figurent le bien-être social et l'environnement. Cela reflète la contingence de la notion de RSE déjà évoquée dans la première partie de cette étude. Cette contingence ne souffre d'aucune discussion et il est admis que pour mieux épouser les spécificités des économies des pays en développement comme ceux de l'Ohada, caractérisée par une vulnérabilité galopante, la RSE devrait insister davantage sur les besoins primaires (alimentation, maîtrise de l'eau, services sociaux de base etc.), le renforcement des rapports collectifs et individuels de travail, la protection de l'environnement socioculturel et écologique, la lutte contre la corruption et la concussion, la prise en compte des besoins spécifiques des aspirations communautés locales.

Secondo, le *momentum*, qui coïncide avec une phase de stagnation[50] ou de réflexion[51] de fond sur les projets et les chantiers[52] Ohada, peut être opportun pour l'ouverture du droit de cet espace juridique et judiciaire vers une dimension sociale, importante, mais jusque là quelque peu négligée. Cette période de réflexion sur certains projets de l'Ohada peut être mise à contribution pour englober un questionnement sur les finalités du droit Ohada et leur ouverture subséquente sur des orientations intégrant le social, l'environnemental et les droits de l'homme. D'autant plus que le Traité constitutif de l'Ohada est ouvert à l'adhésion de tout État membre de l'Union africaine[53] et non signataire du traité. Il est également ouvert à l'adhésion de tout autre État non membre de l'Union africaine. C'est en ces termes

[48] V. Jean Gatsi (dir.), *L'effectivité du droit de l'Ohada*, PUA, Yaoundé, 2006; Mahutodji Jimmy Vital KODO, *L'application des Actes uniformes de l'Ohada*, Louvain, Académia, P.U.R., Bruylant, 2010

[49] R. Edward Freeman, *Strategic Management: A Stakeholder Approach*, Boston, Pitman, 1984

[50] Paul-Gérard Pougoué et Yvette Rachel Kalieu Elongo, *Introduction critique à l'Organisation pour l'harmonisation en Afrique du Droit des Affaires*, Presses Universitaires d'Afrique, 2008, spéc. n° 53 et s.

[51] Jean Yado Toé, «La problématique actuelle de l'harmonisation du droit des affaires par l'OHADA», *RDU*, 2008, N° 1 et 2, p. 23, spéc. p. 32 et s.

[52] Plusieurs projets d'Actes uniformes, engagés ces dernières années, sont actuellement en état de pause, tels le *Projet d'acte uniforme relatif au droit du travail, au droit des contrats, au droit de la consommation* etc.

[53] Anciennement connue sous l'acronyme OUA: Organisation de l'Unité Africaine créée le 25 Mai 1963 à Addis Abéba en Ethiopie. Elle est devenue l'Union Africaine.

que l'article 53 alinéa premier du Traité constitutif énonce la vocation panafricaine de l'Ohada.

Tertio, l'examen du contexte international montre que le concept de la RSE est invoqué, depuis le début des années 2000, comme étant un concept pouvant contribuer au développement économique et social. Le développement durable est fondé, justement, sur le principe d'intégration et donc sur la nécessité, pour les organisations internationales, les organisations régionales comme l'Ohada, les États et les entreprises, d'intégrer les préoccupations sociales et environnementales lorsqu'ils prennent des décisions économiques. Ce principe d'intégration signifie que l'économie, l'environnement et le développement social doivent *se renforcer mutuellement.* Il s'agit d'ailleurs de l'objectif que l'on retrouve dans le préambule de *l'Accord instituant l'Organisation mondiale du commerce* (OMC), lequel mentionne que l'un des buts poursuivis par les accords de l'OMC est le développement durable. Le renforcement mutuel entre développement et environnement fournit une motivation supplémentaire en faveur de l'intégration de la RSE au sein de l'espace Ohada. Le cadre conceptuel du développement durable est un autre facteur de légitimation du concept de la RSE et d'une large diffusion de ses pratiques.

En juin 2000, l'OCDE a aussi pris acte des liens entre RSE et développement durable en adoptant des *Principes directeurs à l'intention des firmes multinationales* qui ont été mis à jour en 2011. Ces principes directeurs ont été précédés d'une *Déclaration sur l'investissement international et les entreprises multinationales.*[54] Les Principes directeurs de l'OCDE à l'intention des entreprises multinationales constituent le plus complet des instruments qui existent aujourd'hui concernant la responsabilité des entreprises. Les 43 gouvernements adhérents ù- représentant toutes les régions du monde et 85 pourcent de l'investissement direct étranger ù- se sont engagés à encourager les entreprises opérant sur leur territoire à respecter, partout où elles exercent leurs activités, un ensemble de principes et de normes largement reconnus qui visent à assurer de leur part un comportement responsable. La Commission européenne a, quant à elle, formellement reconnu les liens entre la RSE et la mise en œuvre du développement durable, dans une communication de 2002,[55] précédée d'un livre vert (juillet 2001) intitulé «Promouvoir un cadre européen pour la responsabilité sociale des entreprises»[56], dans lequel elle définit la RSE comme «l'intégration volontaire par les entreprises de préoccupations sociales et environnementales à leurs activités commerciales et leurs relations avec leurs parties prenantes». En juillet 2001, la Commission européenne a présenté le Livre Vert 'Promouvoir un cadre européen pour la responsabilité sociale des entre-

[54] «Cette Déclaration a été adoptée par les gouvernements des pays membres de l'OCDE en 21 juin 1976. Elle a été révisée en 1979, 1984, 1991, 2000 et 2011.» [Source: *http://www.oecd.org/fr/daf/inv/politiques-investissement/declarationdelocde.htm]*. La déclaration comprend les principes directeurs, un *Instrument relatif au Traitement national,* un instrument sur les *Obligations contradictoires* et un instrument sur les *Stimulants et obstacles.*

[55] Commission européenne, *La responsabilité sociale des entreprises: une contribution des entreprises au développement durable,* Luxembourg, Office des publications officielles des Commissions européennes, 2002, 30 p.

[56] COM (2001) 366.

prises'1. Ce document était destiné, premièrement, à amorcer le débat sur le concept de responsabilité sociale des entreprises (RSE) et, deuxièmement, à définir les moyens de construire un partenariat permettant l'élaboration d'un cadre européen pour la promotion de ce concept. Comme nous l'avons évoqué précédemment, Le Livre Vert définissait la RSE comme 'l'intégration volontaire par les entreprises de préoccupations sociales et environnementales à leurs activités commerciales et leurs relations avec leurs parties prenantes' car elles sont de plus en plus conscientes qu'un comportement responsable se traduit par une réussite commerciale durable. La RSE a également trait à une gestion socialement responsable du changement au niveau de l'entreprise. Ce résultat est obtenu lorsque celle-ci s'efforce de trouver des compromis équilibrés, et acceptables par tous, entre les exigences et les besoins de ses parties prenantes. Si elles parviennent à gérer les mutations d'une manière socialement responsable, les entreprises auront un impact positif au niveau macro-économique.

Enfin, plus récemment, en 2012, dans la *Déclaration finale de la Conférence de Rio+20 sur le développement durable,* intitulée «L'Avenir que nous voulons», les Nations Unies se sont dites «favorables à la mise en place de cadres juridiques pour permettre aux entreprises d'adopter des initiatives en matière de développement durable, dont des pratiques de responsabilité sociale» (para 46 et 47 de la Déclaration). Ainsi, les Nations Unies encouragent explicitement les organisations régionales telles que l'OHADA à mettre en place les instruments nécessaires aux plans institutionnel et juridique pour favoriser l'émergence et l'adoption de pratiques de la RSE au sein des entreprises.

2.2 Les modalités de la réception de la RSE au sein du droit OHADA

Comment des normes RSE pourraient être insérées au sein du droit Ohada? C'est à cette question que tentera de répondre la présente sous-partie où nous démontrerons principalement que le corpus juridique actuel de l'Ohada n'a pas besoin de réaménagements ou de changements pour servir de réceptacle à une norme RSE. En effet, à la suite de la révision du Traité constitutif en 2008 à Québec au Canada, une porte d'entrée de norme RSE au sein du droit Ohada peut être trouvée dans l'article 27 du dit Traité (2.2.1.). Ensuite, il faudrait déterminer la teneur d'une telle norme (2.2.2.).

2.2.1 L'art. 27 du Traité constitutif révisé, comme «porte d'entrée»

Le fondement possible de l'intégration des dispositions relatives à la RSE dans le droit OHADA pourrait être l'article 27 du Traité Ohada dont la révision en 2008 offre cette opportunité dans la mesure où il institue une Conférence des chefs d'États et de Gouvernement qui «statue sur toute question relative au Traité». Selon nous, compte tenu de l'objet de l'Ohada qui est d'organiser l'harmonisation du domaine du droit des affaires en Afrique, ce texte confère à ce nouvel organe qu'est la Conférence des chefs d'États et de Gouvernement la compétence de prendre des dispositions relatives à la RSE puisque celles-ci relèvent de manière connexe au droit des affaires ou peuvent être simplement incluses selon l'article 2 du Traité parmi les «autres matières».

Le même pouvoir de statuer sur toute question relative au Traité offre également la possibilité d'instituer un organe spécialisé sur la RSE. Des propositions ont été formulées dans ce sens dans le cadre de la CEMAC. La création d'une agence sous-régionale de notation de la RSE figure parmi les recommandations de l'atelier tenu au Congo. Dans la perspective de la création et de la mise en œuvre d'un standard RSE pour les industries extractives, un «guide de la politique RSE» est annexé à la synthèse des travaux de l'atelier national tenu en juillet dernier à Yaoundé.[57] La 2ème édition du forum international sur le thème «Afrique Responsable, les pionniers de la RSE et de la croissance verte inclusive» s'est tenue à Tunis en 2012. Le Manifeste de Tunis mentionne au para 7 que «l'approche RSE dans le monde étant à ses débuts, la construction d'une vision de la responsabilité économique, sociale et environnementale des entreprises en Afrique sera d'autant inclusive qu'elle tient compte à la fois des spécificités des territoires, du contexte, de la législation nationale, des référentiels internationaux ainsi que de la jurisprudence en la matière.»[58]

2.2.2 Les instruments normatifs possibles

Puisque «la RSE s'est donc affirmée comme un domaine propice à l'innovation juridique dans un contexte de mondialisation»,[59] il faut trouver dans ce sillage les instruments normatifs susceptibles d'être intégrés dans le droit de l'espace Ohada. A ce propos, deux hypothèses sont envisageables, et nous privilégions la seconde, plus ambitieuse.

La première hypothèse qualifiée de «non ambitieuse» consisterait en l'introduction de normes internationales privées sur la RSE dans le droit Ohada par le moyen d'un renvoi dans le texte de loi. La deuxième, plus ambitieuse et que nous suggérons, est l'adoption d'une Charte accompagnée de Principes directeurs Ohada sur la RSE à la suite d'une réflexion coordonnée par un Comité transnational sur la RSE, après consultation des parties prenantes des pays membres

Les effets de cet instrument juridique sur le droit l'Ohada et son éventuel champ d'application (société d'État, entreprise mutlinationale) reposeront sur les valeurs exprimées dans cette Charte par les 17 États membres de l'Ohada. L'adoption d'une Charte Ohada sur la RSE, complétée par l'adoption d'une Stratégie et d'un Plan d'action Ohada sur la RSE, s'inscrit dans le cadre des engagements internationaux des pays membres de l'Ohada, en matière de promotion du développement économique, des droits de l'homme et de la protection de l'environnement. Elle contribuera à cet objectif d'adopter des objectifs qui permettront d'identifier les pratiques de RSE qui pourraient servir à favoriser les investissements en Afrique, et à valoriser des secteurs économiques de manière à augmenter la confiance des investisseurs et des parties prenantes. L'intégration de la RSE comme composante du droit Ohada doit être discutée et structurée de manière à ce que la Charte Ohada, la Stratégie et le Plan d'Action Ohada sur la RSE tiennent compte des

[57] http://www.cemac.int/sites/default/files/synthe%CC%80se_travaux_atelier_yaounde%CC%81.pdf.
[58] Manifeste de Tunis (2012): *http://www.institut-afrique-rse.com/images/PDF/Manifestedetunis.pdf.*
[59] Isabelle Daugareith, «Le droit à l'épreuve de la RSE», dans Corinne Gendron et Bernard Girard (dir.), *Repenser la responsabilité sociale de l'entreprise. L'école de Montréal, Paris, Armand Colin, 2013, Chap 11.*

tendances des secteurs économiques, de leur croissance actuelle et prospective et des investissements étrangers actuels et escomptés par secteurs.

Une stratégie qui doit orienter les politiques publiques, les lois, règlements et programmes doit proposer des orientations stratégiques en matière de planification de la mise en place des instruments, institutionnels et autres, qui faciliteront la mise en place des pratiques de la RSE, en amont du développement de celles-ci par les entreprises. La RSE, et ses valeurs en termes éthiques, environnementaux et économiques, pourraient ainsi se trouver au cœur du développement économique des pays membres de l'Ohada.

En cherchant à concrétiser les objectifs d'une Charte Ohada sur la RSE, l'Organisation doit se doter d'orientations, en amont, qui positionneront la responsabilité sociale et environnementale de l'entreprise non plus comme une contrainte au développement économique, mais bien comme une pièce maîtresse du développement économique, social et environnemental des États membres qui contribuera au bien-être des populations des États membres. Cette initiative contribuera à la concrétisation de l'article 24 de la *Charte africaine des droits de l'homme et des peuples* en garantissant un droit des peuples à un environnement satisfaisant, et de la récente *Charte africaine de la démocratie, des élections et de la gouvernance* (CADEG), ratifié par quelques États membres de l'Ohada, dont l'article 33 de la Charte fait référence à l'entreprise en prévoyant que «Les États parties institutionnalisent la bonne gouvernance économique et des entreprises grâce, entre autres, à: 6. La répartition équitable de la richesse nationale et des ressources naturelles. 7. La réduction de la pauvreté. 8. La mise au point d'un cadre législatif et réglementaire efficace en appui au développement du secteur privé. 9. La création d'un environnement propice à l'afflux de capitaux étrangers».

Le bien-être des populations africaines requiert que la responsabilité des entreprises tienne compte de la santé et de la sécurité des travailleurs, de la nécessité d'engager une partie de la main-d'œuvre au plan national et de tenir compte des services que l'environnement rend gratuitement au secteur privé contribuera au développement de plusieurs secteurs économiques des pays membres, notamment à l'industrie minière, agricole et touristique. La mise en œuvre des objectifs d'une *Charte Ohada sur la RSE*, des grandes orientations d'une *Stratégie Ohada sur la RSE* et d'un *Plan d'Action* favorisera donc la durabilité de plusieurs secteurs économiques de cette partie du continent. Ces préoccupations pour le bien-être des travailleurs, et de la protection de l'environnement devient de plus en plus importante avec la montée en puissance des économies émergentes qui investissent en Afrique et qui pourront le faire en s'engageant à respecter les droits humains, le développement social en Afrique, et le respect de l'environnement, trois dimensions qui, lorsque prises en compte, sont gages d'une plus grande sécurité des investissements. Dans une nouvelle approche fondée sur la RSE, l'efficacité des investissements et des modèles et pratiques de développement économique ne doit plus être mesurée uniquement à l'aune de l'efficacité économique mais doit tendre à la satisfaction plus large des parties prenantes, et donc des besoins humains, et de la protection de l'environnement. Ces dix dernières années, la RSE «réapparaît comme un concept ouvert, multiforme et en construction»[60] et l'Ohada pourra participer à cette construction dans le milieu des affaires, en Afrique.

Pour ce faire, le plan d'action qui accompagnera la Charte et la Stratégie Ohada sur la RSE doit viser une perspective globale plutôt que sectorielle afin que les ministères et organismes travaillent de manière à mieux intégrer dans leurs diverses activités économiques des objectifs visant la promotion de pratiques de RSE par les entreprises. Ces préoccupations doivent se refléter dans les structures institutionnelles mises en place ou modifiées par l'Ohada.

Conclusion

Au terme de cette étude sommaire, il ressort que le droit Ohada, par son ouverture et sa malléabilité, serait apte à incorporer et intégrer des normes fondées sur la RSE, compte tenu de la contingence de ce concept caractérisé comme étant un creuset socio-économique. D'ailleurs l'étude de l'origine et de l'évolution de la RSE a montré sa capacité adaptative, qui tient compte des réalités sociales, culturelles et économiques de l'espace dans lequel elle s'applique. L'étude notionnelle de la RSE a aussi révélé un de ses attributs essentiels qui est son *additionnalité*.

La rencontre entre le droit Ohada et un dispositif fondé sur la RSE ne déroge pas au mouvement mondial de corégulation marqué par une cohabitation et une coexistence qui devraient tendre vers l'équilibre entre des normes volontaires et des normes contraignantes, des initiatives de sources publiques et des actions d'origine publique rappelant l'impérium étatique. Cette mixité et cette hybridation constituent l'essence même du droit postmoderne qui régit la RSE. Comme l'atteste cette affirmation d'une spécialiste du domaine:

«[L]a normativité induite par la RSE à visée supranationale peut être regardée non pas comme une forme de dégénérescence du droit mais comme la participation à une évolution du droit, un droit en gestation, *in statu nascendi*. On peut estimer que ces formes nouvelles de régulation étendent l'empire du droit. La *soft law* internationale sur laquelle repose pour le moment la RSE permet d'explorer un champ nouveau pour la réglementation juridique en même temps qu'elle exprime la conscience de la communauté internationale du besoin d'une régulation juridique des besoins de l'activité de l'entreprise globalisée».[61]

De ce fait, les principes normatifs contenus dans une éventuelle Charte Ohada sur la RSE devraient être fondés sur les aspirations légitimes des populations africaines à la transparence, à une bonne gouvernance économique, à l'accès équitable aux produits de base, à l'eau et à l'alimentation, à la gestion durable des nombreuses ressources naturelles et à l'amélioration des conditions de vie des communautés locales, notamment par leur participation aux prises de décisions et à l'activité économique des entreprises multinationales.

---

[60] Acquier et Gond, *supra*, note 8

[61] Isabelle Daugareith, «Le droit à l'épreuve de la RSE», dans Corinne Gendron et Bernard Girard (dir.), *Repenser la responsabilité sociale de l'entreprise. L'école de Montréal*, Paris, Armand Colin, 2013, Chap 11

INDICATIONS BIBLIOGRAPHIQUES

BENN (S.) and **BOLTON (D.)**, *Key Concepts in Corporate Social Responsibility*, London, Thousand Oaks, SAGE Publications, 2011.

BENYEKHLEF (K. (dir.), *Une possible histoire de la norme: les normativités émergentes de la mondialisation*, Montréal, Éditions Thémis, 2008.

BERNS (Th.), «Si les entreprises ont une âme», dans Thomas Berns et al. (dir.), *Responsabilités des entreprises et corégulation*, Bruxelles, Bruylant, 2007, pp. 51-78.

BOIRAL (O.), «Corporate Greening through ISO 14001: A Rational Myth?» *Organization Science*, 2007,18, p. 127.

BOY (L.), «La valeur juridique de la normalisation» dans Jean Clam et Gilles Martin, dir., *Les transformations de la régulation juridique*, t. 5, Paris, Librairie générale de droit et de jurisprudence, 1998, 183 aux p. 186-90.

CAPRON (M.) et **PETIT (P.)**, «Responsabilité sociale des entreprises et diversité des capitalismes», (2011) 9 *Revue de la régulation*, [en ligne]: *http://regulation.revues.org/9142* (consulté le 12 décembre 2013).

CHEVALLIER (J.), «Vers un droit post-moderne? Les transformations de la régulation juridique», *Revue de droit public*, 1998, p. 679.

DEPRET (M.-H.), «De la responsabilité sociale des acteurs», (2009) 1 (8) *Marché et organisations* 13, 13. Le numéro 2009/1 de *Marché et Organisations* a pour thème la responsabilité sociale des acteurs (RSA): *Développement Durable et Responsabilité Sociale des Acteurs*, L'Harmattan, 2009, 219 p.

DIAKHATE (M.), «Les procédures simplifiées et les voies d'exécution: la difficile gestation d'une législation communautaire», *OHADATA*, D-05-10 www.OHADA-.com.

DOUCIN (M.), «La responsabilité sociale des entreprises n'est pas un concept tombé du ciel», dans François Guy Trébulle et Odile Urzan (dir.), *Responsabilité sociale des entreprises. Regards croisés Droit et Gestion*, Paris, Economica, 2011, pp. 31-39.

DOUMBE-BILE (S.), «A propos de la nature de l'OHADA», dans *Droit, liberté, paix, développement. Mélanges Madjid Benchikh*, Paris, Pedone, 2011, p. 423 et s.

FARJAT (G.), «Nouvelles réflexions sur les codes de conduite privée» dans Jean Clam et Gilles Martin, *Les transformations de la régulation juridique*, t. 5, Paris, Librairie générale de droit et de jurisprudence, 1998.

FREEMAN (R. Edward), *Strategic Management: A Stakeholder Approach*, Boston, Pitman, 1984.

FRIEDMAN (M.), "The social responsibility of business is to increase its profits", *New York Times Magazine*, 13 septembre 1970, p. 32-33.

GATSI (J.) (dir.), *L'effectivité du droit de l'OHADA*, PUA, Yaoundé, 2006.

GENDRON (C.) et **GIRARD (B.)** (dir.), *Repenser la responsabilité sociale de l'entreprise. L'école de Montréal*, Paris, Armand Colin, 2013.

HALLEY (P.) et **BOIRAL (O.)**, «Les systèmes de gestion environnementale au Canada: enjeux et implications pour les politiques publiques de l'environnement», (2008) 53 *R.D. McGill*, 2008, 53, p. 649.

KATHRYN (H.), MURRAY (A.) and **DILLARD (J.)**, *Corporate Social Responsibility: A Research Handbook*, New York, Routledge, 2012.

LISTER (J.), *Corporate Social Responsibility and the State. International Approaches to Forest Co-Regulation*, Vancouver, UBC Press, 2011, p. 3.

PASQUERO (J.), «La responsabilité sociale de l'entreprise: trajectoire d'une idée», dans Corinne Gendron et Bernard Girard (dir.), *Repenser la responsabilité sociale de l'entreprise. L'école de Montréal*, Paris, Armand Colin, 2013.

POLANYI (K.), *La grande transformation: aux origines politiques et économiques de notre temps*, Paris, Gallimard, 1983.

POUGOUE (P.-G.) et **KALIEU ELONGO (Y.-R.)**, *Introduction critique à l'Organisation pour l'harmonisation en Afrique du Droit des Affaires*, Presses Universitaires d'Afrique, 2008, spéc. n° 53 et s.

SAXE (D.), «Voluntary Compliance: How Can Regulators Make It Work?», *Environmental Liability*, 1997, 5, p. 79.

QUAIREL (F.) et **CAPRON (M.)**, «Le couplage "responsabilité sociale des entreprises" et "développement durable": mise en perspective, enjeux et limites», (2013) 1 (11) *Revue Française de Socio-Économie* 125-144, [en ligne], *http://www.cairn.info/revue-francaise-de-socio-economie-2013-1-page-125.htm* (consulté le 12 ao–t 2013), 125.

QUAIREL-LANOIZELÉE (F.), *La responsabilité sociale d'entreprise*, Paris, La Découverte, 2010, 126 p.

SWAIGEN (J.), *Regulatory Offences in Canada: Liability & Defences,* Toronto, Carswell, 1992 aux p. 132-37.

THIBIERGE (C.) (dir.), *La force normative: naissance d'un concept*, Paris et Bruxelles, LGDJ et Bruylant, 2009.

TREBULLE (F.) (dir.), *Responsabilité sociale des entreprises. Regards croisés droit et gestion*, Paris, Economica, 2011.

VAILLANCOURT (J.-G.), «Penser et concrétiser le développement durable», «Penser et concrétiser, le développement durable», *Écodécision*, 2005, 15, p. 24-29.

XEREXHE (É.), «L'intégration juridique comme facteur d'intégration régionale, *Revue burkinabé de droit,* 1999, n°39-40, p. 21.

YADO TOE (J.), «La problématique actuelle de l'harmonisation du droit des affaires par l'OHADA», *RDU*, 2008, N° 1 et 2, p. 23.

RENFORCER L'ATTRACTIVITE ECONOMIQUE DE L'OHADA DANS LE DOMAINE DES INVESTISSEMENTS: l'opportunite d'adopter un Acte Uniforme sur la protection des investissements

Pr. Walid BEN HAMIDA
Maître de Conférences en Droit à l'Université
FRANCE

Abstract

Why are OHADA States not so attractive and competitive? How can this situation be explained? Is the absence of competition and attraction of OHADA caused by the lack of harmonisation in the field or poor quality of the harmonised law? Has the question on the conditions of the attractiveness of foreign investors, that is, the ability of a country to attract and retain investors, become the heart of strategic thinking of several States? In recent years, there has been competition between government officials to attract foreign investment. Some have strengthened the protection of foreign investments by offering several guarantees to investors. Others have taken advantage of tax policies by proposing tax exemptions for a given period. Finally, other countries have proposed specific grants and mitigation of restrictions usually imposed as the minimum local content or maximum level of export.

L'un des objectifs de l'OHADA est d'encourager l'investissement. En effet, le paragraphe 5 du préambule du Traité OHADA dispose que l'objet du droit de l'OHADA est «*de favoriser l'essor des activités économiques et d'encourager l'investissement*». Cependant, vingt ans après la naissance de l'OHADA, la région n'attire pas les flux d'investissement escomptés. Le Rapport de la Banque Mondiale, «*Doing Business dans les Etats membres de l'OHADA 2012*»[1] indique que «la région OHADA est la région du monde où il est le plus difficile de faire des affaires». En effet, les 16 économies de la région sont classées dans le tiers inférieur des économies selon le classement relatif à la facilité de faire des affaires.[2] Les statistiques de l'Investissement Direct Etrangers (IDE) établies depuis de nombreuses années par la Conférence des Nations Unies sur le Commerce et le Développement (CNUCED) dans son Rapport sur l'investissement dans le monde de 2013[3] montrent une insuffisance des flux et des stocks d'investissements directs étrangers vers les pays

[1] Le rapport peut être consulté sur ce site: http://www.doingbusiness.org/~/media/FPDKM/Doing%20Business/Documents/Subnational-Reports/DB12-OHADA-French.pdf

[2] Le pays OHADA le mieux classé est le Mali. Il est classé 138 sur 183. La moyenne des pays de l'OHADA est 140. Pour ce classement, le rapport de la Banque Mondiale prend en considération plusieurs paramètres comme la création d'entreprise, l'obtention de permis de construire, le raccordement à l'électricité, l'obtention de prêt, l'exécution du contrat. En ce qui concerne la création d'entreprise, le rapport constate un décalage entre les pays de l'OHADA. Ainsi, le rapport indique qu'il faut compter 29 jours pour créer une entreprise au Bénin, 15 jours au Cameroun, 13 jours au Burkina et 4 jours au Mari.

[3] Le rapport peut être consulté sur ce site: http://unctad.org/fr/PublicationsLibrary/wir2013overview_fr.pdf

de l'OHADA.[4] La même conclusion découle de la lecture du «*World Competitiveness Yearbook*» de l'*International Institute for Management Development (IMD)*[5] *à Genève et le «Global Competitiveness Index» élaboré par le World Economic Forum de Davos.*[6]

Pourquoi les Etats de l'OHADA ne sont pas si attractifs, compétitifs et attrayants? Comment expliquer cette situation? L'absence de compétitivité et d'attrait de l'OHADA s'explique-elle par le défaut d'harmonisation en la matière ou une insuffisance de la qualité du droit harmonisé?

La question des conditions de l'attractivité des investissements étrangers, c'est-à-dire la capacité d'un pays à attirer et à retenir les investisseurs, est devenue au cœur des réflexions stratégiques de plusieurs Etats.[7] Durant ces dernières années, on a assisté à une concurrence entre les responsables gouvernementaux pour attirer les investissements étrangers. Certains ont renforcé la protection des investissements étrangers en accordant aux investisseurs plusieurs garanties. D'autres ont joué sur les politiques fiscales en proposant des exonérations pendant une période donnée. D'autres pays, enfin, ont proposé des subventions spécifiques et une atténuation des restrictions imposées habituellement comme le contenu local minimum ou le niveau maximum d'exportation.

Comment rendre les Etats de l'OHADA plus attractifs des investissements étrangers? Quelles sont les réformes juridiques qu'il faut entreprendre en la matière? Quel rôle l'OHADA peut-elle jouer pour renforcer l'attractivité de l'investissement étranger dans la région?

Pour répondre à ces questions, il convient de décrire le droit actuel applicable aux investissements étrangers dans la zone OHADA (**I**), avant d'examiner les perspectives et les réformes à venir pour renforcer l'attractivité économique de l'OHADA en matière d'investissement (**II**).

I – LE REGIME ACTUEL DE L'INVESTISSEMENT ETRANGER DANS L'OHADA

Trois catégories de règles juridiques ou trois blocs normatifs s'appliquent à l'investissement: les règles d'admission, les règles de protection et les règles

[4] Le rapport de la CNUCED indique que l'Afrique a attiré 5% des flux d'investissement dans le monde évalués à 50 billions de dollars. Les flux attirés par les pays de l'OHADA se présentent comme suit:

Plus de trois billions de dollars	RDC
Entre deux billions et 2,9 billions	Congo/Guinée équatoriale
Entre un billions et 1,9 billion	
0,5 billion à 0,9 billion	Niger/Guinée/Gabon/Cameroun
0,1 billion à 0,4 billion	Côte d'Ivoire/Sénégal/Tchad/ Mali/Togo/Benin
Inférieur à 0,1 billion	Afrique Centrale/Comores/Guinée Bissau/ Burkina Faso

La RDC figure dans le Top 5 des pays africains qui ont attiré les IDE. Il est classé en 4éme position, après Nigéria, Mozambique et l'Afrique du Sud.

[5] Le rapport est disponible sur ce site: http://www.imd.org/news/World-Competitiveness-2013.cfm

[6] Le rapport est disponible sur ce site http://www.weforum.org/issues/global-competitiveness

[7] Bertrand du Marais, Attractivité économique du droit: le droit français peut-il survivre dans la compétition internationale? *DROIT & PATRIMOINE*, N°170 — MAI 2008, pp. 38-45.

d'opération ou de réalisation. Les régles d'admission ont pour objet l'accueil de l'investissement et les conditions d'accès et d'établissement dans l'Etat hôte. Le droit de la protection protège l'investisseur contre les abus de l'Etat comme les expropriations, les traitements arbitraires et les discriminations. Les règles d'opération ou de réalisation s'appliquent à la constitution de l'investissement, sa gestion, son fonctionnement et sa dissolution. Les règles d'admission et de protection sont en principe des règles de droit public. Elles régissent les relations entre l'Etat hôte et l'investisseur privé. Le droit des opérations est un droit mixte. Il contient des règles relevant du droit public comme les règles relatives au régime fiscal de l'investissement. Mais aussi et surtout, des règles de droit privé comme celles régissant les sociétés, les garanties, les contrats, le droit du travail . . .

Actuellement, relève de la compétence nationale des Etats membres, le droit de l'admission et de la protection (**A**). L'OHADA a permis une harmonisation importante du droit opérationnel (**B**).

A – La réglementation nationale: l'admission, la fiscalité et la protection

On distingue en droit des investissements deux phases successives: la phase de l'admission (ou l'établissement) lorsque l'investisseur sollicite l'entrée dans le territoire de l'Etat hôte et la phase de l'investissement proprement dit qui commence après l'admission. Dans les prolongements de cette distinction, on différencie aussi entre les obligations relatives à l'admission qui s'appliquent au moment de l'accès et celles relatives au traitement ou à la protection qui s'imposent après l'acceptation de l'investissement. On classe dans cette dernière catégorie, certaines obligations telles que celles relatives à la prohibition de l'expropriation et la liberté de transfert qui supposent d'ores et déjà l'existence d'un investissement effectué.[8]

Le droit de l'admission et de la protection des investissements étrangers dans la zone OHADA relève de la compétence nationale des Etats membres. Les traités internationaux d'investissement conclus par les Etats de l'OHADA régissent essentiellement la protection des investissements (**a**) Les codes nationaux d'investissement adoptés par ces Etats s'appliquent à l'admission et à la fiscalité (**b**).

Force est de reconnaitre que ce droit est de plus en plus atomisé, complexe et hétérogène. Il découle de traités internationaux pour lesquels aucune coordination n'a été prévue. Il est stratifié, c'est-à-dire composé de lois nationales sur les investissements adoptées par chaque Etats et de traité d'investissement qui existent à différents niveaux — bilatéral, sous-régional, régional, interrégional, sectoriel, plurilatéral et multilatéral — et qui peuvent se chevaucher.

(a) Les accords d'investissements conclus par les Etats membres

Un traité d'investissement est un accord international conclu entre deux Etats dont l'objectif est de protéger les investissements des ressortissants (les personnes

[8] Sur cette distinction, voir Thomas Wälde et Walid Ben Hamida, The Energy Charter Treaty and corporate acquisition: The arbitrability of ECT pre-investment (access) rights, investment character of tender offers and parallel application of Energy Charter Treaty and European Community law, In G Coop and C Ribeiro (eds) *Investment protection and the Energy Charter Treaty,* Jurispublising 2009, p. 151-227, spec. p. 163. Voir aussi, Walid Ben Hamida, L'admission des investissements et des investisseurs, In Charles Leben, *Le droit des investissements,* Pedone 2014, à paraître.

physiques et les personnes morales) de l'un sur le territoire de l'autre. On distingue entre les traités d'investissement bilatéraux qui sont conclus entre deux Etats et les traités multilatéraux. Ces traités prévoient des garanties substantielles aux profits des investisseurs étrangers. Parmi ces garanties de fond: le traitement juste et équitable, le traitement national (non discrimination), l'interdiction d'expropriation. Mais à ces garanties substantielles, s'ajoute une garantie procédurale, importante: l'acceptation de l'arbitrage lorsque les engagements des Etats à l'égard des investisseurs étrangers ne sont pas respectés.

En principe, hormis quelques traités conclus avec les Etats-Unis, le Japon et le Canada, les traités d'investissement conclus par les Etats de l'OHADA ne régissent pas l'admission de l'investissement. Les traités des Etats de l'OHADA reconnaissent majoritairement la règle coutumière de la liberté de l'Etat d'admettre les investissements en application de son droit national. Ils contiennent ainsi une clause qualifiée de «clause d'admission» selon laquelle il appartient à chaque Etat d'admettre conformément à son droit national les investissements des ressortissants étrangers. Ainsi, le TBI Sénégal-Allemagne dispose que *«chaque partie contractante admettra sur son territoire, en conformité de sa législation, les investissements effectués par des ressortissants et des sociétés de l'autre partie contractante, encouragera si possible ces investissements et considérera avec bienveillance la question de l'octroi des autorisations nécessaires».*[9] En conséquence, les obligations internationales de protection des investissements ne s'appliquent qu'après l'admission de l'investissement en application du droit national.

Les pays de l'OHADA sont parmi les Etats les plus actifs en matière de négociation et de signature de traités internationaux bilatéraux, régionaux, et multilatéraux de protection des investissements. En ce qui concerne les TBI, le pays le plus actif de la zone est le Sénégal. Il a conclu 31 TBI. Vient ensuite, le Mali, avec 24 TBI, la RDC avec 23 TBI et le Cameroun, avec 20TBI.[10]

Ce tableau nous donne une idée sur la pratique conventionnelle des Etats membres de l'OHADA.[11]

Etat	Nombre des TBI	Autres traités affectant les investissements	Total
Sénégal	24	7	31
Guinée	19	6	25
Mali	17	7	24
Cameroun	16	5	21
RDC	15	8	23

[9] TBI de 1964 (Art 1), v. de même, TBI Sénégal-Pays-Bas (1979), Art I, TBI Sénégal-Royaume-Uni (1980).

[10] Voir notre étude, Walid Ben Hamida, La participation des personnes publiques subsahariennes à l'arbitrage relatifs aux investissements, *Les Cahiers de l'Arbitrage/The Paris Journal of International Arbitration* 2012, n°3, pp. 617-643

[11] Un tableau plus complet concernant tous les pays de l'Afrique subsaharienne a été intégré dans notre article publié dans le Journal Africain du droit des affaires, Voir Walid Ben Hamida, La participation des personnes publiques subsahariennes à l'arbitrage relatifs aux investissements», *Journal Africain du droit des Affaires*, supplément 2012, p. 22.

Bénin	14	6	20
Burkina Faso	14	7	21
Tchad	14	4	18
Congo	12	5	17
Gabon	12	6	18
Côte d'Ivoire	10	6	16
Guinée Equatorial	8	4	12
Comores	6	8	14
Niger	5	7	12
République Centrafricaine	4	4	8
Togo	4	6	10
Guinée-Bissau	2	7	9

Cependant, les traités d'investissement de la zone OHADA souffrent de certains défauts: en premier lieu, leur ancienneté, en second lieu, leur caractère hétérogène, enfin, leur incapacité à prendre en considération les intérêts des Etats et les besoins des pays de la zone. Un réexamen et une modernisation de ces traités s'imposent.

(b) Les codes d'investissements dans la région

Tous les Etats de l'OHADA ont adopté des lois nationales destinées à régir les investissements étrangers. Les codes d'investissement régissent l'admission des investissements et réglementent son régime fiscal. Certains codes abordent aussi le volet protection en contenant des règles sur l'interdiction de l'expropriation et sur la non discrimination. L'examen de ces codes montre que si ces pays divergent sur les secteurs qui doivent être ouverts à l'investissement étrangers, ils accordent presque tous des incitations, surtout d'ordre fiscal, aux investisseurs étrangers. Bien plus chose curieuse la quasi-totalité de ces codes a été adoptée ou modifiée entre 1998 (date d'entrée en vigueur des premiers actes uniformes OHADA) et 2012.

B – La réglementation harmonisée: l'apport de l'OHADA

Hormis la fiscalité de l'investissement qui relève de la compétence nationale, les règles relatives à l'opération de l'investissement font l'objet d'une harmonisation par les textes de l'OHADA (**a**). Le droit de l'OHADA prévoit aussi des règles de protection procédurale au profit des investisseurs (**b**).

(a) L'harmonisation du droit des opérations

Le droit de l'OHADA contient plusieurs règles applicables à l'opération de l'investissement. Au stade de la constitution de l'investissement, le droit OHADA contient des règles pour la constitution ou la restructuration d'une société qui sera souvent le véhicule de l'investissement étranger. Au stade de l'exploitation de l'investissement, le droit OHADA offre des règles organisant l'activité commerciale, les sûretés nécessaires pour le financement de l'activité économique et le recouvrement des créances. Le futur acte uniforme sur le droit des contrats sera très utile aux investisseurs étrangers pour sécuriser leurs relations contractuelles avec leurs clients, fournisseurs et salariés. Au stade de la liquidation de l'investissement, si celle-ci résulte d'une procédure collective, le droit OHADA offre encore des règles, dont certaines organisent les effets dans l'ensemble des Etats OHADA d'une procédure collective ouverte dans un Etat membre (procédures collectives internationales).[12] On peut aussi ajouter, enfin, l'harmonisation des règles relatives à l'arbitrage découlant de l'Acte uniforme relatif au droit de l'arbitrage», adopté par le conseil des ministres de l'OHADA le 11 mars 1999 à Ouagadougou. L'acte s'applique à tout arbitrage lorsque le siège du tribunal arbitral se trouve dans l'espace OHADA. Il a vocation à régir l' arbitrage tant interne qu'international; qu'il s'agisse d'un arbitrage ad hoc ou d'un arbitrage institutionnel.[13] L'acte uniforme réalise une unification sur la base des standards internationaux les plus favorables à l'arbitrage, destinés à assurer à la fois la liberté des parties et la sécurité du système de règlement des litiges. Il fournira aux investisseurs dans l'OHADA un cadre juridique moderne et efficace pour résoudre leurs litiges commerciaux internes et internationaux.

Seules donc les règles fiscales échappent à l'harmonisation du droit opérationnel.

(b) La protection procédurale

Le traité de l'OHADA a mis en place un mécanisme d'arbitrage institutionnel sous l'égide de la Cour Commune de Justice et d'Arbitrage. Ce mécanisme permettra une protection efficace des investissements. En effet, la sentence rendue par la CCJA ne peut pas être frappée d'un recours en annulation devant les juridictions de l'Etat membre de l'OHADA sur le territoire duquel elle a été rendue. De même, les sentences rendues par la CCJA bénéficient d'un exéquatur régional dans tous les pays de l'espace OHADA. L'exequatur est accordé par le Président de la CCJA. Elle s'impose aux autorités nationales dont le rôle se limite à apposer la formule exécutoire. Ce caractère régional présente un intérêt indéniable pour les investisseurs qui souhaitent qui souhaitent poursuivre l'exécution d'une sentence dans plusieurs pays dans l'espace OHADA.[14]

On remarque d'ailleurs que certains traités internationaux d'investissement conclus par les Etats de l'OHADA choisissent la Cour commune de justice et d'arbitrage comme système arbitral pour régler les différends relatifs aux investissements. On trouve ainsi, une référence à cette cour dans le traité bilatéral d'investissement conclu entre la Guinée et la RDC.[15] De même, l'Accord entre le Gouvernement de la République française et le Gouvernement de la République du Sénégal sur la promotion et la protection réciproque des investissements, signé à Dakar le 26 juillet 2007 se réfère à la possibilité de soumettre les arbitrages relatifs aux investissements à la Cour Commune de Justice et d'Arbitrage.

[12] Voir Sébastien Manciaux, Que disent les textes OHADA en matière d'investissements?, Intervention, colloque «L'O.H.A.D.A et le droit des investissements», Mercredi 31 mars 2010, Université de Dijon.

[13] Benoît Le Bars, Arbitrer un litige de droit des sociétés en droit OHADA: bref aperçu et exemples, *Bulletin Joly Sociétés*, 01 novembre 2009 n° 11, P. 1036

[14] Voir Achille Ngwanza, L'essor de l'arbitrage international en Afrique Subsaharienne: Les apports de la CCJA, *Journal Africain du droit des Affaires*, supplément 2012, p. 4, § 4.

[15] Article 9.

Dans le même sens, les législations de certains pays de l'OHADA renvoient le règlement des différends relatifs aux investissements à la Cour Commune de Justice et d'Arbitrage. Certaines permettent un recours automatique à cette cour. C'est le cas de la Charte d'investissement de la République Centre Africaine (Loi n°01-010 du 16 juillet 2001).[16] On peut aussi ajouter l'article 13 du code d'investissement des Iles Comores intitulé «Règlement des différends».[17] D'autres, tout permettant le recours à cette cour exige l'acceptation de sa compétence par l'investisseur dans la demande d'agrément (Loi n°05-050 du 19 août 2005 portant Code des investissements au Mali).[18] D'autres codes, enfin, subordonnent le recours à cette cour par la conclusion d'une clause d'arbitrage. Ainsi, la Charte d'investissement du Congo (Loi n°6-2003 du 18 janvier 2003)[19] autorise l'insertion de clause contractuelle de règlement des différends relatifs aux investissements se référant à la cour.[20]

On peut donc conclure que si l'admission et la fiscalité relèvent de la compétence exclusive des Etats, la protection et l'opération sont des matières mixtes. Si l'OHADA joue un rôle important en matière d'opération, dans le domaine de la protection, les Etats demeurent les acteurs principaux.

II – LE REGIME PROSPECTIF DE L'INVESTISSEMENT ETRANGER DANS LES ETATS DE L'OHADA

En dépit de cette réglementation, les pays de l'OHADA n'attirent pas suffisamment d'investissements étrangers. Cela pourrait s'expliquer par une déficience des autres déterminants de l'investissement. On sait que l'attractivité d'un pays ne se mesure pas seulement par le cadre normatif mais aussi par d'autres facteurs, comme la stabilité politique, la taille du marché et l'existence d'une main d'œuvre qualifiée.

On peut aussi expliquer les insuffisances de la zone par le fait que l'univers normatif de l'investissement dans la zone OHADA est complexe et hautement

---

[16] http://www.droit-afrique.com/images/textes/RCA/RCA_Charte_investissements.pdf L'article 22 de cette Charte prévoit « *Tout différent opposant un ou plusieurs investisseurs à l'État centrafricain concernant l'application de la Charte est réglé conformément à une procédure d'arbitrage et de conciliation découlant — soit du traité issu de l'application des procédures et arrêts de la Cour Commune de Justice et d'Arbitrage de l'Organisation pour l'Harmonisation du Droit des Affaires en Afrique (OHADA) à laquelle la République Centrafricaine a adhéré; — soit de la Convention du 10 mars 1965 pour le règlement des différends relatifs aux investissements entre l'État et les ressortissants d'autres États, établie sous l'égide de la Banque Internationale pour la Reconstruction et le Développement (BIRD) et ratifiée par la République Centrafricaine le 23 février 1966; soit, si la personne physique ou morale concernée ne remplit pas les conditions de nationalité stipulées à l'article 25 de la Convention susvisée, conformément aux dispositions des règlements du mécanisme supplémentaire approuvées par le Conseil d'Administration du Centre International pour le Règlement des Différends relatifs aux Investissements (CIRDI)*». L'article 23 du même code ajoute: «*Le recours aux juridictions du CIRDI ou au mécanisme supplémentaire tels qu'énoncés ci dessus doit être expressément précisé dans les agréments*». Il en découle que le consentement unilatéral n'est donné qu'au profit de la cour de l'OHADA. Le recours au CIRDI, en revanche, doit être mentionné dans l'agrément.

[17] Loi du 31 août 2007, http://www.beit-salam.km/article.php3?id_article=59

[18] http://www.droit-afrique.com/images/textes/Mali/Mali%20-%20Code%20investissements%202005.pdf

[19] http://www.ambbrazzaville.esteri.it/NR/rdonlyres/E14D8EE0-09C3-4F5F–B6E8-6E1D65D3E065/44870/Droitdesinvestissements.pdf

[20] Voir sur ces offres, Walid Ben Hamida, La participation des personnes publiques subsahariennes à l'arbitrage relatifs aux investissements», Les Cahiers de l'Arbitrage/ The Paris Journal of International Arbitration 2012, n°3, pp. 617, § 12.

atomisé. Les investisseurs préfèrent un droit simple, homogène et transparent. Le risque existe de voir le système dégénérer en un salmigondis de moins en moins transparent de règles complexes auxquelles les pays, surtout les pays de l'OHADA connaissant des problèmes de capacité, aient de plus en plus de difficulté à mettre en œuvre.

Il serait possible, au prix d'un effort collectif, d'améliorer sensiblement le cadre normatif applicable à l'investissement pour le rendre plus favorable à la croissance et au développement. L'une des solutions proposée consiste à harmoniser le régime de la protection des investissements étrangers en adoptant un acte uniforme applicable à la protection des investissements dans le cadre de l'OHADA. Il convient donc de compléter les règles d'opération adoptées par l'OHADA par des règles ayant une finalité protectrice harmonisées. Nous considérons qu'il faut être réaliste. Il est difficile d'harmoniser les règles gouvernant l'admission des investissements et surtout la fiscalité. Ces deux domaines sont intimement liés à la souveraineté des Etats et leurs choix politiques. Seuls donc l'harmonisation des règles de protection est donc envisagée.

Cette harmonisation du droit de la protection par l'OHADA ne concurrence pas le travail normatif d'autres organisations régionales africaines. En effet, la Charte des investissements du 17 décembre 1999 conclue dans le cadre de la CEMAC (Communauté Economique et Monétaire de l'Afrique Centrale),[21] en dépit de son titre, vise des domaines variés comme l'assainissement des finances publiques et la concurrence. Quant aux rares règles d'investissement qu'elle contient, celles-ci prévoient des obligations de moyens et sont anciennes et largement dépassées. Le Code communautaire des investissements de la Communauté Economique des Etats des Grands Lacs[22] outre le fait qu'il ne s'applique qu'à un seul pays membre de l'OHADA est aussi un instrument très ancien. Il nécessite une revue et un réexamen pour prendre en considération les évolutions récentes en la matière. Les règles uniformes prospectives de protection peuvent inciter et faciliter la réalisation des investissements intra-zone (entre les pays OHADA) ainsi que des investissements extra-zone (venant des Etats non OHADA).

Pour réaliser ces objectifs, l'acte prospectif doit, tout en prenant en considération les intérêts des Etats, assurer aux investisseurs une protection substantielle (**A**) ainsi qu'une protection procédurale (**B**).

A – La protection substantielle

L'acte doit assurer la protection des droits des investisseurs étrangers (**a**). Cependant, on insiste de plus en plus sur la nécessité de rééquilibrer le droit actuel des investissements en mettant à la charge des investisseurs étrangers des obligations et des nouvelles responsabilités (**b**).

[21] Disponible sur ce site http://gaboneco.com/Docs/CEMAC%20-%20Charte%20Investissements.pdf

[22] Cette Communauté a été établie le 20 septembre 1976. Elle regroupait en novembre 1995: le Burundi, le Rwanda et le Zaïre (RDC).

(a) Les garanties accordées aux investisseurs.

L'acte uniforme prospectif relatif à la protection des investissements doit reprendre et harmoniser les garanties accordées par les Etats de l'OHADA sur le plan national et conventionnel comme le traitement national, le traitement de la nation la plus favorisée, le traitement juste et équitable, les garanties d'une indemnisation prompte, adéquate et effective en cas d'expropriation et le libre transfert de capitaux. Ces garanties sont prévues dans la presque totalité des traités d'investissement conclus par les Etats membres de l'OHADA. L'utilisation des mêmes règles dans les conventions internationales d'investissement conclus entre les pays de l'OHADA et avec les pays tiers a conduit à une unification indirecte ou *de facto* des règles juridiques de la protection dans l'espace OHADA. Il suffit donc d'évoluer en transformant cette harmonisation *de facto* à une harmonisation de jure. Si les Etats sont d'accords sur les garanties à accorder, il est facile d'adopter un acte juridique d'uniformisation.

L'acte à adopter ne doit pas distinguer entre les investisseurs venant la zone OHADA et ceux venant de l'extérieur. En effet, les actes uniformes déjà adoptées dans le cadre de l'OHADA ne distinguent pas entre les ressortissants venant des pays de l'OHADA et les autres. Ils s'adressent à tous les opérateurs économiques quelles que soient leurs nationalités. Le droit prospectif des investissements doit conserver cette orientation. Cela d'autant plus qu'il y a une tendance actuelle en droit des investissements qui consiste à ne pas distinguer entre nationaux et étrangers. Les codes modernes d'investissement s'adressent aux investisseurs nationaux et étrangers. Ce qui compte n'est pas la nationalité de l'investisseur, mais le montant des apports qu'il injecte dans l'économie et la capacité de son investissement à créer des emplois, à transférer des technologies et à contribuer au développement.

(b) Les devoirs des investisseurs

Une "nouvelle génération" de politiques d'investissement vise à répondre aux préoccupations spécifiques des Etats hôtes. Il existe un besoin de renforcer la dimension de développement des instruments relatifs aux investissements de manière à mieux équilibrer les droits et obligations des États et des investisseurs.[23] Les nouvelles orientations adoptées en la matière peuvent représenter une source d'inspiration pour les pays de l'OHADA. Ainsi, la CNUCED propose un cadre pour les politiques d'investissement au service du développement durable visant à aider les négociateurs des instruments de protection des investissent à intégrer les intérêts des Etats.[24] Les règles de la nouvelle génération énoncent des responsabilités et des devoirs à la charge des investisseurs (respect du droit local, respect de la réglementation relative à l'environnement, droit de l'homme, transparence). Elles renvoient aussi aux principes de RSE. En intégrant des devoirs à la charge des investisseurs, l'acte uniforme à adopter établira un équilibre entre les droits des

[23] Voir sur cette tendance, Walid Ben Hamida, La prise en compte de l'intérêt général et des impératifs de développement en droit des investissements», *Journal du droit international* 2008, n°4, p. 999-1033.

[24] Voir CNUCED, un cadre pour les politiques d'investissement au service du développement durable 2012, disponible sur ce site http://unctad.org/fr/Pages/PressRelease.aspx?OriginalVersionID=78

investisseurs et les droits des Etats hôtes. Il renforcera ainsi la coopération entre les différents acteurs de l'investissement étranger.

B – La protection procédurale

L'existence d'une procédure de règlement des différends relatifs aux investissements efficace, impartiale et rapide est un critère déterminant de l'attractivité économique d'un pays et d'un environnement favorable à l'investissement. L'acte prospectif généralisera la pratique déjà suivi dans certains traités et lois nationales d'investissement en donnant compétence à la Cour Commune de Justice et d'Arbitrage pour régler les litiges relatifs aux investissements étrangers. L'acte autorisera aussi les Etats à introduire des demandes reconventionnelles lorsque l'investisseur étranger ne respecte ses obligations et ses responsabilités.

Conclusion

Le droit est en effet apparu depuis quelques années comme un élément central des stratégies pour restaurer l'attractivité économique. Il ressort que le législateur OHADA montre un certain anachronisme car il encourage l'investissement mais ne règlemente pas tous ces aspects. Les pays de l'OHADA peuvent dans un premier temps penser à élaborer un acte uniforme simplifiant et harmonisant le protection des investissements étrangers qui complètent les règles d'opération déjà adoptées dans les différents actes uniformes. La mission n'est pas difficile car il existe déjà une harmonisation *de facto* en la matière. L'adoption d'un tel acte permettra à l'OHADA de prendre en considération les deux dimensions de l'investissement: l'opération et la protection. Seules la fiscalité et l'admission échappent à l'harmonisation.

L'acte prospectif présente plusieurs avantages. En premier lieu, il renforce la transparence et la lisibilité du cadre juridique applicable à l'investissement. Les investisseurs trouveront le droit de l'OHADA toutes les règles gouvernant la protection de leurs investissements et une bonne partie des règles régissant l'opération. En second lieu, il facilite la circulation des investissements dans la zone OHADA. En effet, l'unification des règles juridique dans les Etats membres et l'établissement des mêmes garanties facilitera la mobilité des investissements intra-zone et extra-zone. Enfin, l'acte prospectif améliorera l'intégration des économies de la région.

Les Etats membres peuvent aussi, dans un second temps, penser à élaborer un traité modèle de protection d'investissement pour harmoniser leurs pratiques en la matière avec les Etats tiers. Le droit conventionnel de la protection ne doit pas contredire le droit uniforme de l'OHADA. Les Etats de l'OHADA peuvent aussi, dans un troisième temps, négocier ensemble leurs traités d'investissement avec les pays tiers. L'OHADA peut-elle parler d'une seule voix avec le monde extérieur? Nous le souhaitons . . .

Cela est dit, au-delà des aspects purement juridiques, l'attractivité des investissements nécessite une transparence institutionnelle, une confiance établie entre l'Etat et l'investisseur, une application uniforme du droit harmonisé et une culture de respect du droit par les différentes administrations. Nous souhaitons à l'OHADA qui fête ses vingt ans à Yaoundé bon anniversaire et surtout bonne chance pour renforcer son attractivité et attirer plus d'investissements.

LE RECOURS EN MANQUEMENT DES ETATS DANS L'APPLICATION DU DROIT OHADA

Dr. Victor TOWO KAMGA
Spécialiste du droit communautaire
Inspecteur des finances publiques
FRANCE

Abstract

In twenty years of existence, it is important to take stock of the activities of OHADA and in particularly its law regulatory institution: The Common Court of Justice and Arbitration (CCJA). Therefore, the CCJA drew our attention for two reasons: It played and will continue to play an important role, by its methods of intervention in the establishment of a Uniform law in member States, it will make it possible to foster a security regulation of cases resulting from the application of Uniform laws, by reinforcing the legal security of commercial and economic transactions.

Les buts de l'Organisation pour l'harmonisation en Afrique du droit des affaires (OHADA):

- Uniformiser, à partir d'un traité original le droit des affaires par l'adoption «d'actes uniformes »;
- Assurer un règlement efficace des litiges nés à l'occasion de l'application des actes uniformes;
- Mettre à la disposition des acteurs (magistrats et auxiliaires de justice) une formation de haut niveau afin de mieux assurer la vulgarisation du droit OHADA.

Aux termes de vingt ans d'activité, il est indispensable de faire un bilan sur l'activité de l'OHADA et, en particulier de son institution de régulation du droit: la cour commune de justice et d'arbitrage (CCJA).

Donc, la CCJA va retenir notre attention pour deux raisons:

- Elle a joué et jouera un rôle moteur, de par ses méthodes d'intervention à la mise en place d'un droit uniforme dans les Etats Parties;
- Elle va permettre, dans la zone OHADA, de favoriser un règlement efficace des litiges nés de l'application des actes uniformes, en renforçant la sécurité juridique des transactions commerciales et économiques.

Sur le plan institutionnel, elle exerce actuellement trois fonctions:

- La fonction consultative: Elle est consultée pour avis sur les projets d'acte uniforme avant leur présentation et leur adoption éventuelle par le conseil des Ministres.

  Sur la demande des juridictions nationales, des Etats Parties ou du conseil des Ministres, elle formule des avis sur des questions relatives à l'interprétation et à l'application du droit OHADA. Cette fonction lui donne le moyen de peser sur le contenu même du droit des affaires dans la zone concernée;

- La fonction d'arbitrage: Elle contrôle le bon déroulement des procédures d'arbitrage quand les parties ont préféré recourir à cette voie plutôt qu'à la voie contentieuse;
- La fonction juridictionnelle: Elle est juge de cassation, en lieu et place des cours de cassation nationales, pour tout ce qui touche au droit harmonisé des affaires, c'est-à-dire les actes uniformes. C'est une innovation marquante qui présente l'avantage de conférer à la CCJA le droit d'examiner intégralement une affaire, de la réformer, de corriger les erreurs de qualification des juges nationaux et de relever toutes les circonstances légales qui accompagnent les faits. Elle statue sans renvoi.[1] Cet aspect implique pour les Etats un abandon de souveraineté.[2]

Ainsi, en assurant en dernier ressort l'interprétation et l'application dans certains cas, des dispositions du Traité original, des actes uniformes et des règlements d'application, elle a là l'occasion d'affirmer sa légitimité et de construire un véritable droit supranational. En faisant référence aux méthodes d'interprétation du juge communautaire (CJUE) pour l'élaboration d'un droit communautaire, il nous est paru nécessaire d'envisager une orientation basée sur l'objectif poursuivi par les textes OHADA. La démarche choisie est celle théorisée par le professeur Troper[3] qui a mis en exergue le «syllogisme secondaire»selon lequel le majeur est la règle d'interprétation par opposition à la mineure constituée par la règle de droit applicable «le choix rationnel de la cohérence». Mais, force est de constater qu'il est encore prématuré de définir le contour exact de la tendance jurisprudentielle dégagée par la CCJA.

Les instruments de la légitimation du juge de la CCJA sont concentrés sur le mécanisme de l'autorité attachée aux arrêts préjudiciels.[4] La montée en charge des demandes fréquentes des questions préjudicielles conduit inéluctablement à aboutir à une autorité de la chose interprétée qui diffère de l'autorité de la chose jugée traditionnelle, sous réserve du cas où le juge de la CCJA intervient dans les conditions prévues à l'article 52 de son Règlement de procédure. Passé ce contentieux de première génération, il est temps d'envisager l'intervention de la CCJA dans l'optique d'un contentieux de deuxième génération: le contrôle et la garantie de l'application uniforme du droit OHADA dans l'ensemble du territoire concerné à travers le recours en manquement engagé à l'encontre d'un Etat défaillant.

Pour clore son cycle de maturation, il sera nécessaire de s'investir dans le conten-

---

[1] Cette faculté participe à un gain de temps et contribue à la bonne cohérence du dispositif nécessaire pour assurer une unification de sa jurisprudence.

[2] Aux termes des dispositions du règlement de procédure prévu à l'article 52 de la CCJA, le juge de la CCJA dispose de la possibilité d'annuler les décisions des juges nationaux rendues en méconnaissance du droit OHADA. Il s'agit ici de l'illustration du pouvoir classique d'annulation à la disposition de tout juge supérieur.

[3] Michel TROPER, le problème de l'interprétation et la théorie de la supralégalité constitutionnelle, in recueil d'études en hommage à Charles Eisemann, Editions Cujas, 1975, p. 174.

[4] Dont l'objet essentiel de la coopération entre le juge national et juge communautaire est une interprétation ou la détermination des conditions d'appréciation par le juge supranational de la validité des actes harmonisés.

tieux de 3e génération: le contentieux de l'annulation des actes des institutions de l'OHADA ou des actes dommageables des institutions et de ceux causés par ses agents.

Ces trois temps d'évolution cernent les compétences d'une véritable juridiction supranationale qui consiste à:

- Recevoir des justiciables des recours dirigés contre ses institutions (recours en carence, recours en annulation et actions en réparation);
- Recevoir des juridictions des Etats Parties des questions préjudicielles, des recours pour exception d'illégalité et des recours en appréciation de légalité;
- Recevoir, dans sa fonction régulatrice, aux termes d'une procédure bien encadrée, les recours en manquement contre un Etat Partie défaillant.

En effet, c'est dans la plénitude de cette fonction régulatrice que le juge supranational tire sa légitimité pour assurer le respect du droit communautaire. Cette exigence d'harmonisation s'exprime avec une acuité évidente quand on aborde l'aspect de l'arbitrage. En même temps que le Traité Fondateur posait la nécessité de «la mise en œuvre de procédures juridictionnelles», il a fait de la CCJA un organe d'«encouragement au recours d'arbitrage pour le règlement des différends» au besoin dans sa fonction d'administration et d'organisation de l'arbitrage, un Etat Partie peut être condamné comme d'un opérateur économique. Nous allons nous attacher dans un premier temps, à examiner les aspects des recours classiques devant un juge supranational (I), et dans un second temps, en nous inspirant de la procédure en vigueur pour les règlements de différents par l'arbitrage, nous allons essayer d'analyser la nécessité qui fonde le recours en manquement (II).

I – LES ASPECTS DES RECOURS CLASSIQUES DEVANT LE JUGE SUPRANATIONAL

La présentation des voies de recours classiques est déterminante pour comprendre que le droit communautaire est une source d'inspiration des recours en droit OHADA (1). Même si la pratique en vigueur ne permet pas un rapprochement à tout point (2).

1 Les recours en droit communautaire, sources d'inspiration des recours en droit OHADA

A complément des traités fondateurs de l'Union, le droit dérivé est la deuxième source du droit communautaire. La corrélation entre la typologie des actes dérivés (a) et la nature du recours juridictionnel applicable (b).

(a) La typologie des actes du droit dérivé en droit communautaire

Aux termes de l'article 249 du TCE: «pour l'accomplissement de leur mission et dans les conditions prévues au présent traité, le Parlement européen conjointement avec le Conseil et la Commission arrêtent des règlements et des directives, prennent et formulent des recommandations et des avis».[5] Aux actes unilatéraux encore

[5] Les différents types d'actes de l'Union européenne, in www.nouvelledonne.scpo2.free.

appelés actes de droit dérivé visés à l'article précité, la pratique a ajouté des «actes innommés»qui doivent respecter la légalité communautaire.[6]

Notre analyse consistera à recenser uniquement les actes du droit dérivé classique, à savoir:

- Le règlement est le plus complet et le plus efficace des instruments normatifs communautaires. Il a une portée générale et est obligatoire dans tous ses éléments.
- La directive «lie tout Etat destinataire quant aux résultats à atteindre tout en laissant aux instances nationales la compétence quant à la forme et aux moyens»Elle marque la volonté de concilier l'exigence d'uniformisation des ordres juridiques nationaux avec la nécessité de laisser à chaque Etat le soin d'apprécier les spécificités normatives internes dans la mise en œuvre du droit des communautés européennes. La directive est, par excellence, un instrument d'harmonisation des législations et des réglementations nationales et n'a en principe pas de portée générale.
- La décision est un «acte obligatoire en tous ses éléments pour les destinataires qu'elle désigne»et n'a pas de portée générale.

Aux termes de l'article 211 du TCE, la Commission est habilitée à formuler «des recommandations ou des avis sur les matières qui font l'objet du présent traité, si celui-ci le prévoit expressément ou si elle l'estime nécessaire».[7]Ces actes ne lient pas les destinataires et, ils sont dépourvus d'effet obligatoire ou contraignant. Les Etats membres n'ont pas à prévoir des mesures nationales de réception.

Ces actes obéissent à différents régimes juridiques. C'est le juge communautaire qui a élaboré, par son raisonnement judiciaire les contours qu'il a fallu donner pour l'interprétation de chaque acte.

(b) Le recours juridictionnel et la légitimité du juge communautaire

Le traité de Lisbonne confirme la possibilité pour toute personne physique ou morale de saisir la Cour de justice de l'Union européenne CJUE pour des actes dont elle est la destinataire ou qui la concernent directement et individuellement et qui touchent à l'action extérieure de l'Union. Ainsi la CJUE exerce un contrôle juridictionnel par l'intermédiaire des différents recours existant auprès d'elle:

- Les recours contre les décisions des institutions:
- Le recours en annulation: Les Etats membres, le Conseil et la Commissions peuvent demander l'annulation par la CJUE d'actes de l'Union dans un délai de deux mois après leur publication ou leur notification. Dans ce même délai, les particuliers et les personnes morales peuvent saisir le Tribunal de première

[6] I arrive que les institutions communautaires adoptent des actes non prévues par la nomenclature des traités pour satisfaire à des besoins suscités par la nature économique de l'Union ou pour échapper aux répartitions ou limitations des compétences et des pouvoirs qui leur sont attribués par les traités.

D'ordre très divers, on relève les actes suivants: résolutions, conclusions, programme d'action, calendriers, communications, échéanciers, codes de conduite, disciplines.

[7] Rapport public du Conseil d'Etat 2007, L'administration française et l'Union européenne: Quelles influences? Quelles stratégies, Etudes et Documents n°58, La documentation Française, p. 239.

instance de l'Union pour l'annulation des actes juridiques qui les affectent directement ou individuellement.[8] En droit OHADA, ce recours n'est pas prévu.

- Le recours en carence: Les Etats membres, les autres institutions de l'UE et, dans certaines circonstances, des personnes physiques ou morales peuvent saisir la Cour lorsqu'une institution européenne était tenue d'adopter un acte ou une mesure qu'elle ne l'a pas fait. La compétence pour le recours en carence est partagée entre la Cour de justice et le Tribunal selon les mêmes critères que pour les recours en annulation.[9]Ce recours n'est pas également prévu en droit OHADA.
- L'action en responsabilité contractuelle[10] ou en responsabilité extra-contractuelle:[11] L'Union doit en tant qu'organisation internationale réparer les dommages causés par ses institutions ou ses agents. Ce recours absent en droit OHADA peut se révéler indispensable pour résoudre des difficultés qui échappent aux juridictions nationales.[12]
- Les recours dans le cadre du dialogue des juges nationaux et juge supranational.

Le renvoi préjudiciel ou question préjudicielle est un mécanisme qui permet aux autorités juridictionnelles nationales de surseoir à statuer devant une difficulté soulevée à l'occasion d'un litige mettant en cause une disposition du droit communautaire. Si l'acte communautaire n'est pas clair pour le juge, il dispose de la faculté de poser la question au juge communautaire (article 256,3 TFUE, ex- article 225 TCE) dans deux cas:[13]

- demande d'interprétation d'acte communautaire;
- demande d'appréciation de la validité de l'acte communautaire.

Cette procédure de renvoi préjudiciel permet d'assurer une application uniforme du droit de l'Union et la formation d'une jurisprudence cohérente.

---

[8] Victor TOWO KAMGA, note sur la décision du TPI CE(1e Ch; Aff. Jointes T-432/93, T-433/93, T-434/9 du 7 mars 1995, 3): Décision réduisant le montant d'un concours financier — Fonds social européen, Les Petites Affiches 1995, n°107, p. 7-8.

[9] Victor TOWO KAMGA, note sur la décision du TPI CE (3e ch, élargie; Aff. T-186/94 du 27 juin 1995,) Recours introduit par l'entreprise Guerin Automobile contre l'inaction de la Commission, Les Petit Affiches, 1997, n° 51, p. 6-7.

[10] La violation par l'Union de l'une de ses obligations contractuelles, relève de la compétence des juridictions nationales, sauf introduction d'une clause compromissoire en faveur des juridictions communautaires.

[11] Ce contentieux relève de la compétence exclusives des juridictions communautaires. Aux termes des enseignements de la jurisprudence CJCE, Aff. 5/11 du 2 déc. 1971, Zuckerfabrick,; Aff. 56/74 du 2 juin 1976, Kampffmeyer c/Conseil et Commission, (fixe le montant de préjudice et constate l'existence d'un préjudice futur); TPICE, Aff. T-279/03 du 10 mai 2006, Galileo c/Commission, (le juge communautaire adresse les injonctions à l'institution en cause pour celle-ci fasse cesser le préjudice).

[12] M.-C. KAMWE MOUAFFO, note sous l'arrêt n°001/CJ/CEMAC 10-11 du 25 nov. 2010, aff. Ecole Inter-Etats des Douanes c/DJEUKAM Michel, à propos de la révocation irrégulière d'un agent de la CEMAC.

[13] Voir le «Guide de la procédure de renvoi préjudiciel devant la Cour de justice de la Communauté européenne»par l'Association des conseils d'Etat et des juridictions administratives suprêmes de l'Union européenne, 1er mai 2010, http://www.juradmin,eu/fr/jurisprudence/guide/

En droit OHADA, il convient d'y ajouter la technique de l'annulation (réformation) des décisions des juges nationaux qui s'écartent des dispositions prévues par les traités.[14]

Le recours en manquement pour assurer le respect des actes communautaires.

La compatibilité du droit national avec le droit communautaire relève de la procédure dite de recours en manquement et non du renvoi préjudiciel.

L'adhésion des Etats à la Communauté européenne comporte un certain nombre d'obligations dont le respect est assuré par le recours en manquement visé aux articles 226 à 228 CE

Dans ce recours, la Commission ou un Etat membre peuvent saisir la CJUE contre un autre Etat membre qui aurait manqué à une de ses obligations en vertu du droit de l'Union. Si l'Etat ne s'est pas conformé à l'arrêt reconnaissant son manquement, la Cour peut infliger le paiement d'une somme forfaitaire et/ou d'une astreinte.

La violation des obligations incombant aux Etats membres peut, selon M. Blanc, prendre la forme d'un «comportement actif mais aussi passif. L'adoption d'un dispositif plus contraignant que celui exigé par le droit communautaire, la tardiveté ou la mauvaise transposition d'une directive, la conclusion d'un accord international par un Etat membre (dans un pilier communautarisé), le défaut de modification du droit interne alors même que le droit communautaire repose sur un règlement directement applicable sont constitutifs d'un manquement».[15] Le juge communautaire admet difficilement les causes d'exonération de responsabilité telles que la force majeure[16] ou les exceptions d'illégalité et d'inexécution.

Ce rappel du dispositif en vigueur en droit communautaire va nous permettre de mieux examiner le dispositif tel que prévu pour garantir le droit des personnes (physiques ou morales) dans le contexte de l'harmonisation des droits des affaires en Afrique.

2 La pratique du recours en droit OHADA

L'intensité du contrôle du juge dans la zone OHADA est lié à la nature des actes. En effet, les instruments juridiques actuels encadrent l'intervention du juge national et de la CCJA (a) et traduisent ainsi les lacunes dans le dispositif du contrôle juridictionnel (b).

---

[14] Comme toutes les procédures préjudicielles, le renvoi se développe successivement en trois phases: la première devant le juge national saisi d'un litige, la deuxième devant la cour supranationale appelée à répondre à la question que lui a soumise le juge national, la troisième, de nouveau devant ce juge réglant au fond le litige dont il est saisi, compte tenu la réponse de la Cour. En réalité, cette troisième phase peut, du seul point de vue de l'étude du mécanisme, être rattaché à la deuxième où elle est commandée par le contenu et l'autorité de la chose interprétée qui s'impose, par injonction aux juges nationaux.

[15] Didier BLANC, Cour de Contentieux de l'Union Européenne, Université de Versailles Saint-Quentin-En-Yveline, p.47.

[16] CJCE, Aff. C-303/92 du 2 août 1993, Commission c/ Pays-Bas, Rec. 1993-I, p.4739.

(a) Les instruments juridiques actuels encadrant l'intervention du juge national et de la CCJA

Le Traité relatif à l'harmonisation en Afrique du droit des affaires adopté le 17/10/1993 à Port-Louis (ILE MAURICE) prévoit au Titre II la procédure d'élaboration,[17] de révision[18] et au Titre III le contentieux relatif à la mise en œuvre des actes uniformes.[19] Le Titre III nous rappelle une rédaction identique à celle mentionnée à l'article 256-3 du TFUE. Ce qui laisse à penser que pour les pères fondateurs ont voulu instituer uniquement un dispositif de dialogue des juges par le biais du renvoi préjudiciel ou de la question préjudicielle.

(b) Les lacunes du dispositif actuel du contrôle juridictionnel

Notre analyse est confortée par la position des professeurs Pougoué et Kalieu Elongo qui proposent dans leur ouvrage des pistes d'amélioration «des possibilités d'action de la CCJA (. . .) quatre pistes peuvent être exploitées (. . .) tout d'abord, aucun contrôle de légalité n'est prévu par le Traité fondateur. Pourtant, un tel contrôle est tout à fait indiqué dans deux hypothèses (recours en manquement et en annulation)[20] Cette analyse sur l'architecture juridictionnelle fait ressortir des imperfections. L'analyse est aussi confortée par les développements de la thèse de M. Tchuinté. L'auteur soutient que le recours en annulation n'existe pas en droit OHADA. Cette absence de possibilités de recours en annulation «est liée à la nature des actes uniformes qui ont une portée générale rendant ainsi impossible leur contestation par des particuliers dont l'intérêt pour agir serait difficilement justifié»[21]

Les actes uniformes ne sont pas des directives,[22] ils sont assimilés aux règlements communautaires[23] et s'appliquent de façon uniforme dans tous les Etats parties. Il n'y a donc pas lieu à prendre un texte de transposition, ni de prévoir un mécanisme juridique de réception dans le corpus juridique des Etats Parties. Le système OHADA est moniste par excellence. L'acte interne contenant les dispositions contraires aux actes OHADA doit s'écarter. Encore faut-il qu'une institution soit chargée de veiller à la compatibilité du droit national avec le droit OHADA. Il a été vu plus haut que seul le recours en manquement permet d'effectuer ce contrôle.

---

[17] Articles 5 à 11.

[18] Article 12.

[19] Article 13 «Le contentieux relatif à l'application des actes uniformes est réglé en première instance et en appel par les juridictions des Etats Parties».

Article 14 «La Cour Commune de Justice et d'Arbitrage assure dans les Etats parties l'interprétation et l'application communes du présent Traité, des règlements pris pour son application et des actes uniformes»

[20] P.-G. POUGOUE et Y. R. KALIEU ELONGO, Introduction critique à l'OHADA, PUA, Yaoundé — Cameroun, p. 44 et suiv.

[21] Joël TCHUINTE, L'application effective du droit communautaire en Afrique centrale, Université de Cergy-Pontoise, 2011, p.416.

[22] La directive lie les Etats destinataires dans les objectifs à atteindre les laissent une latitude dans la prise des mesures nationales de réception. Voir sur ce point CE, Ass., 22 déc. 1978, Min. Int. C/Cohn-Bendit, Rec. 524, n°93 GAJA.

[23] Le règlement communautaire a une portée générale et est obligatoire dans tous ses éléments. A la différence de la directive, il est directement applicable dans touts les Etats parties sans prise de mesures nationales de réception.

En cas de difficulté liée à l'application du droit OHADA, le système juridictionnel actuel prévoit uniquement au juge national de surseoir à statuer et de poser la question préjudicielle et d'annuler la décision du juge national qui s'écarte du sens voulu par le droit OHADA.
L'acte applicable étant un règlement, il n'y a aucune souplesse prévue pour favoriser l'intégration commune.

Par ailleurs, on n'est pas à l'abri d'un ajout dans la pratique de la directive en droit OHADA ou d'un acte innommé qui par ses effets s'assimilera à une directive.
Dans cette hypothèse, si un Etat transpose mal ou ne prend pas à temps utile les mesures nationales de transposition de la norme OHADA, alors se posera le problème de manquement.

II – LA NECESSITE D'ABOUTIR A UN RECOURS EN MANQUEMENT

L'auteur Ihering nous a appris qu'une règle de droit sans contrainte; c'est le feu qui ne brûle pas, c'est un flambeau qui n'éclaire pas. Car le droit n'est pas sa propre fin, il est le moyen d'atteindre un but. Si le but de l'OHADA est d'instituer un espace commun de droit des affaires, le fondement du recours en manquement (1) se justifie pour assurer raisonnablement l'effectivité du droit harmonisé (2).

1 La recherche du fondement du recours en manquement en droit OHADA

La juste protection des bénéficiaires du droit OHADA passe par l'adoption d'une disposition permettant à l'organisation de disposer des moyens coercitifs pour harmoniser le droit des affaires. Afin de favoriser le règlement efficace des litiges nés de l'application des actes uniformes, le traité Fondateur a prévu la technique de l'arbitrage (b). Mais, le dispositif souffre de l'absence d'une mention claire du recours en manquement dans les textes fondateurs (a)

(a) L'absence d'une disposition claire dans les textes fondateurs prévoyant le recours en manquement

Aux termes des dispositions de l'article 10 du Traité précité, qui prévoit une application uniforme, il n'est pas prévu un organe mettant en mouvement l'action déclenchant les sanctions en cas de non application uniforme du droit dans l'espace OHADA.

Par analogie au droit communautaire, l'organe gardien des traités européens qui joue ce rôle est la Commission européenne. Dans l'architecture OHADA, le secrétariat permanent assurant les fonctions d'organe administratif permanent ses fonctions peut jouer ce rôle. Il peut à l'instar de la Commission européenne, avec une grille de lecture plus simple, mettre en place un dispositif efficace de rappel aux Etats Parties de la nécessité qui s'attache de respecter, sous peine de condamnation, leurs obligations et, éventuellement engager à leur encontre des mises en demeure préalable en cas de manquement.

Cette disposition a été adoptée en droit CEMAC.[24] En effet, dans le cadre du recours en manquement, le juge supranational saisi par une autorité habilitée pour

---

[24] Intervention du juge TATY, Le recours en manquement d'Etat de l'article 4 du Traité révisé de la

examiner la violation caractérisée active ou par inaction du droit supranational doit prendre des mesures énergétiques pour assurer le respect de la norme applicable.

Nous pensons que même sans texte, le juge de la CCJA peut statuer sur le plan juridictionnel, en dehors des cas prévus au Titre III du Traité fondateur.

En effet, l'acte uniforme OHADA sur l'arbitrage donne diverses prérogatives au juge de la CCJA dont celle de valider une sentence arbitrale condamnant un Etat Partie.

(b) La technique de l'arbitrage et la sécurité juridique des transactions commerciales[25]

Pour assurer efficacement la protection juridictionnelle des justiciables, la CCJA dispose de deux fonctions: administratives[26] et juridictionnelles.[27]

Dans sa formation administrative, c'est le secrétariat général de la CCJA qui reçoit les demandes, la CCJA valide la désignation et, éventuellement la récusation des arbitres.

La procédure utilisée est celle définie par le traité et l'acte uniforme sur l'arbitrage.

La CCJA assure également le contrôle formel des projets de sentence.

Sur le plan juridictionnel, l'article 25 du traité précise que les sentences rendues pourront faire l'objet de l'exécution forcée. Le professeur Djogbenou, dans son cour à l'ERSUMA conclut en disant qu'aux termes de l'alinéa 2 «la cour commune de justice et d'arbitrage est seule compétente pour rendre une telle décision».[28] Au vu de la sentence arbitrale, le secrétaire général de la CCJA délivre une attestation d'exequatur au vu de laquelle les autorités locales opposent la formule exécutoire.

Enfin, la CCJA statue sur les voies de recours contre la sentence arbitrale. Ce champ vaste va de la contestation de la validité du recours en révision ou de la tierce opposition.

Tout récemment, la CCJA a validé une sentence arbitrale qui condamne l'Etat malien dans un litige l'opposant à une société commerciale à la suite d'une vente d'une société nationale à la plaignante. Cette relation étant contractuelle, les arbitres ont conclu que l'Etat malien avait eu vis-à-vis de la société TOMOTA ayant acheté en 2005 la société étatique de production d'huile végétale Huicoma, un comportement «dolosif et déloyal». L'Etat malien a été condamné à verser plus de 24 milliards F CFA.[29]

Le recours en manquement lorsqu'un Etat partie manque à ses obligations dans la mise en œuvre du droit supranational.

CEMAC: Analyse critique, in colloque «Troisième rencontre inter-juridictionnelle des cours communautaires de l'UEMOA, la CEMAC, la CEDEAO et l'OHADA», Dakar 4,5, 6 mai 2010, CJ-UEMOA.

[25] Romain DUPEYRE, Henri-Jacques NOUGEIN, Règles et pratiques du droit français de l'arbitrage, Gazette du Palais, Collection Guide Pratique, 480 pages, déc, 2013, Paris.

[26] Voir les articles 21 alinéa 2 du traité et 2.2 du règlement d'arbitrage.

[27] Article 26 du traité

[28] Joseph DJOGBENOU, Le droit de l'arbitrage OHADA: Arbitrage CCJA, session de formation ERSUMA, Porto-Novo, les 4-8 octobre 2010.

[29] La lettre du continent n°673 du 1er janvier 2014, p. 4.

2 L'assurance raisonnable de l'efficacité du droit OHADA

Pour assurer efficacement la primauté du droit OHADA (a) par le biais du recours en manquement, il convient d'encadrer dans un formalisme la procédure de sa mise en œuvre (b). a) La volonté d'assurer la primauté du droit OHADAAux termes des dispositions combinées des articles 14[30] et 15[31] du Traité précité et 51 du Règlement de procédure CCJA,[32] le juge supranational est chargé d'uniformiser la jurisprudence en droit des affaires.

Ces dispositions sont des innovations qui n'existent pas dans les autres systèmes supranationaux. En effet, le Traité et actes subséquents accordent à la CCJA des prérogatives faisant d'elle une véritable Cour de cassation et les juges nationaux sont considérés comme des juges de droit commun faisant partie intégrante de l'organisation judiciaire de l'OHADA.

Cet aspect prévu par les textes procure un avantage considérable au juge de la CCJA qui a fait l'économie du débat qui a rythmé l'histoire de la jurisprudence communautaire en matière de la primauté du droit européen.

Il faut se souvenir que pour reconnaître l'effet direct et la primauté du droit communautaire, la CJCE a pris ses responsabilités avant de rendre la décision Van Gend and Loss, 5 février 1963, aff. 26/62[33] qui jette les base de la limitation de la souveraineté des Etats membres de la communauté.

Le juge communautaire affirme que les citoyens de la Communauté ont désormais la possibilité de s'appuyer sur le corpus des textes communautaires[34] pour faire

[30] «La Cour Commune de justice et d'Arbitrage assurer dans les Etats Parties l'interprétation et l'application communes du présent Traité, des règlements pris pour son application et des actes uniformes.

La Cour peut être consultée par tout Etat Partie ou par le Conseil des ministres sur toutes question entrant dans le champ de l'alinéa précédent. La même faculté de solliciter l'avis consultatif de la Cour est reconnue aux juridictions nationales saisies en application de l'article 13 ci-dessus.

Saisie par la voie du recours en cassation, la Cour se prononce sur les décisions rendues par les juridictions d'Appel des Etats Parties dans toutes les affaires soulevant des questions relatives à l'application des actes uniformes et des règlements prévus au présent Traité à l'exception des décisions appliquant des sanctions pénales.

Elle se prononce dans les mêmes conditions sur les décisions non susceptibles d'appel rendues par toute juridiction des Etats Parties dans les mêmes contentieux.

En cas de cassation, elle évoque et statue sur le fond»

[31] «Les pourvois en cassation prévus à l'article 14 ci-dessus sont portés devant la Cour Commune de Justice et d'Arbitrage, soit directement par l'une des parties à l'instance, soit sur renvoi d'une juridiction nationale statuant en cassation saisie d'une affaire soulevant des questions relatives à l'application des actes uniformes»

[32] «Lorsque la Cour est saisie conformément aux articles 14 et 15 du Traité par une juridiction nationale statuant en cassation qui lui renvoie le soin de juger une affaire soulevant des questions relatives à l'application des actes uniformes, cette juridiction est immédiatement dessaisie. Elle transmet à la Cour l'ensemble du dossier de l'affaire, avec copie de la décision de renvoi. Dès réception de ce dossier, les Parties sont avisées de cette transmission»

[33] Jean ROBERT, «Sur la légalité des droits devant la Communauté économique européenne des ressortissants des Etats membres avec ces Etats eux-mêmes», Revue générale de droit international public, 1963, p. 421-422.

[34] Il convient de rappeler que cet arrêt est antérieur au Traité de fusions des trois communautés du 8 avril 1965 fusionnant le traité CECA (Paris 18 avril 1951) et les deux traités EURATOM et CEE (Bruxelles 25 mars 1957) et fonde les rapports toujours pas évident entre l'ordre communautaire s'installant dans l'environnement juridique interne des Etats.

valoir leurs droits devant les juridictions nationales (notion d'effet direct de l'ordre communautaire en droit interne). Cette jurisprudence est complétée par Costa c/Enel (15 juillet 1964, aff 6/64)[35] qui consacre le principe de la primauté du droit communautaire sur les législations nationales et Simmenthal (9 mars 1978, aff. 106/77).[36] Par ces décisions, la CJCE impose une révolution dans la pratique juridictionnelle des Etats membres.

Malgré cette avancée, le Conseil d'Etat français a eu une position singulière jusqu'à la révolution de l'arrêt Nicolo de 1989.[37] Cinq ans avant cet arrêt, le Conseil d'Etat s'était refusé à suivre le juges du fond, à l'occasion d'un jugement du Tribunal administratif de Paris[38] qui avait pour la première fois engagé la responsabilité de l'Etat français pour manquement à ses obligations communautaires. En effet, le ministre du commerce extérieur avait pris un avis et un refus de visa d'exportation des pommes de terre de la France vers l'Italie (pénurie des pommes de terre). La société exportatrice Alivar avait engagé devant le Tribunal administratif de Paris la responsabilité de la France pour violation de l'article 34 du Traité CEE.[39] La juridiction suprême administrative après avoir sanctionné la position du Tribunal administratif a fondé sa décision sur le responsabilité de l'administration sans faute pour préjudice anormal et spécial imputable à l'intervention de l'administration française.[40] Il s'agissait pour le juge administratif de faire application de sa vision de la loi dite écran. Les actes postérieurs de l'Etat français contraires aux dispositions du traité n'étaient pas illégaux, mais pouvait générer la responsabilité de l'Etat français. Cet arrêt est bien l'illustration que le juge suprême abouti aux même résultat: la reconnaissance de la responsabilité de l'Etat, mais en faisant référence aux principes propres au droit interne français. Car, le Conseil d'Etat estimait que le juge administratif, de par son statut constitutionnel, n'avait pas de compétence pour écarter une loi postérieure à un traité international et contraire à celui-ci.[41] Se faisant, le juge administratif se refusait à tirer les conclusions de l'article 55 de la Constitution française. Cette position était singulière et isolée par rapport aux deux autres ordres

---

[35] Robert KOVAR, «Commentaire», Journal du droit international, 1965, p, 657-717; Jean VIROLE, «Questions posées par l'interprétation du traité du 25 mars 1957 instituant la Communauté économique européen à propos de la nationalisation de l'électricité en Italie», Revue trimestrielles de droit européen, 1965, p, 369-398.

[36] Dans cette affaire, le juge communautaire dit (en l'absence de toute indication précise contenue dans les traités) que le juge national est chargé d'appliquer, dans le cadre de sa compétence juridictionnelle, les dispositions issues de la norme communautaire et, a l'obligation d'assurer le plein effet de ces normes, les faisant au besoin passer avant toute disposition contraire qui se trouve dans la législation nationale. Il s'agit ici pour le juge de procéder au besoin à une abrogation de la norme interne contraire.

[37] CE, Ass., 20 octobre 1989, Nicolo, Rec. Leb., p. 190.

[38] TA de Paris, 23 avril 1980 in Jean-Claude BONICHOT, Cours de contentieux Administratif,, DEA droit des contentieux 1992, Faculté de droit de Metz.

[39] Dans un arrêt du 16 mars 1977, la CJCE avait déjà engagé le responsabilité de la République française qui «en subordonnant cette exportation (à l'intérieur de l'espace communautaire) à la présentation d'une déclaration préalablement visée par ledit Fonds a manqué à l'obligation qui lui incombe en vertu de l'article 34 du traité»

[40] CE, 23 mars 1984, ministre du commerce extérieur c/ Sté Alivar, req. n° 24832, Rec. Leb., p. 127.

[41] CE, Sect., 1er mars 1968, Syndicat général des fabricants de Semoules de France, Rec. Leb., p. 149.

de juridictions suprêmes; la Cour de cassation[42] et le Conseil constitutionnel[43] avaient eux reconnu la possibilité d'écarter les lois nationales contraires aux engagements internationaux de la France.

Les conséquences de ce revirement tardif vont considérablement marquer le droit public interne français. Le Conseil d'Etat ralliant ainsi les deux ordres. Les dispositions d'une loi postérieure contraires aux dispositions du droit communautaire doivent s'écarter. Dès lors la reconnaissance pleine et entière de la norme communautaire et, même celle issue de la Convention européenne de sauvegarde des droits de l'Homme du 4 novembre 1950[44] a largement contribué à engager les manquements des Etats.

L'idée d'engager la responsabilité des Etats du fait de leur manquement est tirée du principe du droit à la réparation intégrale du préjudice subi par les usagers.

Les requérants peuvent soulever les dispositions ayant un effet direct en droit interne[45] ou si l'acte n'est pas précis et inconditionnel pour être invoqué, le juge doit rechercher l'effet voulu du droit communautaire. Ainsi, le juge communautaire a évolué dans sa jurisprudence pour engager la responsabilité des Etats en cas de manquement dans l'application du droit communautaire.[46] Non seulement la procédure de manquement permet la mise en cause et le prononcé des sanctions à l'égard d'un Etat ou groupe d'Etats, cette procédure permet dans bien des cas aux Etats incriminés d'abroger «la mesure litigieuse»dès l'introduction du recours devant le juge communautaire par la commission.[47]

Le choix de faire de la situation du juge communautaire une résonance à la situation du juge de la CJCA est motivé par le parallélisme des pouvoirs de cassation reconnus par les textes OHADA. Bien que ces pouvoirs soient très importants par rapport à ceux reconnus au juge de la CJCE, le juge de la CCJA doit faire une œuvre

---

42 Cour de cassation (Ch. Mixte), 24 mai 1975, Société des cafés Jacques Vabre, 73-13.556, D.1975, p. 497, Concl. Touffait.

43 Décision n°88-1082/1117 du 21 octobre 1988, «Elections législatives dans la 5e circonscription du Val d'Oise»

44 Victor TOWO KAMGA, «La protection juridictionnelle des droits de l'étranger en matière d'entrée et de séjour», thèse de doctorat, sous la co-direction du professeur H. RUIZ-FABRI et le juge à la Cour de justice de l'Union européenne, 2002, Paris 1, Panthéon-Sorbonne, p. 125, notamment les dispositions des articles 6 «droit au procès équitable»et article 8 droit des étrangers à mener une «vie familiale normale»

45 Le juge écarte la responsabilité de l'Etat si la directive communautaire est dépourvue d'effet direct (CJCE, Affa. C-380/87, Enichem Base et autres du 13 juillet 1989, Rec. 1989, p. 2491). En revanche, il reconnaît la responsabilité si la directive est dotée d'un effet direct (CJCE, Aff. C-188/89 Foster et autres du 12 juillet 1990, Rec. 1990, p. I- 3313)

46 CJCE, Aff. C-6/90, Francovich et Bonifaci c/Italie du 19 nov. 1991. Voir aussi, P. LE MIRE, «Un Etat membre est obligé de réparer les dommages résultant pour les particuliers de la non-transposition d'une directive communautaire. AJDA, 1992, p. 143-149. L'auteur cite les conclusions de l'avocat générale rendue dans cette affaire «L'absence d'effet direct, en effet, ne signifie pas que l'effet recherché par le droit commentaire n'est pas de conférer des droits aux particuliers, mais seulement que ceux-ci ne sont pas suffisamment précis et inconditionnels pour pouvoir être invoqués et appliqués tels quels (,,,) En cas de non-transposition ou de transposition incorrecte d'une directive, un Etat membre prive le droit communautaire de l'effet voulu. Il commet en même temps une infraction aux articles 5 et 189 alinéa 3 du traité qui affirment le caractère obligatoire de la directive et l'obligation de prendre toutes les mesures nécessaires à son exécution».

47 Vincent COUSSIRAT-COUSTERE, Revue «Pouvoir n°46», 1992, p. 85-96.

créatrice pour affirmer et affirmer la reconnaissance des droits que les requérants peuvent tirer de la norme OHADA.

Comme le juge de la CCJA dispose des pouvoirs très larges et d'un accès au prétoire très libre. Il ressort des dispositions précitées que les requérants y ont un accès facile. Pour éviter d'engorger et paralyser le recours en manquement, il serait plus judicieux d'instituer une espèce de filtre. Car le dispositif rationnel d'accès au juge pour engager la responsabilité des Etats en cas de manquement est indispensable pour éviter de banaliser cette procédure.

(b) L'encadrement de la procédure de recours en manquement

Le recours juridictionnel devant la CCJA est largement ouvert. Si on ne réévalue pas les conditions de saisine dans de la cadre du recours en manquement, on va courir le risque d'une paralysie du système judiciaire. Par comparaison avec le droit communautaire européen, pour rationaliser la procédure de recours en manquement, les traités ont confié le pouvoir d'instruction de plaintes et de saisine de la CJUE aux Etats membres et à la Commission Européenne, gardienne des traités. Un rappel sommaire de la procédure en vigueur devant la CJUE est nécessaire pour la bonne compréhension des développements qui vont suivre.

Comme signalé contrairement au droit OHADA, la procédure de recours en manquement repose sur les articles 258 à 260 du TFUE. Le manquement peut être le faits d'actes (lois, décrets, décisions administratives, etc..;) ou résulter de faits (pratiques ou comportements administratifs, etc.). Le comportement peut être positif (action) ou négatif (abstention et omission). Ainsi, une action peut résulter de l'adoption d'un texte postérieur contraire au droit européen ou du refus exprès d'abroger une mesure interne contraire.

En revanche, une abstention ou omission peut consister en la prise avec retard d'une transposition en droit interne des dispositions d'une directive ou l'absence de communication des mesures nationales d'exécution ou des mesures de transposition d'une directive[48] à la Commission par les Etats membres.

L'acte doit être imputable à l'Etat membre. A ce titre, la notion d'Etat est largement admise par la CJUE. Il peut s'agir de l'ensemble de ses organes comme le gouvernement, le parlement, les entités infra-étatiques (entités fédérés, collectivités décentralisées etc. . .)

En principe, la procédure débute par un recours de la Commission[49] ou de celui d'un Etat[50] intenté uniquement devant la CJUE. Une fois l'instance ouverte devant la

[48] Le traité de Lisbonne du 13 décembre 2007 a introduit un recours particulier dans les cas où un Etat membre n'aurait pas communiqué à la Commission les mesures de transposition d'une directive. Dans un tel cas, la Cour peut infliger une sanction pécuniaire à l'Etat membre concerné dès le stade du premier arrêt de manquement.

[49] Lorsque la Commission initie la procédure, elle doit d'abord adresser un avis motivé à l'Etat membre qui n'aurait pas respecté le droit de l'Union. Si après un certain délai l'Etat membre n'a toujours pas mis fin au manquement, la Commission peut alors exercer devant l a CJUE un recours à l'encontre de l'Etat membre.

[50] Lorsqu'un Etat membre initie la procédure, il doit d'abord saisir la Commission. La Commission émet alors un avis motivé après avoir entendu les argumentations des Etats membres intéressés. L'Etat membre requérant peut saisir directement la CJUE.

Cour, si elle reconnaît l'existence du manquement, elle rend un premier arrêt qui comporte les mesures devant être adoptées par l'Etat membre afin de remédier à la situation. Par la suite, si la Commission estime que l'Etat membre n'a pas pris les mesures nécessaires, elle saisit une seconde fois la Cour. Sous réserve de la disposition introduite par le traité de Lisbonne, si la Cour confirme que l'Etat incriminé ne s'est pas conformé à son premier arrêt, elle peut alors lui infliger le paiement d'une amende.[51]

Une articulation similaire plaçant le secrétariat permanent au cœur du dispositif peut être envisageable. Le secrétariat permanent recevant les plaintes des Etats et usagers du droit OHADA. A l'issu d'un débat contradictoire avec l'Etat incriminé et un rappel aux obligations découlant du droit OHADA et mise en demeure accompagnée d'une proposition permettant à l'Etat de se conformer aux dispositions protégées, le secrétariat peut saisir seul ou avec l'Etat auteur de la plainte la CCJA.

La CCJA saisie va statuer en précisant la disposition en contradiction avec le droit OHAD et en formulant les mesures propres à être prises pour une mise en conformité. Dans son arrêt, le CCJA peut fixer un nouveau délai pour que l'Etat incrimé se mette en règle. Cette possibilité est d'autant plus préconisée que le droit OHADA ne reconnaît pas la directive. Donc, ces actes uniformes étant immédiatement applicables, seul le juge peut différer ses effets sous réserve d'un justificatif étayé par l'Etat tenant compte des considérations de force majeur[52] ou d'intérêt général.

Par ailleurs, le CCJA pourra aussi faire application de la disposition prévue à l'article 231 du Traité qui permet au juge communautaire européen d'inclure de sa décision les dispositions d'atténuation d'une rigueur d'une annulation d'un acte national contraire à l'acte communautaire. Par exemple, après un contentieux, le juge communautaire fixe une date postérieure à sa décision, il considère que celle-ci produit ses effets.

En effet, pour assurer la primauté du droit OHADA et son applicabilité directe dans l'espace concerné, si un organe régulateur ne s'impose pas, la réalisation des objectifs ambitieux affichés par les pères fondateurs se mettra lentement en marche. Le système OHADA est construit sur un schéma qui garantit la primauté de ses actes sur le droit national. Mais, souffre d'une absence de mécanisme juridictionnel de garantie de ce droit en dehors de la procédure de renvoi préjudiciel ou d'examen par le juge de la CCJA en tant que juge de droit commun de cassation des matières entrant dans le pan OHADA.

L'avènement du droit OHADA est une chance pour la sécurité des transactions. Le droit OHADA doit prouver son adaptabilité, sa capacité de s'appliquer d'une manière uniforme dans l'espace concerné. Il doit se vouloir créatif. Le juge de la CCJA doit faire preuve d'un courage si les acteurs politiques ne souhaitent pas introduire durablement dans les textes un mécanisme ordonné de contrôle de la compatibilité des textes nationaux avec les dispositions OHADA auxquelles ils ont librement adhéré. Le risque est de voir le droit OHADA se déclasser et moins attractif

[51] Joël TCHUINTE Op. cit., p. 416-418 et le juge TATY.

[52] Conflit armé dans le pays qui déstabilise le gouvernement et empêche le fonctionnement régulier des institutions de la République.

que celui prôné par les deux ensembles: la CEMAC et UEMOA, Chacun ayant en son sein organisé un système de contrôle juridictionnel complet[53] et pour la CJ-CEMAC le recours en manquement.[54]

INDICATIONS BIBLIOGRAPHIQUES

DUPEYRE (R.), NOUGEIN (H.-J.), «Règles et pratiques du droit français de l'arbitrage», Gazette du Palais, Paris, Collection Guide Pratique, 2013 ,480 pages.

KOVAR (R.), «Commentaire», Journal du droit international, 1965, p, 657-717.

LE MIRE (P.), «Un Etat membre est obligé de réparer les dommages résultant pour les particuliers de la non-transposition d'une directive communautaire. AJDA, 1992, p. 143-149.

POUGOUE (P.-G.) et **KALIEU ELONGO (Y. R.)**, *Introduction critique à l'OHADA*, PUA, Yaoundé — Cameroun, 2008.

PRISO-ESSAWE (S.-J.), «Double variation sur la partition européenne», Revue international de droit comparé, 2-2004, p. 350-351.

ROBERT (J.), «Sur la légalité des droits devant la Communauté économique européenne des ressortissants des Etats membres avec ces Etats eux-mêmes», Revue générale de droit international public, 1963, p. 421-422.

TATY, «Le recours en manquement d'Etat de l'article 4 du Traité révisé de la CEMAC: Analyse critique», in colloque «Troisième rencontre inter-juridictionnelle des cours communautaires de l'UEMOA, la CEMAC, la CEDEAO et l'OHADA», Dakar 4,5, 6 mai 2010, CJ-UEMOA.

TROPER (M.), «Le problème de l'interprétation et la théorie de la supralégalité constitutionnelle», in Recueil d'études en hommage à Charles Eisenmann, Editions Cujas, 1975, p. 174.

VIROLE (J.), «Questions posées par l'interprétation du traité du 25 mars 1957 instituant la Communauté économique européenne à propos de la nationalisation de l'électricité en Italie», Revue trimestrielles de droit européen, 1965, p, 369-398.

[53] Samuel-Jacques PRISO-ESSAWE, «double variation sur la partition européenne», p, 350-351, Revue international de droit comparé 2-2004.

[54] Juge TATY, Op. Cit.

DEUXIEME PARTIE — FORUM ECONOMIQUE «OHADA: EFFICACITE ET COMPETITIVITE»

Sous la présidence du Pr. TOUNA MAMA

TABLE RONDE: LES ACTEURS ECONOMIQUES : ARTISANS DE LA DYNAMIQUE DU DROIT OHADA

Modérateur : Pr. Dieudonné BONDOMA YOKONO, Cameroun

Pr. TOUNA MAMA, Coordonnateur national du Cameroon Business Forum (CBF)

M. André FOTSO, Président du Groupement Inter-patronal du Cameroun (GICAM), **Cameroun**

Mme Marthe Angéline MINJA, Directeur Général de l'Agence de Promotion des Investissements (API), **Cameroun**

Mme Minette LIBONG LIKENG, Directeur Général des Douanes (DGD), **Cameroun**

M. Mathieu MANDENG, Président de l'Association Professionnelle des Etablissements de Crédit du Cameroun (APECCAM), **Cameroun**

M. Pierre KAM, Président de l'African Leasing Company (CAMLEASE), **Cameroun**

M. Moustapha FALL, Directeur Général de ECOBANK, **Cameroun**

Me Thierry PIETTE-COUDOL, Avocat au Barreau de Paris, **France**

M. Jean-Claude MONNIER, Ingénieur des Réseaux chez BELPLAST, **France**

M. Lucien NANA YOMBA, Directeur Général Adjoint de la CAMPOST, **Cameroun**

M. Christian FOGAING, Directeur de la Recherche et des investissements, Afriland First Bank, **Cameroun**

LE DIALOGUE PUBLIC-PRIVE AU SERVICE DE L'AMELIORATION DU CLIMAT DES AFFAIRES AU CAMEROUN

Pr. TOUNA MAMA
Université de Yaoundé II
Coordonnateur national du Cameroon Business Forum (CBF)
CAMEROUN

Abstract

Dialogue between stakeholders of the public and the private sector has always been a central focus of the Government. The Private Sector Enlarged Inter-ministerial Committee chaired every year since 1999 by the Prime Minister, Head of Government, is significant proof. In addition, the growth and employment strategy paper of the Government relies on the development of the private sector. The best way to achieve this dialogue is by establishing a genuine partnership between the Government and stakeholders of the private sector. The Cameroon Business Forum, which occurs to be main discussion forum between the Public and the Private sector,should therefore be strengthened.

Le dialogue secteur public-secteur privé a toujours été au centre des préoccupations du Gouvernement, comme l'atteste la tenue annuelle du Comité Interministériel Elargi au Secteur Privé (CIESP) que le Premier Ministre, Chef du Gouvernement a toujours personnellement présidée depuis 1999. Le 31 décembre 2006, dans son traditionnel message à la nation, le Président de la République, Son Excellence Monsieur Paul BIYA, le rappelait encore fort opportunément: «*il nous faudra améliorer l'environnement des affaires, en assurant aux opérateurs économiques une sécurité juridique convenable, un traitement fiscal équitable et de meilleures garanties pour les investissements. L'établissement d'un climat de confiance entre l'Etat et le secteur privé, qui pourrait donner naissance à un véritable partenariat, serait une donnée essentielle à la croissance*».

C'est, sans doute fort de ce propos, que le Gouvernement a adressé, à travers le Ministère de l'Economie et des Finances, à la Société Financière Internationale et à la Banque Mondiale, une requête pour l'assister dans la conception et la mise en place d'un instrument de renforcement du dialogue entre le secteur public et le secteur privé en vue d'améliorer le climat des affaires au Cameroun.

Pour ce faire, il a été fait appel aux services d'un Consultant dont la mission essentielle était de proposer la configuration d'une plate-forme de dialogue public-privé, ainsi qu'une structure consensuelle de pilotage de cet instrument, après une évaluation de la principale plate-forme existante, le Comité Interministériel Elargi au Secteur Privé.

Après un séminaire de présentation du Rapport du Consultant le 15 juin 2007, le Premier Ministre, Chef du Gouvernement a accepté le principe de création de deux instances complémentaires: le *Prime Minister's Investment Council* et le *Cameroon Business Forum.*

En janvier 2009, un Protocole d'Accord (*Memorandum of Understanding*) tripartite pour la promotion du dialogue public/privé au Cameroun a été signé entre le Gouvernement de la République du Cameroun représenté par le Ministre de l'Economie, de la Planification et de l'Aménagement du Territoire, et, d'une part, le Secteur Privé, représenté par la Chambre de Commerce, d'Industrie, des Mines et de l'Artisanat et le Groupement Inter-patronal du Cameroun, et, d'autre part, la Société Financière Internationale, représentée par son Représentant Régional.

L'évaluation du CIESP a permis de mettre en lumière sa principale faiblesse: un insuffisant suivi des recommandations.

Aussi, pour s'assurer de l'efficacité du Cameroun Business Forum, l'a-t-on doté non seulement d'un Secrétariat permanent assurant la coordination des activités des différents groupes de travail commis pour réfléchir sur des thèmes ciblés (création d'entreprises, fiscalité, litiges commerciaux, commerce transfrontalier, accès à l'énergie et l'eau, . . .), mais aussi d'un Comité de suivi-évaluation créé par Arrêté du Premier Ministre Nº 031/PM du 12 février 2010. La composition dudit Comité a été constatée par Décision du Secrétaire Général des Services du Premier Ministre Nº 015/SG/PM du 09 mars 2010.

Depuis la création de cette instance privilégiée de dialogue entre l'Etat et le secteur privé dédiée principalement à l'amélioration du climat des affaires et à l'appui au développement du secteur privé, le Chef du Gouvernement a eu à en présider personnellement quatre sessions, la première le 18 février 2010 au Yaounde Hilton Hotel sur le thème *«soutenir la croissance à travers l'amélioration du climat des affaires et des investissements»*; la deuxième le 09 mars 2011 à l'Hôtel Mont Febé de Yaoundé sur le thème *«un bon climat des affaires au service de l'entreprenariat et de la croissance»*, la troisième le 05 mars 2012 à Douala, sur le thème *«entreprendre dans un environnement simplifié»*, et la quatrième le jeudi 21 février 2013 sur le thème *«gouvernance économique et entreprenariat au Cameroun»*.

Chacune de ces sessions a réuni plus de 200 participants issus des secteurs public et privé, des partenaires au développement ainsi que de la société civile, et a conduit à l'adoption d'un certain nombre de recommandations dont la mise en œuvre a contribué à améliorer le classement du Cameroun dans le *Doing Business*, progressant de douze places entre 2010 et 2012. Ces progrès peuvent être observés dans divers domaines sensibles de l'environnement des affaires.

Dans le domaine de la facilitation des formalités de création des entreprises, des guichets uniques regroupant en un seul lieu géographique des démarches administratives relevant des services du Trésor, de la Justice, des Impôts et de la Sécurité sociale, ont été ouverts à Yaoundé et à Douala pour rationaliser l'enregistrement des entreprises. Trois nouveaux centres de formalités des entreprises (CFCE) sont en cours de création dans les villes d'Ebolowa, Maroua et Limbé. De même, l'Agence de promotion des PME a été créée par Décret Nº 2013/092 du 03 Avril 2013 et devrait travailler en collaboration avec la Banque des PME.

Par ailleurs, l'extension de l'insertion des annonces légales et judicaires à la presse privée camerounaise a été consacrée par le décret Nº2013/234 du 18 juillet 2013 portant réglementation des annonces légales et judicaires. En effet, aux termes de l'article 5 de ce texte, outre le journal officiel et *«les journaux habiletés à cet effet par les autorités compétentes»*, *Cameroon Tribune* en l'occurrence, sont dorénavant aussi concernés «*les quotidiens nationaux d'informations générales dont la régularité de parution est prouvée depuis deux ans, avec diffusion à l'échelle nationale et justifiant d'une vente effective par abonnements, dépositaires ou vendeurs*». D'après le décret (article 6 alinéa 1er), les ministres de la Justice et de la Communication arrêteront, conjointement au cours du dernier trimestre de chaque année civile et pour l'année suivante, la liste des journaux et quotidiens nationaux habilités à recevoir lesdites annonces ainsi que les tarifs d'insertion. «*L'arrêté fixe en même temps les tarifs d'insertion*», précise l'alinéa 2 dudit article.

En ce qui concerne le paiement des impôts, la loi des finances offre des incitations aux petites et moyennes entreprises pour s'acquitter de leurs taxes par le biais des centres de gestion agréés à Douala et Yaoundé.

Il faut relever que le Cameroun s'est engagé depuis 2007 dans la modernisation du Code Général des impôts. Les différentes lois de finances n'ont depuis pas failli à cette préoccupation majeure des pouvoirs publics de moderniser le Code Général des impôts en même temps qu'elles ont continué d'explorer les possibilités de simplification et de clarification des procédures dans le cadre d'une législation communautaire. Ces modifications peuvent être classées en trois groupes suivant les objectifs recherchés à savoir:

- la redynamisation des activités de certains secteurs économiques;
- l'élargissement des recettes fiscales et leur sécurisation;
- la simplification et aménagement du système procédural en place.

S'agissant de l'amélioration du règlement des litiges commerciaux, le Président de la République a promulgué une loi instituant des chambres spécialisées auprès des juridictions d'instance. Le centre d'arbitrage du GICAM a été renforcé avec l'expertise additionnelle de la CCIMA par la création d'un centre de médiation. En attendant la finalisation du texte relatif *à la libéralisation de la publication des annonces légales,* des mécanismes transitoires avaient été élaborés à l'instar de l'octroi par le Ministère de la Justice à la CCIMA d'une autorisation d'éditer une Revue d'annonces légales. Dans le même ordre d'idées, une convention de partenariat entre le Ministère des Petites et Moyennes Entreprises, de l'Economie Sociale et de l'Artisanat d'une part, et la Société de Presse et d'Editions du Cameroun d'autre part, déterminait les modalités de publication à des tarifs préférentiels, des annonces légales de création d'entreprises issues des centres de formalités de création d'entreprises.

En matière de commerce frontalier, grâce à l'opérationnalisation du Guichet Unique des opérations du Commerce Extérieur (GUCE), les délais et coûts de passage ont été réduits, en particulier pour les petites et moyennes entreprises. Le programme de dématérialisation des procédures du commerce extérieur, mis en place par le Gouvernement avec le concours de la Banque mondiale, devrait permettre à terme aux usagers d'accomplir les formalités de dédouanement des marchandises sans déplacements et en des délais réduits au strict minimum.

Dans la même veine, trois nouvelles lois régissant le commerce électronique, les communications électroniques ainsi que la cybercriminalité et la cyber-sécurité ont été promulguées pour permettre la modernisation et la rationalisation de ce processus de dématérialisation.

Pour ce qui est de l'accès à la propriété foncière, deux guichets de facilitation des transactions foncières pour les entreprises commerciales ont ouvert à Douala et Yaoundé à l'effet de réduire les coûts et les délais d'enregistrement. Le Gouvernement est à pied d'œuvre pour étendre ces facilités à d'autres régions du pays.

Dans le domaine de la promotion des investissements, l'environnement légal de l'investissement au Cameroun s'est enrichi d'un nouveau texte promulgué le 18 avril 2013 par le Président de la République M. Paul Biya: la Loi n°2013/004 fixant les incitations à l'investissement privé en République du Cameroun qui s'inscrit dans le contexte offensif du Gouvernement camerounais en faveur de la promotion de l'investissement privé. La Loi n°2013-004 du 18 Avril 2013 vise à favoriser, promouvoir et attirer les investissements productifs en vue de développer les activités orientées vers la promotion d'une croissance économique forte, durable et partagée, ainsi que de l'emploi (art.1.2). Elle fixe les incitations à l'investissement privé en vue d'encourager l'investissement privé et d'accroître la production nationale (art.1.1). Ce nouveau régime d'incitation à l'investissement privé concerne les personnes physiques ou morales camerounaises ou étrangères, résidentes ou non résidentes en rapport avec leurs opérations d'investissement relatives à la création, à l'extension, au renouvellement, au réaménagement d'actifs et/ou à la transformation d'activités (art.2.1).

Déjà, auparavant, le cadre juridique des contrats de partenariats public-privé avait été complété par des textes d'application qui créaient le Conseil d'Appui à la Réalisation des contrats de partenariat (CARPA) ainsi que la loi qui en détermine le régime fiscal et financier, lequel offre de nombreux avantages aux potentiels partenaires de l'Etat.

Par ailleurs, le régime fiscal des projets structurants est entré en vigueur à la faveur du décret qui en fixe les modalités d'application. Quatre critères ont été retenus pour la définition d'un projet structurant: être un projet de développement économique et social; être générateur d'emplois; donner lieu à des investissements importants; être exécuté dans les secteurs retenus comme prioritaires.

En droite ligne avec la problématique des investissements, la *Loi n°2008/003 du 14 avril 2008 régissant les dépôts et consignations* a été promulguée par le Chef de l'Etat.

En matière d'accès au financement et d'obtention des prêts, les amendements à l'Acte Uniforme organisant les suretés ont élargi la gamme des actifs pouvant être utilisés comme biens nantis (y compris les biens futurs), prolongé la garantie aux fruits du bien original et introduit la possibilité d'une réalisation extrajudiciaire.

La *Cameroon Rural Financial Corporation* (CARFIC) et la Banque camerounaise des Pme (BCPME SA), espérées pour financer les activités et les projets des populations n'ayant pas accès au crédit, ont tenu leurs assemblées générales constitutives le 1er juin 2011. Dix milliards FCFA ont ainsi été libérés par les pouvoirs publics en faveur de chacun de ces établissements. Le processus d'agrément de ces institutions financières est en cours auprès de la Commission bancaire de l'Afrique centrale (COBAC).

Par ailleurs, le Gouvernement a mis en œuvre un plan destiné à approfondir le système financier, qui comprend les actions suivantes en cours d'exécution:

- Faciliter un accès accru aux services bancaires de détail et diversifier la panoplie des instruments financiers disponibles;
- Accroître la disponibilité de l'information sur le coût du crédit et le défaut de paiement;
- Renforcer le cadre juridique des garanties pour obtenir un prêt;
- Intensifier la supervision des institutions de microcrédit;
- Mettre en place un tribunal de commerce et une centrale des risques du crédit bancaire et,
- Faire adopter une loi sur le crédit-bail.

En vue d'approfondir l'intermédiation financière, le Gouvernement a élaboré un programme qui inclut la réactivation d'un registre des retards de paiements, l'élaboration d'un cadre pour le suivi du secteur du micro-crédit, la mise en place de mécanismes pour le financement des exportations et l'amélioration de la réglementation régionale sur les nouveaux produits financiers.

Toujours en rapport avec l'amélioration du climat des affaires au Cameroun, une convention d'assistance pour la mise en œuvre du Programme d'Appui au Développement du Secteur Privé (PADSP) pour le Cameroun, a été signée à Yaoundé le 22 octobre 2012, entre le Centre pour le Développement de l'Entreprise (CDE), et le Gouvernement camerounais, représenté par le MINEPAT, ordonnateur national du Fonds Européen pour le Développement (FED) et le Ministre des Petites et Moyennes Entreprises et de l'Economie Sociale et l'Artisanat. Montant de la convention: 3 886 863 400 francs CFA. Cet appui financier devrait permettre de développer la compétitivité des PME camerounaises par la promotion de sept «clusters» dans les filières et territoires prioritaires.

En conclusion, la stratégie de croissance et d'emploi du Gouvernement repose sur le développement du secteur privé. Et l'un des moyens d'y parvenir est sans doute l'instauration d'un véritable partenariat entre le Gouvernement et les acteurs du secteur privé. Le Cameroon Business Forum, qui apparaît aujourd'hui comme la principale plate-forme de dialogue entre le Public et le Privé, devrait par conséquent être renforcé.

Les perspectives à court terme se focalisent sur les axes d'intervention suivants:

- L'organisation du Secteur Privé avec la mise en place d'un Consortium;
- La finalisation des actions en cours;
- La mise en œuvre des actions non encore engagées;
- L'identification de nouvelles réformes, y compris celles liées aux nouvelles dispositions OHADA sur le droit des sociétés et sur la fermeture des entreprises.

LA GOUVERNANCE DES ENTREPRISES AU CŒUR DE LA CROISSANCE ECONOMIQUE DES ETATS PARTIES DE L'OHADA

M. Guy Honoré TCHENTE, Représentant personnel du Président du Groupement Inter-Patronal du Cameroun — GICAM (M. André FOTSO), empêché.
CAMEROUN

Abstract

Nationally, aligning to the OHADA Uniform Acts and its continuous reforms has led to considerable progress in improving the business environment in member countries including Cameroon. For instance, through a recent revision of the Uniform Act on securities, OHADA efficiently contributed in the security of bank loans and in improving procedures for recovering debts. Companies, the major beneficiary of this harmonisation of business law can only appreciate the approach and resolutely commit to continuous improvement. For instance, the Cameroon Employers' Association (GICAM) has taken advantage of the provisions of the Uniform Act to create a functional Arbitration Centre since 1999. Concerning companies, GICAM has long been committed in that way and willing to pursue training, awareness raising and information efforts together with other stakeholders.

Monsieur le Premier Ministre
Mesdames et messieurs les membres du Gouvernement,
Monsieur le Secrétaire Permanent de l'OHADA
Distingués Invités,
Chers Collègues,
Mesdames et Messieurs,

C'est un réel plaisir de me retrouver parmi vous à cette occasion de la célébration des 20 ans de l'OHADA.

L'invitation adressée au GICAM nous demande de vous dire un mot sur la gouvernance des entreprises au cœur de la croissance économique des Etats parties de l'OHADA. Je voudrais, avant de m'essayer à cet exercice, vous transmettre les excuses du Président du GICAM qui, n'étant pas au Cameroun en ce moment, me charge de le représenter, ce que je fais avec plaisir.

Je voudrais, avant toute chose, remercier très sincèrement, le CREDO pour avoir bien voulu associer le patronat camerounais à cette initiative dont l'importance n'est plus à relever pour le monde des affaires.

Je m'en voudrais de ne pas exprimer également, à l'égard des personnalités ici présentes, de tous les participants à ce forum, notre gratitude pour l'intérêt qu'ils manifestent à cet évènement, par leur présence.

En effet, la réglementation OHADA, en tant qu'instrument privilégié pour l'intégration des législations commerciales en Afrique, est en quelque sorte la boussole pour les opérateurs économiques et constitue de ce fait un outil essentiel dans la gestion quotidienne de nos unités de production.

Permettez-moi, Distingués Invités, Chers Collègues, de revenir sur quelques facteurs qui nous fondent à considérer le droit OHADA comme un véritable facteur de compétitivité pour les entreprises.

Le premier est relatif aux motivations qui ont poussé les Etats Africains à faire de l'intégration régionale, l'un des principaux piliers de leurs politiques extérieures depuis les indépendances.

Il s'agit de développer et consolider un ensemble homogène et structuré pour relever ensemble le pari du développement et affronter en coopération les défis de l'intégration dans l'économie mondiale. Au plan économique, l'intérêt d'un rapprochement des réglementations entre pays proches est évident: il s'agit de profiter des économies d'échelle, de bénéficier des avantages d'une spécialisation locale et de mener certains projets en communs en évitant des gaspillages et des redondances.

Dans un tel contexte, l'émiettement des droits communs apparaissait clairement comme un facteur négatif pour la croissance économique et le progrès des Etats. En fait, la diversité des législations est un handicap pour la création d'un espace économique intégré, d'une part, et, d'autre part, cette diversité est accompagnée d'une insécurité juridique et judiciaire si l'on considère la vétusté et la caducité de certaines législations non incitatives pour les investisseurs privés.

Au plan national, l'arrimage aux Actes Uniformes de l'OHADA et ses réformes permanentes ont permis des progrès considérables en matière d'amélioration de l'environnement des affaires dans les pays membres dont le Cameroun. A titre d'exemple, à travers une récente révision de l'acte uniforme sur les suretés l'OHADA a contribué à une meilleure sécurisation des crédits bancaires et à l'amélioration des procédures de recouvrement des créances.

Les entreprises, principales bénéficiaires de cette harmonisation du droit des affaires ne peuvent qu'apprécier la démarche et résolument s'engager pour son amélioration continue. Le Groupement Inter-Patronal du Cameroun, a par exemple su tirer profit des dispositions de l'acte uniforme pour mettre en place un Centre d'Arbitrage fonctionnel depuis 1999.

Distingués Invités,
Chers Collègues,

Vous vous doutez bien que de tels acquis appellent forcément de nombreux défis. Parmi ceux-ci, nous pensons à la mise en place d'un processus transparent, partagé et efficace d'amélioration et d'ajustement de ce droit. L'enjeu ici consiste est de disposer d'un texte conciliant des situations diverses et des contextes qui peuvent présenter des nuances sensibles. Nous pensons notamment à la réforme proposant la baisse du capital minimum exigé pour la création d'une SARL qui est diversement appréciée par les Etats parties.

Dans la même lancée, une importance devra aussi être accordée à la mise en conformité de certains pans de notre législation nationale et de quelques pratiques qui restent en déphasage avec le cadre commun. Au Cameroun notamment, plusieurs formes de sociétés coexistent et certaines, bien que reconnues comme sociétés commerciales assujetties au Droit OHADA, se voient également appliquer des normes réservées aux sociétés publiques par exemple.

De ces deux nécessités découle une exigence prioritaire: celle du renforcement des capacités de toutes les parties prenantes sur ce cadre commun. En effet, le droit OHADA ne pourrait porter les fruits attendus que si les acteurs en ont la bonne maîtrise, se l'approprient et assimilent parfaitement les enjeux de son application.

En ce qui concerne les entreprises, le Groupement Inter-Patronal s'est depuis longtemps engagé dans cette voie et reste disposer à poursuivre les efforts de formation, de sensibilisation et d'information aux côtés des autres acteurs.

C'est fort de cet engagement que je voudrais espérer que ce forum économique de l'OHADA et ce colloque international déboucheront sur des enseignements pertinents susceptibles d'aider les entreprises à mettre à profit les expériences tirés de la pratique du droit OHADA dans les autres états parties, de donner un coup d'accélérateur sur la mise en place des autres modes alternatifs de règlement des conflits au Cameroun au rang desquels la médiation et d'innover dans la mise en place d'autres règlement plus attractifs et plus sécurisants.

Au regard de la qualité des experts mobilisés, je ne doute par un seul instant que cet objectif puisse être atteint. Aussi, je voudrais réaffirmer la disponibilité du Groupement Inter-Patronal du Cameroun à rester en avant-garde de ces préoccupations et à servir d'interface auprès des entreprises pour leur mobilisation à cette cause qui est également la leur.

Monsieur le Premier ministre,
Mesdames et messieurs les membres du gouvernement,
Monsieur le Secrétaire Permanent de l'OHADA
Distingués Invités,
Mesdames et Messieurs,

Je voudrais clore mon propos en remerciant une fois de plus le CREDO pour son professionnalisme et souhaiter bon succès à nos travaux.

Je vous remercie.

LES INCITATIONS A L'INVESTISSEMENT PRIVE AU CAMEROUN A L'AUNE DU DROIT OHADA

Mme Marthe Angéline MINJA
Directeur Général de l'Agence de Promotion des Investissements (API)
CAMEROUN

Abstract

The State guarantees the stability of incentives for investors, pursuant to/in compliance with the provisions of the 2013 law to lay down private investment incentives in the Republic of Cameroon, for the expected duration of the issuance certificate or the convention granting these incentives. A Joint Monitoring Committee, supervised by the Prime Minister, shall be responsible for the stability of these incentives. This law states 13 reasons to invest on the basis on common incentives on one hand and specific incentives for some stakeholders on the other hand.

I – LES INCITATIONS COMMUNES

- Pays d'accueil des investissements productifs étrangers, reflet de la stabilité institutionnelle, d'une économie en constant progrès (croissance de 5%) et d'une société ouverte et démocratique.
- Situation géographique stratégique au coeur de l'Afrique caractérisée par une grande variété de paysages et une richesse culturelle multiforme, conférant véritable art de vivre.
- Carrefour des peuples offrant une position commerciale unique, ouvert sur l'Océan Atlantique, partageant une frontière avec cinq (5) autres pays de l'Afrique Centrale et donnant accès à plus de 150 millions de consommateurs (CEMAC et Nigeria).
- Potentiel énergétique important, coût d'énergie électrique relativement bas, et un important réseau d'approvisionnement en eau.
- Main d'oeuvre abondante, qualifiée, douée d'une grande capacité d'adaptation et d'initiative indispensable au développement des entreprises.
- Tissu industriel diversifié en expansion, présentant un réseau permanent de sous-traitance pour les PME.
- Forte libéralisation de l'économie camerounaise à travers un vaste programme de privatisation des entreprises du portefeuille de l'Etat. Sept (7) entreprises publiques sont actuellement en cours de privatisation: CAMTEL(Télécommunications), CAMAIR (Compagnie aérienne), CDC (Agro-alimentaire), SNEC (eau), SODECOTON (coton), SCDP (dépôts pétroliers) et CAMTONNER (Transit). En plus, l'ensemble du parc hôtelier public est également en cours de privatisation (27 hôtels au total).
- Infrastructures modernes de communication et de télécommunication avec un réseau routier et ferroviaire développé reliant les différentes régions du pays ainsi que les pays voisins; une liaison aérienne et maritime fiable; et un système de télécommunications performant.

- Simplification des procédures administratives avec la loi sur le commerce électronique et les paiements électroniques.
- Création d'un guichet unique de facilitation de création et d'obtention d'agrements au sein de l'Agence de Promotion des Investissements et des bureaux d'accueil dans tous les aéroports pour obtention des visas d'entrée au profit des investisseurs étrangers.
- Cadre législatif réglementaire consacrant la liberté d'investir et le livre transfert des bénéfices industriels et commerciaux, ainsi que les salaires.
- Disponibilité de nombreuses ressources naturelles (pétrole, gaz, bauxite, bois, fer, nickel, etc.) et de produits agricoles (cacao, café, coton, banane, hevea, huile de palme, ananas, etc.).
- Nouvelle loi attractive fixant les incitations à l'investissement privé.

II – LES RAISONS D'INVESTIR AU CAMEROUN

Les activités bénéficiaires de la présente Loi doivent être orientées vers la promotion d'une croissance économique forte, durable et partagée, ainsi que sur l'emploi.

Critères d'éligibilité, incitations fiscales et douanières

- Création d'emplois pour les camerounais à concurrence d'un emploi au moins par tranche allant de cinq (05) millions de FCFA à vingt (20) millions de FCFA d'investissement programmé;
- Activité annuelle d'exportation à concurrence de 10 à 25% HT;
- Contribution de la valeur ajoutée à concurrence de 10 à 30% du CAHT.

A – Phase d'installation (05 ans)

Exonération:

- TVA sur la prestation des services liés à la mise en place du projet et provenant de l'étranger;
- TVA due à l'importation des équipements et matériels;
- Taxes et droits de douane sur tous les équipements et matériels liés aux programmes d'investissement;
- Des droits de d'enregistrement des baux d'immeuble;
- Des droits de mutation sur l'acquisition des immeubles;
- Des droits d'enregistrement des contrats de concession;
- De la patente, etc.

B – Phase d'Exploitation (10 ans)

L'investisseur peut bénéficier, selon le cas, des exemptions ou des réductions au paiement des taxes, impôts, droits et autres charges suivantes:

- Minimum de perception;
- Impôts sur les sociétés;
- Impôts sur les bénéfices;
- Droits de douane ainsi que tous autres frais et taxes de service applicable à l'importation d'équipement, etc.;
- Report des déficits jusqu'au 5ème exercice;

- Exemption de paiement de droits, taxes et redevances de douanes.

L'investisseur peut bénéficier d'un crédit d'impôt sous certaines conditions.

C – Incitations financières et administratives

L'investisseur a le droit:

- D'ouvrir au Cameroun et à l'étranger des comptes en monnaie locale ou en devises et d'y effectuer des opérations;
- D'encaisser et de conserver librement à l'étranger les fonds acquis ou empruntés à l'étranger;
- D'encaisser et de conserver librement à l'étranger les recettes liées à leurs opérations, les dividendes et produits de toute nature;
- De payer directement à l'étranger les fournisseurs non résidents;
- Libre transfert des dividendes et produits de la cession d'actions;
- Mise en place d'un visa spécifique et d'un guichet d'accueil dans tous les aéroports sous réserve de production d'une invitation formelle de l'API ou de l'APME;
- Délivrance de visas spécifiques dans toutes les Ambassades;
- Délivrance de titres de séjour et de permis de travail au personnel expatrié;
- Délivrance des certificats de conformité environnementale;
- Délivrance de titres fonciers et de baux emphytéotiques.

D – Incitations spécifiques

Les incitations spécifiques concernent les *Secteurs Prioritaires*, ainsi que le *Développement des entreprises existantes.*

- Il s'agit des *Secteurs Prioritaires* ci-après:
- L'agriculture;
- Le tourisme;
- L'agro-industrie;
- Energie et Eau;
- Industries manufacturières;
- Promotion transfert de technologie;
- Promotion des exportations;
- Promotion de l'emploi.
- Quant au développement des entreprises existantes, il concerne les entreprises en fonctionnement engagées dans un programme d'investissement visant l'extension des capacités de production, le renouvellement de ses actifs ou l'accroissement de ses capacités.

L'agrément est désormais accordé en moins d'un mois, passé ce délai, sauf rejet motivé, l'agrément est réputé accordé.

En outre, l'Etat garantit la stabilité des incitations octroyées aux investisseurs, conformément aux dispositions de la présente Loi, pour toute la durée prévue de l'acte d'attribution ou de la convention octroyant lesdites incitations. Un comité paritaire de suivi placé sous l'autorité du Premier Ministre est chargé de veiller à la stabilité de ces incitations.

EFFICACITÉ ET COMPÉTITIVITÉ DE LA RÉFORME DOUANIÈRE AU CAMEROUN

Mme Minette LIBONG L. LIKENG
Directeur Général des Douanes
CAMEROUN

Abstract

Public Administrations of Sub-Saharan countries in general, especially in the field of Customs, did not escape this situation given the fluctuating economy marked internationally by trade transactions growth and multilateral agreements on asset- backed by the development of new technologies of information and communication, at a national level by a political and socio-economic instability. This changing environment led to a considerable expansion of custom tasks in the 21st century. Anything that forced customs administrations to introduce profound changes in order to adapt, assert, modernise and improve on their effectiveness. Thus, over a decade, the Cameroon Customs Administration engaged in a multidimensional reform covering both management approach on resources and procedures.

De ses réflexions sur la révolution, Edmond Burke, homme politique et philosophe irlandais disait en 1795 «Un Etat qui n'a pas les moyens d'effectuer des changements n'a pas les moyens de se maintenir». «Vivant ou non, tout système qui fonctionne tend à s'user, à se dégrader, à gagner de l'entropie» renchérissait François Jacques dans son Livre «La logique du vivant».

Plus de deux siècles après, dans les années 1970, un courant d'idées axé sur le «new Public Management», impose une nouvelle considération de l'Etat providence devenu «obèse et lourd», donc peu efficient pour piloter l'administration face à un monde fortement évolutif, aux opérations de plus en plus diversifiées et donc complexes.

Les Administrations publiques des pays du Sud-Sahara en général, plus particulièrement la Douane, n'a pas échappé à cette logique eu égard à la conjoncture fluctuante marquée à l'échelle internationale par l'accroissement des échanges commerciaux et accords multilatéraux adossés sur les l'essor des nouvelles technologies de l'information et de communication, au plan national par une instabilité politique et socio-économique. Cet environnement variable a entrainé une extension considérable des missions de la douane en ce 21ème siècle.

Toute chose qui a obligé les administrations douanières à opérer des mutations profondes pour s'adapter, s'affirmer, se moderniser et accroitre ainsi leur efficacité.

C'est ainsi que depuis plus d'une décennie, l'Administration des Douanes Camerounaises s'est engagée dans une réforme pluridimensionnelle portant tant sur l'approche managériale que sur les ressources et les procédures.

Catalyseur de la concurrence, gendarme de l'espace économique, la Douane ne pouvait opérer des mutations aussi profondes sans être attentive aux variables déterminatives du contexte économique national et international. Dès lors, une prise en considération des attentes plurielles des opérateurs économiques face aux exigences croissantes de l'Etat en était le principal enjeu. La Douane se devait plus que jamais de jouer davantage son rôle de levier étatique de développement au service de l'économie. Il était opportun de concilier les nécessites de sécurité et d'efficacité aux objectifs de facilitation et de célérité. En deux mots il était impératif de bâtir une douane moderne et performante au service d'un Cameroun émergent.

Ainsi, l'intérêt des mutations intervenues au sein des Douanes Camerounaises mérite d'être scruté dans la recherche d'un nouvel environnement économique sain, et davantage favorable à la création des richesses dans des conditions sécures.

Rendues à plusieurs années d'implémentation et d'expérimentation, il est loisible aujourd'hui de s'interroger sur l'atteinte des objectifs de ces réformes et davantage leur impact sur la compétitivité de l'économie camerounaise. En d'autres termes, dans quelles mesures les réformes engagées au sein de l'Administration des Douanes concourent à booster l'économie et à favoriser l'accroissement des capacités des acteurs à faire face à la concurrence.

Le thème du présent exposé «**Efficacité et compétitivité dans la réforme douanière au Cameroun**» s'inscrit à n'en point douter dans cette logique.

L'évaluation des objectifs de la réforme encore en implémentation pourrait sembler précoce tant sa mise en place n'a pas encore connu l'ancrage total dans l'espace et dans le temps (il y a peine une décennie, et toutes les unités ne connaissent pas encore la vitesse de croisière).

Toutefois, sur la base des résultats jusqu'alors engrangés, les grands axes de la réforme Douanière semblent à la dimension des objectifs visés et concourent indubitablement à catalyser la compétitivité en dépit de quelques obstacles

En vue de faciliter l'appréhension de la mesure de la reforme douanière sur la compétitivité il convient dans le cadre de cette présentation d'analyser concomitamment l'opportunité et les axes stratégiques de la réforme avant d'examiner leur incidence dans la gestion managériale et davantage leur rapport sur l'environnement économique.

I – LE CONTEXTE ET LES AXES STRATEGIQUES DE LA REFORME DOUANIERE AU CAMEROUN

Le plan de réformes a été élaboré conformément aux meilleures pratiques consacrées sur le plan international en matière des administrations douanières, il vise essentiellement le renforcement des capacités de l'administration des Douanes dans un environnement marqué par de nombreux enjeux.

A – Le contexte

Plusieurs facteurs tant à l'échelle nationale qu'internationale ont contraint l'administration à une reconsidération de ses principes.

1 Au plan international

- La mondialisation et la concurrence internationale accrues en matière d'investissement étrangers directs.
- Les implications de l'OMC dans le domaine tarifaire et de la valeur en Douane.
- La généralisation de l'utilisation extensive des Nouvelles technologies de l'information et de la Communication.

- L'exigence de facilitation et les impératifs de sécurisation
- Les implications douanières des Accords régionaux et multilatéraux notamment les APE(Accord de partenariat Economiques).

2 Au plan régional

- La porosité et la perméabilité des frontières du Cameroun avec les pays voisins
- La place et le rôle du Cameroun dans la sous- région notamment dans le domaine du transit.
- L'harmonisation du Tarif extérieur Commun en zone CEMAC

3 Au plan national

- Les contraintes liées à l'exécution du programme économique du gouvernement: La nécessité d'une mobilisation intense des recettes publiques.
- La mise en œuvre du programme de bonne gouvernance
- Les attentes croissantes des opérateurs économiques en faveur de la simplification des procédures et la facilitation des échanges.
- L'implication de la SGS dans les procédures de dédouanement.
- La prévalence des maux tels la corruption, l'inertie, le népotisme. . . . etc.

B – Les axes stratégiques de la réforme douanière

La volonté du gouvernement de doter l'environnement économique d'instruments d'assainissement et de promotion s'est manifestée de manière continue dans plusieurs domaines:

1 Le cadre réglementaire et législatif

Dans ce domaine la reforme s'est traduite par une inflation des mesures incitatives et promotionnelles dont les plus référentielles sont:

- L'Ordonnance 90/001 du 29 janvier 1990 créant le régime de la zone Franche ratifiée par la Loi 90 /23 du 10 Aout 1990.
- La charte des Investissements en République du Cameroun modifiée par la loi 2004 /20 du 22 Juillet 2004
- L'ordonnance N°2009 du 13 Mai 2009 modifiant certaines dispositions de la loi N°2002 /04
- Des codes spécifiques consacrés par la Loi 2002/013 du 30 décembre 2002 portant régimes gazier. ..etc
- La mise en application du nouveau tarif des douanes.

2 La modernisation des outils dans la procédure de contrôle

L'arrimage aux normes les plus pratiquées à l'échelon international sur la gestion des données et l'information dans la chaine du commerce extérieur a amené la Douane Camerounaise à procéder à une migration de son système informatique.

- La refonte du système de l'information:de Pagode à Sydonia++, puis une étude en cours dans la perspective d'une migration vers Sydonia World, une révolution dans la mutualisation de l'information.(Plus de 80 pays l'utilisent).
- Nexus . . . Le Dispositif douanier de suivi par GPS (Global Positionning System) des marchandises sous douane en circulation a été mis en place par instruction ministérielle n°170/MINFI/DGD du 19 Mars 2009.

- Le canal vert est un couloir de dédouanement rapide des conteneurs FCF munis d'un scellé de sécurité SGS qui n'entraine aucune charge financière supplémentaire pour l'importateur endehors du paiement de la taxe d'inspection mis en place par arrêté ministériel n° 060/CF/MINEFI DD du 1er novembre 1999.

3 Le cadre organique et managérial

Dans son Roman intitulé «les Employés» l'écrivain français du 19e Siècle Honoré de BALZAC faire admettre à un de ses personnages que les chiffres ont leur importance pour reformer. Mais lorsque la reforme s'appliquait au ministère, c'est généralement les fonctionnaires eux-mêmes qui étaient «reformés» selon les termes de l'époque. La reforme douanière au Cameroun a suscité un «remodelage» du douanier. Une refonte des comportements impulsée par une nouvelle gestion axée sur les résultats. Les mécanismes mis en place pour la réussite de ce panachage ont été axés sur trois instruments essentiels:

- *Un nouvel organigramme dédié à la professionnalisation et à la douane de proximité: Dans le souci d'asseoir les orientations édictés par le dispositif règlementaire sus-visé un nouvel organigramme a été mis en place par le Décret présidentiel n°2008/365 du 08 Novembre 2008, puis un second par Décret n°2013/066 du 28 février 2013.;L'originalité et l'innovation de cet organigramme est qu'il consacre une douane de métier à travers le principe de spécialisation.*
- *Le partenariat et la collaboration: Basée sur une approche interactive, orientée vers le grand public et les professionnels la démarche initiée par la Douane vise à instaurer un dialogue et une Dynamique d'échanges et de Rencontres avec les professionnels et les usagers.(forum Douanes–entreprises, contrats, media, soirée des partenaires.)*
- *Intensification de la collaboration avec d'autres organes (Minsante, commerce, culture . . .)*

II – ESQUISSE D'EVALUATION DE LA REFORME DANS L'ENVIRONNEMENT SOCIO-ECONOMIQUE

A – La simplification des procedures et la rationalisation des controles et l'octroi des facilitations

1 L'amélioration du cadre réglementaire et procédural: Un réservoir de sécurité et de facilitation

Plusieurs facilitations contenues dans les dispositifs réglementaires et législatifs induits par la reforme et explicité plus haut, *dont les plus essentielles sont:*

- La mise en œuvre des régimes économiques (perfectionnement passif, actif, drawback); temporaires (Transit, entrepôt)
- L'exonération de la TVA sur les exportations et le remboursement de celle acquittée sur les investissements et les dépenses d'exploitation des entreprises exportatrices pour garantir la compétitivité de leurs produits à l'international.
- Le bénéfice du Régime de la zone franche industrielle qui prévoit l'exonération des Droits et Taxes pour les intrants;

(a) Les mesures de décatégorisation tarifaires en faveur des biens d'équipement destinés à l'investissement

- L'allègement de la taxation à la porte sur certains matériels agricole, d'élevage, de pèche ainsi que leurs intrants.
- La taxation à 5% des biens d'équipement destinés à l'investissement
- La décatégorisation à 10% des droits et taxes à l'importation du ciment portland et à 5% du ciment non pulvérise dit clinker
- La suppression des Droits et Taxes sur certains produits halieutiques et meuniers;
- Les régimes de la zone franche et du point franc.

(b) L'introduction des outils de contrôles modernes un facteur de simplification

Toutes les procédures ont été automatisées en utilisant les possibilités de Sydonia. L'enregistrement du manifeste, la déclaration, la liquidation, le paiement des droits et taxes, les bons de sortie, les MAD. Ce qui a supprimé le traditionnel «Bon à Enlever» qui contraignait le transitaire à retourner auprès de l'inspecteur de visite après s'être acquitté de sa dette.

2 Les bénéfices tirés de l'automatisation: la responsabilisation des acteurs du dédouanement

Ils ont été contraints de réaliser leurs opérations sur le système douanier depuis leurs locaux. Ils administrent dorénavant les connexions physiques au réseau informatique dont la gestion relève du secteur privé. Les résultats sont:

(a) La fiabilité dans la collecte des données du commerce extérieur et la mesure des performances:

Initialement sous le système PAGODE, la collecte des statistiques sur le commerce extérieur était assez poussive et approximative, tant la subsistance des procédures manuelles était encore perceptible. Ainsi, en plus de rendre une copie conforme sur la lisibilité des opérations du commerce, le Sydonia a permis de mesurer quantitativement et qualitativement instantanément, le rendement ou la performance des intervenants dans la chaine de dédouanement sur les sites où il est installé.

(b) La mutualisation des informations: le facteur de gain et de facilitation du commerce

La plateforme communicationnelle mise en place par le Sydonia qui concourt à l'échange des données de la place portuaire offre à ne point douter, une opportunité de gain à tous les acteurs notamment dans les domaines ci-après:

(c) La célérité dans les procédures

L'optimisation des temps de réponse mis en exergue par l'approche client/serveur, a permis une réduction considérable du coût du dédouanement auprès des prestataires et impacte positivement sur le délai de passage des marchandises. L'accès direct des utilisateurs Sydonia à partir des terminaux installés dans leurs bureaux limite lesdérives de la rencontre avec le douanier et consacre une douane de proximité.

(d) La sécurisation des recettes et une optimisation dans les recouvrements

B – L'efficacite dans le recouvrement et la lutte contre les mauvaises pratiques

La prévalence des indices de corruption a conduit pendant plusieurs années à hisser les douanes parmi les administrations les plus en proie à ce fléau; Plusieurs autres maux tels la mal gouvernance, l'inertie, l'opacité, les déviances de toutes venaient assombrir le tableau.

Cet environnement hostile n'était guère compatible aux efforts d'assainissement de climat des affaires. Au sein de l'administration des douanes quelques instruments de mesure de performances, (sans prétention d'avoir enrayé totalement ces maux) permettent d'infléchir les tendances.

Les contrats de performances et d'objectifs

Il s'agit d'un engagement des acteurs à respecter un certain nombre de bonnes pratiques en adéquation des règles de la structure:

Objectifs et résultats

Au terme de quelques évaluations périodiques dans le suivi des contrats, il se dégage une amélioration qualitative et quantitative du service rendu à une réduction significative des méfaits de la combinaison corruption-fraude et cela s'illustre par des résultats tangibles entre autres: Une hausse des recettes(le rendement moyen d'une déclaration a augmenté de 10% par rapport en 2007). En termes de facilitation 75% des manifestes sont enregistrés dans les 24h avant l'arrivée du navire: ce qui permet à 18% de déclarations d'être déposées avant le débarquement des marchandises. Le délai global de traitement a été réduit entre 2007 et 2010 de 6,5jours à 4,5jours.

Un regain du niveau des recettes

L'un des mérites qui crédite l'application SYDONIA reste l'optimisation de la collecte des recettes induite par cette application. Les contributions significatives des Douanes sans cesse croissantes au budget de l'Etat constituent une parfaite illustration.

SURETES ET PROCEDURES SIMPLIFIEES DE RECOUVREMENT ET LES VOIES D'EXECUTION EN OHADA: expériences croisées avec la législation ghanéenne sur les garanties bancaires

M. Mathieu MANDENG
Directeur Général de Standard Chartered Bank
Président de l'Association Professionnelle des Etablissements de Crédit au Cameroun (APECCAM)
CAMEROUN

Abstract

The willingness of the State to get banks to finance Small and Medium -size Enterprises (SMEs)/Small and Medium-sized Industries (SMIs) contrast not only with insolvency generally of the said sector, as well as mistrust of banks vis à vis the legal cover for the implementation of rapid debt recovery became doubtful. On one hand, banks ask reliable guarantees that they can collect from SMEs/SMIs, what could be the reliability of such guarantees and on the other hand they are apprehensive about the speed with which they can achieve such securities.

La volonté de l'Etat d'amener les banques à financer les PME/PMI contraste avec non seulement l'insolvabilité de manière générale dudit secteur, et aussi la méfiance des banques vis-à-vis de la couverture légale mise en place pour un recouvrement rapide des créances devenues douteuses. Les banques se demandent d'une part quelles sont les garanties fiables qu'elles peuvent recueillir des PME/PMI, quelle pourrait être la fiabilité de telles garanties et d'autre part elles ont des appréhensions quant à la célérité avec laquelle elles peuvent réaliser de telles sécurités.

1 L'environnement légal actuel

Il est constitué principal du droit uniforme qui constitue en lui-même un vaste mouvement de réformes afin de doter les Etats membres d'un droit des affaires harmonisé et sécurisé.

L'Acte Uniforme revu/nouveau organise d'une part toutes les sûretés que peuvent recueillir les banques pour renforcer la sécurité autour des prêts octroyés, et de l'autre, dans un autre acte séparé se trouve organisé les procédures simplifiées de recouvrement et des voies d'exécution en cas de survenance d'une difficulté d'un opérateur économique de rentrer en possession de son dû. Par ailleurs, les banques sont de plus en plus encouragées à explorer les voies autres de résolution des conflits en dehors de la voie traditionnelle du recours devant les tribunaux. Les banques ont la possibilité de recourir soit vers l'arbitrage soit vers la médiation et prévoir ainsi des clauses à cet effet dans les contrats qu'elles passent avec leur clientèle.

2 La nature des deux textes

Le texte ghanéen est spécifique et celui de l'OHADA a une portée générale.

Portée: La B&L Act permet la mise en place d'un meilleur cadre juridique spécifique pour l'activité de crédit. De ce fait, cette Loi vise à améliorer les conditions de divulgation de l'information; interdire certaines pratiques dites inconvenantes; promouvoir un cadre cohérent, logique et constant d'application de ladite Loi. Alors que le texte d'OHADA est de portée générale, permet la mise en place d'un cadre général pour le recouvrement rapide des créances et la réalisation des garanties prises lors de l'octroi d'un crédit. La B&L Act parce qu'elle est spécifique, va définir le crédit et les garanties qui peuvent être prises lors de l'octroi du crédit à savoir:

- Gage
- Hypothèque
- Accord de remboursement
- Leasing
- La caution

Toutes les garanties prises lors de l'octroi d'un crédit sous la B&L Act doivent être enregistrées au bureau de l'enregistrement créé à cet effet. Un liquidateur pourrait être désigné à l'effet de réaliser les garanties. L'accord de crédit peut prévoir la prise de possession de la propriété par le prêteur. Alors que la nouvelle loi sur les sûretés OHADA est beaucoup plus divergente, riche et compète sur toutes les garanties dont la banque peut entourer l'octroi d'un crédit. Mais la réalisation de ces garanties reste régie par les textes généraux.

Le But de La B&L Act est d'amener les banques à promouvoir et soutenir un marché de crédit juste transparent compétitif et accessible. L'OHADA quant à elle vise à promouvoir de manière générale l'investissement et l'activité commerciale en soutenant l'économie à travers la promotion des PME/PMI.

La B&L Act s'applique sur les gros crédits, dont le montant est déterminé. Il prévoit les garanties et leur modalité de réalisation.

3 Les fonctions de la banque centrale du Ghana

- La conformité, l'exécution et la surveillance de l'application de la B&L Act incombe à la Banque Of Ghana.
- La B&L Act de manière spécifique dans le cadre d'un crédit octroyé, donne à la banque du Ghana le libre accès aux livres comptables de l'emprunteur.
- Elle doit promouvoir et soutenir le développement d'un marché du crédit juste, équitable, transparent, compétitif et accessible.
- Elle connaît de toutes les réclamations liées à l'application de la loi et au déroulement du crédit.
- Elle surveille le marché du crédit et assure le respect de la Loi sur la B&L Act.
- Elle prend l'initiative des poursuites, elle mène l'enquête pour s'assurer de la conformité

En bref, elle assure l'application de cette loi dans son esprit et dans sa lettre.

La banque centrale a la liberté en cas de non respect de cette loi, d'engager une enquête et de désigner toute personne qui lui plaît pour examiner le bon déroulement de la transaction suspecte. Si l'emprunteur refuse de donner ou de communiquer les documents comptables qui lui sont demandés par la banque centrale du Ghana il encourt une peine d'amende et d'emprisonnement dont le quantum est fixé à 4 ans ou à l'une de ces deux peines seulement. La banque centrale peut même ordonner la perquisition dans le domicile, la voiture, l'avion ou le bateau de l'emprunteur.

4 Le rôle des tribunaux:

En cas de violation de la B&L Act, la cour a le droit d'enjoindre le contrevenant de respecter la loi. En cas de refus, la cour peut prononcer une peine d'amende ou d'emprisonnement allant jusqu'à 10 ans.

5 Le paiement et le recouvrement des créances:

Le registre des garanties a pour objet d'enregistrer toutes les garanties données par l'emprunteur au prêteur. Les données du registre sont publiées dans le journal officiel. En cas de défaut de paiement, la banque du Ghana émet une sommation/ mise en demeure sous trentaine à l'emprunteur, lui enjoignant de payer par tous moyens convenus par les parties.

La propriété en garantie pour l'octroi du crédit est directement attribuée au prêteur et placée sous sa possession en cas de non respect du délai donné dans la sommation, sans avoir besoin de saisir les tribunaux au préalable. En cas d'opposition/rébellion contre la prise de possession ci-dessus énoncée, la Cour va émettre un mandat à cet effet. En cas d'obstruction à la mise en œuvre de la possession, la banque peut obtenir de l'emprunteur une peine d'amende ou d'emprisonnement de 6 mois.

6 Un extrait de la B&L Act sur le droit de possession de l'emprunteur

«(1) Dans l'exercice de son droit de possession d'une propriété assujettie à une charge afin d'assurer les obligations d'un emprunteur selon les dispositions de accord de crédit, le prêteur ne sera pas obligé d'entamer les procédures juridiques afin d'exécuter et faire valoir son droit de la possession.

(2) Dans le cas où un prêteur se trouve dans l'incapacité d'exécuter ou faire valoir son droit de la possession de manière paisible, il pourra faire appel aux services de la police afin d'expulser l'emprunteur ou autre personne suivant un mandat émis par le tribunal.

(3) Une personne qui

(a) manque, sans excuse raisonnable, de quitter les lieux saisis par le prêteur selon les dispositions du paragraphe (1) suivant requête dûment émise par le prêteur, ou;

(b) entrave le prêteur dans l'exercice du pouvoir qui lui est conféré selon les dispositions du paragraphe (1),

(c) sera considérée comme ayant commis une infraction et sera susceptible, suivant condamnation sommaire, à payer une amende de cinq cent ¢ de pénalité ou à subir une peine d'incarcération inférieure à six mois, ou les deux. Et, en cas de non-conformité persistante, une amende supplémentaire inférieure à cinquante ¢ de pénalité par jour de non-conformité.

7 Les hypothèques

(1) Le Mortgages Act, 1972 (NRCD 96) ne s'applique pas aux droits d'un prêteur selon les dispositions de cette loi en cas de défaut de la part d'un emprunteur.

(2) Dans le cas où il existe un conflit entre les dispositions de cette loi et les dispositions du Mortgages Act ou autres textes applicables aux droits d'un prêteur, les dispositions de cette loi prévalent ».

Conclusion

Si l'OHADA prévoyait un moyen tout aussi simplifié que la B&L Act sur la réalisation des hypothèques données comme garanties à un crédit, les banques n'hésiteraient pas à prêter. De plus la B&L Act prévoit des sanctions très fortes contre tout débiteur indélicat, mais le texte OHADA ne prévoit aucune sanction. Notre cadre juridique pourrait tout simplement améliorer le texte actuel de l'OHADA actuel avec les deux dernières remarques ci-dessus. Cependant le nouveau texte OHADA sur les sûretés est très innovant par rapport à l'ancien. Le tableau comparatif ci-après l'illustre fort bien.

MATIERES	ANCIEN ACTE UNIFORME (abrogé depuis le 17 mai 2011)	NOUVEL ACTE UNIFORME (applicable depuis le 17 mai 2011)	OBSERVATIONS
Définition des sûretés Domaine d'application	Les sûretés sont les moyens accordés au créancier par la loi de chaque Etat partie ou la convention des parties pour garantir l'exécution des obligations, quelle que soit la nature juridique de celles-ci.	Une sûreté est l'affectation au bénéfice d'un créancier d'un bien, d'un ensemble de biens ou d'un patrimoine afin de garantir l'exécution d'une obligation ou d'un ensemble d'obligations, quelle que soit la nature juridique de celles-ci et notamment qu'elles soient présentes ou futures, déterminées ou déterminables, conditionnelles ou inconditionnelles, et que leur montant soit fixe ou fluctuant.	Le nouvel acte uniforme définit les sûretés avec plus de précision. Désormais, il est possible de garantir des obligations futures ou déterminables. Le nouvel acte uniforme précise en outre que la sûreté est l'accessoire d'une obligation. Ce qui n'était pas dit avant.
Gestion des sûretés	Inexistence d'un organe de gestion	Institution d'un Agent des sûretés Articles 5 à 11	Il représente le créancier auprès du débiteur. Seuls les établissements de crédit ou une institution financière peuvent être agent des sûretés. Régime applicable: mandataire salarié.

Sûretés personnelles	Cautionnement Lettre de garantie	Cautionnement Garantie et contre-garantie autonomes	L'obligation de la caution est plus lisible. On passe d'une information trimestrielle (4 fois par an) à une information semestrielle (2 fois par an). Ce qui devrait alléger la charge du banquier créancier. Dénomination plus appropriée des garanties à première demande

Sûretés mobilières	Droit de rétention Gage Nantissement sans dépossession Droits d'associés et valeurs mobilières Fonds de commerce Privilège du vendeur du fonds de commerce Matériel professionnel et automobiles Stocks Privilèges (généraux, spéciaux)	Droit de rétention Propriété sûreté (innovation) **Réserve de propriété** **Cession de créance à titre de garantie** **Transfert fiduciaire de somme d'argent** Gage de meubles corporels Matériel professionnel et automobile Stocks Nantissement de meubles incorporels **Nantissement de créance** (new) **Nantissement de compte bancaire** (new) Droits d'associés, valeurs mobilières **Comptes de titres financiers** **Droits de propriété intellectuelle** (droits d'auteurs et droits voisins, marques, licences etc) Fonds du commerce Privilèges (généraux, spéciaux)	Le nouvel acte crée de nouvelles sûretés et prend en compte des sûretés qui existaient sans que l'ancien acte ne les ait répertoriées. L'une des plus innovantes et importantes sûretés créées c'est la propriété sûreté qui consiste au fait que la propriété d'un bien mobilier peut être retenue (clause de réserve de propriété) ou cédée (cession de créance, transfert fiduciaire d'argent) à titre de garantie. La réserve de propriété était déjà prévue dans l'ancien acte uniforme sur le droit commercial général. La **cession de créance** ne peut être conférée qu'aux banques. Il s'agit généralement des créances détenues sur un client que le débiteur de la banque cède à cette dernière. C'est un mécanisme bien connu en France avec la loi Dailly. Le **transfert fiduciaire** d'une somme d'argent est la convention par laquelle un constituant cède des fonds en garantie de l'exécution d'une obligation. Ces fonds doivent être inscrits sur un compte bloqué, ouvert au nom du créancier de cette obligation, dans les livres d'un établissement de crédit habilité à les recevoir. C'est le mécanisme de ce qu'on désigne souvent sous le nom« compte séquestre » Au rang de la prise en compte des sûretés existant dans la pratique, l'acte uniforme régit le nantissement de créance, celui du compte bancaire, des titres financiers et des droits de propriété intellectuelle.

			Le **nantissement** est l'affectation d'un bien présent ou futur en garantie d'une créance présente ou future. A peine de nullité, le **nantissement de créance** doit être constaté dans un écrit contenant la désignation des créances garanties et des créances nanties ou, si elles sont futures, les éléments de nature à permettre leur individualisation, tels que l'indication du débiteur, le lieu de paiement, le montant des créances ou leur évaluation et leur échéance. Lorsque le nantissement a pour objet une créance future, le créancier nanti acquiert un droit sur la créance dès la naissance de celle-ci. Le nantissement de créance peut porter sur une fraction de créance, sauf si elle est indivisible Si l'échéance de la créance nantie est antérieure à l'échéance de la créance garantie, le créancier nanti conserve les sommes à titre de garantie sur un compte ouvert auprès d'un établissement habilité à les recevoir, à charge pour lui de les restituer au constituant si l'obligation garantie est exécutée. En cas de défaillance du débiteur de la créance garantie et huit jours après une mise en demeure restée sans effet, le créancier nanti affecte les fonds au remboursement de sa créance, dans la limite des sommes impayées.

			Si l'échéance de la créance garantie est antérieure à l'échéance de la créance nantie, le créancier peut se faire attribuer, par la juridiction compétente ou dans les conditions prévues par la convention, la créance nantie ainsi que tous les droits qui s'y rattachent. Le créancier nanti peut également attendre l'échéance de la créance nantie. Sauf convention contraire, le créancier nanti perçoit en outre les intérêts en les imputant sur ce qui lui est dû en capital, intérêts et autres accessoires. S'il a été payé au créancier nanti une somme supérieure à la dette garantie, il répond du surplus perçu en qualité de mandataire du constituant. Toute clause contraire est réputée non écrite. Le **nantissement de compte bancaire** est un nantissement de créance. Les règles qui régissent celui-ci lui sont applicables, sous réserve des dispositions de la présente section. Lorsque le nantissement porte sur un compte bancaire, la créance nantie s'entend du solde créditeur, provisoire ou définitif, au jour de la réalisation de la sûreté, sous réserve de la régularisation des opérations en cours, selon les modalités prévues par l'Acte uniforme portant organisation des procédures simplifiées de recouvrement et des voies d'exécution en matière de saisie-attribution des créances pratiquée entre les mains d'un établissement de crédit.

			Sous cette même réserve, en cas d'ouverture d'une procédure collective à l'encontre du débiteur de la créance garantie, les droits du créancier nanti portent sur le solde créditeur du compte au jour de cette ouverture. Les parties peuvent convenir des conditions dans lesquelles le constituant pourra continuer à disposer des sommes inscrites sur le compte nanti. Même après réalisation, le nantissement de compte bancaire subsiste tant que le compte n'a pas été clôturé et que la créance garantie n'a pas été intégralement payée.
Hypothèques		Innovations: **Attribution judiciaire du bien hypothéqué** **Pacte commissoire** **Hypothèques sur biens futurs** **Hypothèque des bâtiments sans le sol**	**Attribution judiciaire de l'hypothèque**: A moins qu'il ne poursuive la vente du bien hypothéqué selon les modalités prévues par les règles de la saisie immobilière, auxquelles la convention d'hypothèque ne peut déroger, **le créancier hypothécaire impayé peut demander en justice que l'immeuble lui demeure en paiement.** A condition que l'immeuble ne soit pas la résidence principale du constituant.

			Pacte commissoire: A condition que le constituant soit une personne morale ou une personne physique dûment immatriculée au RCCM et que l'immeuble hypothéqué ne soit pas à usage d'habitation, **il peut être convenu dans la convention d'hypothèque que le créancier deviendra propriétaire de l'immeuble hypothéqué.** A l'issue d'un délai de trente jours suivant une mise en demeure de payer par acte extra-judiciaire demeurée sans effet, le créancier pourra faire constater le transfert de propriété dans un acte notarié. Dans les cas prévus ci-dessus, l'immeuble doit être estimé par expert désigné amiablement ou judiciairement. Si la valeur excède le montant de la créance garantie, le créancier doit au constituant une somme égale à la différence. S'il existe d'autres créanciers hypothécaires, il consigne cette différence. Toute clause contraire est réputée non écrite.

			Il s'agit là à n'en point douter d'innovations majeures qui vont révolutionner et faciliter le recouvrement des créances hypothéquées. On assiste ici à la *déjudiciarisation de la réalisation des hypothèques.* La banque gagnerait à prévoir dores et déjà ce types de clauses (pacte commissoire par exemple) qui vont lui éviter la longueur, la lourdeur et l'incertitude des saisies immobilières, dès lors que le contentieux sera concentré seulement sur la valeur du bien hypothéqué par rapport au montant de la créance à recouvrer. Nous nous tenons disponibles pour la rédaction de pareilles clauses. Le nouvel acte uniforme prévoit la possibilité d'hypothéquer des immeubles à venir Il est également prévu la possibilité d'hypothéquer les constructions seulement dès lors que le fonds (sol) appartient à autrui, au domaine public ou au domaine national. Encore faudrait-il que le service des domaines soit organisé pour inscrire ce type d'hypothèques.
	Hypothèques conventionnelles	Hypothèques conventionnelles	Réalisation en suivant les voies d'exécution normales après commandement préalable suivi de l'expropriation.
	Hypothèques forcées Hypothèq ues légales Hypothèques judiciaires	Hypothèques forcées Hypothèques légales Hypothèques judiciaires	Réalisation en suivant les voies d'exécution normales.

Au terme du tableau ci-dessus, la banque aurait avantage à revoir les formules de prise des différentes garanties adossées aux crédits qu'elle distribue. Il s'agit notamment, sans que la liste soit exhaustive, des actes de:

- Cession de créances professionnelles (convention avec bordereau des créances cédées);
- Transfert fiduciaire de somme d'argent (compte séquestre par exemple);
- Nantissement de créance (clause d'attribution etc), de DAT etc;
- Nantissement de compte bancaire, de bon de caisse etc;
- Nantissement des comptes de titres (actions, obligations), cotés et non cotés;
- Nantissement du fonds de commerce étendu au matériel;
- Hypothèques avec clause d'attribution judiciaire;
- Hypothèques avec pacte commissoire (attribution directe du bien hypothéqué)
- Cautionnement;
- Garantie à première demande;
- Contre garantie à première demande;

Par ailleurs, pour l'information semestrielle des cautions, un paramétrage informatique devrait pouvoir alerter la banque sur le moment d'informer les cautions (le risque encouru étant la perte des intérêts dus entre deux informations).

Mode d'exécution	**Actes**	**Titres à exécuter**	**Observation**
Saisie conservatoire	Actes d'huissiers/les règles normales de saisie	Ici, la base pourrait être: • Sans un titre exécutoire • une lettre de change • un billet à ordre • un chèque • un loyer impayé dû	La banque peut être le créancier saisissant.
Saisie conservatoire des biens meubles corporels	Actes d'huissiers/les règles normales de saisie	Se prévaloir d'un droit de rétention.	
Saisie-attribution des créances	Actes d'huissiers/les règles normales de saisie	Tout titre exécutoire.	La saisie de la banque est pratiquée entre les mains des autres institutions financières. a difficulté ici c'est de trouver que le client indélicat a organisé son insolvabilité.
Saisie des droits d'associés et de valeurs mobilières	Actes d'huissiers/les règles normales de saisie	La saisie est pratiquée ici entre les mains de toutes sociétés ou personnes morales émettrice ou mandataire chargée de conserver ou de gérer les titres.	

LA VISION PANAFRICANISTE DE ECOBANK AU SERVICE DU DEVELOPPEMENT DES INVESTISSEMENTS EN AFRIQUE

M. Moustapha FALL
Directeur Général de ECOBANK
CAMEROUN

Nous nous félicitons du déploiement remarquable de l'OHADA et de son droit dans 17 Etats africains pour l'instant, ce qui est conforme en effet à la vision panafricaniste qui accompagne les actions de ECOBANK sur le continent. Cette vision empirique bâtit sa stratégie de développement en fonction des aspirations des citoyens en général afin de les accompagner dans la migration progressive du secteur informel vers le secteur formel entre autres, mais aussi en considération des besoins identifiés et exprimés par les intervenants dans la vie économiques en particulier.

En effet, à l'heure où les économies occidentales présentent des signes d'essoufflement, on attend de l'Afrique qu'elle prenne le relais. Cependant, la réalité est que les entreprises africaines, les PME (Petites et Moyennes Entreprises) pour l'essentiel, handicapées par le manque de ressources pour soutenir leurs projets d'investissement, rencontrent de sérieuses difficultés à accéder aux financements bancaires.

En effet, ces réticences des Banques au financement proviennent pour la plupart de deux sources:

1- l'absence de garanties;
2- la structure de plusieurs des PME.

Toutefois, le recours à des fonds de garantie, la création d'organismes de garantie et le renforcement de celles existantes pourraient à terme élargir le champ des entreprises éligibles au marché des capitaux, car en Afrique, seulement 20% de PME ont accès au marché des capitaux pouvant leur permettre de disposer de financements nécessaires pour accompagner leur production.

Il devient par conséquent impérieux de mobiliser le maximum de ressources disponibles, de recourir à une ingénierie d'optimisation de la gestion du risque liée à la structuration en vue d'un accompagnement qui constituerait le levier à travers lequel le développement des PME devra être actionné. Ainsi, leur fort potentiel de création d'emplois, le marché inhérent à la croissance démographique constituent autant d'éléments qui justifient, s'il en était encore besoin, la nécessité du soutien que nous nous devons d'apporter aux PME, dans la mesure où celles-ci constituent le socle essentiel de la croissance des économies du continent, et le principal levier de développement de l'Afrique.

ECOBANK a pensé et mis en place des formules de financement appropriées à l'accompagnement des PME en leur permettant de jouer efficacement leurs rôles d'accélérateur du développement. ECOBANK se distingue déjà sous cette rubrique avec l'offre à sa clientèle PME d'une gamme de produits de financement dénommée« Products Programmes ». Ces produits permettent à notre banque d'être présente tout au long du cycle de financement des entreprises citées, allant ainsi de l'accompagnement dès l'appel d'offre à la mobilisation de créances commerciales nées et constatées, en passant par le financement des besoins en fonds de roulement ou en équipements inhérents audit cycle.

Ce dispositif sera renforcé dès 2014 par d'autres initiatives en cours dans ce sens au niveau d'ECOBANK Cameroun en l'occurrence. Nous pensons notamment à l'accord de garantie de $ 50 millions signé entre ECOBANK Transnational Incorporation (ETI) et l'African Guarantee Fund (AGF). L'objectif principal de cet accord étant la couverture d'un portefeuille de crédit estimé à $50 millions en faveur des PME en Afrique subsaharienne. Le mécanisme de garantie retenu dans le cadre de cet accord est le partage parfait (50%) entre ECOBANK et AGF du risque pris sur le financement des PME, doublant ainsi nos capacités d'accompagnement de ce secteur si sensible, et ce, à hauteur de l'enveloppe suscitée.

Ce Partenariat réaffirme l'engagement d'ECOBANK à soutenir l'économie camerounaise à travers le financement des PME.

LE CREDIT-BAIL COMME LEVIER DE FINANCEMENT DES PETITES ET MOYENNES ENTREPRISES (PME)

M. Pierre KAM
Président de l'African Leasing Company (CAMLEASE)
CAMEROUN

Abstract

Leasing is a lease contract of movable and non movable assets with a promise to sell at the end of the contract at a price set in advance. Generally, this term is confused with "leasing" which actually has a broader scope. It is based on the principle that "what determines the accumulation of the capital and of wealth is not the property, but the productive use of property and equipments". It is the financial tool of real economy (Finances equipments). Leasing is a factor for development of the local financial market that creates value added; the development of leasing involves the migration of Micro-enterprises (ME) to (SMEs) and SMEs to great enterprises, enabling it play an important role in the economic growth; leasing professionals had shown that the development of the leasing market of 10% produces a 1% growth in the Gross Domestic Product (GDP) of the country.

I – CONTEXTE

- **Les PME regroupent plus de 90% du parc des entreprises et constituent le plus grand employeur après l'état.**
- **Faible accès des PME aux financements bancaires classiques**

A peine 15% des crédits accordés par les banques sont destinés aux PME, victimes du rationnement de crédit.

- **Rareté des instruments de financement**

L'offre de financement des entreprises est limitée aux produits classiques pas toujours adaptés aux besoins des entreprises

- Africa Leasing Company (ALC) est un établissement financier de droit camerounais au capital de FCFA 1,5 milliards spécialisé dans le crédit-bail, le recouvrement de créances, l'intermédiation financière et l'affacturage.
- Né du consortium **BEI** (Banque Européenne d'Investissement), **FMO** (Société Néerlandaise de Développement) et **Afriland First Bank**, son équipe composée de jeunes cadres dynamiques et compétents possède des atouts tels que la simplicité, la souplesse et la rapidité dans le processus de financement.
- Depuis le début des activités en 2004, ALC a contribué à la croissance économique du Cameroun à travers:
- L'octroi de financements pour un total de FCFA 23 Milliards dans les secteurs de l'industrie, du transport, des services/ntic et de l'agriculture;
- Le paiement des impôts de FCFA 4,5 Milliards;
- La création/sauvegarde de près de 2 000 emplois;
- L'amélioration des conditions de vie des basses et moyennes classes à travers le petit équipement.

Classement Doing Business 2013

CRITERES	Rang Général		Création d'entreprises	Obtention de prêts	Protection des investis-seurs	Commerce transfron-talier	Exécution des contrats	Fermeture de l'entreprise
	2013	2012						
	PAYS MEMBRES DE L'OHADA							
MALI	151	146	118	129	150	152	133	120
BURKINA FASO	153	150	120	129	150	173	109	113
TOGO	156	162	164	129	150	101	157	96
COMORES	158	157	168	154	139	146	159	185
CAMEROUN	161	161	125	104	128	157	172	150
GUINEE	162	155	182	104	150	136	61	185
SENEGAL	166	154	102	129	169	67	148	90
GABON	170	156	157	104	158	135	153	145
BENIN	175	175	153	129	158	130	178	132
NIGER	176	173	167	129	158	176	140	130
COTE D'IVOIRE	177	167	176	129	158	163	127	76
GUINEE EQUATORIALE	178	179	158	154	177	133	131	141
GUINEE BISSAU	179	176	148	129	139	116	142	185
REPUBLIQUE DU CONGO	181	178	149	176	158	170	173	168
TCHAD	184	183	181	104	158	180	167	185
REPUBLIQUE CENTRAF-RICAINE	185	182	170	104	139	182	177	185
	2013	2012						
	PAYS DEVELOPPES							
SINGAPOUR	1	1	4	12	2	1	12	2

CRITERES	Rang Général		Création d'entreprises	Obtention de prêts	Protection des investis-seurs	Commerce transfron-talier	Exécution des contrats	Fermeture de l'entreprise
HONG KONG CHINE	2	2	6	4	3	2	10	17
NOUVELLE ZELANDE	3	3	1	4	1	25	17	13
ETATS UNIS	4	4	13	4	6	22	6	16
DANEMARK	5	5	33	23	32	4	34	10
NORVEGE	6	6	43	70	25	21	4	3
ROYAUME UNI	7	7	16	1	10	14	21	8
AUSTRALIE	10	15	2	4	70	44	15	18
IRLANDE	15	10	10	12	6	28	63	9
CANADA	17	13	3	23	4	44	62	4
	PAYS EMERGENTS							
COREE	8	8	24	12	49	3	2	14
TAIWAN	16	25	16	70	32	23	90	15
AFRIQUE DU SUD	39	35	53	1	10	115	82	84
Mexique	48	53	36	40	49	61	76	26
CHINE	91	91	151	70	100	68	19	82

II – CRÉDIT-BAIL: UN LEVIER DE FINANCEMENT

1 Evolution du crédit-bail dans le monde

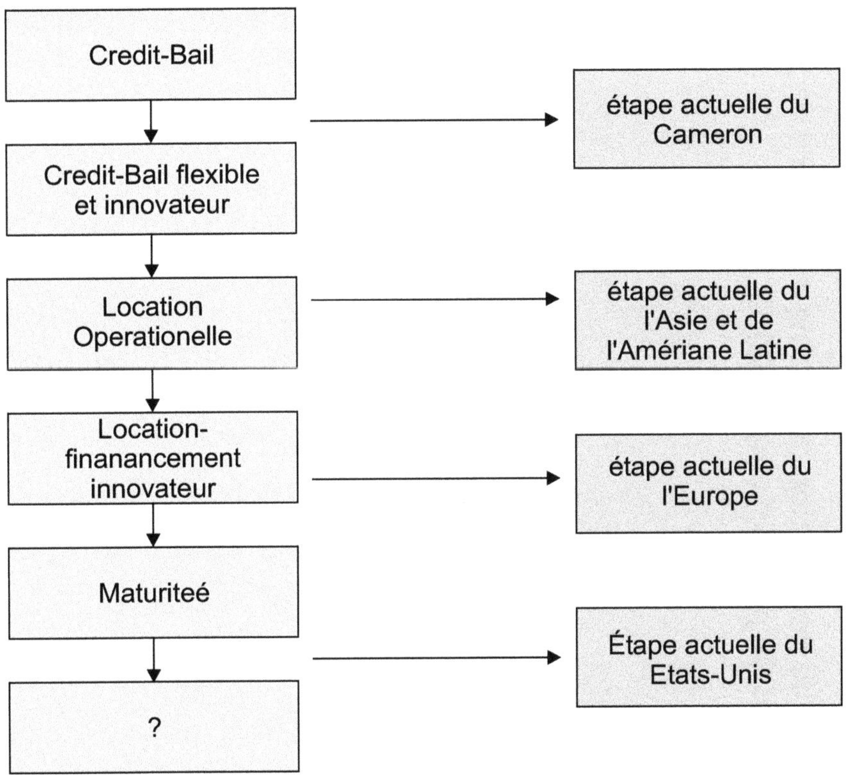

Le leasing: outil puissant de financement de l'investissement

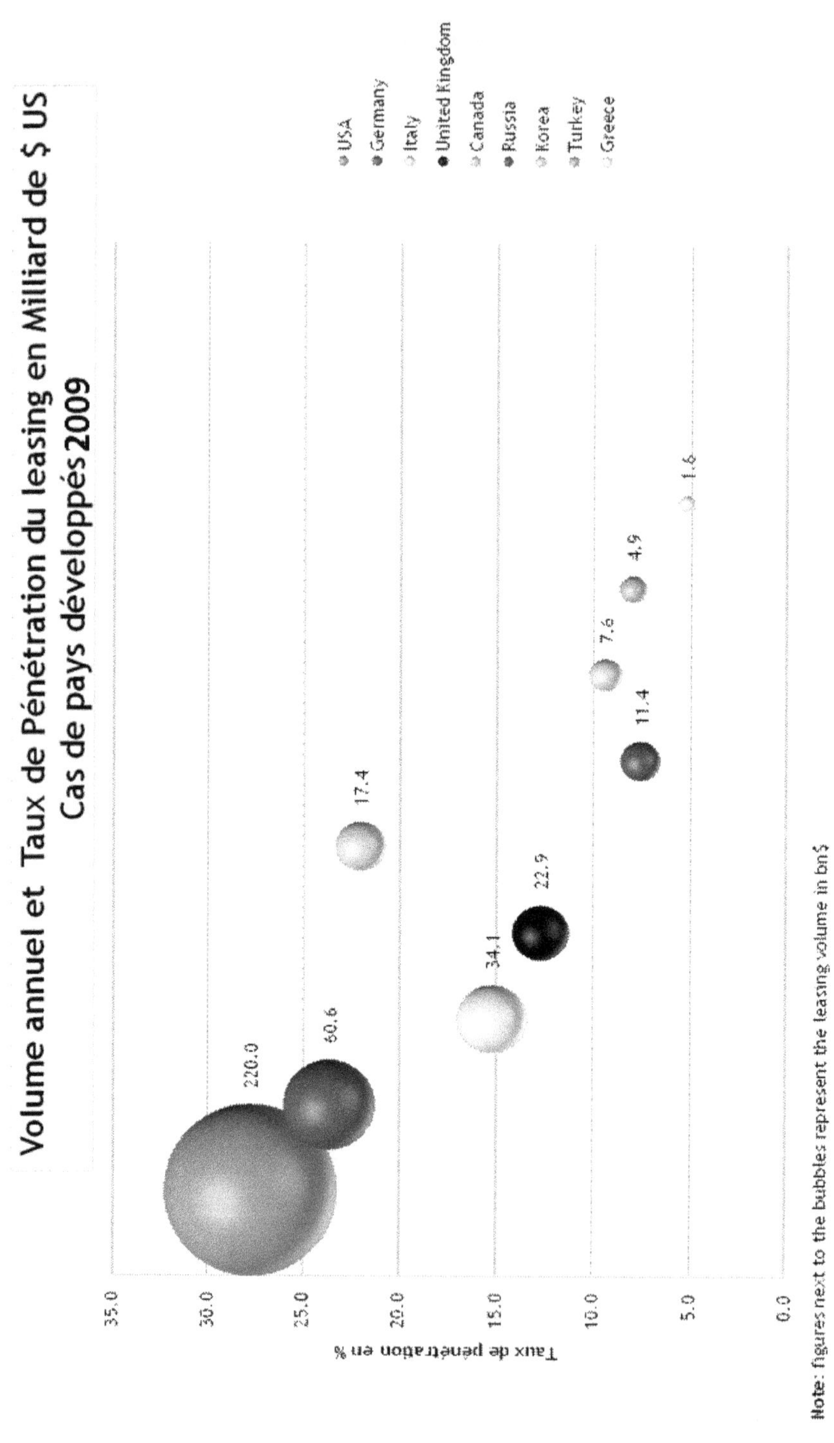

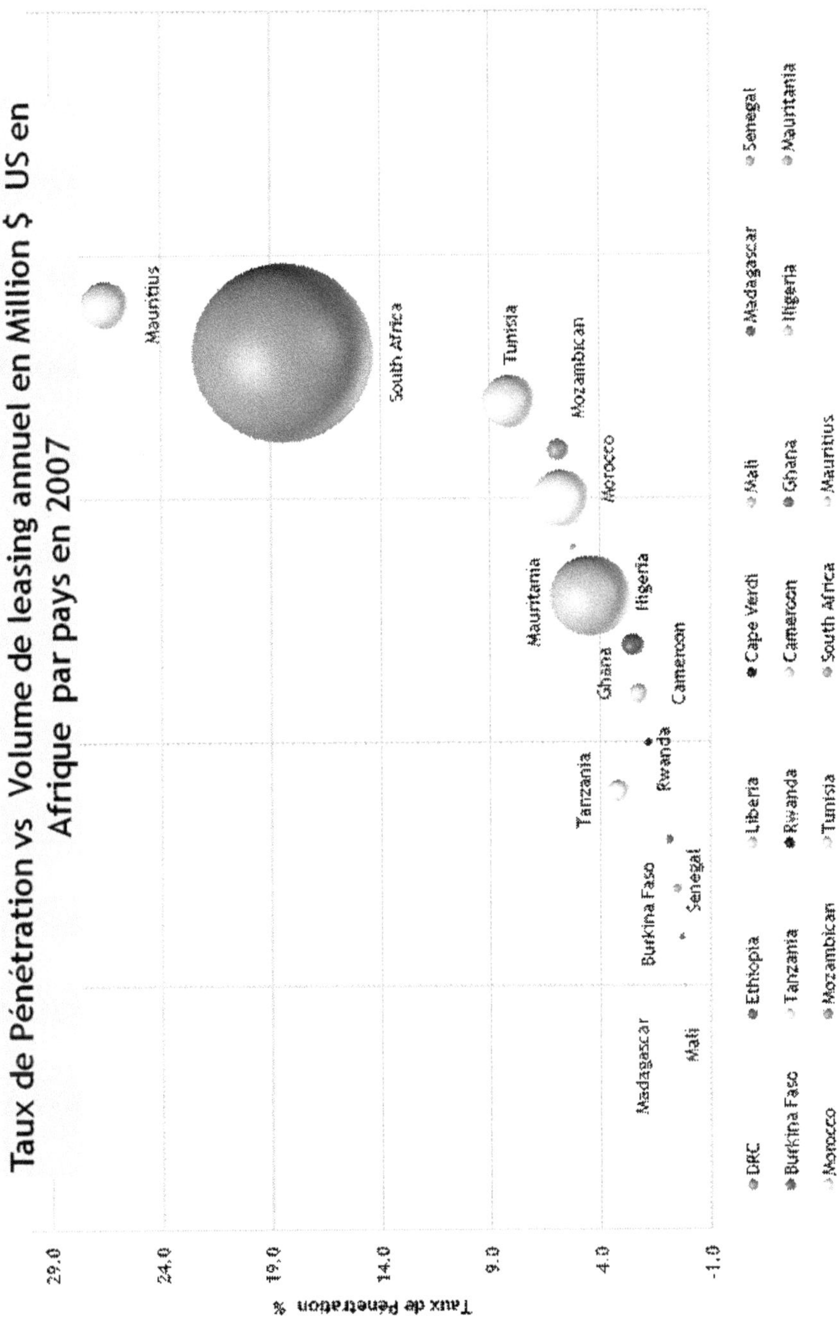
Taux de Pénétration vs Volume de leasing annuel en Million $ US en Afrique par pays en 2007
Taux de Pénétration %
29.0
24.0
19.0
14.0
9.0
4.0
-1.0
Mauritius
South Africa
Tunisia
Mozambican
Morocco
Mauritania
Nigeria
Ghana
Cameroon
Tanzania
Rwanda
Burkina Faso
Senegal
Madagascar
Mali
DRC
Ethiopia
Liberia
Cape Verdi
Mali
Madagascar
Senegal
Burkina Faso
Tanzania
Rwanda
Cameroon
Ghana
Nigeria
Mauritania
Morocco
Mozambican
Tunisia
South Africa
Mauritius

2 Définition du crédit-bail

- Le **crédit-bail** est un contrat de location d'un bien mobilier ou immobilier avec une promesse de vente en fin du contrat à un prix défini à l'avance. Généralement ce vocable se confond avec »leasing »qui en réalité a une portée plus large.
- Il est fondé sur le principe selon lequel **»ce qui détermine l'accumulation du capital et de la richesse n'est pas la propriété, mais l'utilisation productive des biens et matériels »**.

3 Mécanisme du crédit-bail

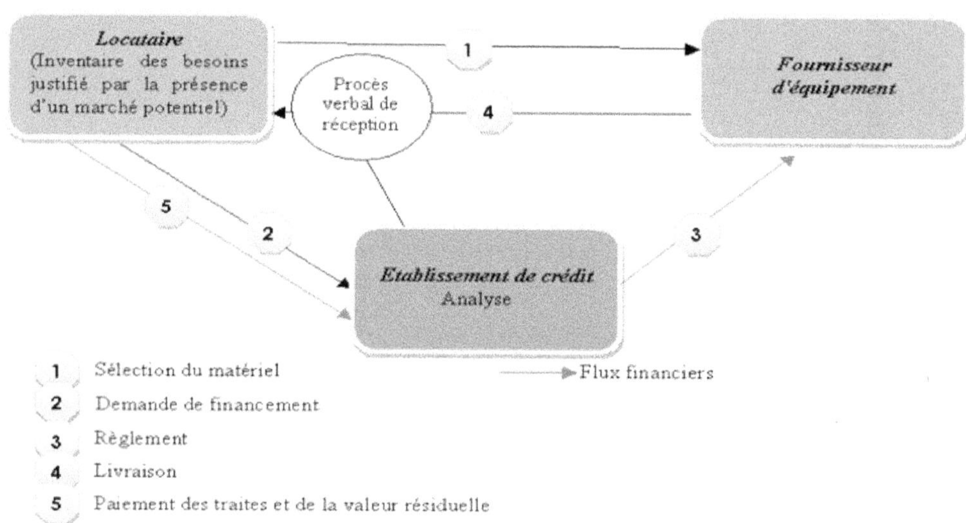

4 Que peut-on financer en crédit-bail?

- **Transport**: maritime, ferroviaire, aérien, terrestre
- **Technologie**: Ordinateurs, Telecom
- **Equipement de bureau**
- **Matériels de Construction**: BTP
- **Equipement Industriel**
- **Matériels forestiers, miniers et agricoles**
- **Matériel médical**
- **Immobilier**
- Etc.

Palais des Congrès — Yaoundé, 22 Octobre 2013

5 Fonctions du crédit-bail et ses dérivés

Le développement du crédit-bail a donné naissance à des produits dérivés à l'instar de:

- la location avec option d'achat (LOA),
- **la location longue durée (LLD),**
- **le lease-back,**
- **le micro-leasing.**

Ces différents produits permettent aux PME:

- D'accroître leurs capacités de production;
- De renouveler leurs actifs;
- De mieux gérer le budget de fonctionnement des actifs;
- D'externaliser la fonction logistique.

Sans oublier que la location demeure un moyen d'optimisation fiscale et de flexibilité économique.

6 Crédit-bail: une alternative au crédit bancaire classique

Éléments de Comparaison	**Crédit-bail**	**Crédit classique**
Propriété du matériel	Le crédit-bailleur reste propriétaire jusqu'à la fin du contrat	L'entreprise est propriétaire dès l'achat
Apport initial/Garanties supplémentaires	Faibles ou inexistants	Souvent conséquents
Incidence TVA	Paiement étalé sur la durée du financement	Paiement intégral à l'achat
Date de règlement de l'échéance	Terme à échoir (il s'agit de loyers)	Terme échu
Assurances	Peut parfois être mensualisée et intégrée dans les loyers	Payée directement à l'assureur, généralement annuellement
Mise en place	Souple, Simple et Rapide	Lourde au regard des procédures

III CRÉDIT-BAIL: UN MOTEUR DE CROISSANCE ECONOMIQUE

1 Importance des investissements

PLAN ECONOMIQUE	Investissement, base de constitution du PIB
PLAN SOCIAL	Création d'emplois, redistribution de la richesse
PLAN MONETAIRE	les revenus générés par les investissements n'étant pas entièrement dépensés pour la consommation, les marges non-utilisées sont collectées sous forme d'épargne et constituent de nouvelles ressources pour les établissements financiers (investissements futurs).

L'investissement: un élément déterminant du décollage économique

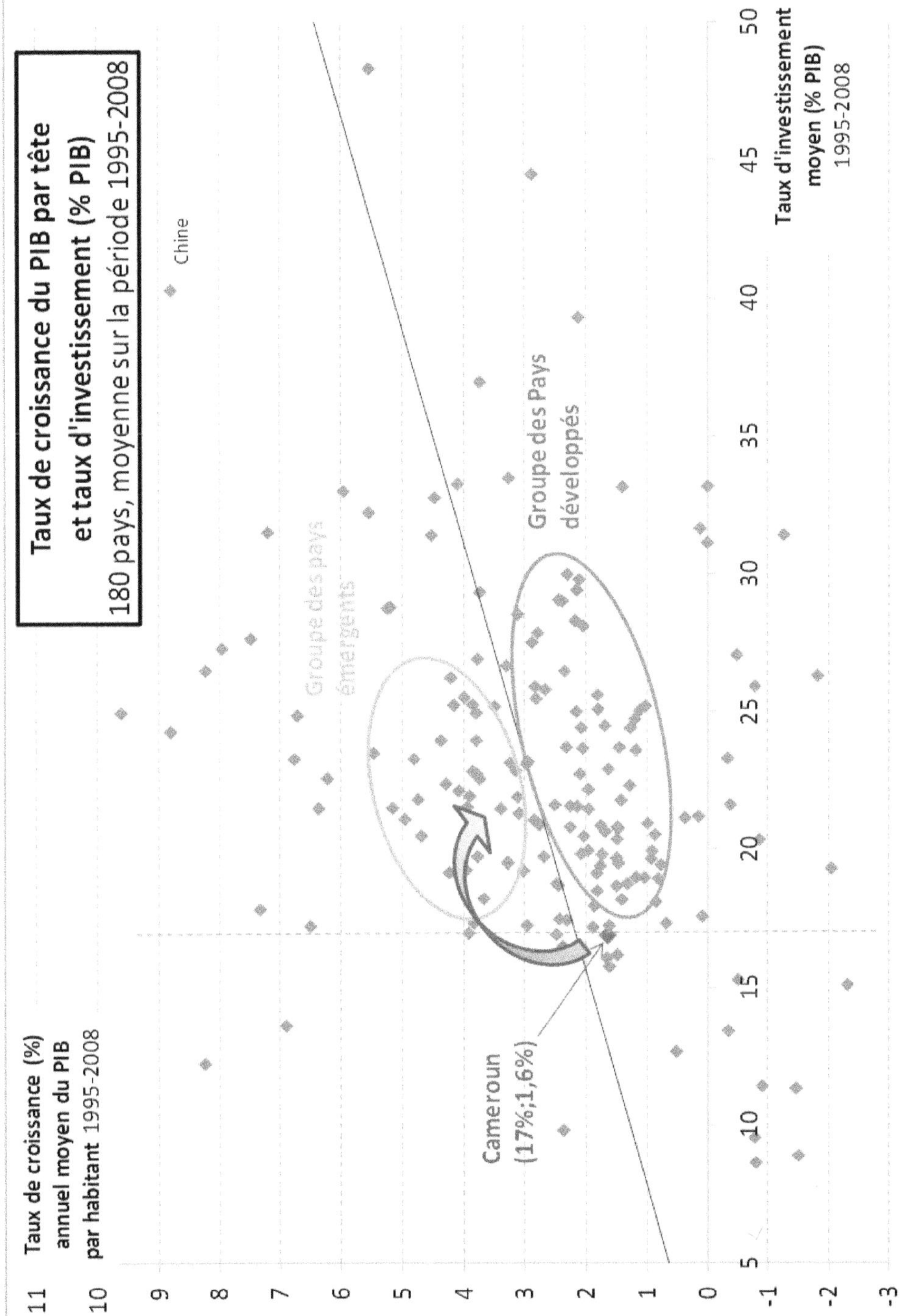

Faible contribution de l'investissement à la croissance: Exemple du Cameroun

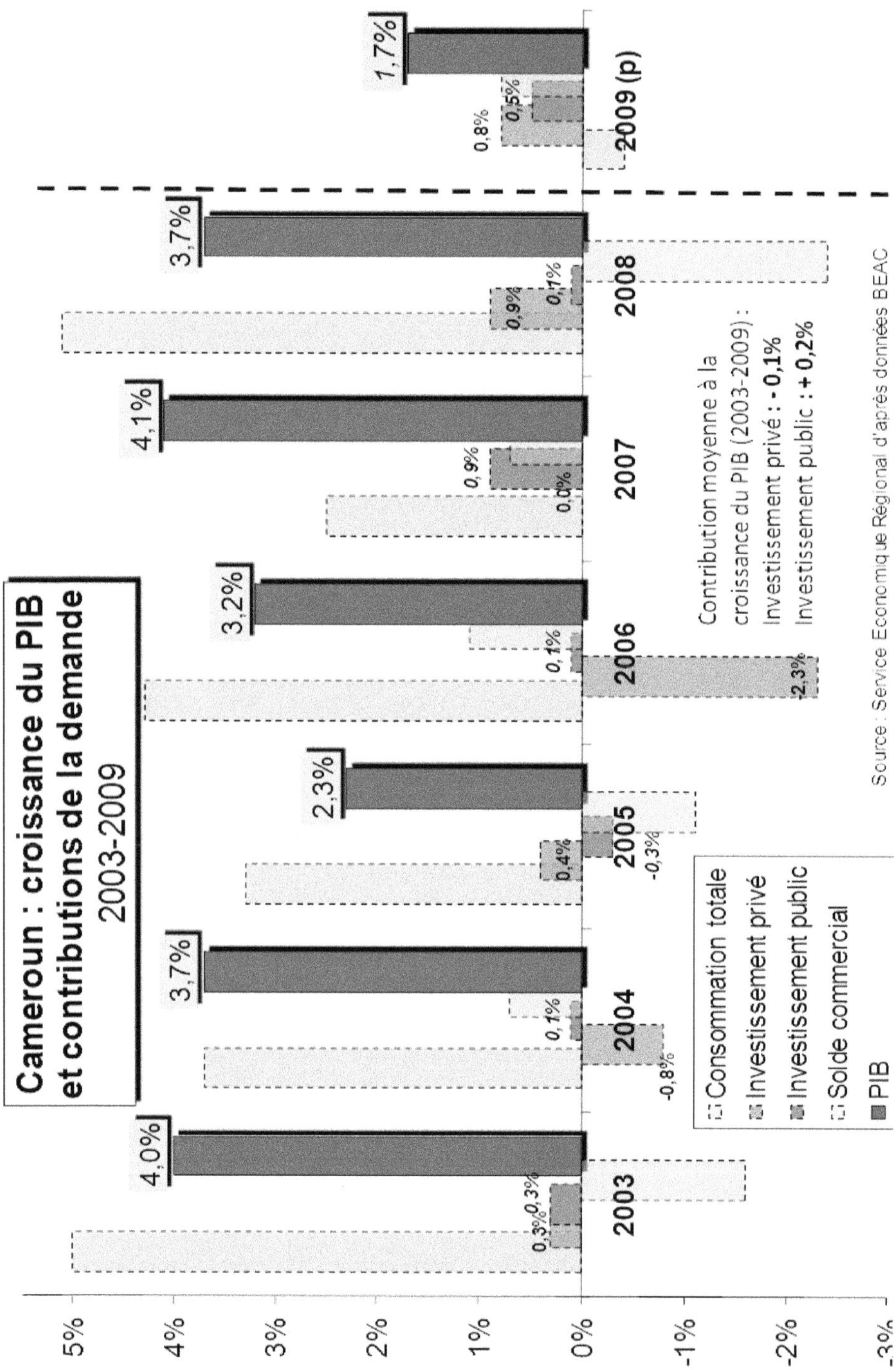

Faiblesse et progression du financement bancaire: Exemple du Cameroun

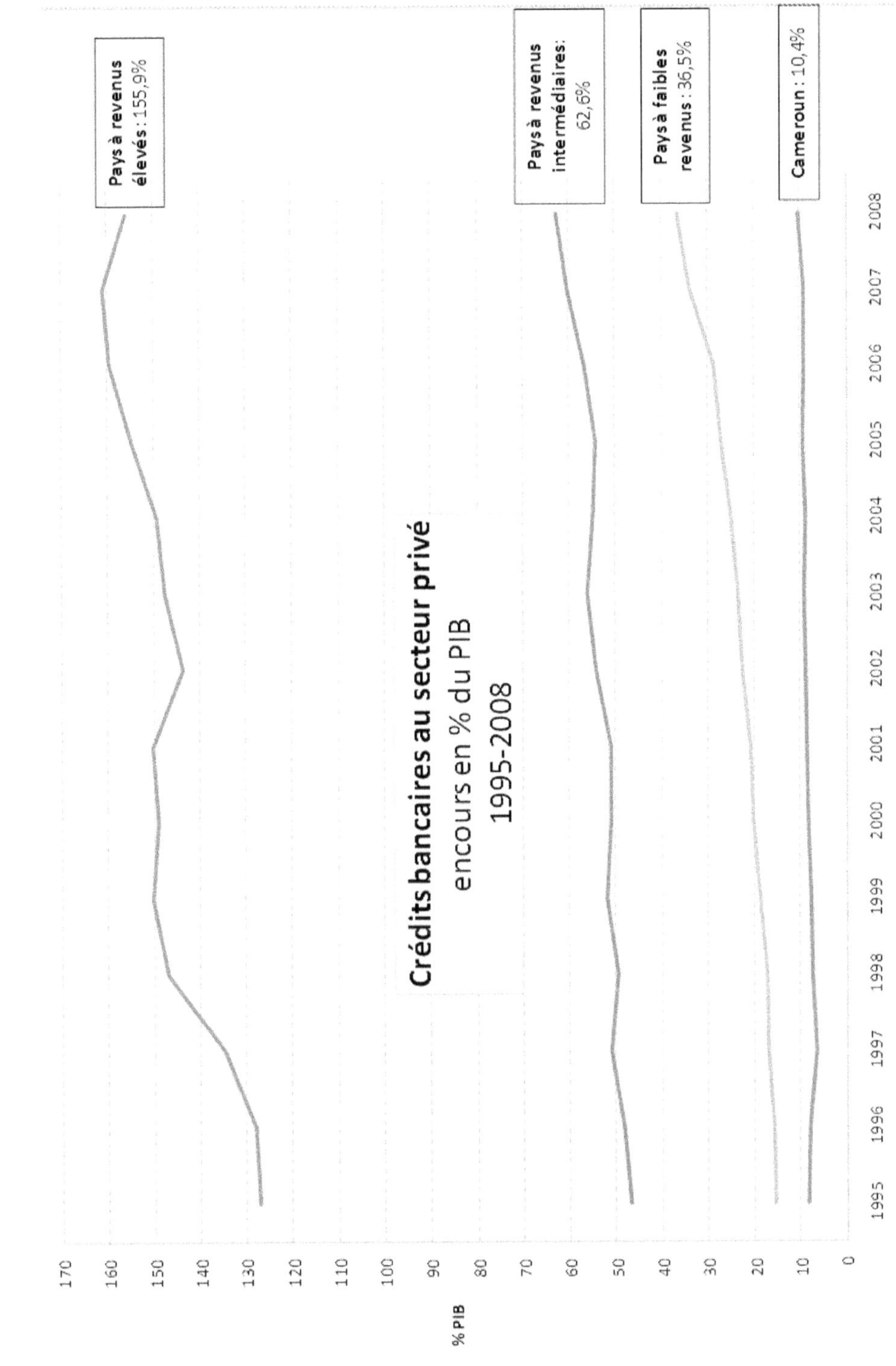

Cameroun: Reprise de la croissance . . .

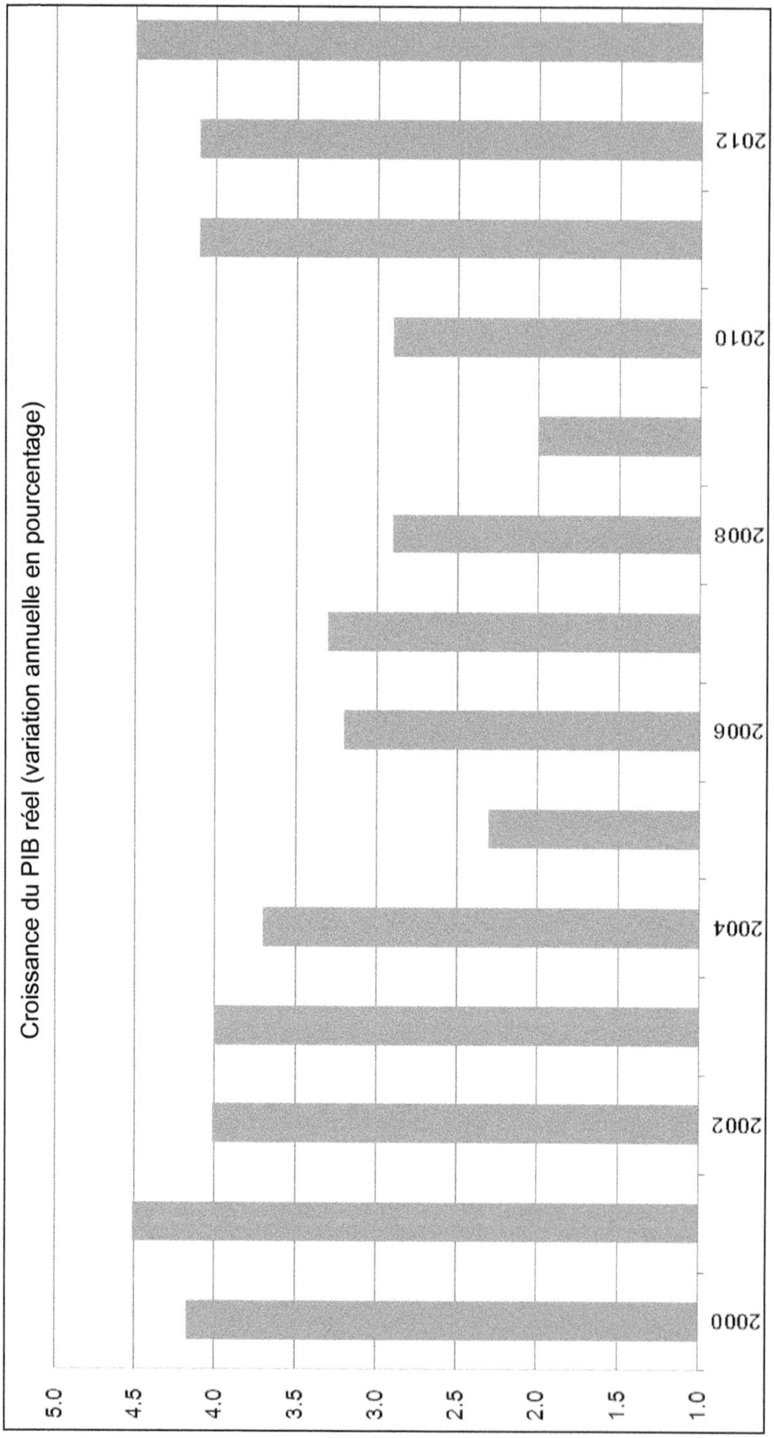

1 Crédit-bail, une opportunité pour la croissance économique: cas du Cameroun

- **Marché potentiel satisfaisant:** FCFA 200 milliards pour le Cameroun et FCFA 400 milliards pour la CEMAC (étude Banque Mondiale mai 2010).
- **Grands projets structurants** 30% projetés en sous-traitance aux PME nationales.
- **Faible capacité opérationnelle** des entreprises locales.
- **Rôle majeur joué par le crédit-bail dans le développement économique de nombreux pays dans le monde** (USA, Allemagne, Corée du Sud, Tunisie, . . .)

D'où la nécessité de vulgariser le crédit-bail: A titre illustratif, un dispositif d'appui à a la modernisation des outils de production des entreprises par le crédit-bail a été mis en place entre l'Etat du Cameroun et l'Association Camerounaise de crédit-bail (CAMLEASE).

Dispositif Pilote CAMLEASE — MINEPAT/MINFI:

- Un instrument: **Le crédit-bail**
- Une façon: **Financement et Accompagnement**
  - ***Financement:***
    - Taux maximum: **10%**
    - Cible: **PME des secteurs prioritaires (bois, agriculture, élevage, mines, industrie, tourisme)**
    - Durée pouvant aller jusqu'à **06 ans**
  - ***Accompagnement:***
    - **Formation au crédit-bail**
    - **Formation aux fondamentaux de gestion (SMEToolkit, Business Edge)**

Organisation de la comptabilité.

Financements équipements LT

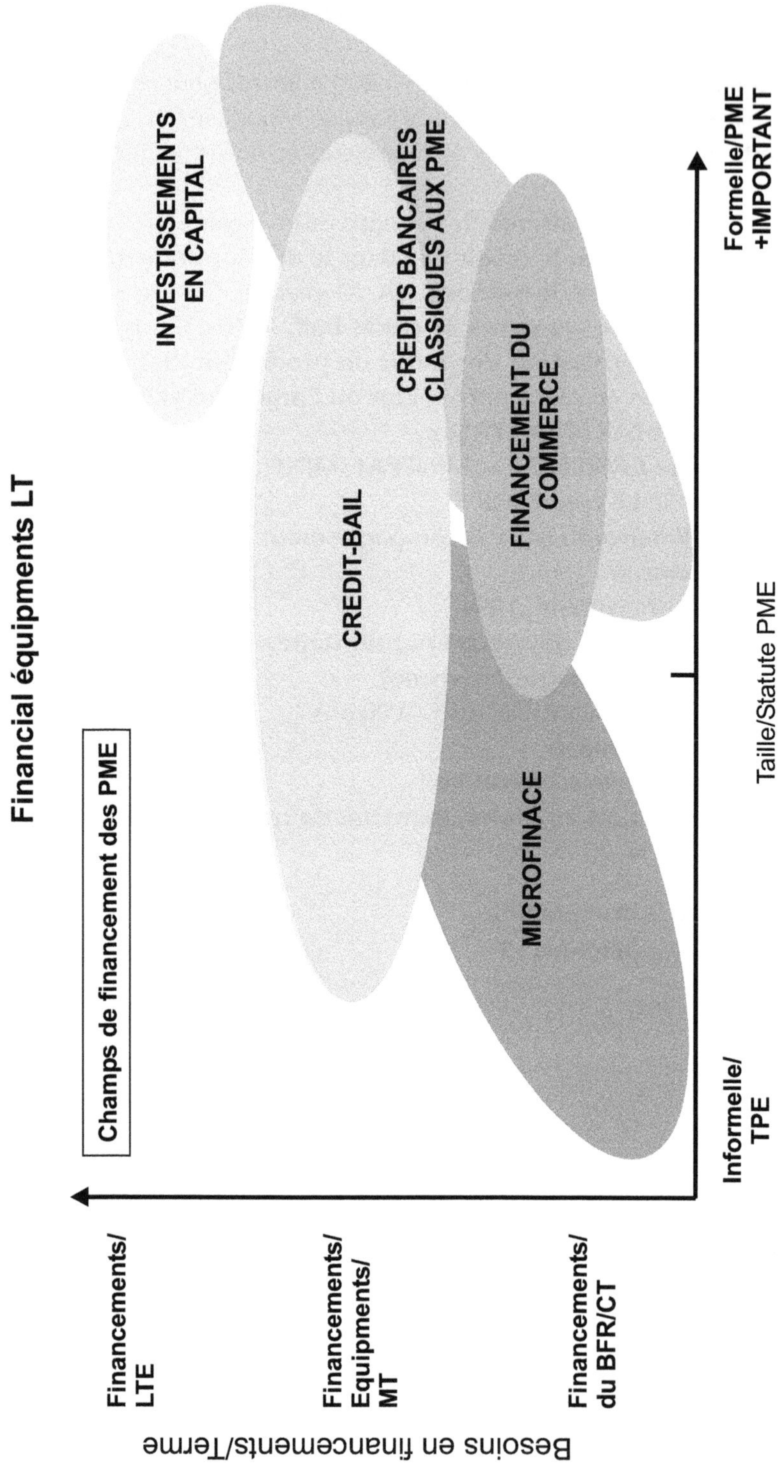
Financial équipments LT
Champs de financement des PME
INVESTISSEMENTS EN CAPITAL
CREDITS BANCAIRES CLASSIQUES AUX PME
CREDIT-BAIL
FINANCEMENT DU COMMERCE
MICROFINACE
Financements/ LTE
Financements/ Equipments/ MT
Financements/ du BFR/CT
Besoins en financements/Terme
Informelle/ TPE
Taille/Statute PME
Formelle/PME +IMPORTANT

2 Avantages du crédit-bail

C'est une forme de crédit adapté à la grande Entreprise et à la PME en particulier pour les raisons suivantes:

- Finance la PME dans le secteur formel et informel;
- Pas d'exigence et de recours systématique à la garantie hypothécaire et la caution bancaire;
- Délai de crédit rapide à mettre en place;
- L'analyse de la demande du financement se base surtout sur l'étude de la capacité de paiement du client et de la viabilité du projet;
- C'est un outil de financemenet de l'économie réelle (Finance les équipements).
- Le leasing est un facteur de développement du marché financier local qui crée de la valeur ajoutée;
- Le développement du leasing entraîne la migration des TPE vers les PME et les PME vers les grandes entreprises, ce qui lui permettra de jouer un rôle important au développement de la croissance économique;

Les professionnels de leasing ont démontré que le développement du marché de leasing de 10% génère une croissance de 1% dans le PNB du pays.

IV – LE CRÉDIT-BAIL DANS L'ESPACE OHADA

1 Cadre Juridique

- Parce que les établissements de crédit — bail sont avant tout des sociétés commerciales, on peut par syllogisme dire que les dispositions de **l'Acte Uniforme OHADA relatif au Droit des Sociétés Commerciales et du groupement d'Intérêt Economique** leur sont applicables.
- Mais de façon plus expresse, **l'Acte Uniforme OHADA portant Droit Commercial Général** appréhende le contrat de crédit — bail pour ce qui est de son inscription au Registre de Commerce et du Crédit Mobilier. *Ainsi les Articles 61 et 62 de cet Acte Uniforme énoncent les modalités d'inscription d'un contrat de crédit — bail au RCCM afin de garantir son opposabilité aux tiers.*

2 Obstacles Juridiques

- ***Procédure d'injonction de restituer ou de payer (créance classique):*** Les débiteurs véreux usent du dilatoire à travers l'opposition pour se soustraire à leurs engagements.
- ***Procédure de récupération du matériel donné en crédit-bail:*** *l'article 22 de la loi n° 2010/020 du 21 décembre 2010 portant organisation du Crédit-bail au Cameroun apporte un début de solution. En effet, cet article permet la récupération des biens d'une part sans autre forme de procès lorsque le contrat est notarié et d'autre part à travers la procédure de référé lorsque le contrat est sous seing privé.*
- **Réalisation des garanties complémentaires (Gage, nantissement)**: Bien que consenties par acte notarié, (qui constitue au sens de l'article 33 de l'Acte Uniforme n° 6 un titre exécutoire), nombre de magistrats peinent à valider la réalisation de gage directement opérée sans autre forme de procès, en instruisant que soit respectée la procédure classique pouvant facilement durer deux ans.

- **Réalisation des hypothèques:** La difficulté liée à la réalisation de cette sûreté semble avoir trouvé solution à travers le pacte commissoire institué par les articles 199 et suivants de l'Acte Uniforme OHADA sur les sûretés, desquels il ressort qu' il peut être convenu dans la convention d'hypothèque que le créancier deviendra propriétaire de l'immeuble hypothéqué en faisant constater après mise demeure de payer dans les 30 Jours, le transfert de propriété.
- La mesure (pacte commissoire) ayant été nouvellement instituée, nous attendons de voir son déploiement dans la pratique;
- Mais déjà, il faut préciser que le pacte commissoire s'applique uniquement aux immeubles professionnels, à l'exclusion des immeubles d'habitation.

3 Quelques pistes de solution

- Refonte des Actes Uniformes suivie de leur adaptabilité à la réalités des pays membres de l'OHADA.
- Réel affranchissement du Droit des Affaires de l'emprise de l'appareil étatique des Etats membres (moins de renvois aux législations nationales);
- Création d'une zone économique monétaire (intégration régionale), élargissement du marché devant permettre une libre circulation des personnes, biens et services;
- Mise sur pied des infrastructures nécessaires (routières, portuaires, NTIC);
- Renforcer l'efficacité de l'appareil judiciaire et sécuritaire.
- Simplification des procédures administratives;
- Meilleure protection des investisseurs;
- Promouvoir un système de bonne gouvernance;
- Des travaux menés au Cameroun en 2008 par *GTZ, SNV,* et le *GICAM* auprès de 1052 entreprises, parviennent à des conclusions similaires. D'après ce rapport, il est impératif en priorité:
- D'assouplir la fiscalité;
- De faciliter l'accès au financement;
- D'améliorer la gouvernance et la lutte contre la corruption;
- D'alléger les charges opérationnelles et les coûts d'activité.

Conclusion

- La croissance et le développement durable de toute économie passent incontestablement par sa capacité à attirer et à protéger les investisseurs;
- La stabilité politique et la bonne gouvernance, bien que constituant le socle indéniable de l'investissement, doivent nécessairement être accompagnées par un cadre juridique, administratif, fiscal et douanier propice aux affaires.
- **L'OHADA est un levier potentiel des investissements dans sa sphère d'influence.**

ASPECTS JURIDIQUES DE LA CYBERSÉCURITÉ DANS L'ESPACE OHADA[1]

Thierry PIETTE-COUDOL
Avocat au barreau de Paris
et Jean-Claude MONNIER
Ingénieur des Réseaux
FRANCE

Abstract

Today, the variety of criminal activities that can be committed, against or using information technologies, are becoming wider, especially with the interconnection of networks and information systems. . . . The illegal interception of telecommunication and audiovisual services, communications for criminal conspiracy and to organised drug trafficking, electronic money laundering, child pornography, theft, trafficking of identity, fraudulent use of the bank card, forgery and making false diplomas, are all manifestations of this phenomenon of crime related to information and communication technologies. OHADA opened in 2010 Information and Communication Technologies (ITC) initiating the revision of its Uniform Acts. This opening did not occur without establishing a minimal framework for cyber-security: security measures needed from the dematerialisation of acts and procedures. Not only does the power of these security measures protects and guarantees reciprocal electronic exchanges of business partners, but it is likely to protect them from malpractice third parties who would be invited in the business relationship, scams and hackers of all caliber. They can be the starting point of a new advanced legislation OHADA towards cyber-security.

«De nos jours, la diversité l'activité criminelle qui peut être commise, contre ou à l'aide des technologies de l'information, devient de plus en plus large, surtout avec l'interconnexion des réseaux et des systèmes d'information. . . . L'interception illégale des services de télécommunications et audiovisuels, les communications servant aux conspirations criminelles et au trafic organisé de drogue, le blanchiment d'argent électronique, la pornographie infantile, le vol et le trafic d'identité, l'utilisation frauduleuse de carte bancaire, la falsification et la confection de faux diplômes, sont autant de manifestations de ce phénomène de criminalité liée aux technologies de l'information et de la communication».

C'est sur ce constat que s'est ouvert en mars 2013 à Niamey la Journée parlementaire des Technologies de l'Information et de la Communication sur la Cybercriminalité,[2] une des nombreuses initiatives qui se tiennent sur le continent africain pour réfléchir et lutter contre le développement de la cybercriminalité. Cette journée parlementaire s'inscrit dans la droite ligne des objectifs communautaires poursuivis au niveau de la Cedeao, qui a édicté le 19 août 2011 une directive dont l'objet est d'adapter le droit pénal de fond et la procédure pénale des Etats membres au

[1] La présente contribution constitue le support de l'intervention du jeudi 24 octobre 2013 intitulée «Aspects juridiques de la cybersécurité dans l'espace OHADA»présentée par Me Thierry PIETTE-COUDOL, avocat au Barreau de Paris et M. Jean-Claude MONNIER, ingénieur spécialiste de la dématérialisation des procédures et des documents pour la partie technique.

[2] Voir par exemple sur http://www.lesahel.org ou www.nigerdiaspora.eu

phénomène de la cybercriminalité: la Directive C/DIR/1/08/11 portant lutte contre la cybercriminalité dans l'espace de la Cedeao.[3]

En Cote d'Ivoire, les agissements malveillants des *brouteurs* sont désormais universellement connus. Pour lutter contre ce fléau qui prend de l'ampleur à Abidjan, la capitale économique ivoirienne, le gouvernement ivoirien a adopté en février 2013 un projet de loi portant sur la lutte contre la cybercriminalité. Selon le communiqué officiel,«*ce projet de loi vise essentiellement la sécurité des contenus et des données électroniques*». Il va permettre au pays de transposer dans la législation nationale la Directive de la Cedeao en se dotant d'un instrument "plus efficace" pour lutter contre les pratiques illicites ou criminelles via internet, dans l'intérêt des utilisateurs, des opérateurs et des pouvoirs publics.

Arrêtons-là ce constat qui au demeurant, ne concerne pas que le continent africain et peut englober des malversations multiples répandues à travers le monde. On en retiendra une large problématique: non seulement la cybercriminalité gêne les relations et échanges électroniques entre les acteurs honnêtes et les partenaires en affaires, mais encore elle restreint le développement potentiel des Technologies de l'Information et de la Communication (TIC). Faute de sécurité dans les échanges électroniques -on parlera de cybersécurité- les acteurs ne leur accorderont pas toute leur confiance.

Le même constat ainsi que les désagréments qui s'ensuivent a été dressé sur le continent européen, notamment avec le document intitulé "Une stratégie numérique pour l'Europe: initiatives clés"[4] de la Commission Bruxelles et qui déclarait:«*Les Européens n'adopteront pas de technologie dont ils se méfient. L'ère numérique n'est synonyme ni de cyberespionnage ni de cyberjungle*». La multiplication des bases de données et des nouvelles technologies pose de nouveaux problèmes. Le droit à la protection de la vie privée et des données personnelles est, dans l'UE, un droit fondamental qu'il faut faire respecter effectivement en ligne et hors ligne.«*Aujourd'hui, l'internet est devenu une infrastructure d'information tellement essentielle, tant pour les particuliers que pour l'économie européenne en général, que nos systèmes et réseaux informatiques doivent être sécurisés et résister à toutes sortes de nouvelles menaces*». Forts de ce constat, les Européens ne se lanceront pas dans des activités en ligne de plus en plus élaborées sans avoir la certitude qu'ils peuvent, ainsi que leurs enfants, faire entièrement confiance à leurs réseaux. Il est primordial de s'attaquer à la hausse de la *cybercriminalité*, allant des abus commis contre des enfants à l'usurpation d'identité en passant par les cyberattaques, et d'élaborer des mécanismes de réaction.

En effet, quelque quarante pour cent de la population mondiale, soit 2,7 milliards de personnes, seront connectés à Internet d'ici la fin de l'année, selon les estimations de l'Union internationale des télécommunications (UIT). Le rapport "Mesurer

---

[3] URL: http://www.ecowas.int/publications/fr/actes_add_telecoms/SIGNED-Cybercrime.pdf

[4] Bruxelles, le 19 mai 2010, "Une stratégie numérique pour l'Europe: initiatives clés", http://europa.eu/rapid/press-release_MEMO-10-200_fr.htm?locale=fr

la société de l'information 2013" publié par l'UIT[5] indique qu'il reste encore 1,1 milliard de ménages dans le monde, issus à 90% de pays en développement, qui ne sont pas connectés à Internet. Par contre, la quasi-totalité de la planète a actuellement accès à la téléphonie mobile, avec 6,8 milliards d'abonnements au cellulaire mobile. Les pertes imputables à la cybercriminalité au niveau mondial se chiffreraient à 500 milliards de dollars US chaque année et le nombre de personnes directement touchées par centaines de millions, a affirmé en Octobre 2013 à Ouagadougou, le secrétaire général de l'UIT, Hamadoun Touré.[6] Pour lui,«*ce qui a changé c'est que les TIC qui sont omniprésents et font partie de notre vie quotidienne, nous offrent d'immenses possibilités pour notre bien être et pour notre mal*». M. Touré s'exprimait ainsi à l'ouverture d'une réunion du Conseil consultatif international du Partenariat multilatéral international contre les cybermenaces (programme IMPACT), à la veille du début du quatrième Forum africain de partage des meilleures pratiques dans le domaine des TIC. Il a recommandé que des partenariats multilatéraux et multipartites soient tissés et qu'un juste équilibre entre droits individuels et protections de tous soit trouvé«*afin de tirer partie au maximum des avantages liés aux TIC tout en limitant au maximum les risques correspondants*».

L'OHADA s'est ouverte dernièrement aux TIC en entamant la révision de ses Actes Uniformes. Cette ouverture ne s'est pas faite sans établir un cadre minimal de cybersécurité: des mesures de sécurisation étaient nécessaires dès la dématérialisation des actes et de procédures (I). Non seulement la puissance de ces mesures de sécurisation protège et garantit les échanges électroniques réciproques des partenaires en affaires, mais encore elle est susceptible de les protéger des malversations de tiers qui se seraient invités dans la relations d'affaires, les fraudeurs et pirates de tout calibre. Elles peuvent constituer le point de départ d'une nouvelle avancée de la législation de l'OHADA en direction de la cybersécurité (II).

I – LA CONDUITE DES RELATIONS JURIDIQUES SUR INTERNET

Les relations d'affaires qui s'établissent et qui prospèrent via Internet ou plus largement grâce aux télécommunications se déroulent, par nature, entre des acteurs qui ne sont pas en présence physique les uns des autres. Il s'ensuit une incertitude juridique qui n'existe pas lorsque la présence physique permet aux partenaires de contrôler de visu la situation (A). Ce déficit de sûreté juridique doit être corrigé par des mesures de sécurité technique adaptée (B).

A – Les relations juridiques entre personnes physiques absentes

(1) Les relations juridiques fiables concernent des personnes en présence physique l'une de l'autre.

Le Droit a pour finalité de réguler et d'organiser les relations entre les êtres humains. Aussi la relation juridique la plus sûre est-elle constituée quand deux personnes physiques sont présentes face à face. On peut prendre pour exemple le cas de la

[5] Cf. URL: http://www.itu.int/en/ITU-D/Statistics/Documents/publications/mis2013/MIS2013-exec-sum_F.pdf
[6] D'après le site Web Burkinapmepmi.com

vente d'un bien. La relation s'effectue entre le vendeur du bien et l'acheteur de la chose. Le fond de la relation consiste pour l'un à vendre le bien et pour l'autre, à acheter au moyen d'une certaine somme d'argent. La présence physique des deux parties permet le contrôle *de visu*. La relation est ainsi basique et sûre ; on peut déterminer qui s'engage envers qui et quelle est la nature de l'engagement. Certaines autres circonstances peuvent bénéficier de la fiabilité de la relation: le moment de l'opération ou le lieu de la vente. Cette relation contractuelle est directe et orale. Cependant à cause de l'environnement ou de la complexité de la transaction, on peut avoir recours à un instrument: le papier qui permet de formaliser les engagements réciproques. L'engagement de chacun est fiable et permanent car le papier assure l'intégrité de l'engagement. Le contrat papier peut encore être validé par les deux parties lors d'une séance commune. Notons au passage que la validation de chaque partie, prend la forme d'une signature.

L'utilisation d'un support papier ouvre un autre champ de possibilité, car le papier peut se déplacer d'une partie à l'autre sans qu'elles soient toutes deux présentes simultanément dans un même lieu. Dans ce cas si l'engagement reste intègre, l'identification d'une partie par l'autre devient hasardeuse puisqu'elles ne sont plus en présence physique l'une de l'autre. Nous entrons ici dans un secteur manquant de sûreté juridique bien souvent exploré par les juristes sous le nom de "relations entre personnes absentes". En somme, le support papier employé pour apporter plus d'assurance dans la relation juridique aboutit à l'effet inverse: chaque partie n'est plus en mesure d'identifier assurément son interlocuteur, tandis que l'intégrité du support de l'engagement peut être altérée par l'aléa humain ou par l'aléa technique pendant la transmission de l'un à l'autre.

(2) Les relations entre personnes absentes dans les TIC

Les TIC, par définition, se déroulent entre personnes absentes et renvoient à la problématique citée: qui parle à qui, pour lui dire quoi? Les besoins d'identification des acteurs et d'intégrité de leurs échanges sont mis à mal, d'autant que le vecteur de communication ne leur apporte aucune certitude: Internet est ainsi réputé présenter un niveau de sécurité assez faible.

Viser la sécurité des échanges électroniques consiste à s'assurer de la réalisation et du maintien d'un certain nombre de garanties sécuritaires, garanties que l'on découvrira communes aux techniciens et aux juristes. Parmi une riche typologie de besoins sécuritaires, retenons les suivantes:

- L'identification permet d'indiquer l'origine ou l'auteur d'un message électronique; l'authentification réunit les moyens de preuve affectés à une identification.
- L'intégrité garantit que le message électronique reçu par le destinataire lui est parvenu dans l'état où il a été émis.
- La confidentialité est respectée lorsque le message n'est compréhensible que par son destinataire ou par les personnes autorisées.
- L'horodatage garantit avec exactitude le moment, en date et en heure, où un quelconque événement a pu survenir.

On ajoutera à cette courte liste un besoin plus nettement technique: le contrôle d'accès pour empêcher une personne non autorisée d'atteindre une ressource informatique ou de pénétrer dans un réseau ou un service. Et un autre qui est davantage juridique: l'archivage des écrits électroniques aux fins de preuve.

B – Les mesures de sécurité à implémenter pour relever la sûreté juridique

(1) La Signature Electronique

La meilleure fa çon de valider un document papier porteur de contenu juridique consiste en la signature de l'auteur ou les signatures des parties. La signature permet de s'assurer de l'identité du signataire qui porte sa marque personnelle sur un engagement écrit qu'il a relu puis validé. Une démarche analogue, mais exprimée en termes techniques, est couverte par la signature électronique qui permet aux techniciens d'assurer l'identification du signataire et l'intégrité du fichier électronique signé. La signature électronique (SE) est une création des techniciens pour résoudre leurs problèmes techniques de sécurité et qui a été empruntée par les juristes. L'instrument étant fortement paramétrable, le droit vient fixer les paramètres et options techniques qui permettent d'obtenir une validité juridique, à savoir donner à la S.E. la même recevabilité et la même portée que la signature manuscrite. La S.E. partagée entre technique et droit fait l'objet de normes techniques internationales alors que de nombreux pays ont adopté leur loi de validation. Par exemple, elle fait l'objet d'un encadrement normatif rigoureux:

- par des normes juridiques variées depuis la loi type de la CNUDCI sur les signatures électroniques (Vienne 23 juin-13 juillet 2001) jusqu'à la Directive européenne 1999/9 du 13 décembre 1999 sur un cadre communautaire pour les signatures électroniques en application dans les Etats membres de l'Union, sans omettre de mentionner les lois nationales dans de nombreux pays, ainsi pour l'Afrique, au Sénégal, au Cameroun etc. ;
- par des normes techniques: norme ISO 7498-2 pour la définition de la signature, Recommandation X509 v3 de l'UIT pour les certificats, les Request For Comments (RFC) de l'Internet Engineering Task Force (IETF)[7] pour le mode opératoire des S.E. et les normes de l'Institut Européen des Normes de Télécommunications (ETSI)[8] pour modéliser les traitements de la S.E. de l'Union Européenne, etc.

La SE est un instrument complexe car relevant de la sécurité des systèmes d'information. C'est une signature numérique calculée par l'ordinateur et qui ne ressemble en rien à une image scannée de notre signature manuscrite. Son fonctionnement est résumé par le schéma ci-dessous.

[7] Cf. http://www.ietf.org/rfc.html
[8] Cf. http://www.etsi.org/

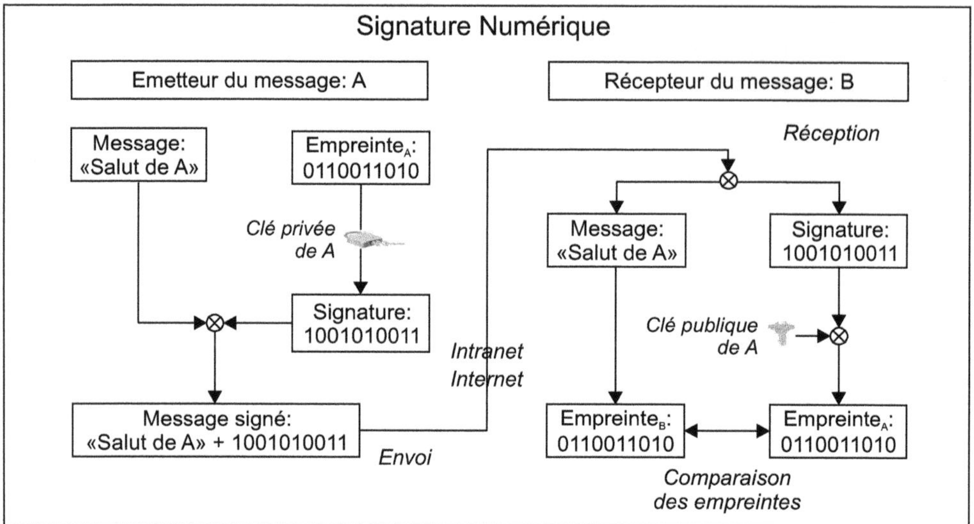

La signature électronique est la signature numérique des techniciens, validée par le Droit et équivalente à une signature manuscrite.

La création d'une S.E. consiste à condenser le fichier (ou le message, le texte, etc.) à signer par un algorithme mathématique particulier permettant d'obtenir une *empreinte* qui est jointe au fichier traité. A l'arrivée du fichier signé, une procédure de vérification calcule une empreinte de ce qui est reçu pour la comparer à l'empreinte d'origine transportée dans le fichier. L'identité entre les deux empreintes garantit que le fichier n'a été ni modifié ni altéré.

(2) Le certificat électronique en support de la signature

Pour garantir que les empreintes ne sont pas manipulées, la S.E. fait appel à des mesures de cryptographique dite symétrique qui comporte l'utilisation de deux clés cryptographiques: la clé privée et la clé publique. Lors de la création de la S.E., la clé privée sert à chiffrer l'empreinte d'origine afin de la protéger pendant la transmission électronique. A l'arrivée, la clé publique permet de déchiffrer l'empreinte d'origine véhiculée dans le message signé. Pour garantir le destinataire vérificateur que la clé publique est celle à utiliser, elle lui est transmise au sein d'un "certificat électronique" qui est joint au message signé.

Le certificat électronique est un élément incontournable (et obligatoire) de la S.E. Les deux clés cryptographiques montrées sont tirées simultanément; la clé publique est placée dans un certificat électronique par un prestataire spécialisé, le *prestataire de services de certification électronique*. Sous la responsabilité de ce dernier, le certificat électronique garantit l'adéquation entre la clé publique et son porteur. Le certificat électronique, ainsi que le contexte technique dans lequel il prospère, nommé *Infrastructure à clés publiques* est décrit par la norme X509 V3 maintenue par l'Union Internationale des Télécommunications.

Outre la S.E., le certificat électronique peut connaître d'autres usages comme la confidentialité par chiffrement ou le contrôle d'accès aux ressources, réseaux et services. Une variété de certificats permet d'apporter une pseudo-signature électronique aux personnes morales (souvent appelée *certificats serveurs* par les techniciens) et une autre variété de garantir la *date certaine* des juristes appelée *horodatage* en langage technique. Pour tous ces usages, des textes juridiques peuvent garantir la reconnaissance juridique dans le droit interne des pays.

II – L'OHADA, EN CHEMIN VERS LA CYBERSÉCURITÉ

Si le thème de la cybersécurité n'est pas encore traité dans les Actes Uniformes, on peut déjà y trouver les éléments essentiels de la sécurisation des échanges électroniques entre partenaires en affaires (A). Il semble dès lors possible de se baser sur un tel acquis pour élargir la problématique à la cybersécurité prise globalement par un instrument juridique adapté (B).

A – Les aspects sécuritaires dans les Actes Uniformes de l'OHADA

Au centre de la sécurisation des échanges électroniques trône la signature électronique. Il s'agit d'une approche quasi universelle de la sécurisation. Ainsi l'Union Européenne ne s'y est pas trompée en encourageant d'abord la signature électronique, puis en la développant et en l'élargissant sous l'appellation de *services de confiance.*[9] Dans l'OHADA, les Actes Uniformes sont en cours de révision et chaque mise à jour d'un Acte Uniforme intègre l'usage des TIC. Nous nous contenterons ici d'évoquer l'exemple de l'*Acte Uniforme de Droit Commercial Général* (AUDCG). Dans cet acte, lors du passage à l'électronique notamment avec des transmissions de documents dématérialisés, la sécurité juridique est incomplète si l'auteur d'un document ne peut pas être précisément identifié. De plus, le destinataire peut s'interroger sur le point de savoir si le message ou le fichier est bien celui qui a été envoyé? Pas de sécurité juridique sans certitude que le document électronique reçu est bien intègre. C'est ainsi que l'AUDCG révisé, exige que le procédé employé garantisse l'origine du document et son intégrité, pour les résultats juridiques et retient la Signature électronique quand il s'agit des moyens techniques.

C'est le Livre VI de l'AUDCG qui traite des dispositions sur l'informatisation du registre du commerce, du registre national des sûretés et du crédit, du fichier national du commerce et du crédit et du fichier régional du commerce et du crédit. La démarche de validation juridique des garanties techniques est déroulée dans les articles 82 et 84. L'article 84 met en avant le certificat électronique, l'élément essentiel qui participe à la S.E. L'article 83 met œuvre le certificat électronique pour produire une signature électronique conforme à l'état de l'art, d'une part et validée au plan juridique, d'autre part.

L'article 84 est ainsi rédigé:

> «*Le certificat électronique employé en support de la signature électronique qualifiée est une attestation électronique qui lie des données afférentes à la vérification de signature à une personne et confirme l'identité de cette personne.*
>
> Il présente au minimum les mentions suivantes:

[9] Cf.«Une législation européenne pour la signature électronique (à propos du règlement européen sur l'identification électronique et les services de confiance)», disponible à la RLDI n° 84, étude 2838 (juillet 2012) ou auprès de l'auteur.

- le nom du titulaire du certificat;
- la clé cryptographique publique du titulaire;
- la période de validité du certificat;
- un numéro de série unique;
- la signature électronique du prestataire de services de certification électronique''.

Cet article définit le contenu du certificat électronique, un contenu au demeurant assez classique au regard de l'état de l'art : l'instrument est conforme à la Recommandation X.509 v3 de l'UIT. Le certificat électronique contient principalement l'identité du porteur en liaison avec une donnée cryptographique, la clé cryptographique publique. Le prestataire de services de certification électronique (PSCE) atteste par sa propre signature électronique que la clé publique, qui sert à vérifier la signature électronique (par le destinataire d'un fichier signé), appartient au signataire et qu'elle correspond bien à la clé privée utilisée pour créer la signature.

L'article 83 intronise la S.E. pour les formalités au greffe:

"La signature électronique qualifiée est appliquée à un document et permet d'identifier le signataire et de manifester son consentement aux obligations qui découlent de l'acte.

Elle présente les caractéristiques suivantes:

- elle est liée uniquement au signataire;
- elle permet d'identifier dûment le signataire;
- elle est créée par des moyens que le signataire peut garder sous son contrôle exclusif;
- elle est liée au document auquel elle se rapporte de telle sorte que toute modification ultérieure du document soit détectable.

La signature électronique qualifiée est formée des composants techniques suivants:

- un logiciel de création de signature et un logiciel de vérification de signature;
- un certificat électronique, authentifiant le signataire, produit par un prestataire de services de certification électronique. . ."

Dans le cas de la *Signature électronique qualifiée* adoptée par l'OHADA lors de la révision de l'AUDCG, le certificat électronique garantit l'identification du signataire. La garantie d'intégrité est administrée par les deux logiciels complémentaires interagissant habituellement avec le certificat électronique: le module de création de signature et le module de vérification de signature. On comprendra l'utilité de ce dernier module (vérification) en se rappelant que la Signature Electronique est d'abord *numérique* et que les données informatiques ne sont pas directement interprétables par l'homme. Ce logiciel assure la vérification technique de la signature électronique, cette opération étant, en tout état de cause, indispensable lorsqu'elle n'est pas obligatoire.

Dans l'AUDCG, on trouve mention de l'usage de la signature électronique qualifiée à l'art. 84 (pour le certificat électronique), à l'art. 88 (signature du greffier ou de l'organe compétent dans l'Etat Partie pour les fichiers complémentaires de mentions marginales), à l'art. 89 (validation par la signature du greffier), à l'art. 91 (conservation des signatures), à l'art. 94 (utilisation de la signature pour les échanges entre les Registres et Fichiers, à l'art. 95 (signature des dossiers pour transmission électronique), à l'art. 96 (signature des accusés de réception électronique) et à l'art. 98 (certification électronique des documents par la signature du greffier).

Le certificat électronique est créé obligatoirement par une personne physique ou morale, en général un fournisseur informatique spécialisé, le PSCE, dont il faut bien comprendre le rôle. Le PSCE ne certifie pas la signature électronique, ni le document électronique signé, ni le flux supportant le document signé, mais seulement les données cryptographiques de vérification de la signature. Autant dire que l'Etat n'intervient pas dans cette certification technique, sauf éventuellement pour agréer le certificateur. On comprend dès lors que l'aboutissement de la démarche figure dans l'article 82 qui établit l'équivalence entre les documents électroniques et les documents sur support papier:

> *"Les formalités accomplies auprès des Registres du Commerce et du Crédit Mobilier au moyen de documents électroniques et de transmissions électroniques ont les mêmes effets juridiques que celles accomplies avec des documents sur support papier, notamment en ce qui concerne leur validité juridique et leur force probatoire.*
>
> Les documents sous forme électronique peuvent se substituer aux documents sur support papier et sont reconnus comme équivalents lorsqu'ils sont établis et maintenus selon un procédé technique fiable, qui garantit, à tout moment, l'origine du document sous forme électronique et son intégrité au cours des traitements et des transmissions électroniques.
>
> Les procédés techniques fiables et garantissant, à tout moment, l'origine des documents sous forme électronique ainsi que leur intégrité au cours de leurs traitements et de leurs transmissions électroniques sont reconnus valables par le présent Acte uniforme ou par le Comité technique de normalisation des procédures électroniques prévu à l'article 81 du présent Acte uniforme.
>
> L'usage d'une signature électronique qualifiée est un procédé technique fiable et garantissant, à tout moment, l'origine des documents sous forme électronique, leur intégrité au cours de leurs traitements et de leurs transmissions électroniques".

Dans les Actes Uniformes révisés comme l'AUDCG et l'AUS, les usages des TIC sont bien visibles. Dans l'AUSGIP en cours de révision et dans sa version du 12 décembre 2012, on retrouve l'emploi des TIC pour la production et la circulation des documents et pièces diverses, avec la messagerie électronique comme vecteur, avec la diffusion et la signature des documents. Les TIC peuvent également être mises à contribution au moment des délibérations avec le vote à distance, éventuellement par messagerie ou par électronique.

B – Vers la Cybersécurité par un instrument ad hoc

Comme on le voit, la signature électronique et le certificat électronique peuvent apporter un bon niveau de sûreté juridique à tout utilisateur doutant de la sécurité des échanges électroniques professionnels. Mais si l'instrument apporte un bon niveau de sécurité entre partenaires en affaires qui se connaissent, il apporte la même garantie entre des personnes qui ne se connaissent pas. Ainsi la S.E. au centre des services de confiance se positionne également au centre de la cybersécurité. Une personne inconnue qui entre en contact avec nous est formellement identifiée par son certificat de signature, tandis que le contenu de son message est figé et protégé encore par la S.E. Plus tard, cet inconnu ne peut répudier son message, la signature électronique s'y oppose.

(1) La démarche

Pour réfléchir à l'élaboration d'un schéma de cybersécurité au sein de l'OHADA, il est intéressant de collecter les modèles disponibles. Les modèles d'instruments juridiques en la matière ne sont pas rares tant la problématique est commune à tout le continent. Sur ce point, on ne peut ignorer le projet "Harmonisation des Politiques en Matière de TIC en Afrique Subsaharienne", HIPSSA, à l'IUT.[10] D'après la documentation officielle, le projet HIPSSA est une initiative de l'UIT et de la Commission européenne à la demande d'appui à l'harmonisation des politiques et des législations en matière de TIC en Afrique subsaharienne adressée par les organisations d'intégration économique africaines et les associations régionales de réglementation. Compte tenu de la diversité géographique, politique et culturelle de la région, la méthodologie du projet a été adaptée aux besoins et aux conditions spécifiques de chaque pays. Il est également remarquable que selon leur région d'appartenance, les pays sont membres d'associations économiques, monétaires et réglementaires différentes ou même de plusieurs d'entre elles simultanément. La réunion de lancement du projet HIPSSA s'est déroulée les 11 et 12 décembre 2008 à Addis-Abeba. Trente représentants régionaux et continentaux des pays bénéficiaires y ont participé. Parmi les travaux du projet, des lois modèles pour inspirer les pays de l'Afrique australe, par exemple, la Southern African Development Community (SADC), on relève deux modèles intéressants, comme la Loi type relative aux transactions et au commerce électronique[11] et la Loi type relative au crime informatique et à la cybercriminalité.[12]

Reportons-nous encore au niveau continental à la source de droit potentiellement la plus élevée, l'Union Africaine. L'organisation continentale prépare une Convention de l'Union Africaine sur la mise en place d'un cadre juridique de confiance pour la cybersécurité en Afrique.[13] Nous lisons dans le préambule du texte:

> *"La présente convention pose un dispositif juridique basé sur les cinq orientations stratégiques suivantes:*
>
> - *Elle exprime les options d'une politique de cybersécurité à l'échelle de l'Union Africaine ;*

---

[10] Cf. URL: http://www.itu.int/en/ITU-D/Projects/ITU-EC-ACP/HIPSSA/Pages/Projet_HIPSSA_fran%C3%A7ais.aspx

[11] Cf. URL: http://www.itu.int/en/ITU-D/Projects/ITU-ECACP/HIPSSA/Documents/FINAL%20DOCUMENTS/FINAL%20DOCS%20FRENCH/Transaction%20éléctronique_loi%20type_FRENCH.pdf

[12] Cf.URL: http://www.itu.int/en/ITU-D/Projects/ITU-EC-ACP/HIPSSA/Documents/FINAL%20DOCUMENTS/FINAL%20DOCS%20FRENCH/Crime%20informatique_loi%20type_FRENCH.pdf

[13] Cf. par exemple: http://au.int/en/sites/default/files/UA_CONVENTION%20UA%20 CYBERSECURITE_FR.%20(24-09-2012)%20YKA.pdf

- *Elle pose les bases d'une cyberéthique à l'échelle de l'Union Africaine en énonçant des principes fondamentaux dans les principaux domaines de la cybersécurité;*
- *Elle organise le commerce électronique, la signature électronique et la publicité par voie électronique*
- *Elle organise le cadre juridique et institutionnel de la protection des données à caractère personnel;*
- *Elle consacre les bases d'un cyberdroit pénal et d'une procédure pénale adaptée au traitement de la cybercriminalité''.*

Se basant sur la sécurisation dans le domaine commercial et civil, les préoccupations relatives à la cybersécurité nous mènent au droit pénal pour qualifier et condamner les agissements malveillants. L'étude de divers dispositifs législatifs permet de conclure qu'un instrument juridique (à déterminer) sur la cybersécurité instaure des incriminations, notamment:

- l'accès frauduleux,
- les entraves au fonctionnement du système,
- l'atteinte à l'intégrité et à l'authenticité des données,
- l'usage du faux informatique.

(2) Les éléments essentiels à retenir pour un instrument relatif à la cybersécurité

L'adaptation des lois africaines à la gouvernance d'internet est aussi souhaitable.«Le cyberespace doit être sécurisé et les espaces de non-droit seront de plus en plus restreints et même éliminés sur internet», a prévenu l'Afrinic,[14] une institution panafricaine basée à l'Ile Maurice et qui gère les ressources numériques d'internet sur le continent.[15] L'institution de gestion de la toile s'intéresse actuellement au cas de la finance internationale, car il ne semble plus possible de faire des transactions sans qu'on ne puisse tracer tout ce qui relève des agissements criminels. L'Afrinic organise des sessions de renforcement de capacités dans divers pays africains, dans le cadre de la sécurité des infrastructures pour permettre aux Africains de constater que l'environnement dans lequel ils ont accès à la toile est sécurisé. Ainsi Abidjan a abrité, du 25 au 29 novembre 2013, le 19ème forum d'Afrinic où«les participants ont retenu l'option de renforcer la lutte contre la cybercriminalité en prêtant main forte aux forces de police et de gendarmerie».

(a) Les infractions envisageables

Un texte préparé au sein de l'OHADA sur la cybersécurité viserait purement et simplement au plus haut niveau l'informatique et les échanges électroniques. Le choix délibéré pour un minimum ou pour une absence de définitions serait prise comme la volonté de laisser un texte le plus ouvert possible sur différentes possibilités d'interprétation technique et sur les futurs développements de l'évolution

[14] Cf. http://www.afrinic.net/

[15] Cf. «*Gouvernance d'internet: L'Afrique accentue la lutte contre la cybercriminalité*» in la revue sénégalaise Le Soleil on line, www.lesoleil.sn.

technologique. Les faits malveillants à considérer sont classiquement les quatre cités plus haut.

En ce qui concerne l'accès frauduleux, l'appréciation des faits doit être judicieuse: la mission des réseaux de télécommunications est en effet de mettre en communication un utilisateur et un système quelconque de traitement de données. Il faut pour commencer vérifier si l'accès au service est libre ou s'il fait, au contraire, l'objet d'un abonnement, d'un système de chiffrement ou d'un contrôle d'accès. L'exigence d'un dispositif de sécurité, pesant sur le propriétaire d'un système d'information, peut ne pas être retenue pour se placer sous la protection du Droit. Cependant le simple fait d'avoir contourné un dispositif de sécurité existant serait constitutif d'un accès frauduleux. Au total, l'appréciation de la fraude sera sans doute difficile, tant seront variées les situations et les différentes technologies supportées par les télécommunications et aujourd'hui, par Internet.

Le texte pourrait réprimer quiconque aura intentionnellement et au mépris des droits d'autrui, entravé ou faussé le fonctionnement d'un système. Une telle disposition vise surtout à prévenir *les virus, chevaux de Troie* et autres *bombes logiques,* déposés par les utilisateurs ou les professionnels indélicats. S'introduire sans titre ni autorisation dans un service quelconque du réseau, c'est de en définitive perturber ou fausser le libre jeu des procédures du système, fausser le fichier des abonnés autorisés, perturber les dispositifs de sécurité, empêcher l'actualisation de certains fichiers utilisateurs, voire installer de véritables applications parasites comme les messageries clandestines ou l'ordinateur fantôme (Ghost). Poursuivre sur la base de ce comportement peut s'avérer plus efficace que sur le précédent. Car en se plaçant dans une perspective purement informatique, il semble plus facile de constater et de démontrer la perturbation provoqué dans tel ou tel fichier-système du service que l'accès frauduleux qui a conduit à cette perturbation. Donc une plus grande facilité de mise-en-oeuvre et aussi, un tarif de répression pénale plus élevé. . .

Le texte devrait enfin protéger les données: leur introduction, leur suppression et leur modification seraient réprimées. Seraient également visés la répression de la tentative, punie comme la fraude accomplie, la confiscation des matériels ayant servi à la fraude jouant le rôle de peine accessoire.

(b) Aspects nationaux et supranationaux de la cyberdélinquance

Pour terminer cette réflexion prospective, arrêtons-nous un instant à la localisation de la fraude. L'identification exacte du lieu où le fraudeur débute les actes matériels de l'infraction amène à considérer deux situations. Le terminal employé pour les agissements délictueux se trouve soit à l'intérieur de l'entreprise, soit à l'extérieur de celle-ci. Sans écarter la première hypothèse une fraude qui trouve son origine dans les locaux de l'entreprise devrait être décelée dans celle-ci, grâce aux procédures de sécurité du système et aux conditions et possibilités d'accès des employés aux équipements informatiques. Au contraire pour toute fraude provenant de l'extérieur de l'entreprise, l'utilisation d'une liaison de télécommunications est requise. Pour ne pas se contenter de poursuivre la fraude à l'intérieur du système d'information, on la pourra poursuivre dès son passage par les réseaux de télécommunication. Si la fraude provient de l'étranger, l'application des conventions internationales et des accords bilatéraux devrait multiplier les autorités répressives en action et développer la coopération internationale. L'harmonisation sera à l'ordre du jour. En son absence, le code de procédure pénale des Etats parties devrait trouver à s'appliquer au motif que toute infraction dont un des actes d'exécution se situe sur le territoire de l'Etat devrait être susceptible de poursuite.

Enfin traquer les fraudeurs dès le réseau de télécommunications, c'est se donner de meilleurs moyens d'investigation et de preuve. Si les systèmes informatiques d'entreprise sont en définitive assez mal protégés. C'est encore une fois dans la nature des réseaux d'être mieux auto-surveillés. Car la bonne conduite des communications et le bon acheminement des signaux obligent à un meilleur contrôle de tout ce qui circule.

MODERNISATION ET SECURISATION DES SYSTEMES DE PAIEMENTS ELECTRONIQUES AU CAMEROUN: L'EXPÉRIENCE DE LA CAMPOST AU CAMEROUN

M. Lucien NANA YOMBA
Directeur Général Adjoint de la CAMPOST
CAMEROUN

Abstract

The electronic payment, most common in electronic payment method, is based on the use of the bank card and the Internet. In Cameroon, a favourable legal framework for the development of electronic commerce is set up. The national certification authority has adopted in 2012 of a platform of Public Key Infrastructure (PKI) which helps to generate public and private keys encryption, digital certificates and digital signatures. Important projects initiated by Cameroon Government are ongoing, aimed at bringing broadband to the last mile.

I – INTRODUCTION SUR LES SYSTEMES DE PAIEMENTS ELECTRONIQUES

Le paiement électronique, mode de paiement le plus répandu dans le commerce électronique, repose sur l'utilisation de la carte bancaire et de l'Internet:

- l'acheteur, après avoir choisi la marchandise, communique au vendeur son nom, le numéro de sa carte bancaire et sa date d'expiration pour débit;
- le vendeur communique ces informations à sa banque qui crédite son compte de la somme correspondante;
- la banque du vendeur est remboursée ultérieurement par la banque de l'acheteur s'il n'y a pas d'opposition entre temps.

Ce procédé qui paraît très simple présente pourtant des faiblesses:

- les informations relatives à la carte bancaire qui sont transmises en clair sur l'internet avec des risques d'interception par les pirates;
- la garantie du paiement qui n'est pas toujours assuré bien que le vendeur ait la possibilité de ne livrer qu'une fois le compte de l'acheteur débité;
- le risque de se faire piéger par des sites pirates ou des vendeurs de mauvaise moralité;
- Etc.

Pour ces raisons, l'enjeu du système de paiement électronique est de trouver un mode de sécurisation sûre, efficace et infaillible qui garantisse la sécurité des parties.

II – RAPPEL SUR L'EVOLUTION DES SYSTEMES DE PAIEMENTS ELECTRONIQUES AU CAMEROUN

- ➢ **Courant 1980**: l'usage des cartes bancaires commence à prendre corps au Cameroun. Ce moyen de paiement est surtout utilisé par une certaine classe aisée de la société qui s'en sert lors des voyages en occident pour régler ses factures et disposer de devises;

- **Début 1990**: introduction par la Poste Camerounaise du mandat électronique à travers le projet INTELPOST, consistant au transfert d'argent en utilisant le téléphone et le fax. Le produit connait un réel succès et pourtant le projet sera un échec;
- **Début 2000**: lancement du projet i-Card par Afriland First Bank: porte monnaie électronique permettant aux titulaires de régler les factures dans certains magasins et stations d'essence disposant de TPE raccordé à un serveur monétique déployé par cette banque;
- **Courant 2006**: lancement du produit Melo par la CAMPOST: Un système de transfert d'argent électronique qui s'appuie sur un réseau de TPE disséminés sur le territoire camerounais. Ce produit qui permet d'atteindre les couches de population les plus retirées dans l'arrière pays est un réel succès;
- **Fin 2010**: arrivée des solutions de paiement par les mobiles proposées par les opérateurs de téléphonie mobile Orange Cameroun et MTN Cameroun (*Orange Money, MTN Money*). A coté de ces solutions d'autres produits voient le jour tels Express Mobile de Express Union, Moneytel de MyMoney, Flash-Cash de Afriland First Bank, Gold Chèque de la Commercial Bank of Cameroon, ainsi que l'intensification de l'usage de diverses cartes bancaires de retrait et des cartes de crédit Visa, Mastercard ou American Express.
- **Fin 2012**: lancement de l'e-GUCE déployée par le Guichet Unique du Commerce Extérieur qui permet le règlement en ligne des opérations de commerce extérieur;

III – SECURISATION DES SYSTEMES DE PAIEMENT ELECTRONIQUES

Deux protocoles de sécurité basés sur la cryptographie sont généralement utilisés dans les transactions de paiement électronique:

1. **Protocole SSL** (Secure Sockets Layers) mis au point par Netscape dans les années 1990 et présent dans plusieurs navigateurs dont Explorer, utilisé surtout pour la sécurisation des sites marchands.

Procédé:

Établi un canal sécurisé (chiffré) entre deux machines (client et serveur) après une étape d'authentification du serveur;

Cryptage à l'aide d'une clé publique pour garantir la sécurité des transmissions (échanges des clés privés) et d'une clé privé pour sécuriser les messages

Limites:

- Permet d'authentifier le serveur web du marchand et pas le marchand lui-même;
- ne permet pas d'authentifier le client;
- les données confidentiels de la carte de paiement peuvent être transmises au marchand;

2. **Protocole SET** (Secure Electronic Transactions) fruit de la coopération des sociétés Visa, MasterCard, American Express, Nextscape, Microsoft et IBM.

Procédé:

Utilise le protocole SSL avec en plus l'authentification des clients;

Confie la gestion de la transaction entre le vendeur et l'acheteur à un ***tiers de confiance*** (autorité de certification).

Avantages:

- Permet d'éviter au consommateur de communiquer au site marchand, les données confidentiels de sa carte bancaire;
- Dégage le vendeur de toute responsabilité en cas de piratage des données du client.

Faiblesse:

- Manipulation lourde à cause de l'utilisation d'une multitude de clés de chiffrage.

Du fait de cette faiblesse, l'étude d'autres solutions de sécurisation autant fiable et plus conviviale d'utilisation sont en cours: 3D secure, C-set, eu-Comm, etc.

IV – ENVIRONNEMENT JURIDIQUE

Au plan régional, trois textes publiés par la CEMAC:

- Règlement n°01/11-CEMAC/UMAC/CM du 18 septembre 2011 relatif à l'exercice de l'activité d'émission de la monnaie électronique;
- Instruction n°01/GR du 31 octobre 2011 relative à la surveillance par la BEAC des systèmes de paiement par monnaie électronique;
- Référentiel de surveillance de l'activité de monnaie électronique.

Au plan national, trois lois promulguées par le Chef de l'Etat camerounais:

- Loi n°2010 /013 du 21 décembre 2010 régissant les communications électroniques au Cameroun;
- Loi n°2010/021 du 21 décembre 2010 régissant le commerce électronique au Cameroun;
- Loi n° 2010/012 du 21 décembre 2010 relative à la cybersécurité et à la cybercriminalité qui met en place le cadre légal et institutionnel pour faire face aux crimes du cyberespace, et fait de l'ANTIC l'autorité de certification nationale.

V – PERSPECTIVES

Un cadre juridique favorable pour le développement du commerce électronique est en place.

L'autorité de certification nationale s'est dotée l'année dernière une plate forme PKI qui permet de générer les clés publique et privé de chiffrage, les certificats numériques et les signatures numériques.

D'importants projets initiés par le Gouvernement camerounais sont en cours, visant à amener le haut débit au dernier kilomètre.

Il s'agit notamment des projets:

- **National Broadband Network** piloté par la CAMTEL dont l'objet est de densifier le réseau haut débit en prolongeant la fibre optique jusque dans les résidences;

- **Réseau 3G** de la société VIETTEL, réseau mobile haut débit dont le lancement est prévu au mois de septembre de l'année 2014;
- **e-Post** de la CAMPOST qui vise l'implémentation d'un Intranet haut débit national autour d'une Datacenter située à Yaoundé.

Toutes ces initiatives vont concourir au développement rapide et à la vulgarisation du commerce électronique et des services en ligne au Cameroun. Toute chose qui devrait amener les consommateurs à plus d'exigences en matière de sécurisation des transactions de paiements en ligne.

LES SYSTEMES DE PAIEMENTS ELECTRONIQUES DANS L'ESPACE OHADA: L'EXEMPLE DE AFRILAND FIRST BANK AU CAMEROUN

M. Christian FOGAING
Directeur de la Recherche et des investissements
Afriland First Bank
CAMEROUN

Abstract

In 2001, Afriland First Bank embarked on an adventure (first of its kind in Cameroon), the (I-CARD). This is the very first time that this universe of electronic banking opens in Cameroon, giving way to a mixed feelings, excitement but also suspicion. Credit cards are already popularised in the West, this was the ideal opportunity, through the essence of the First Bank for the development of the African economy, to flaunt its knowledge in taming this technology. The first constraints, which still persist despite all, are habits and manners. These are the first challenges that OHADA must set up in its project to develop the digital economy.

Il était une fois: la ICARD . . .

En 2001, Afriland First Bank se lance dans une aventure (une grande première au Cameroun), la **ICARD**. C'est la toute première fois que cet univers de la monétique s'ouvre au Cameroun, faisant place à un cocktail de surprises, d'enthousiasme mais aussi de suspicion. Les cartes bancaires étant déjà vulgarisées en occident, c'était l'occasion idoine, de par l'essence de la First Bank visant le développement de l'économie africaine, de faire étalage de son savoir en apprivoisant cette technologie.

Les contraintes premières, et qui malgré tout persistent encore, sont les habitudes et les mœurs.

En effet, lorsqu'un nouveau service arrive sur le marché très concurrentiel qu'est celui du secteur bancaire, le combat n'est pas de vendre des tonnes de cartes bancaires qui resteront dans les portefeuilles, ou alors stockées, mais de faire des ventes réussies. Le concept de vente réussie dans la monétique part du désir d'achat à la consommation réelle du service en passant par la fidélisation du client.

Il fallait donc dès le lancement, aller au-delà du simple acte de vente, transformer le suspect en client, puis en prescripteur.

On ne vendait plus la I card, mais:

- la facilité: en un geste on effectuait des paiements;
- la flexibilité: disposer de son argent en tout lieu et à tout moment;
- la liberté: finies les longues files d'attente auprès des caisses;
- un style de vie: puisque nouveau et attrayant, le client se sent différent, sur un piédestal.

Dès 2001, on ne parlait pas de carte bancaire, mais de la ICARD. Plus qu'un nom, on assistait à la naissance d'une marque qui allait améliorer le quotidien de chaque propriétaire, la bataille ne faisait que commencer.

L'offre monétique de la First Bank

Dès 2010, il a vite fallu se diversifier et s'arrimer à l'évolution du désir des clients.

En effet, le volet «cartes internationales» rimant avec mondialisation se faisait ressentir. Il fallait donc développer la gamme de cartes bancaires offertes aux clients et améliorer les technologies des outils de la monétique, autant que les installer partout, afin de créer la proximité avec le client et de sceller les habitudes de consommation.

LES CARTES BANCAIRES

Afriland First Bank commercialise à ce jour 2 grands groupes de cartes bancaires à savoir:

Les cartes domestiques

Ce sont les prototypes des cartes bancaires multifonctions de la First Bank. Elles permettent aux porteurs, clients de la First Bank, d'avoir accès aux Guichets Automatiques de Banque et d'y effectuer les opérations essentielles (retrait, consultation de solde, virement compte à compte, impression du mini relevé, demande de chéquiers) et ce 24H/24; 7J/7. De même, grâce à la nouvelle génération de Terminaux de Paiement Electronique, les détenteurs de ces cartes peuvent désormais régler leurs achats dans les points marchands agréés.

Elles se présentent sous deux gammes:

- ***Les cartes prépayées***: Pour maintenir son positionnement acquis depuis le lancement du premier porte-monnaie électronique en 2004, la First Bank, a lancé durant le dernier trimestre de l'année 2010 la I-CARD PLUS qui est une réponse aux attentes de sa clientèle.
- ***La I-CARD PLUS*** est une carte prépayée, un porte-monnaie électronique, qui se présente sous la forme d'une carte à bande magnétique et qui fait à la fois les paiements par Terminaux de Paiement Electronique et les retraits au DAB sur l'étendue du territoire national.
  Etant donné la segmentation des besoins et attentes de chaque client, la First Bank a stratifié la gamme en trois produits différents dont la ICARDPlus Jeune, la ICARD Plus salaire et la ICARD Plus pension.
- ***Les cartes de débit***: ces cartes sont directement liées aux comptes courant (cartes PARTNER) ou épargne (cartes FELLOW) des clients. Le client a ainsi la possibilité de disposer des fonds présents dans son compte à tout moment.

Les cartes internationales

Depuis 2011, la First Bank s'est lancée dans la commercialisation des cartes internationales. L'aventure commence avec les cartes Visa en 2011 et se poursuit avec Mastercard dont le lancement est effectué en 2013. Afriland First Bank est la première banque camerounaise à proposer à sa clientèle ce duo imparable de cartes bancaires ouvertes sur le monde, un vent de liberté souffle sur la monétique.

- *Les cartes VISA ICARD*: ***VISA*** est une marque de carte de paiement de la Visa International Service Association. La carte VISA ICARD permet à son titulaire de faire les paiements par TPE, les achats en ligne et les retraits GAB dans le réseau

VISA dans plus de 220 pays dans le monde. Dans le souci de diversifier son offre, la First Bank commercialise trois produits de la gamme VISA dont les cartes prépayées, Classic débit et Gold.

- *Les cartes MASTERCARD ICARD*: Mastercard est une marque de carte de paiement présente depuis peu en Afrique centrale. En 2013, Afriland First Bank se lance dans la commercialisation de cette marque présente dans près de 320 pays dont 48 pays africains.

Les clients de la First Bank ont ainsi le choix de profiter des avantages du large panel de cartes internationales qui leur est proposé.

Quelques chiffres sur la monétique à la First Bank

- Le parc de DAB (Distributeurs Automatiques de Billets)/GAB (Guichet Automatique de Banque) installés à ce jour est de 80, sur tout le territoire Camerounais.
- La First Bank possède plus de 300 Terminaux de Paiement Electroniques installés dans les points marchands, permettant aux clients de profiter du plaisir de la liberté de qu'offre la carte bancaire.
- Entre 2009 et 2014, le parc d'outils de la monétique à la First Bank a accru de 89%.

En bref, pourquoi choisir l'offre monétique de la First Bank?

- Un réseau dense en plein essor de Guichets Automatiques disponibles 24h/24 et 7Jrs/7;
- Des partenaires de choix dans le monde entier avec des réductions allant jusqu'à 30% dans plus de 400 pays grâce au duo de cartes bancaires internationales;
- Un large panel de cartes offertes aux clients et non clients;
- Plus de 300 Terminaux de Paiement Electroniques;
- Un service à la clientèle personnalisé;
- L'expérience en tant que pionnier de la monétique au Cameroun.

En perspectives . . .

- Extension du réseau sur le territoire national et dans l'Afrique Centrale;
- Amélioration de la technologie liée à la monétique;
- Développement de nouveaux produits.

TROISIEME PARTIE: ANNEXES

Rapport de synthèse

Allocutions de clôture

Liste des contributeurs

Table des matières

20e ANNIVERSAIRE DE L'OHADA AU CAMEROUN 20 ANS D'INTEGRATION JURIDIQUE VERS L'EMERGENCE D'UN NOUVEAU POLE DE DEVELOPPEMENT ECONOMIQUE EN AFRIQUE

MANIFESTATION SCIENTIFIQUE EN HOMMAGE AUX DOCTRINAIRES ET PIONNIERS DE L'OHADA

MM. Les Professeurs

Paul-Gérard POUGOUE — Joseph ISSA-SAYEGH — Filiga Michel SAWADOGO

Palais des Congrès de Yaoundé, du 22 au 26 octobre 2013

RAPPORT DE SYNTHESE

Abstract

Main resolutions:

By the end of this fruitful celebration, and after unanimously lauding the bridge built between university scholars, economic, legal and non-legal stakeholders, aimed at achieving the challenge of the effective application of the OHADA Law, participants took significant resolutions. Below is an overview of these resolutions:

1- The 2nd Edition of the OHADA Economic Forum under the banner of the "***CREDO-OHADA Days***" will be held in October 2015. The theme and the venue shall be adopted by the Scientific Council, that will take necessary measures to obtain the Institutional Agreements without delay, under the supervision of the Ministry of Higher Education.

2- CREDO, with the support of the Cameroon Business Forum, should intensify raising awareness campaigns on the OHADA Law to economic, legal and non legal stakeholders in member States, and regularly organise forums and meetings that bring together economic stakeholders, practitioners and experts of the OHADA Law to discuss the problems and difficulties faced by its application.

3- CREDO must use the expertise of its network of technical, institutional and financial partners to set up an Observatory of OHADA Law which will have two missions: the first on the effectiveness of the OHADA Law and the second on the discussion forum between various stakeholders on the adaptability of the OHADA Law to the contemporary economic realities.

In this regard, CREDO and its technical and financial partners must conduct an endogenous evaluative study on the OHADA Law whose assessment model is the Business Climate Survey with the support of the Directorate General of the Economy of Cameroon.

4- CREDO and its partners must publish without delay the Proceedings of the Economic Forum which is the collective work of the scientific event and disseminate it to the States, university lecturers, business men, legal and non legal stakeholders.

Dès l'entame du présent rapport, il convient de relever pour s'en féliciter que le caractère international de cette manifestation en Afrique, à côté de celle, plus institutionnelle, organisée à Ouagadougou quelques jours plus tôt, et qui réunissait pour la première fois en 20 ans, les Chefs d'Etats parties de l'OHADA dans le cadre de la Conférence des Chefs d'Etats et de Gouvernements des Etats parties de l'OHADA. Le Centre de Recherche et de Documentation MultiMedia (CREDO), initiatrice desdites manifestations a mobilisé environ 600 participants de diverses obédiences professionnelles, des membres de la Fédération des Clubs OHADA du Cameroun, des délégués des Commissions Nationales OHADA, et d'experts en provenance aussi bien des Etats parties de l'OHADA que d'autres aires géographiques telles que l'Afrique du Sud, le Nigéria, le Ghana, la Somalie, la France, la Belgique, le Canada, les Etats-Unis.

Le présent rapport présentera successivement:

- Le déroulement des travaux
- Les principales résolutions

I – LE DEROULEMENT DES MANIFESTATIONS

La manifestation commémorative du 20e anniversaire de l'OHADA au Cameroun était placée sous le Très haut patronage de **S.E.M. Paul BIYA**, Président de la République du Cameroun, Chef de l'Etat et présidées par **le Pr. Jacques FAME NDONGO**, Ministre de l'Enseignement Supérieur, Chancelier des Ordres Académiques.

A – Sur la forme

L'ouverture officielle des manifestations commémoratives du 20e anniversaire de l'OHADA au Cameroun qui se sont tenues dans la Salle des 1500 du Palais des Congrès de Yaoundé du 22 au 25 octobre 2013, s'est déroulée en présence du **Pr. Dorothé C. SOSSA**, Secrétaire Permanent de l'OHADA, du **Dr. Félix ONANA ETOUNDI**, Directeur Général de l'ERSUMA, du **Pr. Pierre François DJOCGOUE**, Représentant le Directeur Régional de l'AUF (BACGL), du **Pr. TOUNA MAMA**, Ministre Conseiller Spécial du Premier Ministre et Coordonnateur National du Cameroon Business Forum, du **Pr. Laurent Serge ETOUNDI NGOA**, Ministre des Petites et Moyennes Entreprises, de **M. Alamine OUSMANE MEY**, Ministre des Finances, de **M. Issa TCHIROMA BAKARY**, Ministre de la Communication-Porte Parole du Gouvernement, de **M. Benoit NDONG SOUMHET**, Ministre Secrétaire d'Etat à l'éducation de base, de **Mme NAJAT ROCHDI**, Représentante Résidente du Système des Nations-Unies au Cameroun, de **M. Romain RAGOT**, Représentant personnel de Mme l'Ambassadrice de France au Cameroun, de **Mme Marthe Angeline MINJA**, Directrice Générale de l'Agence de Promotion des Investissements, de **M. Dieudonné BONDOMA YOKONO**, Directeur Général de l'Economie du Cameroun, du Directeur Général de l'Industrie et des Investissements de la République du Gabon, du **Pr. Paul Gérard POUGOUE**, Président du Conseil scientifique de la manifestation.

Pendant l'exposé de cadrage du Pr. Justine DIFFO TCHUNKAM qui a édifié les participants sur l'originalité et la singularité de ces activités complémentaires l'une de l'autre (Colloque International et Forum économique), dont le but était de réunir dans le même espace aussi bien les acteurs économiques que les universitaires et les acteurs judiciaires et extrajudiciaires pour discuter de l'actualité de « **l'OHADA AU SERVICE DE L'ECONOMIE ET DE L'ENTREPRISE** », l'oratrice a invité l'auditoire à rendre un hommage solennel et ovationné aux doctrinaires et pionniers ayant posé des actes significatifs pour l'édification de l'architecture OHADA, dont **MM. les Pr. Paul-Gérard POUGOUE de l'Université de Yaoundé II au Cameroun, Joseph Issa SAYEGH de l'Université Cheikh Anta DIOP au Sénégal et Filiga Michel SAWADOGO de l'Université de Ouagadougou au Burkina Faso.**

Elle a ensuite présenté au public un ouvrage intitulé **«SOURCES DU DROIT OHADA — Législation et Doctrine (1993-2013)»**, publié le 20 octobre 2013 sous la préface du Pr. Jacques FAME NDONGO, pour marquer d'une pierre blanche l'intense activité doctrinale diffusée sur l'OHADA en tant qu'objet de recherche, en 20 ans d'intégration, et dont elle est l'auteur, le Pr. Justine DIFFO TCHUNKAM.

La phase protocolaire s'est achevée par la coupure du gâteau d'anniversaire personnalisé du 20e anniversaire de l'OHADA au Cameroun par le Représentant personnel du Premier Ministre Chef du Gouvernement, le Pr. Jacques FAME NDONGO, Ministre de l'Enseignement Supérieur.

Exécution de l'Hymne national: *de gauche à droite: le DG de l'ERSUMA, la Directrice du CREDO, le Ministre S.E à l'Education de base, le Ministre des PME, le Ministre de l'Enseignement Supérieur-Représentant personnel du Premier Ministre-Chef du Gouvernement, le Ministre de la Communication, le Ministre des Finances, le Ministre Coordonnateur National du Cameroon Business Forum, le Secrétaire Permanent de l'OHADA.*

Les travaux se sont poursuivis par une leçon inaugurale dite par le Pr. Paul-Gérard POUGOUE sur le thème **«L'OHADA ENTRE SON PASSE ET SON AVENIR»**, un exposé du Pr. Justine DIFFO TCHUNKAM sur le thème **«le droit économique de l'OHADA: entre pressions de l'économie et ressourcement du droit»**, lesquels ont préparé les participants aux discussions prospectives dans le cadre de l'Atelier Recherche supervisé par le **Pr. André AKAM AKAM**, Doyen de la Faculté des Sciences Juridiques et Politiques de l'Université de Yaoundé II au Cameroun.

Le Forum Economique a été l'occasion de réaliser des échanges fructueux et prospectifs autour d'une Table-ronde pluri-acteurs sur les acteurs économiques, artisans de la dynamique du droit OHADA et dont les thématiques portaient sur «La sécurisation du crédit dans l'espace OHADA:

- de la prise des sûretés au recouvrement des créances», sous la direction de **M. Mathieu MANDENG B.**, Président de l'Association Professionnelle des Etablissements de Crédit du Cameroun
- le crédit-bail comme levier de financement des PME par **M. Pierre KAM**, Président de la CAMLEASE
- les incitations à l'investissement privé au Cameroun par **Mme Marthe Angéline MINJA**, Directrice Générale de l'Agence de Promotion des Investissements

- Efficacité et compétitivité de la reforme douanière au Cameroun, par **Mme Minette LIBONG LIKENG,** Directrice Générale des Douanes du Cameroun
- la simplification des les garanties bancaires et la sécurité juridique des systèmes de paiements électroniques par **M. Christian FOGAING**, Directeur de la Recherche et des Investissements à Afriland First Bank
- la gouvernance des entreprises au cœur de la croissance économique des Etats parties de l'OHADA par **M. Guy Honoré TCHENTE**, Président de l'Ordre National des Conseils fiscaux et Membre du Conseil Exécutif du GICAM
- le statut de l'entreprenant en droit OHADA par le **Pr. Salvatore MANCUSO** du Centre for Comparative Law in Africa de Cape Town
- la réduction du secteur informel dans l'espace OHADA par **Mme Marthe YIMBOU**, entreprenante -«Bayam-Sellam»(acheteuse-revendeuse).

Des échanges nourris se sont poursuivis dans le cadre plus opérationnel des rencontres d'affaires, des échanges d'opportunité de partenariats interuniversitaires Sud-Sud et Nord-Sud, et la visite des stands d'exposition du savoir-faire des partenaires de mise en œuvre du droit OHADA.

Visite du stand de l'OHADA et de JURISCOPE. De la gauche vers la droite: le Ministre de l'Enseignement supérieur et le Ministre des Finances qui se sont empressés de s'acquérir chacun un Code vert et l'Encyclopédie du droit OHADA, la Directrice du CREDO

Visite du Stand de ECOBANK en présence du Directeur Régional et du Représentant du Directeur Général de ECOBANK

B – Sur le fond

Le colloque international sur le thème *«OHADA: finalités et sources»*, a donné lieu à d'importantes contributions de haut niveau. L'essentiel des débats a porté sur:

- la sécurité juridique et l'attractivité économique du droit OHADA préparé par le **Pr. Joseph Issa SAYEGH,** Université Cheikh Anta Diop, Dakar, Sénégal
- l'attractivité et l'efficacité de la norme juridique OHADA du **Pr. André AKAM AKAM,** Doyen de la Faculté des Sciences Juridiques et Politiques, Université de Yaoundé II, Cameroun
- le régime juridique des sociétés commerciales du **Dr. Didier LOUKAKOU** de la Commission de Surveillance Multilatérale en Afrique centrale
- droit OHADA et du droit développement du **Pr. Gérard BLANC** du Centre de Droit économique de l'Université d'Aix-Marseille
- la modernisation et sécurisation des systèmes de paiements électroniques au Cameroun de **M. Lucien NANA YOMBA**, Directeur Général Adjoint de la CAMPOST
- les systèmes de paiements électroniques dans l'espace OHADA: l'exemple de Afriland First Bank au Cameroun de M. Christian FOGAING, Directeur de la Recherche et des investissements de Afriland First Bank au Cameroun
- Aspects juridiques de la cybersécurité dans l'espace OHADA de **Me Thierry PIETTE-COUDOL et Jean Claude MONNIER**
- Droit OHADA et convergence des systèmes juridiques préparé par le **Pr. Filiga-Michel SAWADOGO**

- la convergence des droits à travers les jurisprudences comparées du code IDEF de l'OHADA du **Pr. Barthélémy MERCADAL**
- les sources common law du droit OHADA du **Pr. Emmanuel S. DARANKOUM** de l'Université de Montréal et **Me Mary Concilia ANCHANG**, Avocat au Barreau du Cameroun.

L'atelier de recherche et perspectives juridiques soutenu par une vision prospective du droit OHADA a conduit les participants à mener des réflexions sur:

- l'efficacité du système d'harmonisation du droit des affaires dans l'espace OHADA par le **Pr. Victor Emmanuel BOKALLI** de l'Université de Yaoundé II
- pour une ouverture du droit OHADA au développement durable: pourquoi et comment intégrer la responsabilité sociale et environnementale dans l'espace OHADA?, par les **Pr. Sophie LAVALLEE et Karounga DIAWARA)** de l'Université Laval au Quebec
- renforcer l'attractivité économique de l'OHADA dans le domaine des investissements étrangers: l'opportunité d'adopter un acte uniforme sur la protection des investissements par le **Pr. Walid BEN HAMIDA** de l'Université d'Ivry
- le recours en manquement des Etats dans l'application du droit OHADA par le **Dr. Victor TOWO KAMGA.**

Cette phase des travaux a été sanctionnée par le vœu vivement exprimé par les participants et experts d'envisager la mise en place d'un Observatoire du droit OHADA dans les Etats parties. Dans cette perspective, la Direction Générale de l'Economie a fait une présentation fort appréciée sur le **«Business Climate Survey»**, outil d'évaluation de la perception des entreprises sur le climat des affaires au

Cameroun, et dont le rapport 2011 a été adopté comme prototype de l'étude endogène d'évaluation du droit OHADA que le CREDO envisage de conduire avec l'appui du Cameroon Business Forum (CBF), du Ministère camerounais de l'Economie et de l'Aménagement du Territoire, des Commissions Nationales OHADA fortement représentées dans cet atelier.

Pour originale que soit cette approche, elle ne manque pas de susciter des interrogations, surtout lorsqu'on ajoute le sous titre: «20 ans d'intégration vers l'émergence d'un nouveau pôle de développement économique en Afrique». Du titre principal «Forum économique de l'OHADA», comme du sous titre précité, l'on retient la présence simultanée de l'épithète économique. Simple hasard, choix conscient et orienté, l'on est bien obligé de noter que le terme "droit" ou l'adjectif "juridique" n'apparaissent point dans les intitulés de cette manifestation, pourtant organisée par des juristes. Est-ce à dire que l'économie a pris le pas sur le droit, reléguant ce dernier à une simple mission de consécration des règles du marché?

Tel est le sentiment que l'on pourrait éprouver, si l'on s'en tient au titre de la conférence de lancement du Pr. P-G POUGOUE lors de la cérémonie d'ouverture: «l'OHADA au service de l'économie et de l'entreprise». Cette conviction trouve un allié de poids dans la nature des panélistes ministériels (plus de la moitié de ceux-ci venant de portefeuille à caractère économique), mais aussi dans la communication liminaire du Pr. Justine DIFFO TCHUNKAM qui, fort à propos, s'interroge sur l'intensité des rapports entre le droit et l'économie sous la thématique «le droit économique de l'OHADA: entre ressourcement du droit et pressions de l'économie».

Le décor ainsi planté, donne un indice fort sur l'orientation méthodologique du

présent Forum: l'économie au cœur de l'activité normative. Certes, il ne s'agissait que d'un seul aspect: la contribution des règles juridiques à l'essor de la prospérité économique. Ainsi, la parole a été initialement donnée aux acteurs économiques, artisans de la dynamique du droit OHADA, lors de la première table ronde présidée par le Pr. **TOUNA MAMA**, Coordonnateur National du CBF. Ensuite, le droit uniforme africain a été confronté aux impératifs du droit du développement avant l'ouverture du colloque sur le thème:«OHADA: finalités et sources». Lancé par une leçon inaugurale du Pr. P-G POUGOUE sur le sujet:«L'OHADA entre son passé et son avenir», le colloque a été subdivisé en panels et en ateliers de recherche axée sur la prospective juridique du droit
OHADA. Les deux panels visaient respectivement: "la sécurité juridique et l'attractivité économique du droit OHADA" et "Droit OHADA et convergence des systèmes juridiques". Quant aux ateliers, l'un a été consacré aux recherches et perspectives juridiques, et l'autre à l'élaboration des Termes de référence pour la mise en place d'un Observatoire d'évaluation de l'effectivité du droit OHADA, avec l'appui technique du Ministère camerounais de l'Economie et le Business Climate Survey.

Malgré leur apparente diversité, les communications présentées lors de cette commémoration convergent toutes vers l'utilité du droit qui en est issu. Cette dernière renvoie à la capacité d'élaborer des règles à la hauteur des contraintes techniques d'une part, et du contexte social, économique et politique d'autre part. De ce point de vue, la présente manifestation a permis de s'arrêter sur la nature du droit OHADA (1), afin de déterminer les conditions de son adéquation au contexte socio-politique (2).

1 — De la nature du droit OHADA

Habituellement, l'interrogation sur la nature d'un droit conduit à envisager soit la famille juridique à laquelle il appartient (a), soit à déterminer dans quelle discipline juridique on peut le classer (b).

a. Quant à la famille juridique

Aucun débat n'éprouvant sa nécessité en lui même, il convient de rappeler à titre liminaire la rivalité *droit civil/common law* attisée par les Rapports *Doing business.* Le droit OHADA n'a pas échappé à cette controverse, bien plus il en est devenu un enjeu. La doctrine est divisée entre partisans et adversaires de l'inclusion de la *common law* dans le droit uniforme africain. Pour autant, les intervenants ont unanimement admis que le caractère codifié du droit OHADA, le range sans difficulté dans la famille romano-germanique. Toutefois, il se singularise à la fois par la pluralité de ses sources et son processus d'élaboration.

Le législateur OHADA s'abreuvant à plusieurs sources d'inspiration, l'enjeu est celui de l'influence respective desdites sources. A titre introductif, il a été relevé l'inexistence d'une tradition juridique en matière de droit des affaires dans les Etats membres. En conséquence, le droit comparé est apparu comme la solution idoine pour moderniser les règles du commerce en zone OHADA. Dans cette veine, à côté des principes universels du droit et du droit international, le droit français est la principale mamelle nourricière. C'est à ce niveau que se pose la question de la place de la *common law* en droit OHADA. A rebours de l'opposition *droit civil/common law,* il a été mis en relief la convergence des deux systèmes juridiques précités à partir de leurs influences mutuelles d'une part, et de quelques solutions techniques d'autre part. Convaincu de la complémentarité du droit civil et de la common law, il est apparu que celle-ci peut contribuer à accroitre à renforcer l'efficacité économique du droit OHADA. Pour autant, l'introduction de la *common law* ne saurait se faire au péril de la cohésion du système continental majoritaire, la sécurité juridique commandant un minimum de vigilance dans l'importation de règles étrangères au droit civil. En d'autres termes, si l'ouverture à la *common law* peut s'avérer utile, il n'en demeure pas moins que le fondement de base romano-germanique du droit OHADA doit être préservé.

Ceci dit, l'appartenance du droit OHADA à la famille civiliste ne lui retire pas son originalité car, au-delà de son inspiration plurielle, son mode d'élaboration et sa valeur juridique forgent sa singularité. Contrairement à la technique de la directive qui se contente de fixer des objectifs de politique juridique, laissant le soin aux parlements nationaux de les mettre en œuvre, le droit OHADA se construit sans la participation des autorités législatives étatiques. De plus, il est d'application immédiate et a une valeur abrogatoire sur toutes les dispositions nationales contraires. Pour cette raison, il a été relevé qu'il en résultait un risque de collision avec les droits communautaires UEMOA et CEMAC, ces derniers traitant de matières connexes à celles de l'OHADA. L'incompatibilité avec les ordres juridiques nationaux a aussi été soulignée, la compétence des Cours suprêmes nationales n'ayant pas été modifiée dans les constitutions nationales alors que le contentieux OHADA a été dévolu à la Cour Commune de Justice et d'arbitrage. Au-delà de la problématique de la cohabitation des juridictions suprêmes, le multilinguisme des Etats-membres l'OHADA a été discuté.

Outre la critique de la francophonie initiale de l'OHADA et l'indication des vives réactions qui en ont résulté, il a été indiqué que l'application effective de l'OHADA postule la traduction des textes dans les quatre langues officielles de l'Organisation Il importe que cette traduction soit conduite avec rigueur, faute de quoi elle sera source de difficultés. Elle viendra s'ajouter à la complexe question de l'identification de la discipline juridique du droit OHADA, tant son champ matériel est large.

b. Quant à la discipline juridique

De l'article 2 du Traité OHADA qui laisse la faculté d'inclure toute matière pertinente dans les matières harmonisables au contenu des actes uniformes, il est assez aisé de constater que le législateur OHADA est allé au-delà des frontières classiques du droit des affaires. Partant de cette remarque, l'on s'est s'interrogé sur la nature de la discipline à laquelle appartient le droit OHADA. Est-ce un droit commun ou un droit d'exception? Aucun texte n'indiquant la transformation du législateur OHADA en législateur de droit commun, malgré le caractère salutaire du décloisonnement de certains domaines du droit, il a été souhaité de restreindre le droit OHADA aux activités économiques pour endiguer le risque de démesure matérielle. Cette remarque s'inscrivait dans la recherche d'une parfaite harmonie entre les ordres juridiques nationaux et l'ordre juridique OHADA. Le droit économique étant plus large que le droit des affaires, il a également été question de se demander si le droit OHADA, malgré son rattachement au dernier, ne renvoyait pas en fait au premier. Dans ce sens, les modifications de l'Acte uniforme sur le droit commercial général en 2010 ont été perçues comme les signes avant-coureurs d'une migration du droit des affaires au droit économique. Pour autant, les matières publicistes faisant partie du droit économique ne relevant pas du champ de l'OHADA, l'on a parlé pour l'instant d'un droit des activités économiques, sans diluer la pertinence scientifique et l'opportunité pratique de la problématique que renforcent au fil du temps les orientations normatives du droit OHADA. C'est à ce niveau que s'est posée la question de la prépondérance de la logique économique dans le droit OHADA, alors que son effectivité appelle une prise en compte de l'approche du droit développement. Ce dernier est caractérisé par la dualité des normes et inégalité compensatrice afin de te tenir des rapports de force entre les différents acteurs du commerce international. Cette suggestion a amené à réfléchir sur l'adéquation du droit au contexte socio-économique et politique.

2 — L'adéquation du droit OHADA au contexte socio-économique et politique

Malgré les multiples campagnes de sensibilisation, le caractère mitigé du succès de l'OHADA a été relevé avec force. La popularité de l'OHADA dans les cercles juridiques n'occulte en rien la nécessité d'une meilleure prise en compte des réalités socio-économiques (a). Paradoxalement, des voix se sont élevées pour renforcer l'arsenal normatif de l'OHADA (b).

a. Une meilleure prise en compte des réalités socio-économiques

L'amélioration du climat des affaires étant l'un des objectifs majeurs de l'OHADA, les opérateurs économiques ont souhaité que les règles relatives à la sécurisation du crédit soient davantage renforcées, et que des mécanismes de garanties plus contraignants soutiennent la chaîne des transactions bancaires qui va de la prise des sûretés au recouvrement des créances. En conséquence, bien que la bonne gouvernance soit consacrée dans les textes, il est urgent d'envisager des mécanismes supplémentaires qui permettront de juguler les pratiques douteuses en matière de contrôle financier. Dans ce sens, la centralisation des informations sur les opérateurs économiques par le biais notamment de l'informatisation du Registre du Commerce et du Crédit Mobilier est une vive attente des opérateurs économiques, de même que le renforcement de l'infrastructure financière d'inspiration common law plus efficace, le crédit-bail serait un véritable levier de financement des PME. Au-delà de la transparence, les opérateurs économiques ont souhaité être plus amplement associés à l'élaboration du droit OHADA, semblable démarche garantissant que ce dernier sera l'exact reflet des usages et pratiques développés dans les échanges commerciaux. Dans cette optique, la réduction des règles de l'ordre public en droit des sociétés afin d'accroitre la liberté contractuelle a été avancée. L'OHADA devrait gagner en souplesse, et par ricochet toucher une plus grande cible. Cette volonté de placer le contexte au cœur de l'activité normative a été reconnue à travers la consécration de l'entreprenant et l'adoption d'un acte uniforme sur les sociétés coopératives. Au regard de l'importance du secteur informel et du monde rural dans les économies africaines, il a été relevé que le volontarisme du droit OHADA n'avait pas rencontré l'adhésion des populations. Outre le faible nombre des personnes ayant opté pour le statut de l'entreprenant, il a été souligné que de nombreuses réticences culturelles contribuent à maintenir les populations rurales en dehors de l'économie formelle. Cette situation oblige le législateur OHADA à intégrer l'environnement socio-économique dans son activité normative. Dans cette lancée, des voix se sont aussi 'élevées pour revendiquer un renforcement de l'arsenal normatif de l'OHADA.

b. Le renforcement de l'arsenal normatif de l'OHADA

Des communications de la présente semaine de l'OHADA, il ressort que le droit OHADA devrait conquérir de nouvelles matières d'une part, et consacrer le recours en manquement contre les Etats-membres. S'agissant des nouveaux domaines pouvant faire l'objet d'une harmonisation, le commerce électronique occupe une place de choix. En s'appuyant sur la reconnaissance de l'écrit électronique par la réforme de l'Acte uniforme sur le droit commercial général en 2010, l'on a abordé l'intérêt de mettre en œuvre les outils juridiques de sécurisation des transactions électroniques. Dans cette veine, la cyber sécurité a été présentée comme un avatar de la sécurité normative et judiciaire chère à l'OHADA. Il a été également été étudié l'utilité d'un acte uniforme sur les investissements en partant du constat de l'existence d'un tronc commun dans les codes et traités d'investissement en vigueur dans l'espace. L'acte uniforme sur les investissements serait alors un outil de modernisation des standards actuels, et d'anticipation des défis futurs de l'économie internationale. Enfin, l'opportunité d'un acte uniforme relatif à la responsabilité sociale des entreprises a été évoquée, la lutte contre l'exploitation abusive de l'environnement et des populations riveraines par les multinationales appelant une réponse ferme. Quant au recours en manquement contre les Etats membres, il a été noté que l'impossibilité de faire condamner ces derniers constituaient l'une des causes de leur léthargie. En effet, la timide adoption des textes nationaux facilitant l'application du droit OHADA est une entrave au bon déroulement des affaires. La rareté du nombre d'Etats ayant adopté des sanctions correspondant aux incriminations prévues par les actes uniformes est révélatrice de la situation. Pour autant, l'on n'a pas manqué de s'interroger sur la pertinence d'un recours en manquement étant donné que l'OHADA n'est pas une organisation communautaire. Au contraire, les débats ont mis l'accent sur le déficit de vulgarisation de la production normative de l'OHADA auprès des acteurs économiques, en exhortant le CREDO, l'OHADA et le CBF à formaliser un programme de communication sociale et de sensibilisation des acteurs en vue de l'appropriation sociale et la mise en œuvre effective du droit OHADA, instrument juridique au service de la croissance économique et de la performance des entreprises.

II – PRINCIPALES RESOLUTIONS

Al'issue de cette féconde commémoration, les participants, après avoir unanimement apprécié le pont bâti entre les universitaires, les acteurs économiques, judiciaires et extrajudiciaires visant à réaliser le défi de la mise en œuvre effective du droit OHADA, ont pris d'importantes résolutions dont voici la synthèse:

1- La 2e Edition du Forum économique de l'OHADA sous la bannière des ***«Journées CREDO-OHADA»*** se tiendra en octobre 2015. Le thème et le lieu seront définis par le Conseil scientifique qui prendra les dispositions nécessaires pour l'obtention des Accords institutionnels dans les meilleurs délais, sous la conduite du Ministère de l'Enseignement Supérieur.

2- Le CREDO, avec l'appui du Cameroon Business Forum, doit intensifier la vulgarisation du droit OHADA auprès des acteurs économiques, judiciaires et extrajudiciaires dans les Etats parties, et organiser régulièrement des espaces d'échanges et des rencontres qui mettent ensemble les acteurs économiques, les praticiens et les experts du droit OHADA pour discuter des problématiques et des difficultés auxquelles ils font face dans sa mise en œuvre.

3- Le CREDO doit déployer l'expertise de son réseau de partenaires techniques, institutionnels et financiers pour mettre en place un Observatoire du droit OHADA qui aura deux missions: l'une portant sur l'effectivité du droit OHADA, et l'autre qui sera une plateforme de discussion entre divers acteurs sur l'adaptabilité du droit OHADA aux réalités de l'économie contemporaine.

   Acet égard, le CREDO et ses partenaires techniques et financiers doivent conduire une étude évaluative endogène du droit OHADA dont le modèle d'évaluation est le Business Climate Survey avec l'appui de la Direction Générale de l'Economie du Cameroun.

4- Le CREDO et ses partenaires doivent publier dans les meilleurs délais aussi bien les Actes du Forum économique que l'ouvrage collectif issu de la manifestation scientifique et en faire une large diffusion dans les Etats, parties auprès des universitaires, des opérateurs économiques, et des acteurs judiciaires et extrajudiciaires.

Fait à Yaoundé le 22 novembre 2013

Pr. André AKAM AKAM, **Cameroun**
Pr. Justine DIFFO TCHUNKAM, **Cameroun**
Pr. Germain NTONO TSIMI, **Cameroun**
Dr. Achille NGWANZA, **France**
Patrick-Nelson Daniel ESSIANE, **Cameroun**
credodoc@gmail.com

Le présent rapport a été remis à M. Le Premier Ministre, Chef du Gouvernement, qui a signé le livre d'Or de la manifestation, le 12 décembre 2013; il a ensuite été transmis à tous les partenaires institutionnels, techniques et financiers. Il est accessible sur le site: **http://www.credo-multimedia.com/20.ans-ohada/**

Remise du Rapport des manifestations, le 12 décembre 2013 par le Pr. Justine DIFFO TCHUNKAM, Directrice du CREDO et son équipe, à Son Excellence M. Le Premier Ministre, Chef du Gouvernement, Président du Cameroun Business Forum (CBF).

Le Premier Ministre signe le Livre d'Or

Photo de famille avec le Premier Ministre

Secrétariat technique paritaire du CREDO

Allocution du Pr. Justine DIFFO TCHUNKAM
Vice-président du Conseil Scientifique
Présidente du Comité d'Organisation
Directrice du CREDO
CAMEROUN

Excellence M. Le Ministre de l'Enseignement Supérieur, Chancelier des Ordres Académiques, Représentant personnel de M. le Premier Ministre — Chef du Gouvernement, Président du Cameroon Business Forum (CBF)

Excellence M. Le Ministre de la Communication, Porte parole du Gouvernement

Monsieur le Président du Conseil scientifique du CREDO, Secrétaire Général du Ministère des Enseignements Secondaires

Monsieur le Doyen de la Faculté des Sciences Juridiques et Politiques de l'Université de Yaoundé II

Chers collègues, membres de la Grande famille universitaire, Illustres hôtes

Chers invités-es, chers participants-tes

Grande est ma joie, vive et intense est mon émotion au moment où je prends la parole devant vous, d'abord pour vous remercier de l'importance que vous avez accordée à cette manifestation. Monsieur le Ministre, vous étiez soucieux de vous enquérir de l'évolution des travaux et nous sommes particulièrement touchée par cette marque de confiance dont nous mesurons tout le sens et le mérite du Très Haut patronage de Son Excellence M. Paul BIYA, Président de la République du Cameroun, Chef de l'Etat.

M. Le Ministre, au nom des participants, nous tenons à vous redire solennellement notre sincère reconnaissance pour avoir érigé le CREDO en une Institution de recherche et de formation reconnue d'utilité académique. Nous espérons avoir été à la hauteur des Très hautes ambitions que le Premier Ministre, Chef du Gouvernement, Président du Cameroon Business Forum, attendait des présences Assises.

Aujourd'hui, vous pouvez être fier d'avoir accompagné une Institution de recherche qui a étendu son réseau d'expertise et de chercheurs dans la plupart des Etats parties de l'OHADA, mais aussi dans d'autres aires géographiques. En effet, vous venez de susciter, à travers ces rencontres, la création du **CREDO AFRIQUE DU SUD, CREDO NANTES, CREDO MONTREAL, CREDO QUEBEC, CREDO SENEGAL, CREDO TCHAD, CREDO MALI, CREDO CONGO, CREDO RDC**, etc. . .

Excellence, organiser dans un même espace et dans le même temps un forum économique et une manifestation scientifique, était une véritable gageure jusqu'au démarrage des travaux. Comme les défis nous stimulent, nous avons osé et, à présent, le plus dur est derrière nous.

La résolution forte que je tiens à vous livrer personnellement Excellence, c'est que eu égard aux défis liés à l'appropriation et de la bonne maitrise du droit OHADA aussi bien par les acteurs économiques que par les acteurs judiciaires et extrajudiciaires, nous avons donné une orientation dynamique et permanente à ces assises.

Désormais, tous les deux ans, nous organiserons «**LES JOURNEES CREDO-OHADA**» à l'image des Journées Henri Capitant en France. Ce sera un espace de rencontre pluri-acteurs autour des thématiques variées et diverses mais portant toujours sur des problématiques contemporaines et dynamiques du droit dans ses rapports avec l'économie, le climat et l'environnement des affaires.

Permettez moi **Excellence M. Le Ministre**, de remercier tous les participants et toutes les participantes venus sans exagération, de tous horizons aussi bien francophones qu'anglophones, voire lusophones pour creuser les sillons de l'expansion du droit OHADA dans les Etats africains encore non membres à ce jour.

Enfin Excellence, je vous prie de porter la voix des participants à cette manifestation qui n'ont cessé d'exalter les vertus de cohésion entre l'institutionnel et académique dans notre pays. En effet, le **Très Haut patronage du Président de la République**, traduit par votre présence en ces lieux, en compagnie de **M. le Ministre de la Communication, Porte-parole du Gouvernement**, l'atteste fort bien. L'appui du gouvernement de la République s'est manifesté tout au long de nos travaux par la présence d'une forte équipe des Services du Protocole du Ministères des Relations Extérieures et ça, nous tenons à ovationner cette équipe sans laquelle cette manifestation n'aurait peut-être pas eu le retentissement que nous lui connaissons en ce moment. La présence discrète des Forces de l'ordre, en rassurant nos hôtes, les a confortés dans ce qu'ils savaient déjà du Cameroun, à savoir un pays où règne la paix, la sécurité et la stabilité, gages d'un développement soutenable.

Nous disons enfin merci à tous les délégués qui ont accepté de donner de leur temps, de leur argent, de leur énergie à la bonne marche des présentes Assises. Je pense aux représentants des Commissions Nationales OHADA, ainsi qu'aux Chefs d'entreprises qui viennent de passer pratiquement une semaine à Yaoundé. Nous nous engageons à assurer le suivi des relations d'affaires que vous avez nouées à cette occasion; c'était ça également le but en effet.

Une reconnaissance particulière au Ministre de la Communication, Porte-Parole du Gouvernement de la République du Cameroun, Ministère des Finances dont le soutien financier s'inscrit dans la consolidation du partenariat Etat — Société civile pour un développement harmonieux de notre pays, sur le chemin de l'émergence. Que les partenaires institutionnels, techniques et financiers tels que la Direction Générale de l'Economie du Cameroun, la Direction Générale des Douanes, l'AUF, le Service de Coopération et d'Action Culturelle de l'Ambassade de France au Cameroun, Juriscope, l'ERSUMA, le Centre for Comparative Law in Africa de l'Université de Cape Town en Afrique du Sud, les Editions JUTA, le Centre d'études en droit économique de l'Université Laval au Canada, qui nous ont soutenus trouvent dans cette aventure de la première des Journées de Recherche du CREDO, trouvent ici l'expression de notre gratitude. Les entreprises citoyennes dont CAMTEL, Sponsor officiel, ECOBANK, Afriland First Bank, le Port Autonome de Douala, les Brasseries du Cameroun et SOCSUBA, reçoivent nos vœux de grâce et de prospérité à tous égards pour les dons multiformes mobilisés pour le succès éclatant des présentes Assises. Qui dit MERCI en redemande. Vous voyez à quoi votre argent a servi, votre image a été promue, nous savons pouvoir compter sur vous pour l'édition 2015.

Le **CREDO** par ma voix enfin, souhaite un bon retour à tous nos amis et partenaires qui partent d'ici aujourd'hui avec une flamme qui ne s'éteindra jamais. Cette flamme qui allumera les antennes du **CREDO** dans leurs différents pays, et dans les six continents.

Vive la coopération internationale

Vive l'intégration juridique et économique de l'Afrique

Vive le Cameroun

Je vous remercie.

ALLOCUTION DE CLOTURE DU MINISTRE DE L'ENSEIGNEMENT SUPERIEUR, CHANCELIER DES ORDRES ACADEMIQUES

Monsieur le Ministre de la Communication, Porte-parole du Gouvernement

Mesdames et Messieurs les représentants des Institutions et Organisations internationales

Mesdames et Messieurs les Chefs d'entreprises

Mesdames et Messieurs les Délégués-es

Distingués invités

Chers collègues, en vos grades, titres et fonctions

Chers étudiantes, chers étudiants

Mesdames et Messieurs

Voici quatre jours que vous réfléchissez autour du vingtième anniversaire de l'OHADA, Commémorations que le Cameroun a eu l'honneur d'abriter sous le Très Haut patronage du Président de la République du Cameroun, Son Excellence M. Paul BIYA, Chef de l'Etat. C'est incontestablement un grand succès scientifique et convivial qui a rassemblé plusieurs acteurs provenant de divers domaines de la vie des affaires et de divers horizons. Il fallait y croire il y a un an. Le CREDO y a cru et en a fait son credo, sa confession de foi. Nous voici à la fin de cette grande messe, pas pour prêcher, mais pour confirmer même a posteriori (je ne voulais pas prendre le risque) la prophétie. En tout cas, l'essentiel est fait. La prophétie vient de s'accomplir, par la vertu de la témérité et de la foi contagieuse de la jeune louve de la science du droit des affaires et de l'OHADA que mes collègues autour de cette table viennent de surnommer fort à propos«Mme OHADA». Mme le Professeur DIFFO, BRAVO. Vous arborez si bien le grade car j'aime à le rappeler, une chose est d'obtenir le grade, mais il faut le porter, et le porter dignement. Vous l'avez obtenu en décembre 2012 et en octobre 2013 (un an à peine), vous avez intelligé votre promotion au grade en nous offrant ce festin scientifique de haut niveau que le Cameroun a le privilège d'abriter, une semaine tout juste après la Conférence des Chefs d'Etats et de Gouvernements des Etats parties de l'OHADA.

Au-delà de la femme militante que je connaissais jusque-là, vous venez de nous révéler vos compétences organisationnelles, managériales, scientifiques et que sais-je encore ! Vous avez inscrit dans les annales de l'histoire des manifestations scientifiques de haut niveau au Cameroun, celle des commémorations scientifiques du 20e anniversaire de l'OHADA au Cameroun. Je voudrais ici confirmer ce que le Rapporteur Général vient de relever, à savoir que le premier défi des organisateurs était celui de réussir à réunir ici au Palais des Congrès, dans la salle des 1500 places, pendant 5 jours, les têtes couronnées de la science et les acteurs économiques, autour d'un thème fédérateur des intérêts très souvent divergents tels que l'efficacité et la compétitivité de la norme juridique, l'évaluation économique du droit, la sécurisation du crédit, la convergence des systèmes juridiques, l'économie numérique au service du développement, et j'en passe.

En effet, l'OHADA est un outil conçu pour, à partir du droit, soutenir la croissance et favoriser l'avènement d'un nouveau pôle de développement en Afrique. Vous avez eu pendant cette semaine l'occasion non seulement d'évaluer la pertinence de l'OHADA mais aussi de poser les bases pour un meilleur avenir. Deux types d'activités vous ont permis de structurer vos réflexions: un forum économique et un colloque international.

Le Forum Economique a été l'occasion de réaliser des échanges fructueuses et prospectives entre des acteurs de la vie économique, les institutions nationales chargées de réguler le marchées et les partenaires au développement. Des travaux, sous la présidence du coordonateur national du Cameroon Business Forum (CBF), Monsieur Professeur TOUNA MAMA, ont porté sur la dynamique du droit OHADA, la recherche sur la sécurisation du crédit dans l'espace OHADA, le crédit-bail comme levier de financement des PME, les incitations à l'investissement privé au Cameroun à l'aune du droit OHADA et l'efficacité et la compétitivité de la réforme douanière au Cameroun. Je ne saurais manquer de saluer particulièrement ici la tenue des rencontres d'affaires«Business to Business». Cette rencontre des acteurs de la vie économique et des experts du droit OHADA aura été un temps fort de cette semaine et constitue incontestablement le premier succès de cette manifestation.

Le Colloque international au regard de la qualité des intervenants de haut niveau venus de l'Europe, de l'Amérique du Nord, de l'Afrique centrale, du sud et de l'ouest, et au regard de la portée des interventions portait sur le thème: «OHADA: sources et finalités».

L'idée générale du Colloque était déjà de souligner que l'OHADA est un instrument qu'il fallait nécessairement créer. Mais à cette nécessité qui a permis aux professeurs de cette assemblée d'analyser ses sources, une seconde nécessité s'est ajoutée. En effet, s'il fallait créer l'OHADA, à présent il est question de savoir que faut-il en faire. Cette orientation a justifié que la leçon inaugurale présentée par le professeur Paul-Gérard POUGOUE vous entretienne sur l'OHADA entre son passé et son avenir.

D'importantes résolutions sont prises à l'issue de cette féconde commémoration.

1 Le CREDO doit intensifier la vulgarisation du droit OHADA dans les Etats parties et organiser régulièrement des espaces d'échanges et des rencontres qui mettent ensemble les acteurs économiques, les praticiens et les experts du droit OHADA pour discuter des problématiques et des difficultés auxquelles ils font face dans sa mise en œuvre.

2 Le CREDO doit conduire une étude évaluative endogène du droit OHADA dont le modèle d'évaluation serait le Business Climate Survey avec l'appui de la Direction générale de l'économie du Cameroun.

3 Le CREDO et ses partenaires doivent publier dans les meilleurs délais aussi bien les actes du forum que l'ouvrage collectif issu de la manifestation scientifique et en faire une large diffusion dans les Etats parties auprès des universitaires, des opérateurs économiques, et des acteurs judiciaires et extra judiciaires.

4 Le CREDO doit déployer l'expertise de son réseau de partenaires techniques, institutionnels et financiers pour mettre en place un Observatoire du droit OHADA qui aura deux missions: l'une portant sur l'effectivité du droit OHADA,

et l'autre qui sera une plateforme de discussion entre divers acteurs sur l'adaptabilité du droit OHADA aux réalités de l'économie contemporaine.

Ces résolutions sont d'une grande importance pour l'avenir des économies de l'espace OHADA en général et de l'émergence de l'économie camerounaise en particulier projetée à l'horizon 2035 dans la vision de son Excellence Paul Biya, Président de la République du Cameroun.

Certaines de ces résolutions concernent la vulgarisation, la formation et la recherche en droit OHADA.

En ce qui me concerne, je me réjouis de cette orientation et prendrai toutes les mesures pour renforcer et développer la formation et la recherche en droit OHADA dans nos universités et à l'ERSUMA.

Ces résolutions attestent que le Cameroun met un accent tout particulier sur la réponse à apporter par le droit OHADA aux besoins de nos économies. A cet effet, l'idée d'Observatoire du droit OHADA retient spécialement mon attention.

Ces résolutions sont si importantes que je les porterai à qui de droit: le Premier Ministre, Chef du Gouvernement, Président du *Cameroon Business Forum,* tant l'OHADA est un outil qui porte les mêmes enjeux que ce dernier; aux autorités de l'OHADA, tant ces résolutions sont de nature à projeter l'avenir et à construire le devenir le l'OHADA.

Je voudrais enfin réitérer, au nom du Premier Ministre, Chef du Gouvernement, que j'ai le devoir de représenter à cette manifestation, mes félicitations au Centre de Recherche et de Documentation Multimédia-CREDO pour cette initiative et l'assurer de l'accompagnement du Gouvernement pour sa pérennisation. Félicitations Madame le Professeur. Votre témérité à la limite de l'impertinence et de la pétulance viennent d'inscrire dans l'histoire des manifestations scientifiques la première édition des«Journées de Recherche du CREDO». La jeune génération devrait en tirer des leçons de persévérance et d'audace.

Le succès de cette semaine est également l'œuvre de tous ceux qui, dans le Comité d'organisation et le Conseil scientifique ont inlassablement donné de leur temps et de leur entregent. Je voudrais également les féliciter chaleureusement. Cette semaine a été de grands moments d'échanges. Je voudrais aussi remercier tous ceux qui ont apporté les contributions et participé aux échanges. Parmi ces personnes, certaines viennent de très loin, je leur souhaite à tous et à chacun, un bon retour.

Sur ce, Mesdames, Messieurs, je déclare closes les manifestations de la commémoration au Cameroun du vingtième anniversaire de l'OHADA.

Vive l'OHADA, vive le Cameroun et son illustre Chef, le Président de la République, son Excellence Paul Biya.

LISTE DES CONTRIBUTEURS

AKAM AKAM André, Professeur Titulaire, Université de Yaoundé II, **Cameroun**

ANCHANG Mary Concilia, Lawyer, Member of the International Chamber of Commerce (ICC-CAMEROON), **Cameroun**

BLANC Gérard, Professeur Emérite, Université d'Aix-Marseille, (UAM), **France**

BOKALLI Victor-Emmanuel, Professeur Titulaire à l'Université de Yaoundé II, **Cameroun**

BONDOMA YOKONO Dieudonné, Professeur à l'Institut des Relations Internationales du Cameroun, Directeur Général de l'Economie, **Cameroun**

CHATUE Crépin César, Chercheur, Université de Yaoundé II, **Cameroun**

DARANKOUM Emmanuel Sibidi, Professeur Titulaire, Centre du Droit des Affaires et du Commerce International (CDACI), Université de Montréal **Canada**

DIAWARA Karounga, Professeur, Codirecteur du Centre d'études en droit économique, Université Laval, **Canada**

DIFFO TCHUNKAM Justine, Maître de Conférences, Université de Yaoundé II, Directrice du CREDO, Présidente du Comité d'Organisation, **Cameroun**

ESSIANE Patrick-Nelson Daniel, Etudiant, Faculté des Sciences Economiques et de Gestion, Université de Yaoundé II, **Cameroun**

FALL Moustapha, Directeur Général de ECOBANK, **Cameroun**

FAME NDONGO Jacques, Professeur, Ministre de l'Enseignement Supérieur, Chancelier des Ordres Académiques, **Cameroun**

FOGAING Christian, Directeur de la Recherche et des investissements, Afriland First Bank, **Cameroun**

FOTSO André, Président du Groupement Inter-patronal du Cameroun (GICAM), **Cameroun**

GADJUI WENDEU Josiane, Spécialiste en Management et Gestion des projets, **Cameroun**

HAMIDA Walid Ben, Maître de Conférences en Droit, Université d'Evry, **France**

HEUZE Vincent, Professeur Emérite, Foundation pour le droit continental, **France**

ISSA-SAYEGH Joseph, Professeur Honoraire, Université Cheikh Anta DIOP, **Sénégal**

KAM Pierre, Président de l'African Leasing Company (CAMLEASE), **Cameroun**

KENFACK Hugues, Professeur agrégé des Facultés de droit, Doyen de la Faculté de Droit de l'Université de Toulouse, **France**

LAVALLEE Sophie, Professeur, Membre du Centre d'études en droit économique, Université Laval, **Canada**

LIBONG LIKENG Minette, Directeur Général des Douanes (DGD), **Cameroun**

LOUKAKOU Didier, Docteur PhD., Commission de Surveillance du Marché Financier de l'Afrique Centrale (COSUMAF), **Gabon**

MANCUSO Salvatore, Professeur, Directeur du Centre for Comparative Law in Africa (CCLA), **Afrique du Sud**

MANDENG Mathieu, Président de l'Association Professionnelle des Etablissements de Crédit du Cameroun, **Cameroun**

MERCADAL Barthélémy, Professeur Emérite, Vice-président et Secrétaire général de l'Institut International de Droit d'Expression et d'Inspiration Françaises (IDEF), **France**

MINJA Marthe Angéline, Directeur Général de l'Agence de Promotion des Investissements (API), **Cameroun**

MONNIER Jean-Claude, Ingénieur des Réseaux (BELPLAST), **France**

NANA YOMBA Lucien, Directeur Général Adjoint de la CAMPOST, **Cameroun**

NDJERE Emmanuel, Magistrat, Enseignant-chercheur à l'Ecole Nationale d'Administration et de la Magistrature, **Cameroun**

NGWANZA Achille, Docteur en droit, Chargé de Cours, Universités Paris Sud 11 et Versailles Saint-Quentin en Yvelines, **France**

NSIE Etienne, Professeur Agrégé des Facultés de droit, Université Omar BONGO, **Gabon**

NTONO TSIMI Germain, Professeur Agrégé des Facultés de droit, Université de Yaoundé II, **Cameroun**

ONANA ETOUNDI Félix, Directeur Général de l'Ecole Régionale Supérieure de la Magistrature, **Bénin**

ONDOUA Alain, Directeur Régional de l'Agence, Universitaire de la Francophonie, Bureau Afrique Centrale et Grands Lacs, **Cameroun**

PIETTE-COUDOL Thierry, Avocat au Barreau de Paris, **France**

POUGOUE Paul-Gérard, Professeur Agrégé Titulaire hors échelle, Président du Conseil Scientifique du CREDO, **Cameroun**

SAMB Moussa, Professeur agrégé de l'Université Cheikh Anta DIOP, **Sénégal**

SAWADOGO Filiga-Michel, Professeur Titulaire hors échelle, Agrégé des Facultés de droit, Université de OUAGADOUGOU, **Burkina Faso**

SCHOUAME Alexandre Magloire, Chargé de Cours, Faculté des Sciences Economiques et de Gestion, Université de Yaoundé II, **Cameroun**

SOSSA Cossi Dorothé, Professeur Agrégé des Facultés de droit, Secrétaire permanent de l'OHADA, **Cameroun**

TCHENTE Guy Honoré, Président de l'Ordre National des Conseils Fiscaux, **Cameroun**

TOUNA MAMA, Professeur Agrégé des Universités, Coordonnateur national du Cameroon Business Forum (CBF), **Cameroun**

TOWO KAMGA Victor, Docteur en droit, **France**

YIMBOU Marthe, Entreprenante, **Cameroun**

TABLE DES MATIERES

Ouvrage collectif publié par le Centre de Recherche et de Documentation Multimédia (CREDO), première édition de la Collection des «Journées de Recherche du CREDO», en partenariat avec le Centre for Comparative Law in Africa (CCLA) de l'Université de Cape Town en Afrique du Sud.

Y ont contribué:

- Le Service de Coopération et d'Action Culturelle de l'Ambassade de France au Cameroun (SCAC)
- L'Agence Universitaire de la Francophonie (AUF)
- Le Ministère de l'Enseignement Supérieur de la République du Cameroun
- Le Ministère de la Communication
- La Faculté des Sciences Juridiques et Politiques de l'Université de Yaoundé II

Liberté • Égalité • Fraternité
RÉPUBLIQUE FRANÇAISE
AMBASSADE DE FRANCE AU CAMEROUN

www.ingramcontent.com/pod-product-compliance
Ingram Content Group UK Ltd.
Pitfield, Milton Keynes, MK11 3LW, UK
UKHW051118290926
15471UKWH00010B/1733

9 781485 107354